古典文獻研究輯刊

九　編

潘美月・杜潔祥　主編

第 8 冊

兩宋《史記》評點研究（下）

許　淑　華　著

國家圖書館出版品預行編目資料

兩宋《史記》評點研究（下）／許淑華 著 — 初版 — 台北縣
永和市：花木蘭文化出版社，2009〔民98〕
目 2+378 面；19×26 公分
（古典文獻研究輯刊 九編；第 8 冊）
ISBN：978-986-254-016-9（精裝）
1. 史記　2. 研究考訂　3. 宋代
610.11　　　　　　　　　　　　　　　　　　98014419

ISBN - 978-986-2540-16-9

9 789862 540169

古典文獻研究輯刊
九 編 第八冊　　　　　　　ISBN：978-986-254-016-9

兩宋《史記》評點研究（下）

作　　者　許淑華
主　　編　潘美月　杜潔祥
總 編 輯　杜潔祥
企劃出版　北京大學文化資源研究中心
出　　版　花木蘭文化出版社
發 行 所　花木蘭文化出版社
發 行 人　高小娟
聯絡地址　台北縣永和市中正路五九五號七樓之三
　　　　　電話：02-2923-1455／傳眞：02-2923-1452
網　　址　http://www.huamulan.tw 信箱 sut81518@ms59.hinet.net
印　　刷　普羅文化出版廣告事業
初　　版　2009 年 9 月
定　　價　九編 20 冊（精裝）新台幣 31,000 元

兩宋《史記》評點研究（下）

許淑華　著

目

次

第四章 補《史記評林》兩宋評點之闕

第一節 增補條目

明凌稚隆氏之《史記評林》採兩宋評家約四十餘家〔註1〕，文約九百一十條，今於是書既有之作者中，增補評點條目，並依太史公百三十篇之次序條列如下：

歐陽修

孔子既沒，異端之說復興，周室亦益衰亂，接乎戰國，秦遂焚書，先王之道中絕。漢興久之，《詩》、《書》稍出而不完，當王道中絕之際，奇書異說方充斥而盛行，其言往往反自託於孔子之徒，以取信於時，學者既不備見《詩》、《書》之詳，而習傳盛行之異說，世無聖人以為質，而不自知其取捨真偽。至有博學好奇之士，務多聞以為勝者，於是盡集諸說而論次，初無所擇，而惟恐遺之也，如司馬遷之《史記》是矣。（集部，別集類，宋金元，歐陽文忠公集，卷四十三，頁9）（善本）

歐陽修

余固喜傳人事，尤愛司馬遷善傳，而其所書皆偉烈奇節士。喜讀之，欲學其作，而怪今人如遷所書者何少也，乃疑遷特雄文，善壯其說，而古人未

〔註1〕歐陽修、陳經、朱熹、林之奇、孫明復、王安石、陳子樫、黃震、蘇轍、蘇軾、曾鞏、蔡沉、費袞、王應麟、金履祥、呂祖謙、洪邁、鮑彪、宋無、舒稚、司馬光、真德秀、倪思、李塗、劉辰翁、羅大經、劉子翬、劉敞、蘇洵、朱翌、鄭樵、陳仁子、陳傅良、朱黼、胡一桂、黃履翁、吳師道、宋祁、楊時、范仲淹、王禹稱、張耒、唐庚、劉敞、樓昉、秦觀等人。

必然也。及得桑懌事，乃知古之人有然焉，遷書不誣也。（集部，別集類，宋金元，歐陽文忠公集，卷六十五，頁 11，頁 12）（善本）

蘇　洵

遷、固史雖以事詞勝，然亦兼道與法而有之，故時得仲尼遺意焉。吾今擇其書有不可以文曉，而可以意達者四，悉顯白之，其一曰隱而章，其二曰直而寬，其三曰簡而明，其四曰微而切，遷之傳廉頗也，議救閼與之失不載焉，見之《趙奢傳》；傳酈食其也，謀撓楚權之繆不載焉，見之《留侯傳》。固之傳周勃也，汗出洽背之恥不載焉，見之《王陵傳》；傳董仲舒也，議和親之疏不載焉，見之《匈奴傳》。夫頗、食其、勃、仲舒皆功十而過一者也，苟列一以疵十，後之庸人必曰：「智如廉頗，辯如酈食其，忠如周勃，賢如董仲舒，而十功不能贖一過。」則將苦其難而怠矣。是故本傳晦之，而他傳發之，則其與善也，不亦隱而章乎！遷論蘇秦，稱其智過人，不使獨蒙惡聲；論北宮伯子，多其愛人長者。固贊張湯，與其推賢揚善；贊酷吏，人有所褒不獨暴其惡。夫秦、伯子、湯、酷吏，皆過十而功一者也，苟舉十以廢一，後之凶人必曰：「蘇秦、北宮伯子、張湯、酷吏雖有善不錄矣，吾復何望哉！」是窒其自新之路，而堅其肆惡之志也，故於傳詳之，於論於贊復明之，則其懲惡也，不亦直而寬乎！遷表十二諸侯，首魯訖吳，實十三國，而越不與焉，夫以十二名篇而載國十三，何也？不數吳也。皆諸侯耳，獨不數吳，何也？用夷禮也。不數而載之者，何也？周裔而霸盟，上國也。《春秋》書「哀七年，公會吳于鄫」，書「十二年，公會吳于橐皋」，書「十三年，公會晉侯及吳子于黃池」，此其所以雖不數而猶獲載也。若越，區區於南夷，豺狼狐狸之與居，不與中國會盟以觀華風，而用夷俗之名以赴，故君子即其自稱以罪之。《春秋》書「定五年，於越入吳」，書「十四年，於越敗吳于醉李」，書「哀十三年，於越入吳」，此《春秋》所以夷狄畜之也。苟遷舉而措之諸侯之末，則山戎、獫狁亦或庶乎其間。是以絕而弃之，將使後之人君觀之曰：「不知中國禮樂，雖勾踐之賢，猶不免乎絕與弃。」則其賤夷狄也，不亦簡而明乎！固之表八而王侯六，書其人也，必曰某土某王，若侯某，或功臣外戚，則加其姓，而首目之曰號諡姓名，此異姓列侯之例也。諸侯王其目止號諡，豈以其尊故不曰名之邪？不曰名之而實名之，豈以不名則不著邪？此同姓諸侯王之例也。王子侯其目為二，上則曰號諡名，名之而曰名之殺一等矣，此同姓列侯之例也。及其下則曰號諡姓名，夫以同姓列侯，而加之異姓之例何哉？察其故，蓋元始之間，王莽偽褒宗室，而封之者也，非天子親親而封

之者也。宗室天子不能封，而使王莽封之，故從異姓例，亦示天子不能有其同姓也，將使後之人君觀之曰：「權歸於臣，雖同姓不能有名器誠不可假人矣」，則其防僭也，不亦微而切乎！噫！隱而章，則後人樂得爲善之利；直而寬，則後人知有悔過之漸；簡而明，則人君知中國禮之爲貴；微而切，則人君知強臣專制之爲患。用力寡而成功博，其能爲《春秋》繼，而使後之史無及焉者，以是夫！（集部，別集類，宋金元，重編嘉祐集，卷九，頁3、頁4、頁5、頁6）（善本）

曾　鞏

司馬遷從五帝三王既没，數千載之後，秦火之餘，因散絕殘脫之經，以及傳記百家之說，區區掇拾，以集著其善惡之迹，興廢之端，又創己意，以爲本紀、世家、八書、列傳之文，斯亦可謂奇矣！然而蔽害天下之聖法，是非顛倒，而采摭謬亂者，亦豈少哉！是豈可不謂：明不足以周萬事之理，道不足以適天下之用，智不足以通難知之意，文不足以發難顯之情者乎？夫自三代以後爲史者，如遷之文亦不可不謂雋偉拔出之材，非常之士也，然顧以爲：明不足以周萬事之理，道不足以適天下之用，智不足以通難知之意，文不足以發難顯之情者，何哉？蓋聖賢之高致，遷固有不能純達其情，而見之於後者矣，故不得而與之也。遷之得失如此，況其他邪？（集部，別集類，北宋建隆至靖康，元豐類藁，卷十一，頁16、頁17）

蘇　軾

吾嘗以爲遷有大罪二，其先黄老，後六經；退處士，進姦雄，蓋其小小者耳。所謂大罪二，則論商鞅、桑弘羊之功也。自漢以來，學者恥言商鞅、桑弘羊，而世主獨甘心焉，皆陽諱其名而陰用其實，甚者則名實皆宗之，庶幾其成功，此則司馬遷之罪也。秦固天下之強國，而孝公亦有志之君也，脩其政刑十年，不爲聲色畋遊之所敗，雖微商鞅，有不富強乎？秦之所以富強者，孝公務本力穡之效，非鞅流血刻骨之功也，而秦之所以見疾於民，如豺虎毒藥，一夫作難而子孫無遺種，則鞅實使之。至於桑弘羊，斗筲之才，穿窬之智，無足言者，而遷稱之，曰「不加賦而上用足」。（集部，別集類，宋金元，東坡全集，卷一百五，頁12）（善本）

蘇　轍

太史公始易編年之法，爲本紀、世家、列傳，記五帝三王以來，後世莫

能易之，然其爲人淺近而不學，疏略而輕信。漢景、武之間，《尚書古文》、《詩毛氏》、《春秋左氏》皆不列於學官，世能讀之者少，故其記堯、舜三代之事，皆不得聖人之意。戰國之際，諸子辯士各自著書，或增損古事以自信一時之說，遷一切信之，甚者或采世俗相傳之語，以易古文舊說。及秦焚書，戰國之史不傳於民間，秦惡其議已也，焚之略盡，幸而野史一二存者，遷亦未暇詳也，故其記戰國，有數年不書一事者，余竊悲之。（史部，別史類，古史，原敘，頁2）

秦　觀

　　班固贊司馬遷，以爲：是非頗謬於聖人，論大道則先黃老，而後六經；序游俠則退處士，而進姦雄；述貨殖則崇勢利，而羞貧賤。先黃老而後六經，求古今搢紳先生之論，尚或有之。至於退處士而進姦雄，崇勢利而羞貧賤，則非閭里至愚極陋之人不至是也，孰謂遷之高才博洽而至於是乎？以臣觀之，不然！彼實有見而發，有激而云耳。孟子曰：「仁者人也，合而言之，道也。」楊子亦曰：「道以導之，德以得之，仁以人之，義以宜之，禮以體之。」天也，合則渾，離則散。蓋道德者，仁、義、禮之大全，而仁、義、禮者，道德之一偏。黃、老之學，貴合而賤離，故以道爲本。六經之敎，於渾者略，於散者詳，故以仁、義、禮爲用。遷之論大道也，先黃、老而後六經，豈非有見於此而發哉！方漢武用法刻深，急於功利，大臣一言不合，輒下吏就誅。有罪當刑，得以貨自贖，因而補官者有焉。於是朝廷皆以偷合苟免爲事，而天下皆以竊資殖貨爲風。遷之遭李陵禍也，家貧無財賄自贖，交遊莫救，左右親近不爲一言，以陷腐刑，其憤懣不平之氣，無所發泄，乃一切寓之於書，故其序游俠也，稱昔虞舜窘於井廩，伊尹負於鼎俎，傅說匿於傅巖，呂尚困於棘津，夷吾桎梏，百里飯牛，仲尼阨於陳蔡，蓋遷自況也。又曰：「士窮窘得委命，此豈非人所謂賢豪者耶？誠使鄉曲之俠與季次原憲比權量力，效功於當世，不同日而論矣。」蓋言當世號爲修行仁義者，皆畏避自保，莫肯急於人之難，曾匹夫之不若也。其述貨殖也，稱秦始皇令烏氏倮比封君，與列臣朝請；以巴蜀寡婦清爲正婦而客之，爲築女懷清臺，蓋以譏孝武也。又云：「諺曰『千金之子，不死於市』，非空言也。」蓋遷自傷砥節礪行，特以貧故不免於刑戮也。以此言退處士而進姦雄，崇勢利而羞貧賤，豈非有激而云哉！彼班固不達其意，遂以爲「是非頗謬於聖人」，亦已過矣！然遷爲人多愛不忍，雖刺客、滑稽、佞幸之類，猶屑屑焉稱其所長，況於黃老、游俠、貨殖之事，

有見而發，有激而言者？其所稱道，不能無溢美之言也。若以《春秋》之法，明善惡、定邪正責之，則非矣。楊子曰：「太史公，聖人將有取焉。」又曰：「多愛不忍，子長也。仲尼多愛，愛義也；子長多愛，愛奇也。」夫惟所愛不主於義，而主於奇，則遷不爲無過。若以「是非頗謬扵聖人」，曷爲乎有取也！（集部，別集類，宋金元，淮海集，卷二十，頁2、頁3、頁4）（善本）

張 耒

司馬遷作〈伯夷傳〉，言「非公正不發憤而遇禍災」，此特遷自言爲李陵辯而武帝刑之耳。論管、晏之事，則于晏子獨曰「使晏子而在，雖執鞭所忻慕焉」，遷之爲是言者，蓋晏子出越石父于縲絏，而方遷被刑，漢之公卿無爲遷言，故于晏子致意焉！且方李陵之降，其爲漢與否未可知，而遷獨激昂不顧，出力辯之如此，幾于愚乎！與夫時然後言，片言解紛者異矣！不知其失，而惑夫道之是非，何哉？至怨時人之不援巳于禍，而拳拳于晏子，遷亦淺矣，遷亦淺矣！（集部，別集類，北宋建隆至靖康，柯山集，卷三十八，頁2）

張 耒

司馬遷尙氣好俠，有戰國豪士之餘風，故其爲書，敘用兵、氣節、豪俠之事特詳。其言侯嬴自殺以報魏公子，而樊於期自殺以頭遺荆軻，皆奇誕不近人情，不足致信。以嬴旣進朱亥以報魏公子，不自殺未害爲信，而樊於期自匿以求苟免，尙安肯憤然刎以浮詞，以首遺人哉？此未必非燕丹殺之也。予讀〈刺客傳〉，頗愛曹沫、豫讓之事。沫有補其國，而讓爲不負其君，然皆不合大義，而庶幾所謂好勇者。如聶政、荆軻之事，此特賤丈夫之雄耳。予觀竇嬰、田蚡、灌夫之事，夫嬰與蚡皆庸人不學，其所立無可稱錄，而灌夫屠沽之人也，鬪爭于酒食之間，不啻若奴妾，是皆何足載之于書！而遷敘聶政、荆軻、竇嬰、田蚡之事特詳，反覆敘錄而不厭，蓋其尙氣好俠事投其所好，故不知其言之不足信，而忘其事之爲不足錄也。（集部，別集類，北宋建隆至靖康，柯山集，卷三十八，頁2、頁3）

鄭 樵

仲尼旣沒，百家諸子興焉！各效《論語》以空言著書，至於歷代實蹟，無所紀繫。迨漢建元、元封之後，司馬氏父子出焉。司馬氏世司典籍，工於制作，故能上稽仲尼之意，會《詩》、《書》、《左傳》、《國語》、《世本》、《戰國策》、《楚漢春秋》之言，通黃帝、堯、舜至于秦、漢之世，勒成一書，分

爲五體：本紀紀年，世家傳代，表以正歷，書以類事，傳以著人。使百代而下，史官不能易其法，學者不能舍其書。六經之後，惟有此作。（史部，別史類，通志，總序，頁1）

洪 邁

大儒立言著論，要當使後人無復擬議，乃爲至當。如王氏《中說》，謂陳壽有志於史，依大義而削異端，使壽不美於史，遷、固之罪也。又曰史之失，自遷、固始也，記繁而志寡。王氏之意，直以壽之書過於《漢》、《史》矣，豈其然乎？元續讀《詩》、《書》，猶有存者，不知能出遷、固之右乎！蘇子由作《古史》，謂太史公易編年之法爲本紀、世家、列傳，後世莫能易之，然其人淺近而不學，疏畧而輕信，故因遷之舊，別爲《古史》。今其書固在，果能盡矯前人之失乎？指司馬子長爲淺近不學，貶之已甚，後之學者不敢謂然。（子部，雜家類，雜考之屬，容齋隨筆，四筆卷十一，頁4）

朱 熹

司馬遷才高，識亦高，但麄率。《太史公書》疎爽，班固書密塞。司馬子長動以孔子爲証，不知是見得，亦且是如此說，所以伯恭每發明得非細，只恐子長不敢承領耳。（子部，儒家類，朱子語類，卷一百三十四，頁1）

呂祖謙

文中子曰：「史之失，自遷、固始。」譏其失古史之體則當矣，然遷、固烏可以並言哉？遷之學雖未粹，感憤舛駁，往往有之，然二帝、三王之統紀，周、秦、楚、漢之世變，孔子、孟子之所以異於諸子百家者，於其書猶有考焉。高氣絕識，包舉廣而興寄深，後之爲史者，殆未易窺其涯涘也。固特因遷之規摹，而足成之耳。其竄定遷史諸篇，漢初豪傑之所存，尙未深究，況前於此者乎？（史部，編年類，大事記＿大事記解題，卷十二，頁134、頁135）

黃 震

遷以邁往不群之氣，無辜受辱，激爲文章，雄視千古。嗚呼，亦壯矣！惜乎其未聞道也，蓋吾夫子病紛紛者之誣民也。討論墳典，斷自唐、虞以下，訖于周。周衰，不足以訓，復約史記以修《春秋》，百王之大法盡在是矣。今遷之所取，皆吾夫子之所已棄，而遷文足以詔世，遂使里巷不經之說，間亦得爲萬世不刊之信史。（子部，儒家類，黃氏日抄，卷四十七，頁13）

唐 庚

司馬遷敢亂道，卻好；班固不敢亂道，卻不好。（子部，雜家類，雜纂之屬，說郛，卷七十九上，頁6）

劉子翬

太史公以儒、墨、陰陽、名、法、道德為六家，較其短長，而論其指要。劉子曰：夫儒何所不通哉？不通非儒也。其論墨者曰：「彊本節用，人給家足之道也。」孔子曰：「與其奢也，寧儉」，有子曰：「百姓足，君孰與不足」！《易》曰：「節以制度，不傷財，不害民」，則墨家之長，吾儒之為也。其論陰陽家曰：叙四時之大順，不可失也。孔子曰：「行夏之時」，《易》曰：「變通莫大乎四時」，又曰：「君子以治歷明時」，則陰陽之長吾儒之為也。其論法家曰：尊主卑臣，分職不相踰越，不可改也。孔子：「君在，踧踖如也，君命召，不俟駕而行」，《易》曰：「君子以辯上下定民志」，則法家之長吾儒之為也。其論名家曰：其正名實不可不察也，孔子曰：「必也正名乎」！又曰：「惟名與器不可假人」，又曰：「如有所譽者其有所試矣」，則名家之長吾儒之為也。其論道家曰：使人精神專一，動合無形澹足萬物。孔子曰：「造次必於是，顛沛必於是」！《易》曰：「以此洗心，退藏於密」，又曰：「無思無為，寂然不動，感而遂通天下之故」，則道家之長吾儒之為也。以是觀之，則五家之長，吾儒通之明矣。其論儒者之短，則曰：以六藝為法，六藝經傳以千萬數，累世不能通其學，當年不能究其禮，故曰：『博而寡要，勞而少功』，是以跡論儒也。孔子曰：「一以貫之」，又曰：「予欲無言」，然則所謂六藝者，果可以病儒哉？論儒之跡，而不論儒之道，非知儒者也。不蔽於一偏，不滯於一隅，以之治世，以之脩身，無不可為，茲所謂通儒也。（集部，別集類，宋金元，屏山集，卷四，頁3、頁4、頁5）（善本）

朱 熹

浙間學者推尊《史記》，以為先黃老後六經，此自是太史談之學，若遷則皆宗孔氏。如於〈夏紀·贊〉用行夏時事，於〈商紀·贊〉用乘商輅事，〈高祖紀·贊〉則曰：「朝以十月，車服黃屋左纛。」盖譏其不用夏時商輅也。遷之意脉，恐誠如是，考得甚好，然但以此遂謂遷能學孔子，則亦徒能得其皮殼而已，假使漢高祖能行夏時乘商輅，亦只是漢高祖，終不可謂之禹、湯。此等議論，恰與欲削鄉黨者相反必大。（子部，儒家類，朱子語類，卷一百二

十二，頁 13、頁 14）

朱　熹

伯恭、子約宗太史公之學，以爲非漢儒所及，某嘗痛與之辨。子由《古史》言馬遷「淺陋而不學，疎畧而輕信」，此二句最中馬遷之失，伯恭極惡之。《古史·序》云：「古之帝王，其必爲善，如火之必熱，水之必寒；其不爲不善，如騶虞之不殺，竊脂之不穀。」此語最好。某嘗問伯恭，此豈馬遷所能及？然子由此語雖好，又自有病處，如云帝王之道，以無爲宗之類，他只説得箇頭勢大，下面工夫又皆疎空，亦猶馬遷〈禮書〉云「大哉禮樂之道，洋洋乎鼓舞萬物，役使群動」，説得頭勢甚大，然下面亦空疎，却引《荀子》諸説以足之。又如〈諸侯年表〉盛言形勢之利，有國者不可無，末却云「形勢雖强，要以仁義爲本」，他上文本意主張形勢，而其末却如此説者，蓋他也知仁義是箇好底物事，不得不説，且説教好看，如〈禮書〉所云，亦此意也。伯恭極喜渠此等説，以爲遷知行夏之時，乘殷之輅，服周之冕，爲得聖人爲邦之法，非漢儒所及，亦衆所共知，何必馬遷？然遷嘗從董仲舒遊，《史記》中有「余聞之董生云」，此等語言亦有所自來也。遷之學，也説仁義，也説詐力，也用權謀，也用功利，然其本意却只在於權謀功利。孔子説「伯夷求仁得仁，又何怨」！他一傳中首尾皆是怨辭，盡説壞了伯夷。子由《古史》皆刪去之，盡用孔子之語作傳，豈可以子由爲非，馬遷爲是？可惜子約死了，此論至死不曾明。聖賢以六經垂訓，炳若丹青，無非仁義道德之説，今求義理不於六經，而反取疎畧淺陋之子長，亦惑之甚矣！（子部，儒家類，朱子語類，卷一百二十二，頁 4、頁 5、頁 6）

陳傅良

《太史公書》又以接《尚書》、《春秋》之統緒，而下逮秦漢，其用功略與《左氏》同，而不敢比假《春秋》，是以變爲紀、傳、世家、書、表耳！何當合併共講其指？讀《史記》甚善，然有猥駁奇恠之疑，何也？獲麟以後，孟、荀推尊孔氏，明禮義之統紀。二子死，百氏益亂眞，老儒如浮丘伯、伏生之徒，區區於秦楚之際，抱經自守，而其力不足以發揮前緒。至漢六七十年間，董大夫始究大業，田何、孔安國、戴聖、戴德、毛莫並出，各有所著，而又未祜合群書爲一，削其不合以存其合者，太史談有意矣，然六家之論猶崇老抑儒。遷卒家學，乃盡百家之精而斷以六藝，《易》本田何，《春秋》本

董仲舒，《書》本孔安國，《禮》本河間，獨恨不見《毛氏詩》耳！盖其融液九流，萃爲一篇，罷黜雜論，自〈五帝紀〉以下盛有依據，荀卿之後，僅見此書爾。其論五帝云：「再蒙言黃帝，其文不雅馴，搢紳先生難言之，書缺有間，其軼廼時時見於他說，非好學深思，心知其意，固難爲淺見寡聞者道。」則所得多，而自負亦不薄矣。惜自班固看渠不過，妄有瑕摘，後生沿習，遂成牢談。千五百年之間，此書湮晦，正賴吾黨自開隻眼，不惑於紛紛之論，謹勿容易便生疑薄也。（集部，別集類，宋金元，止齋先生文集，卷三十五，頁14）（善本）

真德秀

按仲舒此論，見於《太史公‧自叙》，其學粹矣！太史公曰「余聞之董生」，則遷與仲舒蓋嘗遊，從而講論也。〈六家要指〉史談實論之，而遷述焉。其說曰：「太史公仕於建元、元封之間，愍學者之不達其意而師悖，乃論六家之要指」云，然其所論，乃列儒者於陰陽、墨者、名、法、道家之間，是謂儒者特六家之一爾，而不知儒者之道無所不該，五者之所長，儒者皆有之，而其短者，則吾道之所棄也。蓋談之學本於黃老，故其論如此！班固譏之曰：「論大道，則先黃老而後六經」，詎不信夫！（集部，總集類，文章正宗，卷十二，頁16）

鄭　樵

凡左氏之有「君子曰」者，皆經之新意；《史記》之有「太史公曰」者，皆史之外事，不爲褒貶也。間有及褒貶者，褚先生之徒雜之耳。（史部，紀傳類，通代之屬，通志二十略，總序，頁3）（善本）

歐陽修

以孔子之學，上述前世止於堯、舜，著其大略，而不道其前。遷遠出孔子之後，而乃上述黃帝以來，又詳悉其世次，其不量力而務勝，宜其失之多也。遷所作本紀，出於《大戴禮》、《世本》諸書。今依其說圖而考之，堯、舜、夏、商、周皆同出於黃帝，堯之崩也，下傳其四世孫舜，舜之崩也，復上傳其四世祖禹，而舜、禹皆壽百歲。稷、契於高辛爲子，乃同父異母之兄弟，今以其世次而下之，湯與王季同世，湯下傳十六世而爲紂王，季下傳一世而爲文王，二世而爲武王，是文王以十五世祖臣事十五世孫紂，而武王以十四世祖伐十四世孫而代之王，何其繆哉！（集部，別集類，宋金元，歐陽文忠公集，卷四十三，頁9、頁10）（善本）

呂祖謙

　　《史記》十表意義弘深，始學者多不能達。今附見于此，〈三代世表〉以
世系爲主，所以觀百世之本支也。〈十二諸侯年表〉以下以地爲主，故年經而
國緯，所以觀天下之大勢也。〈高祖功臣侯年表〉以下以時爲主，故國經而年
緯，所以觀一時之得失也。〈漢興以來將相名臣年表〉以大事爲主，所以觀君
臣之職分也。以百世本支言之，黃帝之初，先列譜系，以祖宗爲經，以子孫
爲緯，則五帝、三代皆出於黃帝可知矣。周成王之後，詳列諸侯，以世爲經，
以國爲緯，則親疎之相輔可知矣。帝顓頊以下周武王以上，有經而無緯，止
列世系而大治亂附焉，則正嫡旁支之繼統，皆可知矣。以天下大勢言之，如
高帝五年，韓信王楚，英布王淮南，盧綰王燕，張耳王趙，彭越王梁，韓王
信王太原，吳芮王長沙，則天下之勢，異姓強，而同姓未有封者也。如高帝
六年，高祖弟交王楚，高祖子肥王齊，英布王淮南，盧綰王燕，張敖王趙，
彭越王梁，高祖兄喜王代，吳芮王長沙，則天下之勢，異姓與同姓強弱亦畧
相當也。如高祖十二年，高祖弟交王楚，高祖子肥王齊，高祖兄子濞王吳，
高祖子長王淮南，高祖子建王燕，高祖子如意王趙，高祖子恢王梁，高祖子
友王淮陽，高祖子恒王代，吳芮王長沙，則天下之勢，同姓甚強而異姓絶無
而僅有也。以當世得失言之，如〈高祖功臣年表〉，高祖功臣侯者一百四十三，
至文帝之世，存者一百二十五，至武帝時，存者七十一，則時之守先典待舊
勳，孰得孰失，皆可知矣。如〈惠景間侯者表〉，建元之後存者二國，太初以
後又皆國除，則時之政事，孰緩孰急，皆可知矣。如〈建元以來侯者表〉，元
光侯者四，元朔侯者二十，元狩侯者十三，皆以匈奴封；元鼎侯者十六，以
匈奴，南粵封；元封侯者十七，以東越、甌駱、南粵、朝鮮、西域封，則時
之用兵，孰多孰少，皆可知矣。〈建元以來王子侯者表〉，元光侯者七，元朔
侯者一百二十七，元狩侯者二十五，元鼎侯者三，則時之分封，諸侯子弟施
行次第，皆可知矣。以君臣之職分言之，如高帝元年，「大事記」沛公爲漢王，
之南鄭，還定雍，而「相位」書蕭何守漢中，「御史大夫位」書周苛守滎陽。
高帝九年，「大事記」未央宮成，置酒前殿，帝奉玉卮上太上皇壽曰，今臣功
孰與仲多，而「相位」書蕭何爲相國，「御史大夫位」書周昌爲趙丞相，則君
臣之職分，或得或失，皆可知矣。彼班氏作漢史，苟欲自出機軸盡變子長之
例，分異姓王同姓王爲兩表，漢初親疎相錯之意不復見，〈同姓諸侯王表〉廢
年經國緯之制，王子侯以下諸表廢國經年緯之制，徒列子孫曾玄世數，是特

聚諸家之譜諜耳，天下大勢當世得失斷然莫可考，何名爲表哉？太史公諸表，〈秦楚之際月表〉此一時也，〈漢興以來諸侯年表〉此又一時也。至於以節目論之，則〈高祖功臣年表〉與〈惠景間侯者表〉異矣，〈惠景間侯者表〉與〈建元以來侯者表〉異矣。〈建元以來王子侯者表〉斷自建元，其亦有以矣。（史部，編年類，通代之屬，大事記解題，卷十，頁7、頁8、頁9）（善本）

黃履翁

　　昔邵氏論班固表志之優劣，謂遷作歷代史，表志當著歷代，固作漢史，表志不當著歷代。嗚呼，固之不及遷者豈止是哉！夫子長負邁世之氣，登龍門，探禹穴，採摭異聞，網羅往史，合三千年事而斷之於五十萬言之下，措辭深，寄興遠抑揚去取自成一家，如天馬駿足，步驟不凡，不肯少就於籠絡。彼孟堅摹規倣矩，甘寄籬下，安敢望子長之風耶！夫表者，興亡理亂之大略，而固之表則猶譜牒也。書者制度沿革之大端，而固之志則猶案牘也，且遷之〈諸侯年表〉以下，以地爲主，故年經而國緯，所以觀天下之大勢。如高帝五年，韓信王楚，英布王淮南，盧綰王燕，張耳王趙，彭越王梁，韓王信王太原，吳芮王長沙，則天下之勢，異姓強而同姓未有封者也。如高帝六年，高祖弟交王楚，高祖子肥王齊，英布王淮南，盧綰王燕，張敖王趙，彭越王梁，高祖兄喜王代，吳芮王長沙，則天下之勢，異姓與同姓強弱亦略相當也。〈高祖功臣年表〉以下，以時爲主，故國經而年緯，所以觀一時之得失。如〈高祖功臣年表〉，高祖功臣侯者，一百四十三，至文帝之世存者一百二十五，至武帝時存者七十一，則時之守先典待舊勳，孰得孰失，皆可知矣。如〈惠景間侯者表〉，建元之後存者二國，太初已後又皆國除，則時之政事，孰緩孰急，皆可知矣。如〈建元以來侯者表〉，元光、元朔、元狩以來，不以匈奴，則以南粵，則知時之用兵，戰功居多矣。如〈建元以來王子侯者表〉，元光侯者七，元朔侯者一百二十七，則知時之分封侯子施行次第矣。〈漢興以來將相名臣年表〉，以大事爲主，所以觀君臣之職分。如高帝元年「大事記」，沛公爲漢王，之南鄭，還定雍，而「相位」書蕭何，守漢中，「御史大夫位」書周苛，守滎陽。高帝九年，「大事記」未央宮成，置酒前殿，帝奉玉卮上太上皇壽曰「今臣功孰與仲多」，而「相位」書蕭何爲相國，「御史大夫位」周昌爲趙丞相，則君臣之職分，或得或失皆歷歷可見矣。彼班氏之表，何如哉？侯表徒列子孫世數之繁，官表徒書公卿拜罷之日，是特聚諸家之譜牒耳，未聞有發明一代之意也，且〈諸侯年表〉曰「異姓王」者，曰「同姓王」者，遷

則合而爲一，正以明漢初親疏相錯之旨。固廢年經國緯之制，徒以一已之見，乃以異姓、同姓分而爲二，則天下大勢何觀焉？〈功臣年表〉曰「高祖功臣侯者」，曰「景惠間侯者」，曰「建元以來侯者」，遷則析而爲三，正以明一時行封異同之意。固廢國緯年經之制，徒以卷帙重大之故，乃以「高惠、高后、文帝」、「景、武、昭、宣、元、成」，析而爲二，則當世得失何驗焉？〈建元以來王子侯者表〉斷自建元，蓋是時始行分封之典，遷意正有在也；固則起於高祖，且謂聖祖建業以廣親親，殊失〈王子侯表〉之本旨矣。〈漢興以來將相名臣表〉不載九卿百司，蓋漢興將相權重之故，遷意正有寓也；固則以將相混於列職之中，且不記大事以爲主，殊失〈將相名臣表〉之本旨矣。（子部，類書類，古今源流至論，別集，卷五，頁1、頁2、頁3、頁4）

黃履翁

　　且〈封禪〉之書，何爲而作也？自武帝有求仙之惑，今日用方士，明日遣祠官，溺心於虛無之境，而不自知，子長欲救其失，其首雖曰「自古帝王何嘗不封禪」，而其〈贊〉乃云「究觀方士、祠官之意」，子長之意婉矣。〈平準〉之書，何爲而作也？自武帝有征利之慾，今日禁鹽鐵，明日置平準，留意於錐刀之利，而不自知，子長欲箴其非，徃徃指言宏羊致利之由，子長之言深矣。其著〈律書〉也，不言律而言兵，不言兵之用，而言兵之偃，觀其論文帝事，浩漫宏博，若不相類，徐而考之，則知文帝之時，偃兵息民，結和通使，民氣歡洽，陰陽協和，天地之氣，亦隨以正，其知造律之本矣。其序〈歷書〉也，不言「太初」而言古歷，不言八十一分之術，而言九百四十分之法。觀其在元豐間議造漢歷，號爲「太初」，其術最驗，遷書置而不取，蓋古歷之失，以其朔餘太強，而至於後天乃改新歷，而後天之失尤甚於古歷，此遷所以不取「太初」日分之法，其知作歷之法矣。書「天官」，則初言春秋星隕，而五伯代興；次言漢初日蝕，而諸呂作亂；又次言元光、元狩，蚩尤旗見而兵師四出，正以警時君修德修政之心。書「河渠」，則初言夏禹治水之源流；次言秦漢治渠之利害，正以知歷代水利之由。於〈禮書〉載〈禮論〉，於〈樂書〉載〈樂記〉，遷非蹈襲舊文也，漢承秦滅學之後，百氏蜂起，天下知有眾說而不知有吾道，知有新制而不知有古典，所謂〈禮論〉、〈樂記〉之書，誰其講之？遷乃取而載之於書，非有高世之識，不能也。（子部，類書類，古今源流至論，別集卷五，頁5、頁6、頁7）

蘇　轍

司馬遷作《史記》，記五帝、三代，不務推本《詩》、《書》、《春秋》，而以世俗雜說亂之。記戰國事多斷缺不完，欲更為古史。（集部，別集類，宋金元，欒城集，後集卷十二，頁5）（善本）

鄭　樵

故謂周公五百歲而有孔子，孔子五百歲而在茲乎？是其所以自待者已不淺，然大著述者，必深於博雅，而盡見天下之書，然後無遺恨。當遷之時，挾書之律初除，得書之路未廣，亘三千年之史籍，而跼蹐於七、八種書，所可為遷恨者，博不足也。凡著書者，雖採前人之書，必自成一家言。左氏，楚人也，所見多矣，而其書盡楚人之辭；公羊，齊人也，所聞多矣，而其書皆齊人之語。今遷書全用舊文，閒以俚語，良由採摭未備，筆削不遑，故曰：「予不敢墮先人之言，乃述故事，整齊其傳，非所謂作也。」劉知幾亦譏其「多聚舊記，時插雜言」。所可為遷恨者，雅不足也。（史部，紀傳類，通代之屬，通志二十略，頁1、頁2）（善本）

晁補之

又云：文者氣之形，太史公周覽四海名山大川，與燕趙間豪傑遊，故其文章疏蕩，頗有奇氣，然未嘗役意學為如此之文也。氣充乎其中，而動乎其言也，譬顏魯公性忠烈，故雖字畫亦剛勁，類其為人，皆未可求之筆墨蹊逕間也。（集部，詩文評類，餘師錄，卷一，頁16）

蘇　洵

遷之辭，淳健簡直，足稱一家，而乃裂取六經傳記雜於其間，以破碎汨亂其體。五帝、三代紀多《尚書》之文，齊、魯、晉、楚、宋、衛、陳、鄭、吳、越世家多《左傳》、《國語》之文，〈孔子世家〉、〈仲尼弟子傳〉多《論語》之文。夫《尚書》、《左傳》、《國語》、《論語》之文非不善也，雜之則不善也。（集部，別集類，宋金元，重編嘉祐集，卷九，頁6、頁7）（善本）

蘇　轍

太史公行天下，周覽四海名山大川，與燕、趙間豪俊交游，故其文疎蕩，頗有奇氣，此二子者，豈嘗執筆學為如此之文哉！其氣充乎其中，而溢乎其貌，動乎其言，而見乎其文，而不自知也。（集部，別集類，宋金元，欒城集，卷二十二，頁1）（善本）

洪　邁

〈太史公書〉不待稱說，若云褒贊，其高古簡妙處，殆是摹寫星日之光輝，多見其不知量也，然予每展讀至〈魏世家〉、〈蘇秦〉、〈平原君〉、〈魯仲連傳〉，未嘗不驚呼擊節，不自知其所以然。魏公子無忌與王論韓事，曰韓必德魏、愛魏、重魏、畏魏，韓必不敢反魏，十餘語之間，五用「魏」字。蘇秦說趙肅侯曰，擇交而得則民安，擇交而不得則民終身不安，齊秦為兩敵，而民不得安，倚秦攻齊，而民不得安，倚齊攻秦，而民不得安。平原君使楚，客毛遂願行，君曰：「先生處勝之門下幾年于此矣？」曰：「三年于此矣！」君曰：「先生處勝之門下三年於此矣，左右未有所稱誦，勝未有所聞，是先生無所有也，先生不能，先生留。」遂力請行，囬折楚王，再言：「吾君在前，叱者何也？」至左手持盤血，而右手招十九人於堂下，其英姿雄風，千載而下，尚可想見，使人畏而仰之。卒定，從而歸，至於趙，平原君曰：「勝不敢復相士，勝相士多者千人，寡者百數，今乃於毛先生而失之。毛先生一至楚，而使趙重於九鼎大呂，毛先生以三寸之舌，強於百萬之師。勝不敢復相士。」秦圍趙，魯仲連見平原君曰：「事將奈何？」君曰：「勝也何敢言事？魏客新垣衍令趙帝秦，今其人在是，勝也何敢言事？」仲連曰：「吾始以君為天下之賢公子也，吾今然後知君非天下之賢公子也！客安在？」平原徃見衍曰：「東國有魯仲連先生者，勝請為紹介交之於將軍。」衍曰：「吾聞魯仲連先生，齊國之高士也，衍，人臣也，使事有職，吾不願見魯仲連先生。」及見衍，衍曰：「吾視居此圍城之中者，皆有求於平原君者也。今吾觀先生之玉貌，非有求於平原君者也。」又曰：「始以先生為庸人，吾乃今日知先生為天下之士也。」是三者重沓熟復，如駿馬下駐千丈坡，其文勢正爾，風行於上而水波，真天下之至文也。（子部，雜家類，容齋五筆，五筆卷五，頁 10、頁 11、頁 12）（善本）

朱　熹

曹器遠說〈伯夷傳〉得孔子而名益彰，先生曰：伯夷當初何嘗指望孔子出來發揮他？又云：黃屋左纛朝以十月葬長陵，此是大事所以書在後。先生曰：某嘗謂《史記》恐是箇未成底文字，故記載無次序，有疎闊不接續處，如此等是也。（子部，儒家類，朱子語類，卷一百三十四，頁 1）

朱　熹

司馬遷文雄健，意思不帖帖，有戰國文氣象。賈誼文亦然，老蘇文亦雄健，似此皆有不帖帖意。仲舒文實，劉向文又較實，亦好，無些虛氣象，比之仲舒，仲舒較滋潤發揮。大抵武帝以前文雄健，武帝以後便實。（子部，儒家類，朱子語類，卷一百三十九，頁5）

呂祖謙

東萊呂氏曰：太史公之書法，豈拘儒曲士所觟其說乎？其指意之深遠，寄興之悠長，微而顯，絕而續，正而變，文見於此而起義於彼，有若魚龍之變化，不可得而蹤跡者矣。讀是書者，可不參考互觀，以究其大指之所歸乎？（史部，政書類，通制之屬，文獻通考，卷一百九十一，頁8）（善本）

呂祖謙

班固《前漢書·司馬遷傳》云：「十篇缺，有錄無書。」以張晏所列亡篇之目校之《史記》，或其篇具在，或草具而未成，非皆無書也。今各隨其篇辨之：其一曰：〈景紀〉此其篇具在者也。《索隱》信張晏之說，遂謂〈景紀〉後人取班書補之。學者取司馬氏、班氏二紀觀其去取詳略之意，其才識之高下可默喻矣。此紀所載，間有班書所無者，不惟非生班孟堅後者所觟補，亦非元、成間褚先生所觟知也，況用意高遠，豈他人所觟辨乎！其二曰：〈武紀〉，十篇唯此篇亡。衞宏《漢舊儀》注曰：「司馬遷作本紀，極言景帝之短及武帝之過，武帝怒而削去之。」衞宏與班固同時，是時兩紀俱亡，今〈景紀〉所以復出者，武帝特觟毀其副在京師者耳，藏之名山，固自有它本也。〈武紀〉終不見者，豈非指切尤甚，雖民間亦畏禍而不藏乎？其三曰：〈漢興以來將相年表〉，其書具在，但前闕叙，後自太始元年以下，則褚先生所續耳。其四曰：〈禮書〉，其叙具在，自「禮由人起」以下則草具而未成者也。其五曰：〈樂書〉，其叙具在，自「凡音之起」以下則草具而未成者也。其六曰：〈律書〉，其叙具在，自「書曰七正二十八舍」以下則草具而未成者也。其七曰：〈三王世家〉，其書雖亡，然〈叙傳〉云：「三子之王文辭可觀作〈三王世家〉。」則其所載不過奏請及策書，或如〈五宗世家〉，其首略叙其所自出，亦未可知也。況是時，三王方就國，豈有事績可記耶？「贊」乃真太史公語也。其八曰：〈傅靳蒯成列傳〉，此其篇具在，而無刓缺者也。張晏乃謂褚先生所補，褚先生論著附見《史記》者甚多，試取一、二條與此傳並觀之，則雅俗工拙自可了矣。其九曰：〈日者列傳〉，自「余志而著之」以上，皆太史公本書。歐陽文忠公

每有製作，必取此傳讀數過，然後下筆，其愛之如此！末有褚先生所論數百言，乃張晏所謂言辭鄙陋者也。晏并與其傳疑之，此豈褚先生手筆乎？其十曰：〈龜策列傳〉，其序具在，自「褚先生曰」以下乃其正，如〈古文尚書〉，兩漢諸儒皆未嘗見，至江左始盛行，固不可以其晚出，遂疑以爲僞也。作者關鍵，張晏雖不足以知之，如此傳序存傳亡，使晏稍詳讀之，不應悉以爲非，亦由《史記》高古，習之者少，晏亦未嘗究觀爾。（集部，別集類，南宋建炎至德祐，東萊集，別集卷十四，頁5、頁6、頁7）

蘇　洵

遷喜雜説，不顧道所可否；固貴諛僞，賤死義。（集部，別集類，宋金元，重編嘉祐集，卷九，頁6）（善本）

鄭　樵

自《春秋》之後，惟《史記》擅制作之規模，不幸班固非其人，遂失會通之旨，司馬氏之門戶自此衰矣。（集部，總集類，御選古文淵鑒，卷五十七，頁14）

鄭　樵

《史記》一書，功在十表，猶衣裳之有冠冕，木水之有本原。班固不通旁行邪上，以古今人物彊立差等，且謂漢紹堯運，自當繼堯，非遷作《史記》廁於秦項，此則無稽之談也。（史部，紀傳類，通代之屬，通志二十略，總序，頁2）（善本）

鄭　樵

遷之於固，如龍之於豬，奈何諸史棄遷而用固，劉知幾之徒尊班而抑馬。（史部，政書類，通制之屬（史部紀傳類通代之屬），通志二十略，總序，頁3）（善本）

朱　熹

因言班固作《漢書》，不合要添改《史記》字，行文亦有不識當時意思處，如七國之反，《史記》所載甚踈略，却都是漢道理，班固所載雖詳，便却不見此意思。呂東萊甚不取班固，如載文帝〈建儲詔〉云：「楚王，季父也，春秋高，閱天下之義理多矣，明於國家之大體。吳王於朕，兄也，惠仁以好德。淮南王，弟也，秉德以陪朕。豈不爲豫哉！」固遂節了吳王一段，只於淮南

王下添「皆」字，云「皆秉德以陪朕」。蓋「陪」字訓貳，以此言弟則可，言兄可乎？今《史記》中却載全文。又曰：屏山却云固作《漢紀》有學《春秋》之意，其〈敘傳〉云「爲《春秋》攷紀」，又曰：遷史所載，皆是随所得者載入，正如今人草藁，如酈食其踞洗，前面已載一段，末後又載，與前説不同。蓋是兩處説，已寫入了，又攄所得寫入一段耳。（子部，儒家類，朱子語類，卷一百三十四，頁1、頁2）

陳傅良

孔子作《春秋》，一字無間然者，非獨用功深也，易其心而後語，權衡自平耳。後之秉筆者宜書輒不書，不宜書輒書，是其咎安在？如班孟堅史，視司馬子長加精察，而竟不能過，往往有愧色，亦豈力不足歟！（集部，別集類，南宋建炎至德祐，止齋集，卷四十一，頁8）

曾　鞏

《逸事》云：陳后山初携文卷見南豐先生，先生覽之，問曰：「曾讀《史記》否？」后山對曰：「自幼年即讀之矣。」南豐曰：「不然，要當且置它書，熟讀《史記》三兩年爾。」后山如南豐之言，讀之，後再以文卷見南豐，南豐曰：「如是足也。」（集部，詩文評類，餘師錄，卷一，頁10）

唐　庚

六經以後便有司馬遷，三百五篇之後便有杜子美。文當學司馬遷，詩當學杜子美。（子部，類書類，山堂肆考，卷一百二十六，頁17）（善本）

陳傅良

《史記》一書，自班氏莫窺其珍，後學祖班，轉爲詁剥，令人扼腕。若能爲發大意，不必若諸家餖飣訓釋，亦千載美事。如《索隱》之類，拾無害，要只是向下工夫，閑居且一面羅取爲編，何當良覿互相扣擊，痛快後已，及此於邑之至。（集部，別集類，宋金元，止齋先生文集，卷三十七，頁5）（善本）

王應麟

《史記》於班書微爲古質，故漢、晉名賢未知見重。（子部，類書類，玉海，卷四十六，頁17）

王應麟

《志》乙部，史録十三類，一曰正史類，七十家，九十部，四千八十五卷，失姓名二家，始於司馬遷《史記》，終於《隋書‧志》。司馬氏《史記》有裴駰、徐廣、鄒誕生、許子儒、劉伯莊之《音解》。班氏《漢書》有服虔、應劭、諸葛亮、孟康、晉灼、韋昭、崔浩、孔文祥、劉嗣、夏侯泳、包愷、蕭該、陰景倫、項岱、劉寶、陸澄、韋稜、姚察、顏游、秦僧務静、李善顧、顏師古之《音注論駁》；及高宗之銓定失姓名正名氏義英華二家；東漢則有劉珍、謝承、薛瑩、司馬彪、劉義慶、華嶠、謝沈、袁山松、范曄、張瑩之書；劉昭、劉熙、蕭該、劉芳、臧兢、太子賢、韋機之《補注音義》；三國有王沈、陳壽、韋昭；晉有王隱、虞預、朱鳳、謝靈運、臧榮緒、干寶、蕭子雲、何法盛及房玄齡等所修；宋有徐爰、孫嚴、沈約、王智深；齊、梁、陳有蕭子顯、劉陟、謝昊、姚察、顧野王、傅縡、姚思廉；元魏、北齊、周、隋有魏收、魏澹、李德林、王劭、張大素、李百藥、令狐德棻、顏師古等，不著録者，王元感至裴安時，二十三家，一千七百九十卷。《史記》之學，則有王元感、徐堅、李鎮、陳伯宣、韓琬、司馬貞、劉伯莊、張守節、竇羣、裴安時；《漢書》之學則劉伯、莊敬播、元懷景、姚珽、沈遵、李善；晉書音注則徐堅、高希嶠、何超，及齊、梁、陳、周、隋之史，武德、貞觀兩朝史，吳兢等唐書國史至裴安時元魏書終焉。《隋志》：「正史六十七部，三千八十三卷，通亡書合八十部，四千三十卷。古者天子諸侯，有國史以紀言行，《春秋》引周志、鄭書，漢始置太史公。自是世有著述，皆擬班、馬，以爲正史，作者尤廣，一代之史至數十家，唯《史》《漢》師法相傳並有解釋。」（子部，類書類，玉海，卷四十六，頁 43、頁 44）

王應麟

史與經同出而異名，若昔四史昉於黃序，五史建於蒼籙，右言左動，官宿其業。言爲《尙書》，紀謨訓而舉其綱，事爲《春秋》，繫日月而詳其目，紀傳猶未分也。邦國之志掌於小史，百十二國寶書藏於周室，私史猶未作也。自鄭書、晉乘、魯史、秦記而國各有史，如南董、左氏之流，史猶出於一家也。逮漢六葉，有臣曰遷，罔羅舊聞，終篇麟止，而編年之體始變。班劉而下，波沿景附，猶未有「正史」之名也。貴耳賤目，見聞異辭，而史始雜餘分閏位，記注並作而史始僞慴，玉錯陳，朱紫易混，繇是條分科別，粹然一出於正者編爲正史，《隋志》所録六十七部，三千八十三卷，一代史籍至數十家，而紀載益詳！《史》、《漢》訓詁，師法相傳，而義例益明。或書事記言

於當時，而勒成刪定於後代，大策小牘，支蕃葉滋，溫故知新，聳善抑惡，皆足以昭法式，垂勸戒，豈誇多而愛奇哉！有唐肇基，襲經補藝，《五代史》成於貞觀之十禩，兩朝史成於顯慶之初元，然乙部著錄，尚仍隋書，籤牒紛糾，寖失緒次，號登開元，名儒建議，乾元麗正，博彙羣書，臣述臣欽，分部治史，越九年，仲冬丙辰，臣行冲奏上，四錄卷析二百，臣照刪爲四十卷，凡史錄五百七十一家，八百五十七部，一萬六千八百七十四卷，曰編年、曰僞史、雜史、曰起居注、故事、曰職官、傳記、儀注、曰刑法、目錄、譜牒、地理，而正史居其首。即篇目考之，《史記》本於司馬氏，而裴、徐、鄒、許、劉之《音解》列焉，《漢書》本於班氏，而服、應，孟、晉、崔、孔、諸葛、夏侯、包、蕭、陰、項、陸、姚、李、顧、二韋、二劉、二顏、務靜之《音注論駁》，及高宗銓定名氏，英華附焉；東漢始於劉珍之記，二謝、薛司馬、劉華、袁范、張讓其書三劉蕭臧及太子賢韋機釋其義，以至王沈、陳壽、韋昭纂三國之事，隱預鳳靈運榮緒寶子雲法盛、玄齡輯二晉之史，宋、齊、梁、陳則徐、孫、沈王、蕭、劉、謝、顧、傅、二姚續汗青之緒，元魏、北齊、周、隋則二魏、王、張、二李、令狐、顏氏擅載筆之美，縹囊碧軸，淵聚林崒治亂興替之鑒，是非褒貶之論，袞斧於既往，蓍蔡於將來，天球河圖，金匱玉版，成一王法，爲萬世則，緯經綴道，囊括古今，茲七十家之醇駁雖殊，而廣記備言，不可以闕遺也；或者猶曰：「史之失，自遷、固始。」夫敘一時之事，編年爲善；敘一人之事，紀傳爲優。旨哉！皇甫湜之言曰：「合聖人之經，以心不以迹，得良史之體，在適不在同，吾有取焉。」緬稽唐朝簡冊尤備，倣四繫之法，則有唐歷春秋，總二史之載，則有起居注實錄，書政事議論之詳，則有日歷時政，記會要，肇於貞元，玉牒創於開成，惟紀表志傳爲一代鉅典，冠冕史錄，其以是與按六典卷部與《隋志》同，藝文志正史之末附以通史，南北史之屬，五家六部，一千二百二十二卷謂之集史，諸儒立言，日新月益，不著錄之書，若王元感之下，徐、李、陳、韓、司馬、劉、張、竇、裴，皆《史記》之學也。（子部，類書類，玉海，卷四十六，頁 45、頁 46、頁 47）

王應麟

《兩朝志》：國初承唐舊，以《史記》、兩《漢書》爲三史，列於科舉，而患傳寫多誤。雍熙中，始詔三館校定摹印。自是刊改非一，然猶未精。（子部，類書類，玉海，卷四十九，頁 29）

宋　祁

　　衞宏《漢儀注》曰：「太史公，武帝置，位在丞相上，天下計書，先上太史公，副上丞相，序事如古《春秋》。司馬遷死後，宣帝以其官爲令，行太史文書而已。」晉灼以宏言爲非是。顏師古曰：「司馬談爲太史令耳，遷尊之爲公。」予謂遷〈與任安書〉自言：「僕之先人，文史星曆近乎卜祝之間，固主上所戲弄，倡優畜之，流俗之所輕也。」若其位在丞相上，安得此言耶？〈百官表〉不著其官，信其非矣。（子部，雜家類，雜說之屬，宋景文筆記，卷中，頁 1）

劉　攽

　　劉奉世曰周制：外史掌四方之志，布在諸矦國，其位上士，皆在諸侯之卿上，秦亦有之，故《漢儀注》所云「太史公在丞相上」，謂此也。（史部，紀傳類，先秦兩漢之屬，西漢，漢書評林，卷六十二，頁 2）（善本）

司馬光

　　（五帝本紀第一）昔舜命禹曰：朕耄期倦于勤，汝惟不怠，揔朕師。是以天子爲勤，故老而使禹攝也。夫天子之職，莫勤於巡守，而舜猶親之，卒死於外而葬焉，惡用使禹攝哉？是必不然。或曰：〈虞書〉稱舜「陟方乃死」，孔安國以爲「升道南方」，巡守而死。《禮記》亦稱「舜葬於蒼梧之野」，皆如太史公之言，予獨以爲不然何如？曰，傳記之言，因不可据以爲實，藉使有之，又安知無中國之蒼梧而必在江南邪？〈虞書〉：「陟方」云者，言舜在帝位，治天下五十載，升於至道，然後死耳，非謂巡守爲陟方也。嗚呼！遂使後世愚悖之人或疑舜、禹而非聖人，豈非孔安國與太史公之過也哉？（集部，別集類，宋金元，司馬太師溫國文正公傳家集，卷七十三，頁 11）（善本）

蘇　轍

　　（五帝本紀第一）孔子刪《詩》及《書》，起於堯、舜、稷、契之際，以爲自是以上其事不可詳矣。至司馬遷紀五帝，首黃帝，遺犧農而黜少昊，以爲帝王皆出於黃帝，蓋紀其世，非紀其事也，故余因之，然黃帝本神農之後，少典之子，神農豈非五帝世耶？蓋黃帝、高陽、高辛、子孫代有天下，而少昊之後不傳，《周禮》六樂無少昊之樂，《易》叙古帝王，亦不道也。遷由是黜而不紀，後世多以遷爲非者，於是作〈三皇本紀〉，復紀少昊於五帝首。（史部，別史類，古史，卷一，頁 3）

黃　震

（五帝本紀第一）遷之紀五帝，自謂擇言之尤雅者著于篇，其存古之意厚矣，然黃帝殺蚩尤與以雲紀官，纔一、二事，若封禪事已不經，至顓頊、帝嚳紀，皆稱頌語，非有行事可考。唐、虞事雖頗詳，皆不過二典所已載，然則孔子定《書》，斷自唐、虞，至矣，何求加為？（子部，儒家類，黃氏日抄，卷四十六，頁 1）

黃　震

（夏本紀第二）〈夏紀〉多檃括〈禹謨〉、〈禹貢〉之書。少康中興，《書》所缺者亦缺。自仲康、帝相、少康，直以世次相承，若守文無事者，意者少康之事，遷時已無所考歟！若禹後於舜者也，謂皆黃帝子孫，舜去帝七世，而禹反四世，又舜帝族也，而側微至此，皆事之不可曉者。（子部，儒家類，黃氏日抄，卷四十六，頁 1）

黃　震

（殷本紀第三）〈殷紀〉亦依彷《書》為之，具載興衰相乘者數四，未嘗不本於賢者之用舍，而載紂取亡之事尤詳，真可為萬世戒。惟〈湯誥〉與《書》本文無一語類及。盤庚話民三篇謂為小辛世殷衰，百姓思盤庚而後作，難考耳。（子部，儒家類，黃氏日抄，卷四十六，頁 2）

金履祥

（殷本紀第三）履祥按：《書・序》前乎〈湯誓〉，有〈帝告〉、〈釐沃〉之書，有〈湯征〉、〈汝鳩〉、〈汝方〉之書，今皆亡矣。《史記》載〈湯征〉之辭而不類，葢非〈湯征〉之舊也。《孟子》引亳眾往耕之事，疑出此書，而五就湯桀之事，意者於〈鳩方〉之書得之也，其詳不可得而聞矣。（史部，編年類，資治通鑑前編，卷三，頁 35）

歐陽修

（周本紀第四）昔者孔子當衰周之際，患眾說紛紜以惑亂當世，於是退而作六經，以為後世法。及孔子既歿，去聖稍遠，而眾說乃興，與六經相亂，自漢以來莫能辨正。今有卓然之士，一取信乎六經，則〈泰誓〉者武王之事也，十有一年者武王即位之十有一年爾，復何疑哉？司馬遷作〈周本紀〉，雖曰武王即位九年，祭於文王之墓，然後治兵于盟津。至作〈伯夷列傳〉則又載父死不葬之說，皆不可為信，是以吾無取焉，取信于《書》可矣。（集部，

別集類，宋金元，歐陽文忠公集，卷十八，頁 14）（善本）

朱　熹

（周本紀第四）司馬遷云：文王之治岐，耕者九一，仕者世祿，皆是降陰德，以分紂之天下，不知文王之心誠於為民者若此！（子部，儒家類，朱子語類，卷一百三十四，頁 14）

司馬光

（秦本紀第五）戎王使由余於秦，秦穆公問曰：『中國以《詩》、《書》、《禮》、《樂》、法度為政，然尚時乱今，我夷無此，何以為治？由余笑曰：『此乃中國所以乱也，夫自上聖作為禮、樂、法度僅以小治，及其後世，阻法度之威，以督責於下。下罷極，則以仁義怨望於上，上下交爭怨而相篡弒。夫戎狄不然，上含淳德以遇其下，下懷忠信以事其上，此真聖人之治也。』穆公以為賢，乃離間戎之君臣，卒得由余而用之，遂霸西戎。剡曰：所貴乎有賢者，為其能治人國家也，治人國家，舍《詩》、《書》、《禮》、《樂》、法度無由也。今由余曰：是六者，中國之所以亂也，不如我戎夷無此六者之為善。如此而穆公以為賢而用之，則雖亡國無難矣，若之何其能霸哉？是特老莊之徒設為此言，以詆先王之法，太史公遂以為實而載之，過矣。（集部，別集類，宋金元，司馬太師溫國文正公傳家集，卷七十三，頁 13）（善本）

鄭　樵

（始皇本紀第六）司馬遷云「始皇姓趙氏」，此不達姓氏之言也。凡諸侯無氏，以國爵為氏，其支庶無國爵，則稱公子，公子之子則稱公孫，公孫之子無所稱焉。然後以王父字為氏；或分邑者，則以邑為氏；或言官者，則以官為氏。凡為氏者不一。今秦氏自非子得邑則以秦邑為氏，及襄公封國，則以秦國為氏，相傳至於始皇，亦如商、周相傳至於湯、武，豈有子湯、姬發之稱乎！若趙氏者，自造父獲封趙城為趙氏，其後微弱而邑於晉，則以趙邑為氏，及三分晉國，則以趙國為氏，豈有秦國之君，而以趙國為氏乎？漢、魏以來，與此道異。遷漢人，但知漢事而已。（史部，別史類，通志，卷四，頁 43）

黃　震

（始皇本紀第六）愚觀秦事，不忍言矣，然穆公以善用人而始興，二世以信讒諛而遂亡，雖以無道刦天下，而國之興亡係乎人，亦斷斷乎不可易也。

太史公援賈誼言責子嬰不能守全秦。余始讀之，疑焉！及觀班固永平之對，果闢其爲誤，然固謂始皇得聖人之威，恐亦身不免于誤耳！始皇果得聖人之威，則何全秦之難守哉！（子部，儒家類，黃氏日抄，卷四十六，頁 2、頁 3）

呂祖謙

（高祖本紀第八）《史記》書：「分趙山北，立子恆以爲代王。」子長少游四方，識輿地之大勢，故其書法簡明，得主名山川之餘意，如𧵯類非一。《漢書》多改之，蓋班氏所未達也。（史部，編年類，通代之屬，大事記解題，卷九，頁 34）（善本）

朱　熹

（高祖本紀第八）太史公三代本紀，皆著孔子所損益四代之説，〈高祖紀〉又言色尚黃，朝以十月，此固有深意，且以孔顔而行夏時，乘商輅，服周冕，用韶舞，則好，以劉季爲之，亦未濟事在。（子部，儒家類，朱子語類，卷一百三十五，頁 4）

鄭　樵

（高祖本紀第八）遷遺惠而紀呂，無亦獎盜乎！（子部，雜家類，困學紀聞，卷十一，頁 12）（按：宋王應麟《困學紀聞》曾引該語。）（善本）

鄭　樵

（呂太后本紀第九）臣謹按漢呂、唐武之后立紀，議者紛紜不已，殊不知紀者編年之書也。若呂后之紀不立，則八年正朔所系何朝？武后之紀不立，則二十年行事所著何君？不察實義，徒事虛言，史家之大患也。（史部，別史類，通志，卷五上，頁 48）

真德秀

（孝文本紀第十）按文帝元年十月即祚，十二月下此詔，蓋即位後第二詔也，班氏載於〈刑法志〉，而《史記》書之〈本紀〉。〈太史公書〉於高、景二紀，詔皆不書，獨〈文帝紀〉凡詔皆稱「上曰」，以其出於帝之實意故也，不然則山東老癃扶杖聽詔，願見德化之成，其可以空言動邪？（集部，總集類，通代之屬，西山先生眞文忠公文章正宗，卷二，頁 4）（善本）

黃　震

　　（孝文本紀第十）〈文紀〉所載皆恭儉愛民之事，一制詔必具，以其皆由惻怛之言也。〈景帝〉特載其政事之常、災異之變，制詔不錄之矣。至〈武帝〉，則始終備具著方士之欺謾，他不及焉。（子部，儒家類，黃氏日抄，卷四十六，頁 8）

王應麟

　　（漢興以來將相名臣年表第二十二）史遷既易編年爲紀傳，而〈將相名臣年表〉之作，復以漢興以來大事爲之記，葢以成《春秋》之法也。上自高祖肇造，下迄天漢。紀年之後，凡闢基剏業則書之：高帝元年春，王漢，秋，定雍；二年，定塞、翟等國，據滎陽；三年，定魏，代趙；四年，定齊及燕；五年，破楚，踐位是也。伐畔除則書之：若高祖之擊信、布；孝景之擊吳、楚是也。凡定都營國則書之：若都關中，城長安；若長樂、未央之成；太倉，西（市）之立是也。封建朝覲則書之：若高祖王兄仲於代；文帝王諸子於太原等國；景立河間諸王；武立六安諸王；與夫楚元、齊悼之來朝；諸侯王之至長安是也。凡尊親、立廟、冊后、建儲之禮則書之：若高祖之尊上皇；惠、景之立高、文廟，與夫太子之立書於高帝之二年；衛后之立書於元朔之初載是也。凡肆眚除虐、導民興利則書之：若赦復作，除孥律，孝悌力田之置，八銖錢貨之行是也。凡郊祀、正朔、祥瑞、災異則書之：渭陽之祀，雍畤之幸，建元之紀號，太初之正歷，與夫汾陰寶鼎之出；河決地動之異是也。（子部，類書類，玉海，卷四十八，頁 26、頁 27）

黃履翁

　　（律書第二十五）世之論律法之善者莫如司馬遷，而論律法之失者亦莫如司馬遷。夫遷世爲太史，最精律法，以律之一龠而推日分，以律之九寸而得甲子，此非善知律者不能也！然攷之〈律書〉其所議論，其所推筭，而其失滋甚！且遷之黃鍾九寸，蓋以九分爲寸，以十分之寸約之，得八寸，十分一，而乃謂之七分之，其失一也。遷之鍾分，丑三之下有二，其實位生之法而妄論餘分，其失二也。夫以遷之長於律學，尚不免有異同之疑，況紛紛諸子乎！（子部，類書類，古今源流至論，別集卷九，頁 25、頁 24）

王應麟

　　（封禪書第二十八）〈封禪書‧皇王大紀〉曰：「自史遷載管仲言上古封禪之君七十有二，後世人主希慕之，以爲太平盛典，然登不徧於四岳，封非

十有二山，入懷宴安，不行五載一巡守之制，出崇泰侈，無納言計功行賞之實。鐫文告成，明示得意，而非所以教諸侯德也。泥金撿玉，遂其侈心，而非所以教諸侯禮也。心與天道相反，事與聖人相悖，故太平之典方舉，而天災人禍隨至者多矣。」梁許懋曰：「燧人之前，世質民淳，安得泥金檢玉？結繩而治，安得鐫文告成？」是故，攷〈舜典〉，可以知後世封禪之失；稽懋言，可以知史遷著書之謬。（子部，雜家類，困學紀聞，卷十一，頁 29）（善本）

黃　震

（封禪書第二十八）封禪之書起于求神仙狂侈之心，遷作〈封禪書〉，反覆纖悉，皆以著求神仙之妄，善矣！而猶牽合郊祀、巡狩，古帝王行事之常，以證封禪，何耶？（子部，儒家類，黃氏日抄，卷四十六，頁 8）

黃　震

（平準書第三十）平準者，桑弘羊籠天下貨，官自為商賈，買賣於京師之名也。葢漢更文、景恭儉，至武帝初，公私之富極矣。自開西南夷，滅朝鮮，至置初郡，自設謀馬邑，挑匈奴，至大將軍、驃騎將軍，連年出塞，大農耗竭，猶不足以奉戰士，乃賣爵，乃更錢幣，乃算舟車，而事益煩，財益屈，宜天下無可枝梧之術矣。未幾，孔僅，東郭咸陽乘傳行天下鹽鐵，楊可告緡徧天下，得民財物以億計，而縣官之用反以饒，而宮室之修於是日麗，鑿無為有，逢君之惡，小人之術何怪也！然漢自是連兵三歲，費皆仰給大農，宜無復可繼之術矣。又未幾，桑弘羊領大農，置平準，於是天子北至朔方，東至太山，巡海上，並北邊以歸，用帛百餘萬疋，錢金以巨萬計，皆取足大農。又一歲之中，太倉、甘泉倉皆滿，而邊餘穀，其始愈取而愈不足於用，及今愈用而反愈有餘，小人之術，展轉無窮，又何怪之甚也。嗚呼！武帝五十年間，因兵革而財用耗，因財用而刑法酷，沸四海而為鼎，生民無所措手足。迨至末年，平準之置，則海內蕭然，戶口減半，陰奪于民之禍於斯為極。遷備著始終相因之變，特以平準名書，而終之曰：烹弘羊，天乃雨，嗚呼，旨哉！（子部，儒家類，黃氏日抄，卷四十六，頁 9、頁 10）

王應麟

（齊太公世家第三十二）〈齊世家〉：「周西伯昌與呂尚，陰謀脩德以傾商政，其事多兵權與奇計，故後世之言兵及周之陰權，皆宗太公為本謀。」石

林葉氏曰：「其說盖出〈六韜〉。夫太公賢者也，其所用王術也，其所事聖人也，則出處必有義，而致君必有道。自墨翟以太公於文王爲忤合，而孫武謂之用間，且以嘗爲文、武將兵，故尙權詐者多並緣自見。」說齋唐氏曰：「三分有二而猶事商，在衆人必以爲失時，三后協心而後道洽，在常情必以爲無功。二聖人信之篤，守之固，至誠惻怛之心，寬厚和平之政，浹於斯民，固結而不可解，此豈矯拂而僞爲？亦出於自然而已。彼太史公曾不知此，乃曰「周西伯昌囚羑里，歸，與呂尙陰謀脩德以傾商政」。又曰「周公聞伯禽報政遲，乃歎曰：『魯後世其北面事齊矣』。」此特戰國變詐之謀，後世苟簡之說，殆非文王之事、周公之言也。遷不飪辨其是否，又從而筆之於書，使後人懷欲得之心，務速成之功者，藉此以爲口實，其害豈小哉！」（子部，雜家類，困學紀聞，卷十一，頁 19）（善本）

黃　震

（宋世家第三十八）世家之首，併叙三仁，明微子歸周之本心者善矣。宣公舍子與夷，而立弟穆公，穆公不敢忘德，將死，復立與夷爲殤公，殤公立十年，十一戰，而宋始亂，是穆賢而殤不肖甚明。宣之讓賢也甚公，亂不始于宣之讓也。史譏「宣公廢太子而立弟，國以不寧者十世」，春秋之世無寧國，豈皆讓使之然歟？其後，襄公讓弟目夷，不果，襄公卒以不用目夷之言而敗，向使目夷爲之君，宋未可量也，讓豈階亂之擧哉？當是時，人君溺私愛，廢嫡立庶，或以弟弑兄而攘其國，子孫干戈相尋者總總也，史不之譏，而譏宋宣之讓何也？且襄公初欲讓國目夷，不果，則相之，知其賢於已也，而卒不用，知賢而不能用，襄益妄人耳，史反多其禮讓，又何歟？（子部，儒家類，黃氏日抄，卷四十六，頁 15、頁 16）

黃　震

（晉世家第三十九）晉文侯當周東遷有功，平王錫文侯，有〈文侯之命〉，此一時也。其後，晉文公入周，襄王及獻楚俘，天子使王子虎命晉侯爲伯，賜大路弓矢秬鬯，此又一時也。史遷乃取〈文侯命〉屬之文公之下。義和者，文侯字也，注者又云能以義和我諸侯，誤益誤矣。黃池之會吳、晉爭長，而史於〈吳世家〉曰：「長晉於〈晉世家〉曰：『長吳』自相矛盾，未知孰是？獻公嬖驪姬，殺適立庶，而荀息乃以身徇之，長君之惡以成其亂陷，奚齊、卓子於死地皆息之罪也，史乃許息不負其言，息固不負其言矣，如負國何？

夫等死耳！使息能以死諫君，豈不忠且偉歟？悼公十四歲得國，一旦轉危為安，功業赫然，漢昭帝流亞也。太史公乃言「悼公以後日衰」，語焉不詳，悼公稱屈九原矣。（子部，儒家類，黃氏日抄，卷四十六，頁18、頁19）

蘇　轍

（韓世家第四十五）韓之先，獻子厥最賢，然春秋之際，諸侯之賢大夫如獻子者多矣，而子孫莫興。太史公以獻子存趙氏之孤，為天下之陰德，故宜有後，予以謂不然。韓之先與晉同祖，皆周武王之後也，史伯謂鄭桓公武實昭文之功文之祚盡武其嗣乎？武王之子應韓不在，其在晉乎？晉自文公伯諸侯，至乎八世，猶未足以究武之烈，而繼之以韓，此天意也，獻子何足以當之？然周衰，姬姓復興者三國，燕與韓、魏皆據地千里，后稷播種百穀以濟飢饉，其報固當然哉！（史部，別史類，古史，卷二十二，頁11、頁12）

王安石

（孔子世家第四十七）太史公叙帝王則曰本紀，公侯傳國則曰世家，公卿特起則曰列傳，此其例也。其列孔子為世家，奚其進退無所據耶！孔子，旅人也，棲棲衰季之世，無尺土之柄，此列之以傳，宜矣！曷為世家哉？豈以仲尼躬將聖之資，其教化之盛，焄奕萬世，故為之世家以抗之，又非極摯之論也。夫仲尼之才，帝王可也，何特公侯哉？仲尼之道，世天下可也，何特世其家哉？處之世家，仲尼之道不從而大；置之列傳，仲尼之道不從而小，而遷也，自亂其例，所謂多所抵牾者也。（集部，別集類，宋金元，臨川先生文集，卷七十一，頁11、頁12）（善本）

黃　震

（孔子世家第四十七）《史記》世家為有社稷人民者作也，孔子布衣，史遷以附諸侯王之後，且贊之曰：「天下君王至於賢人眾矣，當時則榮，歿則已焉。孔子布衣，至今學者宗之」。其意尤抑彼而揚此。嗚呼，吾夫子天而人者也，能模寫其盛者，惟子思《中庸》數語及本朝伊洛、考亭諸儒，若史遷之贊，蓋世俗之見，猶唐人尊以王爵爾，豈知夫子者哉？然漢世重道家學而輕儒，遷之家庭授受，本亦知有道家耳，而猶知尊慕之若此，此孔子之所以為大歟！（子部，儒家類，黃氏日抄，卷四十六，頁24、頁25）

金履祥

（孔子世家第四十七）晏嬰，賢者也，夫子亦每賢之，今景公將封孔子，

而晏子不可，其必有意，《史記》載其沮止之語。後夾谷之會，《史記》亦謂晏子與有謀焉。朱子皆削不取，或疑晏子心雖正，而其學墨，固自有不相爲謀者與！然論晏子者，惟當以夫子之言爲正，他書未可盡信也。（史部，編年類，資治通鑑前編，卷十六，頁 36）

朱 翌

（外戚世家第四十九）司馬遷載武帝殺鈎弋夫人云：「女主獨居，驕蹇淫亂自恣，莫能禁也，女不聞呂后耶？故諸爲武帝生子者，不問男女，其母無不譴死，豈可謂非賢聖哉！」班固載呂后問宰相，高祖曰：「陳平智有餘，王陵少戇，可以佐之安劉者必勃也，終如其言，聖矣，夫二史言聖，止此二帝，夫不問有罪、無罪，一切殺之，此與桀紂何異？遷乃以爲聖，何哉？（子部，雜家類，猗覺寮雜記，卷中）（善本）

黃 震

（外戚世家第四十九）史於呂氏，譏以非天命孰能當之；於薄氏，稱仁善；於竇氏，稱退讓。至王信好酒，田蚡、勝貪巧，則武帝母王太后之戚；衛青號大將軍，霍去病號驃騎將軍，則武帝妃衛皇后之戚；勸戒昭然，而外戚之歟肆，亦係於時君矣。（子部，儒家類，黃氏日抄，卷四十六，頁 25）

黃 震

（荊燕世家第五十一）田生以畫干營陵侯劉澤，澤予生二百金，生歸齊。明年，澤使人謂生曰：「弗與矣」。生乃如長安，不見澤，而以計謁高后之所幸張子卿，使王諸呂以張本，而王劉澤於燕，然則田生所干劉澤之畫，即明年所施於張子卿之計，曰「弗與」云者，弗與我施行所畫，促之之辭爾。澤，劉氏也，而王諸呂，乃出其計，其罪大矣，故太史公之贊曰：「劉澤之王，權激呂氏。」而釋之者弗察，謂畫爲「計畫」，謂與爲「黨與」。夫於干劉澤，不言其所畫，而於干張子卿言之，文法之相爲先後如此，而釋之者弗能察，故夫史遷之文深遠矣。（子部，儒家類，黃氏日抄，卷四十六，頁 26、頁 27）

朱 翌

（三王世家第六十）景帝殺臨江閔王，燕數萬銜土置塚上；王莽掘丁姬塚，燕數千銜土投窠中。史書如此，非志怪也，以言禽鳥猶哀憐之，人不如也。（子部，雜家類，猗覺寮雜記，卷中）（善本）

黃　震

（三王世家第六十）三王者，武帝子齊王閎、燕王旦、廣陵王胥也，太史公備述羣臣奏請皇帝恭讓始終啓復之辭，以及三王封策之辭，爛然可觀也，而不載其行事。褚先生條釋其後，謂齊王之國，左右維持以禮義，不幸早夭；謂廣陵王果作威福，謀反自殺；謂燕王謀爲叛逆，亦自殺；皆如其策指云。愚按〈齊王策〉曰：「允執其中，天祿永終」，永終者，堯戒舜之反辭云四海困窮，則天絕其祿，不執中者也。今乃用爲期望之辭，屬之執中之下，誤矣。豈亦王早夭國絕之先兆耶？（子部，儒家類，黃氏日抄，卷四十六，頁 31、頁 32）

羅大經

（伯夷列傳第六十一）太史公〈伯夷傳〉、蘇東坡〈赤壁賦〉，文章絕唱也，其機軸畧同。〈伯夷傳〉以「求仁得仁，又何怨」之語設問，謂夫子稱其不怨，而〈采薇〉之詩，猶若未怨，何也？蓋天道無親，常與善人，而達觀古今，操行不軌者多富樂，公正發憤者每遇禍，是以不免於怨也。雖然富貴何足求，節操爲可尚，其重在此，其輕在彼。況君子疾沒世，而名不稱，伯夷、顏子得夫子而名益彰，則所得亦已多矣，又何怨之有？〈赤壁賦〉因客吹簫而有怨慕之聲，以此漫問，謂舉酒相屬，凌萬頃之茫然，可謂至樂，而簫聲乃若哀怨，何也？盖此乃周郎破曹公之地，以曹公之雄豪亦終歸於安在？況吾與子寄蜉蝣於天地，哀吾生之須臾，宜其託遺響而悲也！雖然自其變者而觀之，雖天地曾不能一瞬，自其不變者而觀之，則物與我皆無盡也，又何必羨長江而哀吾生哉！矧江風山月用之無盡，此天下之至樂，於是洗盞更酌，而向之感慨風休冰釋矣！東坡步驟，太史公者也。（子部，類書類，鶴林玉露，卷十六，頁7、頁8）（善本）

真德秀

（伯夷列傳第六十一）太史公列傳七十，獨取〈伯夷〉、〈屈原〉二傳者，以其變體也。（集部，總集類，文章正宗，卷二十，頁3）

程　頤

（伯夷列傳第六十一）天道甚大，安可以一人之故，妄意窺測？如曰顏何爲而夭，跖何爲而壽，皆指一人計較天理，非知天也。（子部，雜家類，困學紀聞，卷十一，頁 32）（按：宋王應麟《困學紀聞》曾引該語。）（善本）

黃　震

（伯夷列傳第六十一）太史公疑許由非夫子所稱不述，而首述伯夷，且悲其餓死，爲舉顏子、盜跖，反覆嗟嘆，卒歸之各從其志，幸伯夷得夫子而名益彰。其趣遠，其文逸，意在言外，詠味無窮，然豈知其心之無怨耶？堯讓許由，蓋莊周寓言，眇天下爲不足道耳。太史公疑箕山上有許由冢，愚意雖無其事，嘗有其人歟！載伯夷父死不葬之語，與武王十一年伐紂事背馳，然漢人舊説，以武王上繼文王，受命之九年爲十一年，故云爾。（子部，儒家類，黃氏日抄，卷四十六，頁 32）

黃　震

（管晏列傳第六十二）世之人見賢而稱其賢，見智而稱其智，未足言知人。惟其人方困窮時，其迹有甚於不賢不智者，而已獨有以察其心，若鮑叔之於管仲，千古一人耳！然愚謂此管仲之爲管仲也。君子固窮，窮視其所不爲，貧視其所不取，何至蒙不賢不智之迹耶？「其令論卑而易行，其政善因禍而爲福。」太史公此論固切中其相齊之要領，實則苟於濟事不暇顧，在我之正守，已占於貧賤之時矣。晏平仲功業不及管氏，而相三君，妾不衣帛，則廉節過之，越石父稱詘於不知己，而信於知己，蓋名言也，宜晏子之敬待，然景公欲相孔子，嬰實沮之，石父豈賢於孔子哉？（子部，儒家類，黃氏日抄，卷四十六，頁 33）

蘇　轍

（老子韓非列傳第六十三）吾聞之子　　（闕）兄子瞻曰：「太史公言：『莊子作〈漁父〉、〈盜跖〉、〈胠篋〉，以詆訾孔子之徒，以明老子之術。』此知莊子之粗者。」予以爲莊子蓋助孔子者，要不可以爲法耳！楚公子微服出亡，而門者難之，其僕操箠而罵曰：「隸也不力！」門者出之。事固有倒行而逆施者，以僕爲不愛公子則不可，以爲事公子之法亦不可，故莊子之言，皆文予而實不予，陽擠而陰助之。其正言也，蓋無幾，至於詆訾孔子，未嘗不微見其意。其論天下道術，自墨翟、禽滑釐、彭蒙、慎到、田駢、關尹、老聃之徒，以至於其身，皆以爲一家，而孔子不與，其尊之也至矣。（史部，別史類，古史，卷三十三，頁 5）

黃　震

（老子韓非列傳第六十三）老子與韓非同傳，論者非之，然余觀太史公

之旨意，豈苟然哉？於老子，曰無爲自化；於莊子，曰其要本歸於老子之言；於申不害，曰本於黃、老而主刑名；於韓非，曰喜刑名法術之學，而其歸本於黃、老。夫無爲自化，去刑名，固霄壤也，然聖人所以納天下於善者，政教也，世非太古矣，無爲安能自化？政教不施，則其弊不得不出於刑名，此太史公自源徂流，詳著之，爲後世戒也。老子、孔子，皆布衣也，太史公列孔子世家，贊其爲至聖，至老子則傳之管、晏之次，而窮其弊於申、韓，豈不以申、韓刑名之學又在管、晏功利之下，而老子則申、韓之發源歟？班固謂遷論大道則先黃老而後六經，或者未之深察也。（子部，儒家類，黃氏日抄，卷四十六，頁 33、頁 34）

黃　震

（司馬穰苴列傳第六十四）穰苴之斬莊賈，孫子之斬二姬，蓋號令嚴肅，雖素卑賤者可將，雖素不知兵者可使也。太史公譏孫臏、策龐涓明矣！然不能蚤救患於被刑。吳起説武侯以形勢不如德，然行於楚，卒以刻暴亡其軀。嗚呼！不仁而善用兵，亦烏有自全者哉！（子部，儒家類，黃氏日抄，卷四十六，頁 34）

王安石

（仲尼弟子列傳第六十七）《史記》曰：齊伐魯，孔子聞之曰：「魯，墳墓之國，國危如此，二、三子何爲莫出？」子貢因行，說齊以伐吳，說吳以救魯，復說越，復說晉，五國由是交兵，或強、或破，或亂、或霸，卒以存魯。觀其言，迹其事，儀、秦、軫、代無以異也。嗟乎，孔子曰：「己所不欲，勿施於人。」己以墳墓之國，而欲全之，則齊、吳之人豈無是心哉？柰何使之亂歟？吾所以知傳者之妄，一也。杴史考之，當是時，孔子、子貢爲匹夫，非有卿相之位、萬鍾之祿也，何以憂患爲哉？然則異杴顏回之道矣，吾所以知其傳者之妄，二也。墳墓之國，雖君子之所重，然豈有憂患而謀爲不義哉？借使有憂患爲謀之義，則豈可以變詐之說，亡人之國而求自存哉？吾所以知其傳者之妄，三也。子貢之行，雖不能盡當杴道，然孔子之賢弟子也，固不宜至杴此，矧曰：孔子使之也？太史公曰「學者多稱七十子之徒，譽者或過其實，毀者或損其眞」，子貢雖好辯，詎至杴此邪？亦所謂毀損其眞者哉！（集部，別集類，宋金元，臨川先生文集，卷六十四，頁 5）（善本）

蘇　轍

（仲尼弟子列傳第六十七）太史公言「宰我爲臨菑大夫，與田恆作亂，夷其族，孔子恥之。」余以爲宰我之賢，列於四科，其師友淵源所從來遠矣！雖爲不善，不至於從畔逆，弒君父也。宰我不幸平居有晝寢短喪之過，儒者因遂信之。蓋田恆之亂，本與闞止爭政，闞止亦子我也，田恆既殺闞止，而宰我蒙其惡名，豈不哀哉！且使宰我信與田恆之亂，恆既殺闞止，弒簡公，則尚誰族宰我者？事蓋必不然矣。（史部，別史類，古史，卷三十二，頁 5、頁 6）

蘇　轍

（仲尼弟子列傳第六十七）太史公稱孔子既沒，弟子以有若貌類孔子，師之如孔子時，及問而不能答，乃斥去之。夫以益有若之賢，而其無恥至此極歟？且月宿於畢，而雨不應，商瞿四十而生五子，此卜祝之事，而鄙儒所以謂孔子聖人者，戰國雜說類此者多矣！孟子猶不能擇，而況太史公乎！（史部，別史類，古史，卷三十二，頁 32）

蘇　轍

（蘇秦列傳第六十九）蘇秦本説秦爲橫，不合，而激於燕、趙，甘心於所難，爲之期年，而歃血於洹水之上，可不謂能乎？然口血未乾，犀首一出，而齊、趙背盟，從約皆破。蓋諸侯異心，譬如連雞不能俱飛，勢固然矣！而太史公以爲約書入秦，秦人爲之閉函谷者十五年。此説客之浮語，而太史公信之，過矣！（史部，別史類，古史，卷四十，頁 24）

黃　震

（白起王翦列傳第七十三）王翦諸人之輔秦，蓋凶德之參會，古今之極變，不可復以常事論也。太史公譏翦不能輔秦建德，而偷合取容。嗚呼！是何異責虎狼之不仁耶！（子部，儒家類，黃氏日抄，卷四十六，頁 38、頁 39）

真德秀

（孟子荀卿列傳第七十四）〈孟荀傳〉不正言二子，乃旁及於諸子，此亦變體也。（集部，總集類，文章正宗，卷二十，頁 11）

黃　震

（孟子荀卿列傳第七十四）太史公之傳孟子，首舉不言利之對，歎息以先之，然後爲之傳，而傳自受業子思之外，復無他語，惟詳述一時富國強兵

之流，與騶衍迂怪不可究詰，以取重當世之說，形孟子之守道不變，與仲尼菜色陳蔡者同科。奇哉！遷之文，卓哉！遷之識歟！蓋傳申、韓於老、莊之後者，所以譏老、莊；而傳淳于髡諸子於孟、荀之間者，所以長孟、荀也。荀卿年五十，始自趙學于齊，三為齊祭酒，後為楚蘭陵令，春申君死而卿廢，卒死於蘭陵，葬焉。嫉世之濁，而鄙儒小拘如莊、周等，又滑稽亂俗，於是著書數萬言，此亦能守道不變者，故太史公進之與孟子等。（子部，儒家類，黃氏日抄，卷四十六，頁 39）

黃履翁

　　（孟子荀卿列傳第七十四）昔太史公讀孟子書，至利國之對，而為之廢卷太息，流涕而言之。彼蓋有感當時功利之徒，而深信孟子塞原之論也。雖然，遷之學蓋有自來也。董子嘗有「正誼不謀利」之一言，誠得孔、孟之餘論，而遷之《史記》有「予聞之董生」云者，意遷從仲舒游，而得是言歟！（子部，類書類，古今源流至論，別集卷二，頁 7、頁 8）

宋　祁

　　（平原君虞卿列傳第七十六）太史公曰：「趙勝翩翩濁世之佳公子也。」見自振澤纔為亂世之士，治世則罪人矣。（子部，雜家類，雜說之屬，宋景文筆記，卷中，頁 9、頁 10）

黃　震

　　（平原君虞卿列傳第七十六）去讒而遠色，固尊賢之道也。平原君以賓客稍引去，乃斬笑躄者美人頭，雖曰人情所難，然已甚矣！邯鄲之急，得毛遂以合楚之從，得李同募死士以須楚魏之救，邯鄲之獲全，固平原君力也，然向使不受上黨之嫁禍，則趙必無長平之敗，亦必無邯鄲之圍，平原之功於是不足贖誤國之罪矣！太史公謂使趙陷長平兵四十餘萬，邯鄲幾亡，非歟？而譙周乃稱長平之陷，易將之咎，何怨平原？吁，何惑也！（子部，儒家類，黃氏日抄，卷四十六，頁 41）

秦　觀

　　（田單列傳第八十二）予讀《史記》，至此未嘗不為蠋，廢書而泣，以謂推蠋之志足以無憾於天，無怍於人，無敗於伯夷、比干之事，太史公當特書之，屢書之，以破萬世亂臣賊子之心，奈何反不為蠋立傳？其當時事迹乃微見於田單之傳尾，使蠋之名僅存以不失傳，而不足以暴天下，甚可恨也！且

夫聶政、荊軻之匹，徒能瞋目攘臂，奮然不顧以報一言一飯之德，非有君臣之讎而懷匕首，袖鐵椎，白日殺人，以喪七尺之軀者，太史公猶以其有義也，而爲之立傳以見後世，後世亦從而服之曰壯士。蘇秦、張儀、陳軫、犀首，左右賣國以取容，非有死國死君之行，朝爲楚卿，暮爲秦相，不以慊拎心，太史公猶以其善說也，而爲之立傳以見後世，後世亦從而服之曰奇材。以至韓非、申不害之徒，刑名之學也，猶以原道附之老聃；淳于髡、鄒衍、田駢、慎到、接予、環、騶奭之徒，迂闊之士也，猶以爲多學而附之孟子，然則世有殺身成仁，如王蠋之事者，獨不當傳之以附拎伯夷之後乎？噫！昔者夫子作《春秋》，其大意在拎正君臣、嚴父子，使當時君臣正、父子嚴，則《春秋》，不作矣。後世愚夫庸婦，一言一行近似者，皆當筆之《春秋》，況夫卓然有補世教者，得無特書之、屢書之乎！此予所以爲太史公惜也。（集部，別集類，宋金元，淮海集，卷三十四，頁2、頁3）（善本）

陳傅良

（魯仲連鄒陽列傳第八十三）余嘗惑於太史公以魯仲連、鄒陽并爲一傳，其世相去遠，事甚不類，言語文章亦不相侶也。至讀所謂「多其在布衣之位，談說於當世」，蓋釋然有感於二子，而嘆良史之筆，取舍固殊焉！夫秦漢之際，士之遭時致身者不知其幾人，往往無聞。以太史公所身親見，開封侯、桃侯而下卿相數十輩，皆略附名，申屠嘉後，吝不立傳。二子特布衣爾，他無所槩見，徒以書一編關於當世之務，相先後百有餘年，行事言語不同，而牽連書之，則古人之不朽，誠有不在彼者。（集部，別集類，宋金元，止齋先生文集，卷四十九，頁4）（善本）

蘇　轍

（刺客列傳第八十六）周衰，禮義不明，而小人奮身以犯上，相夸以爲賢，孔子疾之。齊豹以衛司寇殺衛侯之兄縶蔡，公孫翩以大夫弒其君申，《春秋》皆以盜書，而不名，所謂求名而不得者也。太史公傳刺客凡五人，皆豹、翩之類耳，而其稱之不容口，失《春秋》之意矣！獨豫讓爲舊君報趙襄子，有古復讎之義，如荊軻刺秦始皇，雖始皇以強暴失天下心，聞者快之，要以盜賊乘人主不意，法不可長也。至曹沫之事，予以《左氏》考之，魯莊公十年沫始以謀干莊公，公用之敗齊於長勺，自是魯未嘗敗。十三年，而會齊侯於柯，安得所謂三戰、三敗，沫以匕首刼齊桓求侵地者哉？始公羊高采異說，

載沫事於《春秋》後，戰國游士多稱沫以爲口實，而實非也。莊公之禦齊，沫問所以戰，以小惠、小信爲不足恃，唯忠爲可以一戰，沫蓋知義者也，而肯以其身爲刺客之用乎？（史部，別史類，古史，卷五十九，頁 16）

王應麟

（刺客列傳第八十六）說齋唐氏曰：「諸侯棄甲兵之讎，爲盟會之禮，乃於登壇之後，奮匕首而劫國君，賊天下之禮者非沫乎？君臣之義，有死無隕，專諸感公子光之豢養，而親制刃於王僚，賊天下之義者非諸乎？父母全而生之，子全而歸之，政纔終父母之年，遂殺身以爲仲子，賊天下之仁者非政乎？樊將軍以困窮歸燕丹，軻說取其首，以濟入秦之詐，賊天下之信者，非軻乎？以賊禮、賊義、賊仁、賊信之人並列於傳，又從而嗟歎其志，不亦繆哉！豫子以不忘舊君，殺身而不悔，抗節致忠，行出乎列士，乃引而寘諸四子之間，不亦薰蕕之共器乎！（子部，雜家類，困學紀聞，卷十一，頁 26、頁 27）（善本）

黃　震

（酈生陸賈列傳第九十七）酈生爲高帝下陳留，高帝賴其兵食，遂以入關，所繫大矣！然以善其令，而夜半賊殺之，與之善者，不亦難乎！此戰國傾危之餘習，宜其卒窮於辨也。陸賈兩使尉他，使漢、越無兵爭，天下陰受其賜多矣！時時稱説《詩》、《書》，一新高帝馬上之習，社稷靈長，終必賴之矣！其後知太后將王諸呂，不可爭，廼病免家居。及諸呂將危劉氏，則出爲陳平畫策誅之，動靜合時措之宜，而功烈泯無形之表，漢初儒生未有賈比也，而太史公屈與酈生同傳，豈以其辨説歟！朱建以母死，無以爲喪，而受辟陽侯金，所謂行不苟合者安在？嗚呼，此其所以惡也！（子部，儒家類，黃氏日抄，卷四十六，頁 53）

蘇　轍

（扁鵲倉公列傳第一百五）予於〈趙世家〉削簡子之夢，黜扁鵲之說，以爲爲國不可以語怪，及〈扁鵲列傳〉則具載其說，曰世或有是不足怪也。蓋孔子作《春秋》，非人事不書，而左丘明所記鬼神變怪，世所共傳者錄之無疑，世有達者，當辨此耳。（史部，別史類，古史，卷五十八，頁 6）

黃　震

（李將軍列傳第一百九）看〈衛霍傳〉，須合〈李廣傳〉。衛、霍深入二千里，聲震夷夏，今看其傳，不直一錢。李廣每戰輒北，困躓終身，今看其

傳，英風如在。史氏抑揚予奪之妙，豈常手？（闕）＿＿（子部，儒家類，黃氏日抄，卷四十七，頁8）

洪　邁

（衛將軍驃騎列傳第一百一十一）夫文貴於達而巳，繁與省各有當也。《史記・衛青傳》：「校尉李朔、校尉趙不虞、校尉公孫戎奴，各三從大將軍獲王。以千三百戶封朔爲涉軹侯，以千三百戶封不虞爲隨成侯，以千三百戶封戎奴爲從平侯。」《前漢書》但云：「校尉李朔、趙不虞、公孫戎奴各三從大將軍，封朔爲涉軹侯，不虞爲隨成侯，戎奴爲從平侯」。比於《史記》五十八字中省二十三字，然不若《史記》爲朴贍可喜。（子部，雜家類，容齋五筆，卷一，頁8）（善本）

黃　震

（酷吏列傳第一百二十二）太史公於武帝征伐事，先之以文、景和親，匈奴信漢，然後論兩將軍連年出塞，又必隨之以匈奴入塞，殺略若干，於今〈酷吏傳〉，先之以吏治烝烝，民朴畏罪，然後論十酷吏更迭用事，又必隨之以民益犯法，盜賊滋起，然則匈奴、盜賊之變，皆帝窮兵酷罰致之，威刑豈徒無益而已哉！至於禱祠百出，則各隨之以若有應符之言，於求仙無方，則各隨之以終不可得之言。遷之微文見意，往往如此，而武帝之無道昭昭矣。（子部，儒家類，黃氏日抄，卷四十六，頁67、頁68）

黃　震

（大宛列傳第一百二十三）太史公曰：「〈禹本紀〉言河出崑崙，崑崙其高二千五百餘里，日月所相避隱以爲光明，其上有醴泉、瑤池。今自張騫使大夏，窮河源，惡睹〈本紀〉所謂崑崙者乎？」嗚呼，太史公之論善矣！然後世展轉沿襲之妄，又豈止太史公所闕而已哉？蓋自是有譯西域書爲中國語者，又因崑崙之說附會之爲須彌山，亦謂日月相避隱爲光明，而更加張大，謂周須彌之山爲世界者，凡四日所至爲晝，而去之則爲夜，然天下安有是理哉？若果如崑崙、須彌之說，則日月之避隱常相等齊，安從而有晝夜長短之分？日月之避隱常不相見，安從而有晦望交蝕之異？日常滿，月亦當常滿，安從而月有虧盈、進退之不同，出沿山之東，入循山之西？（子部，儒家類，黃氏日抄，卷四十六，頁69、頁70）

黃　震

（游俠列傳第一百二十四）朱家周人之急，家無餘財，而終身不自以爲德，太史公慕焉。郭解折節振人，人爲解殺人，解不知，而公孫弘族解，太史公尤爲之痛惜！愚謂朱家誠賢矣，爲人忘己，墨氏之弊，而解之見殺，則亦其平昔嗜殺所致。孔子有言，古之學者爲己，孟子亦謂窮則獨善其身，士亦何必務名譽，出於尋常之外也哉！（子部，儒家類，黃氏日抄，卷四十六，頁72）

黃　震

（太史公自序第一百三十）談生遷，能以文章世其家，揚名後世，亦可謂善繼人之志者矣！然談垂死，涕泣之屬，惟以不得從封泰山爲恨，而遷述之，豈遷亦不知封禪之爲非耶！（子部，儒家類，黃氏日抄，卷四十六，頁74、頁75）

第二節　增補評家

前節在《史記評林》既有評家中，增補其評點條目，本節擬增補《史記評林》所未收之評家及其評點，計補評家程頤、程顥、李廌、馬存、趙頊、沈括、晁公武、葉適、王若虛、陳振孫、胡寅、魏了翁、林駧、李治、黃庭堅、陸游、王觀國、王楙、吳子良、黃朝英、吳仁傑、羅泌、范浚、沈作喆、陳善、陳長方、劉恕、唐仲友、洪興祖等二十九家，並依太史公百三十篇之次序條列如下：

程頤、程顥

先生曰司馬遷爲近古，書中多有前人格言，如作紀本《尙書》，但其間有曉不得《書》意，有錯用却處。嘉仲問：「項籍作紀如何？」曰：「紀只是有天下方可作」又問：「班固嘗議遷之失，如何？」曰：「後人議前人，固甚易。」（子部，儒家類，二程外書，卷十，頁4）

李　廌

李方叔《師友讀書記》曰：司馬遷作《史記》大抵譏漢武帝所短爲多，故其用意遠，揚雄、班固之論不得實。〈秦始皇本紀〉皆譏武帝也，可以推求《史記》其意深遠，則其言愈緩，其事繁碎，則其言愈簡，此詩《春秋》之義也。（史部，政書類，通制之屬，文獻通考，卷一百九十一，頁7）（善本）

馬 存

子長平生喜遊，方少年自負之時，足跡不肯一日休，非眞爲景物役也，將以盡天下之大觀以助吾氣，然後吐而爲書。今於其書觀之，則其平生所嘗遊者皆在焉。南浮長淮，泝大江，見狂瀾驚波，陰風怒號，逆走而橫擊，故其文奔放而浩漫。望雲夢洞庭之陂，彭蠡之瀦，涵混太虛，呼吸萬壑，而不見介量，故其文停滀而淵深。見九疑之絕縣，巫山之嵯峨，陽臺朝雲，蒼梧暮煙，態度無定，靡曼綽約，春粧如濃，秋飾如薄，故其文妍媚而蔚紆。泛沅渡湘，弔大夫之魂，悼妃子之恨，竹上猶有斑斑，而不知魚腹之骨尙無恙者乎，故其文感憤而傷激。北過大梁之墟，觀楚漢之戰場，想見項羽之喑鳴，高帝之慢罵，龍跳虎躍，千兵萬馬，大弓長戟，俱遊而齊呼，故其文雄勇猛健，使人心悸而膽栗。世家龍門，念神禹之鬼功，西使巴蜀，跨劍閣之鳥道，上有摩雲之崖，不見斧鑿之痕，故其文斬絕峻拔，而不可攀躋。講業齊魯之都，覩夫子之遺風，鄉射鄒嶧，彷徨乎汶陽洙泗之上，故其文典重溫雅，有似乎正人君子之容貌。凡天地之間，萬物之變，可驚可愕，可以娛心，使人憂，使人悲者，子長盡取而爲文章，是以變化出沒如萬象供四時而無窮，今於其書而觀之，豈不信矣。（集部，總集類，古文集成，卷二，頁9、頁10）

趙 頊

漢司馬遷紬石室金櫃之言，據《左氏》、《國語》推《世本》、《戰國策》、《楚漢春秋》采經摭傳，罔羅天下放失舊聞，攷之行事，馳騁上下數千載間，首記軒轅，至於麟止，作爲紀、表、世家、書、傳，後之述者不能易此體也。惟其是非不謬於聖人，褒貶出於至當，則良史之才矣。（集部，總集類，御選古文淵鑒，卷四十二，頁23、頁24）

沈 括

班固論司馬遷爲《史記》：「是非頗謬於聖人，論大道則先黃老而後六經，序游俠則退處士而進姦雄，述貨殖則崇勢利而羞貧賤，此其蔽也。」予按：後漢王允曰：「武帝不殺司馬遷，使作謗書，流於後世。」班固所論，乃所謂謗也。此正是遷之微意。凡《史記》次序、說論，皆有所指，不徒爲之。班固乃譏遷「是非頗謬於聖賢」，論甚不愜。（子部，類書類，夢溪筆談，卷上，頁8）（善本）

晁公武

　　班固嘗譏遷：論大道則先黃老而後六經，序游俠則退處士而進姦雄，述貨殖則崇勢利而羞貧賤。後世愛遷者，以此論爲不然，謂遷特感當世之所失，憤其身之所遭，寓之於書，有所激而爲此言耳！非其心所謂誠然也。當武帝之世，表章儒術而罷黜百家，宜乎大治，而窮奢極侈，海内彫弊，反不若文、景尚黃老時，人主恭儉，天下饒給，此其論大道所以先黃老而後六經也。武帝用法刻深，羣臣一言忤旨，輒下吏誅，而當刑者得以貨自贖。遷之遭李陵之禍，家貧無財賄自贖，交遊莫救，卒陷腐刑。其序游俠退處士而進姦雄者，蓋遷歎時無朱家之倫，不能脫己於禍，故曰：「士窮窘得委命，此豈非人所謂賢豪者邪！」其述貨殖崇勢利而羞貧賤者，蓋遷自傷特以貧故，不能自免於刑戮，故曰：「千金之子，不死於市，非空言也。」固不察其心而驟譏之，過矣！（史部，目錄類，經籍之屬，郡齋讀書志，卷二上，頁2、頁3）

葉　適

　　古者苙系、訓典、故志、《春秋》、《詩》、《礼》、《樂》，各自爲書也，皆史官職之，舉以教人，則各爲設官，蓋皆可以懲勸也。孔子之於諸書，擇義精矣，可以爲世教者則用之，如世系之類，於教粗矣，不用也。至左氏爲《春秋》作傳，盡其巧思。包括諸國，紾錯萬端，精粹研極，不可復加矣。遷欲出其上，別立新意而成此書，然無異故，盡取諸書而合之耳，如刻偶人，形質具而神明不存矣，書完而義鮮，道德性命盖以散微，學者無所統紀，其勢不淂不從事於無用之空文，然則人材何由而可成？嗚呼，孔子稱「天之未喪斯文」者，蓋謂是耶！（子部，雜家類，習學記言序目，卷二十，頁18）（善本）

王若虛

　　班固譏遷論游俠、述貨殖之非，世稱其當，而秦少游辨之，以腐刑，家貧爲遷被不能自贖，而交游莫救，故發憤而云。此誠得其本意，然信史將爲法于萬世，非一已之書也，豈所以發其私憤者哉！（集部，別集類，宋金元，滹南遺老集，卷十九，頁14）（善本）

陳振孫

　　竊嘗謂著書立言，述舊易，作古難，六藝之後，有四人焉，摭實而有文采者左氏也，憑虛而有理致者莊子也，屈原變〈國風〉、〈雅〉、〈頌〉而爲《離騷》，及子長易編年而爲紀傳，皆前未有其比，後可以爲法，非豪傑特起之士，其孰能之？（史部，目錄類，經籍之屬，直齋書錄解題，卷四，頁2）

胡　寅

　　太史公叙九流，而陰陽家與其一，至唐呂才乃立論非之，夫此二端各有旨趣。司馬氏蓋取天地之大經，弗順之無以爲綱紀，故曰「不可失也」；呂才則摘摽末習背禮害義之事，正子長所謂「拘而多畏，未必然者」。今以耳目所覩，記幽明吉凶之效，稽諸青囊撥沙諸説，得失參半，則其得者，豈皆幸而中邪？（集部，別集類，南宋建炎至德祐，斐然集，卷二十一，頁 20）

魏了翁

　　先友羅堅甫曾云：班固去司馬遷未久也，已不知《史記》書法，如〈項羽本紀〉在〈高帝〉前，〈陳涉世家〉在〈孔子〉後，皆有深意，蓋遷以秦焚滅典籍，使羲、黃至孔子之道幾於墜地，涉與羽先後倡爲亡秦之謀，可謂大有功於斯道，故叙〈陳涉世家〉云「桀、紂失其道而湯、武作，周失其道而《春秋》作，秦失其政而陳涉發迹，諸侯作難，風起雲蒸，卒亡秦族天下之端自涉發難，作〈陳涉世家〉」；而叙〈項羽本紀〉則云「秦亡其道，豪傑並擾，項梁業之，子羽接之，殺慶救趙，諸侯立之，誅嬰背懷，天下非之，作〈項羽本紀〉」。蓋奮於鉏挺以亡秦者，起於陳涉，項羽次之，高祖又次之，故漢初以字行者，惟稱陳涉、項羽、劉季、張子房，此外未有以字行者，皆以滅秦而捄天下於塗炭故也。（集部，別集類，南宋建炎至德祐，鶴山集，卷一百八，頁 36、頁 37）

葉　適

　　以遷所紀五帝、三代考之，堯、舜以前固絕遼，而夏、商殘缺無可証，雖孔子亦云。獨周享國最長，去漢未久，遷極力收拾，然亦不過《詩》、《書》、《國語》所記而已，他蓋不鈺有所增益也，是則古史法止於此矣！及孔子以諸侯之史，時比歲，自加以日月，以存世教，故最爲詳密。左氏目而作傳，羅絡諸國，俻極妙巧，然尚未有變史法之益也。至遷窺見本末，勇不自制，於時然大人先哲爲道古人所以然者，史法遂大變，不復古人之舊，然則豈特天下空盡而爲秦，而斯文至是亦蕩然殊制，可嘆也！（子部，雜家類，習學記言序目，卷十九，頁 1、頁 2）（善本）

王若虛

　　《語》、《孟》之書，本無篇次，而陋者或強論之，已不足取。司馬貞述《史記》，以爲十二本紀象歲星之一周，八書法天時之八節，十表放剛柔十日，

三十世家比月有三旬，七十列傳取懸車之暮齒，百三十篇象閏餘而成歲，妄意穿鑿，乃敢如此，不已甚乎！（集部，別集類，宋金元，澔南遺老集，卷三十一，頁2）（善本）

林　駉

嘗攷遷史之紀傳世家矣。子長以事之繫於天下則謂之紀。秦始皇已并六國，事異於前，則始皇可紀也。項羽政由己出，且封漢王，則項羽可紀也。孝惠、高后之時，政出房闥，君道不立，雖紀呂后亦可也。（子部，類書類，古今源流至論，後集卷九，頁4）

葉　適

遷既以意別爲史，而設諸表存古史法，又頗自損益之，古法之不絕者毫釐耳。義理所在，雖不以改作爲間，然其乖異不合，則學者不可以無攷。（子部，雜家類，習學記言序目，卷十九，頁6）（善本）

魏了翁

司馬子長網羅放失，籾爲紀傳世家，自成一家之言，念無所總壹以寓其經世之意也，則年表作焉。劉杳識之謂得法於周譜，崔鴻後亦倣其義例，著爲《十六國春秋》，乃自東漢、魏晉、七代以來，史之表俄闕，惟我聖朝，歐陽公修爲唐、五代立表，司馬公光復取宋興以來，百官公卿爲之表，斷自建隆，訖于治平，近世李公燾因文正公之舊而增修之，訖于靖康，二書亦云備矣，而永嘉蔡公又自治平以訖紹熙，不相襲沿，自爲一表，不惟近接文正公之編，亦以遠述太史公之意，其子範出是書，屬敍所以作，予嘗妄謂子長之表，厥義弘遠，而世鮮知之。以劉知幾之博通，猶曰「表以譜列年爵」，則餘人可知。近世惟呂成公獨識此意，其説盖曰：〈三代世表〉以祖宗爲經，子孫爲緯，以見五帝、三代皆出於黃帝也。〈十二諸侯表〉以下詳列諸侯，以世爲經，以國爲緯，以見親疏之相輔也，至於〈高祖功臣侯表〉以下，以國爲經，以年爲緯，則即異姓、同姓始封之多寡、後嗣之興絕，而勳戚之薄厚，又可槩見。姑以惠、景間侯者言之，大小凡九十餘，距建元、太初而後，曾幾何時而始封之裔，率已國除，而以宰相封者一，以邊功封者七十，則勳舊至是寧復有存？而窮兵黷武之事著，分封子弟之議起矣。〈百官公卿表〉取古策書遺法，大事主於上，而公卿百官之進退附焉，一時君臣之職分，不加一辭，而得失自見。嗚呼！如成公所言，則子長之表也，豈徒以記譜牒、書官名而

已哉！身幽道否，有鬱弗袪，託諸空言，不若見諸行事以明理亂得失之實，此子長忠愛之心，而人不及知也。班孟堅亦子長之亞也，其分同異姓三表，已不識漢初並用親賢，與子長陰寓美刺之意。〈同姓侯王〉廢年經國緯之制；〈王子侯〉以下廢國經年緯之制，徒識譜繫，無關世變；〈百官表〉則僅以識沿革拜罷，而人事咸無所考；惟〈外戚恩澤侯表〉稍有微意；至〈古今人表〉則又多舛繆。甚矣！載筆之難也！（集部，別集類，南宋建炎至德祐，鶴山集，卷五十六，頁4、頁5、頁6）

林 駧

嘗攷遷史之表矣！〈三代世表〉所以觀百世之本支，攷黃帝之初，先列譜系，以祖宗爲經，以子孫爲緯，則五帝、三王皆出於黃帝，此帝王授受之正統可見也。〈六國年表〉所以示天下之名分，故齊康公之十九年，爲田和遷居海上，而書「田齊太公卒」，且繫之康公二十年。康公既卒，始書「田齊」，此尊卑逆順之正理可見也。〈十二諸侯年表〉以下，以地爲主，故年經而國緯，所以觀天下之大勢也。〈高祖功臣年表〉以下，以時爲主，故國經而年緯，所以觀一時之得失也。〈秦楚年表〉上尊義帝，而漢居其中，明大義也。〈將相年表〉上繫大事之記，明職分也。（子部，類書類，古今源流至論，後集卷九，頁1、頁2）

葉 適

（此段文字分二段，此爲第一）

八書體既立，後有國者禮樂政刑皆聚此書，雖載事各從其時，而論治不可不一。〈禮〉、〈樂〉、〈律書〉皆已亡，大意猶可見，往往飄忽草畧，使後有願治之主無所據依。孔子曰：「行夏之時，乘殷之輅，服周之冕，樂則韶舞，放鄭聲，遠佞人」，此教顏淵以爲邦之目也。遷於〈夏〉、〈殷本紀〉言正夏時，善殷輅，固已得之；至論禮樂，則不能本孔氏，空汎然華説而已。自春秋以来，儒者論禮樂，（子部，雜家類，雜學之屬，習學記言，卷十九，頁12）

（此段文字分二段，此爲第二）

何可勝數，雖無謬於道，而寔知其意可以措之於治者絶少。孔子曰：「安上治民，莫善於礼，移風易俗，莫善於樂」。又曰：「道之以徳，齊之以禮」。又曰：「其或繼周者，雖百世可知也」。夫民不可以一日無其上，而亦不飫一日以安其上，後世爲上之不飫安也，搖手動足皆歸之於刑。夫民相依以生，

而不相依以刑也，刑之而後安，非善治也，故安上治民，齊之以礼，孔子以是爲善治，継周之後，雖遠而猶可知者，此意是也，不獨以其文也。若夫滛鄙暴慢，化導遷改，和親安樂，久而成性，則雖湯武功成之樂，孔子猶以爲有憾於其間，而況於鄭声乎！此礼樂之寔意，致治之精説，不可以他救也。遷乃謂秦「尊君抑臣，朝廷濟濟」方以太初之礼与典，而「鄭衛之音所從來久，人情所感，遠俗則懷」，何其雜於道而易於言乎！（子部，雜家類，習學記言序目，卷十九，頁9）（善本）

林　駉

　　嘗玫遷史之書矣！〈封禪〉一書，固述帝舜以下也，正以著當時求仙之詐。〈平準〉一書，固述歴代也，正以譏當時征利之非。於〈禮書〉則載孫卿〈禮論〉，而不載叔孫通〈綿蕞〉者，以見野儀之失而古禮之得也。於〈歴書〉則載古歷九百四十分之法，而不載太初八十一分之法者，以見太初之疎而古歷之密也。（子部，類書類，古今源流至論，後集卷九，頁3）

王若虛

　　遷史之例，惟世家最無謂。顏師古曰：「世家者，子孫爲大官不絶也。」諸侯有國稱君，降天子一等耳！雖不可同乎帝紀，亦豈可謂之世家？且既以諸侯爲世家，則孔子、陳涉、将相、宗室、外戚等，復何預也？抑又有大不安者，曰紀、曰傳、曰表、曰書，皆篇籍之目也，世家特門第之稱，猶強族大姓云爾，烏得與紀傳字爲類也？然古今未有知其非者，亦可怪矣！然則列國宜何稱？曰國志、國語之類何所不可？在識者定之而已。（集部，別集類，宋金元，滹南遺老集，卷十一，頁1）（善本）

林　駉

　　子長以事之有大於列傳，則係之世家。夫子在周則臣道，在後世則師道，故以世家別之。陳涉在夏、商則爲湯、武，在秦則爲陳涉，故以世家係之。蕭、曹、良、平雖曰通侯，而勳烈冠於群后，皆社稷之臣，則亦列於世家也。（子部，類書類，古今源流至論，後集，卷九，頁4）

王若虛

　　史之立傳，自忠義、孝友、循吏、烈女、儒學、文苑，與夫酷吏、佞倖、隐逸、方術之類，或以善惡示勸戒，或以技能備見聞，皆可也。至于滑稽、游俠、刺客之屬，既已幾于無謂矣。若乃貨殖之事，特市井鄙人所爲，是何

足以污編錄，而遷特記之乎？班固徒譏遷之稱述崇勢利而羞賤貧，然亦不知其傳之不必立也，是故襲而存之。范曄而下皆無此目，得其體矣。（集部，別集類，宋金元，滹南遺老集，卷十一，頁6）（善本）

王若虛

《史記索隱》謂〈司馬相如傳〉不宜在〈西南夷〉下，〈大宛傳〉不宜在〈酷吏〉、〈游俠〉之間，此論固當，然凡諸夷狄當以類相附，則〈匈奴〉亦豈得在〈李廣〉、〈衛青〉之間乎？〈循吏〉、〈儒林〉而下，一節之人皆居列傳之末，蓋得體矣矣。及至〈刺客〉乃獨第之〈李斯〉之上，〈循吏〉則第之〈汲鄭〉之上，復何意哉？（集部，別集類，宋金元，滹南遺老集，卷十一，頁6）（善本）

林　駧

列傳褒貶，尤有深意。以伯夷居於列傳之首，重清節也。以孟、荀冠於淳于之徒，尊吾道也。以莊周附於老子，以申不害附於韓非，別異端也。他如〈佞倖〉、〈酷吏〉、〈日者〉、〈龜策〉、〈滑稽〉、〈貨殖〉、〈游俠〉皆爲當世而發，吁，有旨哉！（子部，類書類，古今源流至論，後集卷九，頁4）

王若虛

禹之平水土，箕子之作〈洪範〉，史但言其事目足矣，而全載二書，甚無謂！蓋聖經自傳，不待表出，徒增冗滯耳。劉子玄唯知孟堅〈地理志〉全寫〈禹貢〉之非，而不譏遷史之謬，何耶？（集部，別集類，宋金元，滹南遺老集，卷十一，頁2）（善本）

王若虛

遷采摭異聞、小說，習陋傳，疑無所不有。許由之事既知其非矣，而又惑于箕山之冢，殆是胸中全無一物也。（集部，別集類，宋金元，滹南遺老集，卷十一，頁2）（善本）

王若虛

或謂太史公文，皆不見先秦古書，故其記二帝、三王事，多與《尚書》不同，此愛之者曲爲之說也。按武帝嘗詔孔安國作傳，《史記・儒林傳》亦具言孔氏有古文《尚書》，而安國以今文讀之。蓋《尚書》滋多于是，則其書當時已傳矣，縱未列于學官，子長豈得不見？只是採摭不精耳。彼其所取于他

書者亦多牴牾而不合，豈皆以不見之故邪？（集部，別集類，宋金元，滹南遺老集，卷九，頁9）（善本）

李 治

今《史記》一書，而所載不同，其意雖若互見，然於文字實爲冗複，此在史筆最關利害，不可不深察也。〈倉公〔註2〕淳于意傳〉，詔召問所爲治病死生驗者幾何？人主名爲誰？又問方伎所長，及所能治病者，有其書無有，皆安受學，受學幾何歲？而《史記》盡具所對。史筆不當如此，正當云：意所對凡數十條，皆詣理，可爲後人法，則足矣，自不必廣錄而備書之。史，經之亞也，煩猥則不足以傳久，且事之有可簡者，猶須簡之，況言乎？其有文賦篇翰之富贍者，亦當載其目而畧其辭，惟有切於天下國家之大利害者，如董仲舒之〈三策〉，賈誼〈政事書〉、〈過秦論〉之比，文雖多，亦不可以不盡錄也。〈屈原傳〉原勸楚懷王殺張儀，其事纖悉備書，然〈楚世家〉載勸殺張儀者乃爲昭睢，而屈原沒不復見。若以爲簡策繁多，要使姓名互著，則在《左氏春秋傳》有之，在遷史故無此例。若以爲昭睢本主此事，原特副之，則《屈原傳》畧無昭睢一言，而原之事跡明白乃爾，兩者皆無所據，何耶？此蓋舊史去取失當，司馬遷筆削時，不暇前後照顧，隨其所載，各自記之，遂使世家與列傳異辭。遷又誤以燕簡公欲盡去諸大夫，而立其寵人作寵姬；又以子我爲宰我，載宰我與田常作亂，以夷其族，而李斯上書二世云，田常因取齊國，殺宰予於庭，是宜蘇子摘遷之妄也。史筆承疑，一時誤錄，容或有之，然〈孔子弟子傳〉與〈李斯傳〉，所繫者大，非若〈游俠〉、〈貨殖〉之比，自可審擇而詳攷之，而於一人之身，既以爲叛臣，又以爲節士，使後人何所取信哉！（子部，雜家類，雜說之屬，敬齋古今黈，卷三，頁2、頁3、頁4）

林 駧

世之好議論者曰：蘇子由《古史》之作，而遷史無直筆，吳縝《糾謬》之出，而歐史無全美。往往以微失細過吹毛求疵，噫，亦苛矣！議遷史者以遷之妄述宰我常從田常，而不知《左氏》所述闞止爭政之由；遷之妄稱子貢一出變易五國，而不知《左氏》所載伐魯伐齊之故，遂以是爲遷史之失。嗚呼，盍亦究史遷傳信之誤乎？蓋遷承秦滅籍之後，《左氏》不立學官，經傳無傳，始誤於游說之辭，若後儒知其闞止爭政，知其伐魯伐齊者，以《左氏》歷歷可據也，

〔註 2〕案：倉公上原本有太字，今據《史記》刪。

遷何尤焉！（子部，類書類，古今源流至論，後集卷九，頁7、頁8）

黃庭堅

凡為文須熟讀司馬子長、韓退之文，每作一文，皆須有宗有趣，終始關鍵，有開有闔。如四瀆，雖納百川，或匯而為廣澤，汪洋千里，要自發源注海耳。（集部，詩文評類，餘師錄，卷二，頁7）

陸 游

太史公作〈張耳陳餘傳〉：「秦將作稱二世使人遺季良書云：『良嘗事我得顯幸，良誠能反趙為秦，赦良罪，貴良。』」四句云云。《唐傳》曰：「上嗟乎，吾獨不得廉頗、李牧為吾將，吾豈憂匈奴哉？」兩句而語若飛動，減一字不得。（子部，雜家類，雜纂之屬，說郛，卷四十一下，頁24）

王觀國

大率司馬遷好異而惡與人同，觀《史記》用《尚書》、《戰國策》、《國語》、《世本》、《左氏傳》之文，多改其正文。改績用為功用，改厥田為其田，改肆覲為遂見，改宵中為夜中，改咨四嶽為嗟四嶽，改協和為合和，改方命為負命，改九載為九歲，改格姦為至姦，改愼徽為愼和，改烈風為暴風，改克從為能從，改濬川為決川，改恤哉為靜哉，改四海為四方，改熙帝為美堯，改不遜為不訓，改胄子為稚子，改維清為維靜，改天工為天事，改底績為致功，改降丘為下丘，改納錫為入賜，改孔修為甚修，改夙夜為早夜，改申命為重命，改汝翼為汝輔，改敕天為陟天，改率作為率為，改宅土為居土，如此類甚多。又用《論語》文分綴為〈孔子弟子傳〉，亦多改其文：改吾執為我執，改毋固為無固，改指諸掌為視其掌，改性與天道為天道性命，改未若為不如，改便便為辯辯，改滔滔為悠悠，如此類又多。子長但知好異，而不知反有害於義也。（子部，雜家類，雜考之屬，學林，卷一，頁21、頁22）

葉 適

司馬遷《史記》有耶於《國語》、《戰國策》及他先秦書，皆一切用舊文，無竄定，是則述之而已，無作也。不知劉向、揚雄所謂「善叙事理，辨而無華，質而不俚」者安在？其指楚、漢事言之乎？（子部，雜家類，習學記言序目，卷十八，頁11）（善本）

王 楙

司馬遷遭腐刑，後爲中書令，尊寵任職，其故人任安予書，責以古人推賢進士之義，遷報書情詞幽深，委蛇遜避，使人讀之爲之傷惻，可以想象其當時亡聊之況。蓋抑鬱之氣，隨筆發露，初非矯爲故爾。厥後其甥楊惲以口語坐廢，其友人孫會宗與書，戒以大臣廢退，闔門皇懼之意，惲報書委曲敷敘，其怏怏不平之氣，宛然有外祖風致，蓋其平日讀外祖《太史公記》，故發於詞旨，不期而然。雖人之筆力高下本於其材，然師友淵源，未有不因漸染而成之者。梁江淹獄中一書，情詞悽惋，亦放遷作，惜筆力不能及之。（子部，雜家類，野客叢書，卷二，頁4、頁5）（善本）

王　楙

或問《新唐書》與《史記》所以異？余告之曰：「不辨可也。」《唐書》如近世許道寧輩畫山水，是眞畫也，太史公如郭忠恕畫天外數峯，略有筆墨，然而使人見而心服者，在筆墨之外也（子部，雜家類，野客叢書，附錄，頁1、頁2）（善本）

王若虛

唐子西云：六經已後，便有司馬遷；三百篇已後，便有杜子美，故作文當學司馬遷，作詩當學杜子美。其論杜子美，吾不敢知，至謂六經已後便有司馬遷，談何容易哉？自古文士過于遷者何限，而獨及此人乎？遷雖氣質近古，以繩準律之，殆百孔千瘡，而謂學者專當取法，過矣！（集部，別集類，宋金元，滹南遺老集，卷三十四，頁7）（善本）

王若虛

馬子才〈子長游〉一篇，馳騁放肆，率皆長語耳。自古文士過于遷者爲不少矣，豈必有觀覽之助始盡其妙，而遷之變態亦何至于是哉？使文章之理，果如子才所說，則世之作者其勞亦甚矣！其言弔屈原之冤云：「不知魚腹之骨尚無恙者乎」？讀之令人失笑，雖詩詞詭激，亦不應爾，況可施于文邪？蓋馬氏全集，其浮誇多此類也。（集部，別集類，宋金元，滹南遺老集，卷三十四，頁7）（善本）

葉　適

自《詩》、《書》之作皆有叙，所以繫事紀變，明去耻也。司馬遷變古法，惟序己意，既巳失之，然包括上古，收拾遺散，操縱在心，猶時有高遠之意，常人所不能測知者。及班固効之，而淺近復識，往往不過常人之識之所能及，

至其後史官，則又甚矣！是遷之法一傳而壞，曾不足以行遠，非復古史法不可也。（子部，雜家類，習學記言序目，卷二十三，頁 14）（善本）

吳子良

張守節爲《史記正義》云：班書與《史記》同者五十餘卷，少加異者，不弱即劣。《史記》五十一萬六千五百言，序二千四百一十三年事，《漢書》八十一萬言，序二百二十五年事，遷引父致意，班書父修而固蔽之。優劣可知矣。余謂此言止論才未論識也。〈堯、舜典〉，當時史官作也，形容堯、舜盛德，發揮堯、舜心術，鋪序堯、舜政教，不過千餘言，而坦然明白，整整有次第，詳悉無纖遺，後世史官曾足窺其藩哉？曾子固謂不特當時史官不可及，凡當時執筆而隨者，意其亦皆聖賢之徒也。要之論後世史才，以遷爲勝，然視古已霄壤矣。按班固〈序傳〉稱叔皮惟聖人之道然後盡心焉，尊其父至矣！謂之蔽其父者非也。（集部，詩文評類，荊溪林下偶談，卷四，頁 2、頁 3）

王若虛

晉張輔論遷、固史云：遷記二千年事而五十萬言，固記二百年事乃八十萬言，繁簡不同，優劣可知。此說大謬。劉子元既辨其大節矣，抑予嘗考之，遷記事疎略而剩語甚多，固記事詳備而刪削精當，然則遷似簡而實繁，固似繁而實簡也，安得以是爲優劣哉！（集部，別集類，宋金元，滹南遺老集，卷十五，頁 13）（善本）

魏了翁

古人稱字最尊。某嘗因張行甫謂記文不當呼胡子仁仲、張子敬夫、朱子元晦，而告之曰《儀禮》：「子孫於祖禰皆稱字。」孔門弟子皆謂夫子爲仲尼，孟子又子思弟子也，亦稱仲尼，漢魏後只稱仲尼，雖今人亦稱之，而不以爲恠。（集部，別集類，南宋建炎至德祐，鶴山集，卷一百八，頁 38、頁 39）

魏了翁

班固名陳勝而絳爲列傳第一，名項籍而降爲列傳第二，是以成敗論，而失史遷功過不相揜之筆多矣。（集部，別集類，南宋建炎至德祐，鶴山集，卷一百八，頁 38）

黃朝英

《史記・太史公自序》云「談爲太史公」；又云「太史公既掌天官，不治

民，有子曰遷，遷生龍門」；又云「太史公留滯周南，不得與從事，故發憤且卒」；又云「太史公執遷手而泣曰，余先周室之太史也，予死，汝必爲太史，無忘吾所欲論著矣」。凡此以上所稱「太史公」者，皆謂司馬談也。又按本傳云「太史公曰，先人有言，自周公卒五百歲而有孔子」；又云太史公與上大夫壺遂對答；又云「太史公曰唯唯否否」；又云「七年而太史公遭李陵之禍」。凡此以上所稱「太史公」者，謂司馬遷也。又《文選‧報任少卿書》云「太史公牛馬走，司馬遷再拜言」，五臣注曰太史、遷之父，走、僕也；言已爲太史公牛馬之僕，蓋自卑之辭也。又案〈孝武本紀〉云「有司與太史公、祠官寬舒等議」，韋昭注曰「説者以談爲太史公，失之矣。《史記》稱遷爲太史公者，是外孫楊惲所稱」。余嘗考之《史記‧自序》，前所指司馬談爲太史公者，蓋遷之辭也，後所指司馬遷爲太史公者，蓋後人所定也。案《漢儀注》：「太史公，武帝置，位在丞相上，後宣帝以其官爲令，行太史公文書而已。」而臣瓚又曰：「〈百官表〉無太史公司馬談，但以太史丞爲太史令。」余案班固〈郊祀志〉曰「有司與太史令談」，班彪《略論》曰「孝武之世太史令司馬遷」，則談遷父子相繼爲太史公明矣。〈自序〉亦曰「太史公仍父子相續纂其職」，又云「司馬氏世主史官」，故雖爲令，而皆可以公稱之也。遷尊其父，故呼談爲太史公，後人又尊遷，故呼遷爲太史公。蓋所稱公者，如周公、召公、太公、廷尉吳公、謁者僕射鄧公、四皓有園公、夏黃公之類是也，非必是其外孫所稱。韋昭乃以司馬談爲非太史公，又以遷爲太史公者是楊惲所稱，誤也。
（子部，雜家類，靖康緗素雜記，卷六，頁 3、頁 4）（善本）

吳仁傑

如淳曰：「《漢儀注》：太史公位在丞相上，天下計書，先上太史公，副上丞相。」晋灼曰：「〈百官表〉無太史公在丞相上，衛宏所説多不實。」《刊誤》曰：「周制外史，其位上士，在諸侯之卿上，故云太史在丞相上。」仁傑按：〈張蒼傳〉：「蒼爲秦御史，主柱下方書。」如淳曰：「主四方文書也。」按秦柱下御史本周制，老子嘗爲守藏史，一曰柱下史，蓋即藏室之柱下，以爲官名。《晋志》：「極東有星曰柱下史，以爲古左右史象此。」然則漢太史令之戢，在周爲守藏史，在秦爲柱下史，其官稱異而戢掌則同，故《漢儀注》以天下計書爲太史職掌，然以爲「先上太史，而副上丞相」者，按子長爲太史兼中書令，在禁中主四方文書，其曰「先上太史公」考，蓋所上文書必先由太史檢校，然後奏之天子，非上太史也。觀此，則丞相所上止副封，法自應爾，

其事本如此，而衞宏不能詳言之，故晉灼不以爲然。《宋景文公筆記》亦曰：「遷自言僕之先人，文史星歷，近乎卜祝之間。若位在丞相上，安得此言耶？」按張蒼以秦時柱史，習天下圖書計籍，又善用算律歷，故以蒼領郡國上計，夫筭律歷領計書，皆太史之任也。当漢之初，未爲史官，蒼豈以此時兼行太史事耶？是时蒼以列侯居相府，故宏謂太史公位在丞相上，亦自有所本，但施于張蒼則可尔。（史部，紀傳類，總義之屬，兩漢刊誤補遺，卷七）（善本）

吳仁傑

「卒述陶唐以來，至于麟止。」張晏曰：「武帝獲麟，遷以爲述事之端，猶《春秋》止獲麟。」師古曰：「晏說是也。」仁傑按：子長〈自序〉「爲太史令五年而當太初元年」，以爲職當載明天子、功臣、賢大夫之德業，于是論次其文，十年而遭李陵之禍，卒述陶唐以來，至于麟止。蓋自太初改元，至太始改元之明年，適盈十年，是歲，更黃金爲麟趾，趾與止通，遷所謂至于麟止者，此也。張晏乃謂遷以獲麟爲述事之端。按：獲白麟在元狩元年，子長嗣父職在元封三年，獲白麟之歲，未爲史官也，安得以爲述事之端？師古獨是晏說，失之矣。有云遷序事盡太初，按：太初盡四年，又更天漢、太始凡六年，而後至麟止，遺此何耶？蓋不究子長〈自序〉之文，故麟止之說前後失據，而論序事所止，亦不得其實。（史部，紀傳類，總義之屬，兩漢刊誤補遺，卷七）（善本）

吳仁傑

《文選》載〈報任少卿書〉云：「太史公牛馬走。」五臣注：「太史公，遷之父。」仁傑謂：使談見爲太史，而遷與人書如此可也。按遷被刑之後，乃有此書，是時談死久矣，安得以父故官爲稱耶？則知所謂太史公者，子長自謂也。本傳載報書時爲中書令，顧稱太史者疑正爲太史令，而中書特其兼官，故但称本所居官耳。《史記·自序》「太史公曰先人有言」《索隱》曰：「先人謂先代賢人。」意以太史公爲談自稱。按遷此書言「僕之先人」，又可爲先代賢人耶？（史部，紀傳類，總義之屬，兩漢刊誤補遺，卷七，頁6）（善本）

吳仁傑

本傳載子長書自「少卿足下」始，《文選》又官冠以「太史公牛馬走，司馬遷拜言」凡十二字。仁傑曰：此猶劉向上書，而《漢紀》言其自稱草莽臣，蓋得其本文如此。五臣注：「走猶僕也，言已爲太史公，掌牛馬之僕。」按「牛」

當作「先」字之誤也。《淮南書》曰：「越王句踐，親執戈，爲吳王先馬走。」《國語》亦云：句踐親爲夫差前馬。《周官》：太僕，王出入則前驅。注：如今導引也。子長自謂先馬走者，言以史官中書令在導引之列耳，故又云「幸得奏薄技出入周衛之中」〈百官表〉有太子先馬，蓋亦前驅之稱，或作「洗馬」，循誤至此。（史部，紀傳類，總義之屬，兩漢刊誤補遺，卷七，頁6、頁7）（善本）

吳仁傑

顏延之言，有三公之公，田舍公之公，家公之公，三公，如周、召，固易見。所謂田舍公者，以其高年耳，〈吳志〉云「程普最年長，時人皆呼程公」是也；所謂家公者，賈誼云「與公併倨」是也。韋昭謂楊惲以外孫稱遷爲公，則是皆家公之公。虞喜以爲主天官者皆上公，則是三公之公，然遷〈報任少卿書〉亦以太史公自稱，此豈官屬與外孫尊之耶？（史部，紀傳類，總義之屬，兩漢刊誤補遺，卷七，頁5）（善本）

吳仁傑

遷〈自序〉云「談爲太史公」，謂尊其父可也，下文云「太史公遭李陵之禍」，則遷自謂矣。安有官爲令而自尊曰公者哉？蓋春秋之世，楚邑令皆稱爲公。《漢書音義》曰：「陳涉爲楚王，沛公起應涉，故從楚制稱公。」《史記》有柘公、留公，《索隱》曰：「柘縣、留縣令也，故曹參爲戚令，稱戚公，夏侯嬰爲滕令，稱滕公是也。」按〈茂陵書〉：「談繇太史丞爲太師史令」。本傳言「談卒三歲，而遷爲太史公。」則是遷父子官爲令耳，其稱公者，如柘、留、戚、滕之比，非尊其父而然。（史部，紀傳類，總義之屬，兩漢刊誤補遺，卷七，頁4、頁5）（善本）

胡　寅

昔司馬遷作本紀，列黃帝、顓、辛、堯、舜五人焉，其言曰：孔子所告宰予，儒者或不傳，及《春秋》、《國語》發明〈五德〉、〈繫姓〉章矣，書缺有間，乃時見於他説。善乎予弟宏之論曰：判古昔之昏昏，當折衷於仲尼。仲尼繫《易》，歷叙制器致用兼濟生民者，獨稱羲、農、黃帝、堯、舜氏，蓋以是爲五帝也，而顓、辛無聞焉！大史公所載特形容之虛語爾，烏得與羲、農比也？豈遷有見於《尚書》之斷自唐堯，而無見於《易》之稱首包犧歟？故凡論道議事，一折衷於仲尼則無失者。置仲尼而取儒者所不傳及它説爲據，

未有能臻其當也。(集部，別集類，南宋建炎至德祐，斐然集，卷二十一，頁1、頁2)

羅 泌

（五帝本紀第一）司馬氏父子世典太史，其作《史記》也，首于黃帝，而繼之以顓帝、帝嚳，又繼之以唐、虞，以爲紀三皇邪？則不及羲、炎；以爲紀五帝邪？則不應黜少昊而首黃帝。學者求之而不得其說，此所以致後世之紛紛，而蘇子之所以紀三皇也。竊觀《太史公記》首黃帝者，特因于《世本》，若《大戴禮・帝繫・五帝德》蓋紀其世而非主於三與五之說也。抑以謂後世氏姓無不出黃帝者，故首而宗之。至於羲、炎鮮有聞焉，是以不紀，是太史公之本意也。(史部，雜史類，斷代之屬，先秦，路史，卷三十四，頁3)（善本）

范 浚

（五帝本紀第一）范子曰：孔子定《書》，斷自唐、虞以下，以爲唐、虞而上，不可知也。聖人去古未遠，猶難言之，太史公乃欲爲黃帝、顓頊作紀於千百歲後，何耶？世傳《孔子家語》載《五帝德》、《帝繫姓》等，皆非古書，使其說誠詳如之，則夫子著之於《書》久矣。意遷姑欲攟摭傳記以示洽博，非復考其言之當否。夫黃帝，神農後也，阪泉之戰，信亦悖妄，以臣伐君猶有慙德，而況爲之後者！信或有之，則黃帝賊矣，尚得爲聖人乎？(集部，別集類，南宋建炎至德祐，香溪集，卷六，頁4)

葉 適

（五帝本紀第一）犧、黃爲文字之始，聖智之先，不獨學者言之，孔子蓋言之矣。至於簡弃鴻荒，斷自堯、舜，則何必孔子？自舜、禹以來固然也。何以知之？方禹、益、臯陶共明治道，祖述舊聞，其時去黃帝、顓頊不遠，所稱道德廣大，皆獨曰堯、舜，未有上及其先者，推群聖賢之心，豈夸襧而輕祖哉？故余以爲神靈不常，非人道始，缺而不論，非掩之也。如遷所見〈五帝德〉、〈帝繫姓〉，雖曰起自黃帝，若夫稽古而陳之，君之堯、舜，臣止禹、臯陶，而羲、農、后、牧之倫不預焉？遷未造古人之深旨，特与百家雜亂之中，耴其雅馴者而著之，然則典謨大訓徒雅而已乎！況黃帝、堯、舜之後，既數千年，長老所言不可信，審矣。不擇義而務廣，亦可爲學之患也。孔子謂顏淵：「行夏之時，乘殷之輅，服周之冕」，蓋爲邦之要略，漢儒之智，未

足以及此也，而迁紀夏、商，言「孔子正夏時」，又日「殷輅車爲善」，近是矣！至「文王三分天下有其二，以服爭殷」，周之德其可謂至德也已矣，則迁不能知，故日：「受侖称王，改法度，制正朔，當以孔子爲正也。」（子部，雜家類，習學記言序目，卷十九，頁 1）（善本）

王若虛

（周本紀第四）〈周本紀〉云「成王既遷殷遺民，周公以王命告，作〈多士〉〈無逸〉」。〈魯世家〉云「周公恐成王有所滛逸，乃作〈多士〉〈無逸〉」。自今考之，〈多士〉爲殷民而作者也，〈無逸〉爲成王而作者也；在本紀則併〈無逸〉爲告殷民，在世家則併〈多士〉爲戒成王，混淆差互一至于此，盖不惟牴牾于經，而自相矛盾亦甚矣！至世家雜舉二篇之旨，支離錯亂，不成文理，讀之可以發笑。（集部，別集類，宋金元，滹南遺老集，卷九，頁 7、頁 8）（善本）

葉　適

（項羽本紀第七）古人之於聖賢，皆因事以著其人，未嘗以人載事。項籍既盜奪，然文字以來，以人著事最信而詳，實始於此。「初起時二十四」，「少學書不成，去學劍又不成」，「書足記姓名，劍一人敵不足學，學萬人敵」，「乃敎籍兵法，不肯竟學」楚、漢間頗用此例推觀。不知古人之材与後世之材，何以敎？何以成就？上世敎法盡廢，而亡命草野之人出於雄强。遷欲以此接周孔之統紀，恐未夊也。（子部，雜家類，習學記言序目，卷十九，頁 4）（善本）

葉　適

（項羽本紀第七）太史公論「羽非有尺寸，乘勢起隴畝之中，三年，将五諸侯滅秦，分裂天下而封王侯，政由羽出，號爲霸王」，近古所無。不知古人之治，未嘗崇長不義之。《左氏》載傁瞞三人皆爲諸侯所誅，盖是時先王之遺政猶存，負力桀悍者終不得自肆。如項羽，氣力不過長敵，而不幸遭世大壞，遂橫行至此。遷以畏異之意，加嗟惜之辭，史法散矣。（子部，雜家類，習學記言序目，卷十九，頁 5）（善本）

王若虛

（項羽本紀第七）〈項羽傳·贊〉云：「吾聞之周生，舜目盖重瞳子，又聞項羽亦重瞳子，羽豈其苗裔耶？何興之暴也！」陋哉！此論人之形貌，容有偶相同者，羽出舜後千有餘年，而獨以此事，遂疑其爲苗裔，不亦迂乎？

商均，舜之親子，遺體在焉，然不聞其亦重瞳也，而千餘年之遠裔，乃必重瞳耶？周生何人？所據何書？而上知古帝王之形貌，正復有據，亦非學者之所宜講也。夫舜以元德升聞，四岳薦之，帝堯試之，上當天心，下允衆望，然後踐天子之位，其得之固有道矣！豈專以異相之故，而暴興者哉？使舜果由此而興，則羽之成功亦應畧等，奚其不旋踵而剿滅也？遷輕信愛奇，初不知道，故其謬妄每如此！後世狀人君之相者，類以舜瞳爲美談，皆史遷之所啓，而後梁朱友敬自恃重瞳，當爲天子，因作亂伏誅，亦本此之誤也，悲夫！（集部，別集類，宋金元，潕南遺老集，卷十二，頁 3、頁 4）（善本）

葉　適

（高祖本紀第八）益贊于禹以「惟德動天」，伊尹暨湯「咸有一德」，周人稱「文王之德至矣」，有是德也，則有是政也，而太史公乃謂三代之政，忠、敬、文若循環，漢救以忠，爲得天統，是遷於禹、湯、文、武，皆望其藩牆而不即者也。爲治既如彼，而言治復若此，世道所以有汙而無隆歟！哀哉！（子部，雜家類，習學記言序目，卷十九，頁 6）（善本）

沈作喆

（孝文本紀第十）讀史者但知〈武紀〉、〈封禪書〉爲譏也，不知子長贊文帝漢興四十餘載，德至盛廩廩鄉改正服封禪，謙讓未成於今，而孝武初即位，未有德惠及民，便修鬼神之祀，公卿草巡禪，則爲不仁矣，此葢子長之微意也。（子部，雜家類，雜說之屬，寓簡，卷三，頁 1）

王若虛

（孝景本紀第十一）《大事記》：「《史記·文帝紀》多載詔書，至〈景帝紀〉則皆不載，蓋以爲不足載也，其旨微矣！」予謂：史書實録也，詔誥一時之大事，縱使帝之所行，不能副其言，豈容悉沒之乎？此自遷之私憤，而呂氏深取之，遂以判班、馬之才識，予未敢知也。（集部，別集類，宋金元，潕南遺老集，卷十九，頁 14）（善本）

沈　括

（十二諸侯年表第十四）按《史記》年表，周平王東遷二年，魯惠公方即位，則《春秋》當始惠公，而始隱，故諸儒之論紛然，乃《春秋》開卷第一義也，唯啖趙都不解始隱之義，學者常疑之，唯於纂例，隱公下注八字云，惠公二年，平王東遷，若爾則《春秋》自合始隱，更無可論，此啖趙所以不

論也，然與《史記》不同，不知啖趙得於何書？又嘗見士人《石端集》一紀年書，考論諸家年統，極爲詳密，其叙平王東遷亦在惠公二年，予得之，甚喜！亟問石君，云出一史傳中，遽檢未得，終未見的。據《史記》年表注，東遷在平王元年辛未歲，本紀中都無説，諸侯世家言東遷却盡在庚午歲。《史記》亦自差謬，莫知其所的。(子部，類書類，夢溪筆談，卷十四，頁6、頁7)(善本)

沈 括

(律書第二十五)《史記‧律書》所論二十八舍、十二律，多皆臆配，殊無義理。至於言數，亦多差舛。如所謂「律數者，八十一爲宮，五十四爲徵，七十二爲商，四十八爲羽，六十四爲角」。此止是黄鍾一均耳。十二律各有五音，豈得定以此爲律數？如五十四在黄鍾則爲徵，在夾鍾則爲角，在中吕則爲商，兼律有多寡之術，有實積之數，有短長之數，有周徑之數，有清濁之數，其八十一、五十四、七十二、四十八、六十四，止是實積數耳。又云：「黄鍾長八寸七分一，大吕長七寸五分三分一，太蔟長七寸七分二，夾鍾長六寸二分三分一，姑洗長六寸七分四，中吕長五寸九分三分二，蕤賓長五寸六分二分一，林鍾長五寸七分四，夷則長五寸四分三分二，南吕長四寸七分八，無射長四寸四分三分二，應鍾長四寸二分三分二。」此尤誤也。此亦實積耳，非律之長也。蓋其間字又有誤者，疑後人傳寫之失也。餘分下分數目，凡「七」字皆當作「十」字，誤屈其中畫耳。(子部，類書類，夢溪筆談，卷八，頁1、頁2、頁3)(善本)

王若虛

(律書第二十五)〈律書〉之首以爲律爲萬事根本，而其于兵械尤重。武五伐紂吹律聽聲，推孟春以至于季多，殺氣相并而音尙宮。同聲相從乃物之自然，此固可矣，乃復備論帝王以來用兵之事，而終于漢文獻[註3]兵，百姓樂業，幾七百言，何關於律意哉！斯寔無謂之甚！而邵氏極稱之，以爲此其高古雄深，非他人拘窘所能到者。嗚呼，文章必有規矩準繩，雖六經不能廢，顧乃以疏闊爲高深，緻密爲拘窘，何等謬論也！又有謂皿本爲兵書者，若果兵書，復安用許多律吕事？大都皆出于畏遷而不敢議其非，故妄云云耳。(集部，別集類，宋金元，滹南遺老集，卷十一，頁5、頁6)(善本)

〔註3〕按：獻，四庫文淵閣本作厭。是

王觀國

（封禪書第二十八）太史公〈封禪書・贊〉曰：「余從巡祭天地、諸神、名山、大川，而封禪焉，入壽宮，侍祠神語，究觀方士、祠官之意，於是退而論次。」觀國案：〈封禪〉具載祠祭事，太史公當取其與禮合者，而敘武帝方士之言，謬悠無根，至於壽宮神與人言，鬭棋觸擊之類，皆世俗巫覡小數，虛怪不足以示後世。（子部，雜家類，雜考之屬，學林，卷七，頁 29）

葉　適

（封禪書第二十八）〈封禪〉最無據。舜「二月東巡狩，至于岱宗」，禮其所尊也。「望秩于山川」，無不徧也，至於西、南、北猶是礼也，烏有所謂封禪者乎？周成王蓋未有言封禪者，遷殆誣之。《管子・封禪》篇，游士所為謂其諫止齊桓，固妄矣，至始封禪，而漢武因之，皆用方士之說，虛引黃帝而推於神仙變詐，是以滛祀黷天也。迁亦知其非，不飭論正，反傅會之，雖微見其意，而所徇已多矣，安飭救乎！（子部，雜家類，習學記言序目，卷十九，頁 10、頁 11）（善本）

葉　適

（平準書以觀事變第三十）〈平準書〉直敘漢事，明載聚斂之罪，比諸書最簡直，然觀迁意，終以為安寧變故，質文不通，山海輕重，有国之利。按《書》：「懋遷有無化居」，周訊而不征，春秋通商惠工，皆以國家之力恃商賈，流通貨幣，故子產拒韓宣子一環不與，令其詞尚存也。漢高祖始行困辱商人之策，至武帝乃有籌，然告緡之令，塩鐵権酤之入，極於平準，取天下百貨自屈之。夫四民交致其用，而後治化興，即末後本，非正論也。使其果出於厚本而抑末，雖偏，尚有義。若後世但奪之以自利，則何名為抑？恐此意遷亦未知也。（子部，雜家類，習學記言序目，卷十九，頁 11、頁 12）（善本）

葉　適

（齊太公世家第三十二）「陰謀修德以傾商政」，德非傾人之事，豈陰謀所飭為？信如此，則古之為德，乃後之所為暴也。遷併言之，未可與論知德矣。「客寢甚安，殆非就國」，此後世鄙語，而遷以施之周公、師尚父之間，是世無復有聖賢，何取於論載也！遷言「曹沫以匕首刼齊桓公」，「遂與沫三敗所亡地」，此事《公羊》先見。按《楚〔註4〕氏》，魯莊公九〔註5〕納糾，敗

〔註4〕按：楚，四庫文淵閣本作左。是

子〔註6〕軋〔註7〕時，幾獲，十年有長勺之勝，劌實主之，齊猶未已，与宋次乘丘，公子偃敗宋師十三年，北杏之會，齊將稱霸，其多魯乃會盟於柯。是魯國未嘗失地，三年不交兵，何用要刦？二十三年，曹劌復諫觀社，詳其前後詞語，豈操匕首於壇坫之間者耶？意當時處士，謂劌自鄉人拔起有功業，宗主之不以德而以爲刺，習俗之陋，何獨後世，可哀也已！「齊卿公欲尊王晉景公」，遷以數百年後事開迹數百年前，此等語皆不暇審也。（子部，雜家類，習學記言序目，卷十九，頁 12、頁 13）（善本）

羅　泌

（齊太公世家第三十二）正道之不明，自戰國之急於功利者滑之，而漢儒不能明，後世不能討也。太公，亞聖之大賢也，其仕於周也亦不苟矣。孟子曰：「太公避紂，居東海之濱，聞文王作興，曰：『盍歸乎來，吾聞西伯善養老者。』」賢者之去就可知矣，而大史公乃以爲漁隱于渭，文王卜，畋于渭之陽，載與俱歸，爰立爲師，且以爲西伯昌囚羑里，尚隱茲泉，其臣閎夭、散宜生、南宮括者，相與學訟于公，四子於是見西伯于羑里，而復相與求美女、文馬、白狐、奇物以獻紂，而脫其囚，歸而與之，陰謀修德以傾商政，其然乎？夫太公之爲人果如是，何邪？其出處之際必有義，而其致君也亦有道矣，何至操切譎詭爲憸人之舉哉！（史部，雜史類，斷代之屬，先秦，路史，卷三十三，頁 15、頁 16）（善本）

葉　適

（周公世家第三十三）「周公奔楚」，是時楚未有國，公奚之焉？《詩》、《書》以爲居東，而異説以爲南奔，推此類，則亦當時史法不侭之故。自遷故爲史，其高者固不盡知，而卑者差勿誤尔。遷言金縢事既錯謬，而繫以「得郊祭文王，有天子礼樂」，有害義。〈金縢〉所謂「自以爲功代武王」，一時事也。夫周公所以造周者，不足以用異礼，而以〈金縢〉故与之，是以天下之明器而爲己之私物，将与逢丑父、紀信一等矣。（子部，雜家類，習學記言序目，卷十九，頁 13、頁 14）（善本）

葉　適

〔註 5〕　按：九，四庫文淵閣本作九年。是
〔註 6〕　按：子，四庫文淵閣本作于。是
〔註 7〕　按：軋，四庫文淵閣本作乾。是

（燕世家第三十四）「成王既幼，周公攝政，當国踐祚，召公疑之，作〈君奭〉」，不知遷所謂疑者何事？必挾世俗之意。既称伊尹、伊陟，毀諸賢臣，使召公之智不足以知之，則周公一時之語，安秪遽說其心？遷論聖賢之際，大抵率易如兒戲耳。（子部，雜家類，習學記言序目，卷十九，頁 14）（善本）

葉　適

（陳杞世家第三十六）周人崇尚報應，遷所稱十二人，唐、虞之際，有功德臣，舜後爲陳，田常建國，皆田語也，然武王封先代，蓋褒有德。臧文仲嘆準陶不祀，謂德義之後不應絶爾。若陳氏簒盜，亦曰舜所致，則是不復論天德，但以利責報也。至孔子始改此論，曰「巍巍乎舜、禹之有天下也，而不与焉！」夫以天下爲不与，則雖苟位銷歇，而道德自存，義理常尊，而利欲退聽矣，此遷所未知也。（子部，雜家類，習學記言序目，卷十九，頁 14）（善本）

葉　適

（楚世家第四十）序〈楚苧家〉可觀。言其再自王，及隨請尊楚，周、召敷，隨侯意欲疎潤，以管仲對詞考之，周之號令殆不復通於江漢間矣。「弱弓微繳加歸雁之上」，「虎肉膻而兵利人身〔註 8〕猶攻之」，二事皆《戰國策》所無，其文無異意，劉向所序，比遷時已有遺落也。（子部，雜家類，習學記言序目，卷十九，頁 15）（善本）

葉　適

（越王句踐世家第四十一）遷載范蠡，殊不足據。《越語》固言其去矣，而遷之雜說，既言其相齊，又去齊爲陶朱公，又子殺人於楚，又行千金書遺莊生，又莊生怒長子，卒敗其事。信如是，則蠡偏側亂苧，以狡獪賈豎爲業，何異呂不韋之流，何必稱賢也！當遷去蠡時尚近，而不秪斷其是非，使蠡蒙羞，惜哉！（子部，雜家類，習學記言序目，卷十九，頁 15）（善本）

王若虛

（魏世家第四十四）〈魏世家・贊〉云：「說者皆曰：『魏以不用信陵君，故國削弱至于亡，余以天方令秦平海内，其業未成，魏雖得阿衡之佐』曷益乎！」此大謬之說也。魏之亡既廹于秦興，而非人謀之所能救，則秦之亡亦廹于漢興，而無可爲者也，而遷于〈本紀〉乃取賈生之論，以不任忠賢罪二

〔註 8〕按：人身，四庫文淵閣本作身人。

世，何哉？夫無忌之徒，固未足以益國，然遷之失言，不得爲罪〔註9〕也。（集部，別集類，宋金元，滹南遺老集，卷十二，頁2）（善本）

王若虛

（田敬仲完世家第四十六）史氏之評，因人事之善惡而正其是非，以示勸戒，而裨教化，故可貴也。遷之贊田完，徒謂易術幽明，非通人達才莫能注意，此固不必道者，而又云「田乞及常所以比犯二君，專齊國之政，非必事勢之漸然，蓋若遵厭兆祥」，則亂臣賊子皆得以天命自解，而無所懲也，豈史氏之所宜言乎？（集部，別集類，金至元，滹南集，卷十二，頁1）

葉　適

（孔子世家第四十七）〈孔子世家〉所取甚雜，然比之載五帝三代周召等事，猶不至於駁異。譬如以相求人，雖非其眞，然禹行舜趨，要無跬步履，學者深攷之，亦足以成德也。（子部，雜家類，習學記言序目，卷十九，頁16）（善本）

王若虛

（孔子世家第四十七）〈孔子世家〉總書行事，有云「食于有喪者之側，未嘗飽也」；「是日哭，則不歌，見齊衰、瞽者，雖童子必變」；「三人行，必得我師」；「德之不修，學之不講，聞義不能徙，不善不能改，是吾憂也」。史氏之所記，孔子之所自言，豈可混而不別？遷採經摭傳，大抵皆踳駁，而二帝三王紀，齊魯燕晉宋衛孔子世家，仲尼弟子傳，尤不足觀也。（集部，別集類，宋金元，滹南遺老集，卷九，頁13）（善本）

葉　適

（蕭相國世家第五十三）蕭何雖不見古人，然漢非何不興也。遷既不能品第其人，而始但輕之爲刀筆吏，終遽與閎、散爭列。伊尹、傅說未嘗無賤微之詬，此固何足論，然又何閎、散之易爲乎？漢高之德與力此，非有尺寸，而以何爲磐桓，故能建侯；未知老苦、置衛繫獄者，發於編岩而然耶？抑亦有流言之誤耶？遷殊不能辨，而後世因之，使人廢卷嘆息而已。（子部，雜家類，習學記言序目，卷十九，頁16、頁17）（善本）

王若虛

（蕭相國世家第五十三）司馬遷贊蕭何云「與閎夭、散宜生爭列」，贊韓

〔註9〕按：罪，四庫文淵閣本作「無罪」。是

信則云「可以比周、召、太公之徒」，贊周勃則云「伊尹、周公何以加」。夫史氏擬人，必于其倫，不可不慎也。以何、信等輩而上方三代聖賢，談何容易哉？至論張耳、陳餘則又譏其異于太伯、季子，遷之品藻陋矣！（集部，別集類，宋金元，滹南遺老集，卷十二，頁4）（善本）

葉　適

（三王世家第六十）〈河間王傳〉：「被服、造次必於儒者，山東諸儒多從之游」，甚得骿，恨大畧耳。（子部，雜家類，習學記言序目，卷十九，頁17）（善本）

陳　善

（伯夷列傳第六十一）司馬遷書〈伯夷傳〉，載伯夷叩馬而諫父死不葬之語，是因孔子有〔註10〕餓于首陽之事而增益之也，〈宰我傳〉載宰我與田常作亂事，是因孔子有「宰予也無三年之愛於父母」之說而妄意之也。遷於著述勤矣，然其為人淺陋不學，疏略而輕信，多愛而不能擇，故其失如此。（子部——雜家類，《捫蝨新話》（儒學警悟），上集卷之三，頁5）（善本）

陳長方

（伯夷列傳第六十一）伯夷歌云：神農、虞、夏忽然没兮，我安適歸兮！陳古刺今，此意涵蓄。此太史公文筆，非伯夷意也。（子部，小說家類，筆記雜事，步里客談，卷下，頁1）（善本）

葉　適

（伯夷列傳第六十一）遷本意取高讓不受礼樂者為列傳首是也，然許由、卞隨、務光空寓言，無事寔，學者所共知，遷為是故以六藝正百家之姿，正於其所不必正，一也。按冉有問於子貢曰：「夫子為衛君乎？子貢曰：「諾，吾將問之。」入曰：「伯夷、叔齊何人也？」曰：「古之賢人也。」曰：「怨乎？」曰：「求仁而得仁，又何怨！」出曰：「夫子不為也。」子曰：「見善如不及，見不善如探湯，吾見其人矣，吾聞其語矣；隱居以求其志，行義以達其道，吾聞其語矣，未見其人也。齊景公有馬千駟，死之日民無得而稱焉。伯夷、叔齊餓於首陽之下，民到於今稱之。其斯之謂歟！」論夷、齊之事，無大於此者矣。以子臧、季札考之，未嘗有所怨，則夷、齊何怨焉？謂夷、齊為怨者，傳逺而說

〔註10〕按：孔子有，四庫文淵閣本作伯夷。是

訛尔。遷〔註11〕孔子之言，謂夷、齊之非怨，而又以妄人之詩疑伯夷、叔齊之不餒不怨，既正於其所不必正，復以所不必正者，害其所正，二也，且負芻、吳光皆弒君竊國，子臧、季札尚不恥立於其朝，蓋其待之如糠粃外物，不貳非是於心，乃讓國之常節；況武王、周公以至仁大義滅商，夷、齊奚爲惡之？此特浮淺之詞，而遷信之，何哉？孔子謂「餓於首陽」者，言其甘於貧賤而難之也，遷遂以爲不食死，對心〔註12〕而不知命，豈仁人之意乎？三也。盜跖不軌之人，何足与夷、齊、顏子較賢否？聖賢之所未爲者，天之所不餒爲，遷雖稱重輕、清濁各有所在，而寔理蓋未之知，四也。又遷所謂名者，顏子因孔子而彰，則固信矣，若夷、齊則在孔子之前五六百年，孔子所敬者，故曰：「民到於今稱之」，是不待孔子而後彰也。稽古道，續先民，聖人之職當然也，豈以是爲軒輕於其間哉！遷雖定一尊於孔氏，乃其陋若此者，非所以爲尊，五也。余觀孟子論夷、齊，最爲精義，然猶推惡惡之心，有近隘之行，非所謂得仁求志也，必以孔子爲正。（子部，雜家類，習學記言序目，卷二十，頁1、頁2）（善本）

葉　適

（管晏列傳第六十二）遷載管仲稱鮑叔事甚鄙，不可以示後世子孫，思所謂信乎友、獲乎上者，豈若是哉？「論卑而易行」此漢初語，非春秋時語也。俗之所欲否，未必是，因而予奪，未必合，福未必福〔註13〕，敗未必餒功，如此等議論，無當於治，乃蠹術浮說，誤後學，不可不審也！且管仲不餒盡由礼，故孔子以三歸、具官、反坫、樹塞門明之，遂謂其「富擬公室」亦非也。（子部，雜家類，習學記言序目，卷二十，頁2）（善本）

吳子良

（老子韓非列傳第六十三）或謂有二老子，絕滅禮樂之老子，與孔子問禮之老子不同，兼太史公〈老子傳〉多疑詞，既稱莫知其所終，又稱百六十餘歲，或二百餘歲，既稱太史儋即老子，又稱非也，世莫知其然否。意者有二老子而太史公不能斷邪？余謂老子所答問禮之言，即是道德五千言之旨，其論禮之意則是，其廢禮之文則非耳！太史公雖不能斷，然亦卒斷之曰「老子，隱君子也」，既曰「隱」，則其年莫得詳亦宜矣！且太史公去周近，尚不

〔註11〕按：遷，四庫文淵閣本作遷雖以。是
〔註12〕按：對心，四庫文淵閣本作憖。是
〔註13〕按：福，四庫文淵閣本作因禍。是

能斷，後二千餘年將何所據而斷耶？（集部，詩文評類，荊溪林下偶談，卷二，頁 10、頁 11）

王若虛

（老子韓非列傳第六十三）《史記‧老子傳》訓誨孔子如門弟子，而孔子嘆其猶龍者，蓋出于莊周寓言，是何足信！而遂以爲寔錄乎？至于成王剪葉以封唐叔，周公吐握以待士，孔子不假蓋于子夏，曾子以蒸梨而出妻，皆委巷之談，戰國諸子之所記，非聖賢之事，而一切信之！予由〔註14〕爲《古史》，遷之妄謬去之殆盡矣，而猶有此等，蓋可恨云。（集部，別集類，宋金元，滹南遺老集，卷十一，頁 2、頁 3）（善本）

劉 恕

（仲尼弟子列傳第六十七）司馬遷曰：「子貢一出，存魯，亂齊，破吳，強晉、伯越」，「十年之中，五國各有變。」戰國之時，齊、魯交兵者數矣，一不被伐，安能存哉？田氏弱齊，一當吳兵，安能亂哉？吳不備越而凵勝，齊安能破哉？四卿擅權，晉以衰弱，脩兵休卒，安能彊哉？越從吳伐齊，滅吳乃彊，此安能伯哉？十年之中，魯、齊、晉未嘗有變，吳、越不爲是而存凵。遷之言，華而少實哉？（史部，編年類，斷代之屬，先秦，通鑑外紀，卷九，頁 11）（善本）

王若虛

（仲尼弟子列傳第六十七）〈仲尼弟子傳‧贊〉云：「學者多稱七十二〔註15〕子之徒，譽者或過其寔，毀者或損其眞，鈞之末覩厥容貌，則論言弟子籍出孔氏古文近是，余以弟子名姓文字悉取《論語》弟子問，并吹〔註16〕爲篇，疑者闕焉。」予謂論人者亦據其行事而已，豈必容貌之覩？以貌取人，孔子或失之，而遷顧以爲準乎？且遷所引雜說、鄙事，有不足信者，又豈皆《論語》之所載也！（集部，別集類，宋金元，滹南遺老集，卷十二，頁 1、頁 2）（善本）

葉 適

（商君列傳第六十八）商鞅變法，大事也，遷不加甄別，淺深無次，而學者亦攷之不詳。所謂「令民爲什伍，而相妝司連坐」者，此變法之本意也。

〔註14〕按：予由，四庫文淵閣本作子由。是
〔註15〕按：七十二，四庫文淵閣本作七十。
〔註16〕按：吹，四庫文淵閣本作次。是

古者為比、閭、族、黨，使民相保、相愛、相和親，有罪奇衺相及是亦連坐，而非屬民者不相妝司也。孟子教治滕，則曰：「死徙無出鄉，鄉田同井，出入相友，守望相助，疾病相扶持。」蓋治小國，合散民，以親睦為先，雖有罪奇衺，亦未暇相及也。先王以公天下之法，使民私其私，商鞅以私一国之法，使民公其公，此其所以異也。「不告姦者腰斬，告姦者与斬敵首同賞，匿姦者与降敵同罰。」此因事積習致然，蓋有是賞罰者，若遽立為一成之法，以齊、秦俗，則民之叛秦，不待勝、廣矣。不分異者，漸以倍賦法偪奪之，先王之法雖防民情，如成訟、勿讎、避讐，今民情有所出入。葉公曰：「吾黨有直躬者，其父攘羊，而子證之。」孔子曰：「吾黨之直者異於是，父為子隱，子為父隱，直在其中矣。」今鞅使民一切不得私鬪相蔽隱，直情徑達以奉公上，又「事末利及怠而貧者」，先王雖有里布屋粟之罰，而民間轉移，執事不辛而收挐之也。其設法抑民，輕重曲折，事不一端，而遷之所載，謂直若酒之鴆，藥之鳥喙，疾之壅熱，匕首之濡縷立死者，亦未必然也。至如集小鄉為縣，開井邑為阡陌之類，則固可遽行矣。蓋其禁民巧，察民專，沈鷙果敢，一施於上下而使其便於國，故雖殺其身，卒不能廢其法，數百年而禁制成，秦已亡而猶不可变。凡行於後丗，增損厚薄，微有不同，大抵皆鞅之遺術也，何獨彼之非乎！（子部，雜家類，習學記言序目，卷二十，頁4、頁5）（善本）

葉　適

（孟子荀卿列傳第七十四）以孟子、荀卿冠之諸子，雖於大髁不差，而有可憾者，如不言利之為是，而未知所以不言之意，且於騶衍分數終為多耳。人言武王仁義，伯夷不食周粟，天下惟一理，武王果仁義，則伯夷何名死之？蓋傳者妄也。後世謂孔孟絕學，秦漢以後，無人可利〔註17〕，亦非虛耳！（子部，雜家類，習學記言序目，卷二十，頁5）（善本）

葉　適

（孟嘗君列傳第七十五）馮驩事与《戰國策》馮驩稍殊，《史記》盖別有所本，其義為勝也。（子部，雜家類，習學記言序目，卷二十，頁5）（善本）

葉　適

（樂毅列傳第八十）余謂樂毅之詞，变化而鉙知本，流放而不失正，故曰「免身立功，以明先王之迹，臣之上計」，雖不得於今君而無子胥、商鞅之

〔註17〕按：利，四庫文淵閣本作到。是

僚，君子將有取焉。若夫蒯通、主父偃廢書而泣，何爲於此？遷豈謂二人之好惡，亦足以重輕其間乎？殆毅書因是而傳耳！（子部，雜家類，習學記言序目，卷二十，頁5、頁6）（善本）

唐仲友

（田單列傳第八十二）少游《書王蠋事後》，論甚偉，義甚高，然未爲知太史公之意者也。

天下之事，其成有所歸，其來有所因，所歸易見，所因難知。推見至隱，《春秋》之法也。復齊之功，人孰不曰田單？太史公以爲是獨公之所歸；乃若所因，則單之勝以有王，王之立以有蠋之死也。故論單之善兵而反諸法章之立，言法章之立而反諸蠋之死；單於是乎不得獨有其功，而蠋之死不獨大義之明，其功亦莫之先；此太史公之意也。

蠋之事固自附於《伯夷》者，《史記》數千載，而傳以伯夷爲首，其益於名教多矣，不待以蠋附之而後明。附蠋於《伯夷》，人見其義而不知單之功實因於蠋；傳單而終之以蠋，則義與功兼明，庶幾爲臣者知夫仗節死義，不特爲區區之忠也。是故，齊不可無單也，尤不可無蠋也，單可能也，蠋不可能也。單以即墨之微敗燕師而禽其將，七十餘城一旦盡復，齊可無單哉？然即墨之守，救死之計爾，攻救死之兵，不可以迫，迫則人自爲戰，故燕并兵於莒而緩即墨，及淖齒戰潛王，則莒不爲齊矣。燕不急爭而東攻即墨，又不急而坐待其服，此樂毅之深謀也。毅之力非不足以取兩城，其意以爲齊無君矣，吾固以全制其敵，而無事於多殺。使王蠋不死，法章不立，即墨之遺黎無所繫其心，單雖智，其能獨守此乎？蠋死而王立，王立而即墨之守固，毅之謀沮，而單之計得施，則復齊者蠋乎單乎？

太史公之書，善乎其推本之也。太史公書蠋事累數十百言，不失一辭，正使爲蠋立傳，能加一字乎？傳不傳，於蠋無加損，據事跡實錄，附之單傳，則知蠋深矣！太史公傳韓非於老子之後，而書蠋於單傳之末，則知刑名之學老子實爲之，復齊之功蠋實倡之也。皆推見至隱之意歟！（集部——別集類——隋唐五代之屬——唐，《悅齋文鈔》（金華唐氏遺書），卷九，頁10、頁11）（善本）

洪興祖

（屈原賈生列傳第八十四）始漢武帝命淮南王安爲《離騷傳》，其書今亡。按〈屈原傳〉云：「〈國風〉好色而不淫，〈小雅〉怨誹而不亂，若《離騷》者，

可謂兼之矣。」又曰：「蟬蛻於濁穢以浮游塵埃之外，不獲世之滋垢，皭然泥而不滓，推此志，雖與日月爭光可也。」班孟堅、劉勰皆以爲淮南王語，豈太史公取其語以作傳乎！（集部，楚辭類，楚辭補注，卷一，頁1）

吳子良

（屈原賈生列傳第八十四）曩見曹器遠侍郎稱止齋最愛《史記》諸傳贊，如〈賈誼傳·贊〉尤喜爲人誦之。蓋語簡而意含蓄，咀嚼儘有味也。（集部，詩文評類，荆溪林下偶談，卷四，頁2）

葉 適

（淮陰矦列傳第九十二）遷貴〔註18〕韓信不學道謙讓，伐功矜能，至於夷滅，信雖不及以知此，然當受此責矣，何也？當天下發難，与沛公先後起者，各有得鹿之心，固以其力自斃，無怖也。獨蕭何、張良与信，沛公之所須如左右手，然其君臣之分當素定也。若信猶欲自立，則漢誰与立功，是天下終不可得而定矣。信托身於人，而市井之度不改，始則急近以不得不与，終則徼幸於必不可爲，以黥、彭所以自處者，而處周、召、太公之地，欲不亡得乎！（子部，雜家類，習學記言序目，卷二十，頁8、頁9）（善本）

沈作喆

（張釋之馮唐列傳第一百二）作史者務矜於文而違背道理者甚衆。如左氏載季孫行父之言曰，舜有大功二十，以爲天子。今行父於舜之功二十之一也，是行父欲積功以求舜之位也，而可以訓乎？司馬遷載張釋之爲廷尉，治渭橋犯蹕者曰：「今法如此，而更重之，是法不信於民也，且方其時，上使立誅之則已」，是教人主果於殺戮，寧廢法以快一時之忿，而不使羣臣得以議論、叅決，據法以爭也。此皆爲文之過。如此類不可盡舉，讀書者宜詳之。（子部，雜家類，雜說之屬，寓簡，卷二，頁6）

王若虛

（魏其武安列傳第一百七）〈竇嬰傳〉云：「景帝欲用嬰，嬰固辭，上曰：『天下方有急，王孫寧可讓耶？』」王孫，嬰之字也，班氏著之傳首是矣。今遷不著，讀者何以知之？始既不著，則當云字謂耳，然嬰貴戚大臣，非他附見者，亦不宜用此法也。（集部，別集類，宋金元，滹南遺老集，卷十一，頁4）（善本）

〔註18〕按：貴，四庫文淵閣本作責。是

王若虛

（李將軍列傳第一百九）李廣「見草中石，以爲虎而射之，中石沒鏃，視之，石也，因復更射，終不能復入石矣」。凡多三「石」字，當云「以爲虎而射之，沒鏃，既知其石，因復更射，終不能入」。或云「嘗見草中有虎，射之，沒鏃，視之，石也」！亦可。又云：「其射，見敵急，非在數十步之內，度不中，不發。」「度不中」三字重叠，若此句存，則上句宜去也。又言：「廣自頸，軍士大夫一軍皆哭。」但云「一軍」足矣，或去此二字亦可。（集部，別集類，宋金元，滹南遺老集，卷十五，頁 11）（善本）

葉　適

（匈奴列傳第一百十）遷言：「堯雖賢，興事業不成，得禹而九州寧，且欲興聖統，惟在擇任將帥哉！」蓋嘆衛、霍、公孫弘之事，微其詞也！漢武用妾人，殘民不已，幾亡天下，其不訛興聖統，固宜也，然未知遷所謂「擇人以興」者，人當如何？堯、舜三代之待夷狄，九州之內，無礼義之俗也，故礼義修而夷狄服，不必盛兵力也。若秦、漢以後，中國所以待之者，又烏有定法？可和則和，可征則征，其要在於備守邊陲，固不虛內以事外，使夷狄不能加而已。如以漢武爲「建功未深」，而異人間出，蓋將有功於此者，則余不能知矣。（子部，雜家類，習學記言序目，卷二十，頁 11、頁 12）（善本）

吳子良

（循吏列傳第一百一十九）太史公〈循吏傳〉，文簡而高，意淡而遠，班孟堅〈循吏傳〉，不及也。（集部，詩文評類，荆溪林下偶談，卷四，頁 2）

王若虛

（汲鄭列傳第一百二十）〈汲鄭・贊〉無他褒貶，獨嘆其有勢則賓客十倍，無勢則否，至并載翟公署門事，此何足道而著之史評哉？（集部，別集類，宋金元，滹南遺老集，卷十二，頁 5）（善本）

葉　適

（儒林列傳第一百二十一）子思之憂〔註 19〕，子高、子順、子魯皆守家法，學者祖之。叔孫通本學於子魚，子魚始仕始皇。陳餘儒者与子魚善。陳勝首事，餘荐子魚。餘輕韓信以取敗亡，鮒死陳下，儒孝幾絕。獨通遺種僅

〔註 19〕按：憂，四庫文淵閣本作後。

存，卒賴以有立。司馬遷、班固曾不詁言其所自來，乃爲〈儒林傳〉自武帝始。楚、漢間辨士詭客多妄言，遷、固一切信之，反以陸賈爲優於叔孫通。愚固深嘆漢、隋、唐末之禍，他書盡亡，無以質証，而爲遷、固之信，使學者不復識孔氏本末，然則何此秦火爲害也。（子部，雜家類，習學記言序目，卷十七，頁 20）（善本）

王若虛

　　（酷吏列傳第一百二十二）《史記・太史公自序》云：「民倍本多巧，姦軌弄法，善人不能化，唯一切嚴削爲能齊之，作〈酷吏傳〉」。「夫事人君，能說主耳，自和主顏色，而獲親近，非獨色愛，能亦各有所長，作〈佞倖傳〉」。夫酷吏、佞倖類皆小人，史之立傳，大抵著其罪惡，以爲世戒，而遷獨有取于此等，然則是非之謬，豈特〈游俠〉、〈貨殖〉之論哉！（集部，別集類，宋金元，滹南遺老集，卷十九，頁 12、頁 13）（善本）

第三節　小　結

一、增補《評林》既有兩宋評家評論條目之不足

　　凌氏編輯歷代評《史記》之文字，採隨文編列於天頭之方式，因此，在天頭有限的情況下，或只能選其篇幅長短較適合者，對於篇幅較長者，恐不得不割愛；或以摘要之方式擇取，因此，以綜覽兩宋評點衡之，不免遺珠之憾，故本章謹將《評林》既有兩宋評家評論條目之不足處，給予增補，冀於增益《評林》一書之便宜適用。

二、增補《評林》所未收之評家及其評點

　　據《評林》一書所載之引用書目而言，兩宋評家約四十六家，其中不含元朝之金履祥與吳澄，然就歷代輯評之作視之，所收兩宋評家未爲完備，因此，其不收者，或多有佳評，例如：

1、晁公武

　　班固嘗譏遷：論大道則先黃老而後六經，序游俠則退處士而進姦雄，述貨殖則崇勢利而羞貧賤。後世愛遷者，以此論爲不然，謂遷特感當世之所失，憤其身之所遭，寓之於書，有所激而爲此言耳！非其心所謂誠然也。當武帝

之世，表章儒術而罷黜百家，宜乎大治，而窮奢極侈，海內彫弊，反不若文、景尚黃老時，人主恭儉，天下饒給，此其論大道所以先黃老而後六經也。武帝用法刻深，羣臣一言忤旨，輒下吏誅，而當刑者得以貨自贖。遷之遭李陵之禍，家貧無財賄自贖，交遊莫救，卒陷腐刑。其序游俠退處士而進姦雄者，蓋遷歎時無朱家之倫，不能脫己於禍，故曰：「士窮窘得委命，此豈非人所謂賢豪者邪！」其述貨殖崇勢利而羞貧賤者，蓋遷自傷特以貧故，不能自免於刑戮，故曰：「千金之子，不死於市，非空言也。」固不察其心而驟譏之，過矣！（史部，目錄類，經籍之屬，郡齋讀書志，卷二上，頁2、頁3）

2、蘇 軾

韓之先，獻子厥最賢，然春秋之際，諸侯之賢大夫，如獻子者，多矣，而子孫莫興，太史公以獻子存趙氏之孤，為天下之陰德，故宜有後。予以謂不然。韓之先與晉同祖，皆周武王之後也，史伯謂鄭桓公武實昭文之功，文之祚盡，武其嗣乎？武王之子，應韓不在，其在晉乎？晉自文公伯諸侯，至乎八世，猶未足以究武之烈，而繼之以韓，此天意也。獻子何足以當之？然周衰姬姓復興者三國，燕與韓、魏，皆據地千里，后稷播種百穀，以濟飢饉，其報固當然哉！（韓世家第四十五。史部，別史類，古史，卷二十二，頁11、頁12）

3、黃 震

遷以邁往不群之氣，無辜受辱，激為文章，雄視千古。嗚呼，亦壯矣！惜乎其未聞道也，蓋吾夫子病紛紛者之誣民也。討論墳典，斷自唐、虞以下，訖于周。周衰，不足以訓，復約史記以修《春秋》，百王之大法盡在是矣。今遷之所取，皆吾夫子之所已棄，而遷文足以詔世，遂使里巷不經之說，間亦得為萬世不刊之信史（子部，儒家類，黃氏日抄，卷四十七，頁13）

乃至頗富參考價值者，例如：

1、呂祖謙

《史記》十表意義弘深，始學者多不能達。今附見于此，〈三代世表〉以世系為主，所以觀百世之本支也。〈十二諸侯年表〉以下以地為主，故年經而國緯，所以觀天下之大勢也。〈高祖功臣侯年表〉以下以時為主，故國經而年緯，所以觀一時之得失也。〈漢興以來將相名臣年表〉以大事為主，所以觀君臣之職分也。以百世本支言之，黃帝之初，先列譜系，以祖宗為經，以子孫

為緯，則五帝、三代皆出於黃帝可知矣。周成王之後，詳列諸侯，以世為經，以國為緯，則親疏之相輔可知矣。帝顓頊以下周武王以上，有經而無緯，止列世系而大治亂附焉，則正嫡旁支之繼統，皆可知矣。以天下大勢言之，如高帝五年，韓信王楚，英布王淮南，盧綰王燕，張耳王趙，彭越王梁，韓王信王太原，吳芮王長沙，則天下之勢，異姓強，而同姓未有封者也。如高帝六年，高祖弟交王楚，高祖子肥王齊，英布王淮南，盧綰王燕，張敖王趙，彭越王梁，高祖兄喜王代，吳芮王長沙，則天下之勢，異姓與同姓強弱亦畧相當也。如高祖十二年，高祖弟交王楚，高祖子肥王齊，高祖兄子濞王吳，高祖子長王淮南，高祖子建王燕，高祖子如意王趙，高祖子恢王梁，高祖子友王淮陽，高祖子恒王代，吳芮王長沙，則天下之勢，同姓甚強而異姓絕無而僅有也。以當世得失言之，如〈高祖功臣年表〉，高祖功臣侯者一百四十三，至文帝之世，存者一百二十五，至武帝時，存者七十一，則時之守先典待舊勳，孰得孰失，皆可知矣。如〈惠景間侯者表〉，建元之後存者二國，太初以後又皆國除，則時之政事，孰緩孰急，皆可知矣。如〈建元以來侯者表〉，元光侯者四，元朔侯者二十，元狩侯者十三，皆以匈奴封；元鼎侯者十六，以匈奴，南粵封；元封侯者十七，以東越、甌駱、南粵、朝鮮、西域封，則時之用兵，孰多孰少，皆可知矣。〈建元以來王子侯者表〉，元光侯者七，元朔侯者一百二十七，元狩侯者二十五，元鼎侯者三，則時之分封，諸侯子弟施行次第，皆可知矣。以君臣之職分言之，如高帝元年，「大事記」沛公為漢王，之南鄭，還定雍，而「相位」書蕭何守漢中，「御史大夫位」書周苛守滎陽。高帝九年，「大事記」未央宮成，置酒前殿，帝奉玉巵上太上皇壽曰，今臣功孰與仲多，而「相位」書蕭何為相國，「御史大夫位」書周昌為趙丞相，則君臣之職分，或得或失，皆可知矣。彼班氏作漢史，苟欲自出機軸盡變子長之例，分異姓王同姓王為兩表，漢初親疏相錯之意不復見，〈同姓諸侯王表〉廢年經國緯之制，王子侯以下諸表廢國經年緯之制，徒列子孫曾玄世數，是特聚諸家之譜諜耳，天下大勢當世得失斷然莫可考，何名為表哉？太史公諸表，〈秦楚之際月表〉此一時也，〈漢興以來諸侯年表〉此又一時也。至於以節目論之，則〈高祖功臣年表〉與〈惠景間侯者表〉異矣，〈惠景間侯者表〉與〈建元以來侯者表〉異矣。〈建元以來王子侯者表〉斷自建元，其亦有以矣。（史部，編年類，通代之屬，大事記解題，卷十，頁7、頁8、頁9。善本）

2、歐陽修

昔者孔子當衰周之際，患衆説紛紜以惑亂當世，於是退而作六經，以爲後世法。及孔子既歿，去聖稍遠，而衆説乃興，與六經相亂，自漢以來莫能辨正。今有卓然之士，一取信乎六經，則〈泰誓〉者武王之事也，十有一年者武王即位之十有一年爾，復何疑哉？司馬遷作〈周本紀〉，雖曰武王即位九年，祭於文王之墓，然後治兵于盟津。至作〈伯夷列傳〉則又載父死不葬之説，皆不可爲信，是以吾無取焉，取信于《書》可矣。（周本紀第四。集部，別集類，宋金元，歐陽文忠公集，卷十八，頁14。善本）

3、蘇　洵

遷、固史雖以事詞勝，然亦兼道與法而有之，故時得仲尼遺意焉。吾今擇其書有不可以文曉，而可以意達者四，悉顯白之，其一曰隱而章，其二曰直而寬，其三曰簡而明，其四曰微而切，遷之傳廉頗也，議救閼與之失不載焉，見之《趙奢傳》；傳酈食其也，謀撓楚權之繆不載焉，見之《留侯傳》。固之傳周勃也，汗出洽背之恥不載焉，見之《王陵傳》；傳董仲舒也，議和親之疏不載焉，見之《匈奴傳》。夫頗、食其、勃、仲舒皆功十而過一者也，苟列一以疵十，後之庸人必曰：「智如廉頗，辯如酈食其，忠如周勃，賢如董仲舒，而十功不能贖一過。」則將苦其難而怠矣。是故本傳晦之，而他傳發之，則其與善也，不亦隱而章乎！遷論蘇秦，稱其智過人，不使獨蒙惡聲；論北宮伯子，多其愛人長者。固贊張湯，與其推賢揚善；贊酷吏，人有所褒不獨暴其惡。夫秦、伯子、湯、酷吏，皆過十而功一者也，苟舉十以廢一，後之凶人必曰：「蘇秦、北宮伯子、張湯、酷吏雖有善不錄矣，吾復何望哉！」是窒其自新之路，而堅其肆惡之志也，故於傳詳之，於論於贊復明之，則其懲惡也，不亦直而寬乎！遷表十二諸侯，首魯訖吳，實十三國，而越不與焉，夫以十二名篇而載國十三，何也？不數吳也。皆諸侯耳，獨不數吳，何也？用夷禮也。不數而載之者，何也？周裔而霸盟，上國也。《春秋》書「哀七年，公會吳于鄫」，書「十二年，公會吳于槖臯」，書「十三年，公會晉侯及吳子于黃池」，此其所以雖不數而猶獲載也。若越，區區於南夷，豺狼狐狸之與居，不與中國會盟以觀華風，而用夷俗之名以赴，故君子即其自稱以罪之。《春秋》書「定五年，於越入吳」，書「十四年，於越敗吳于醉李」，書「哀十三年，於越入吳」，此《春秋》所以夷狄畜之也。苟遷舉而措之諸侯之末，則山戎、獫狁亦或庶乎其間。是以絕而弃之，將使後之人君觀之曰：「不知中國禮樂，

雖勾踐之賢，猶不免乎絕與弃。」則其賤夷狄也，不亦簡而明乎！固之表八而王侯六，書其人也，必曰某土某王，若侯某，或功臣外戚，則加其姓，而首目之曰號諡姓名，此異姓列侯之例也。諸侯王其目止號諡，豈以其尊故不曰名之邪？不曰名之而實名之，豈以不名則不著邪？此同姓諸侯王之例也。王子侯其目爲二，上則曰號諡名，名之而曰名之殺一等矣，此同姓列侯之例也。及其下則曰號諡姓名，夫以同姓列侯，而加之異姓之例何哉？察其故，蓋元始之間，王莽僞褒宗室，而封之者也，非天子親親而封之者也。宗室天子不能封，而使王莽封之，故從異姓例，亦示天子不能有其同姓也，將使後之人君觀之曰：「權歸於臣，雖同姓不能有名器誠不可假人矣」，則其防僭也，不亦微而切乎！噫！隱而章，則後人樂得爲善之利；直而寬，則後人知有悔過之漸；簡而明，則人君知中國禮之爲貴；微而切，則人君知強臣專制之爲患。用力寡而成功博，其能爲《春秋》繼，而使後之史無及焉者，以是夫！（集部，別集類，宋金元，重編嘉祐集，卷九，頁 3、頁 4、頁 5、頁 6。善本）

　　本章欲求兩宋評家之齊整，凡論點與《史記評林》所集相同者，補其早出之作，藉還原貌；論點與之相左者，增其異論之篇，以供參稽，職此增補《評林》所未收之評家及其評點如上述云。

第五章　諸家史評探析

第一節　評點內容分類準則

　　「分類」一事，往往仁智互見，爲便研究解析，僅依其評點內容，分爲義理、辭章、考據、史識、其他等五類，茲將其分類準則條列於下，並舉例明之。

1、義理類：旨在「辨是非」

（1）以史事爲憑，發揮其義理者。例如：

　　蘇子（蘇轍）曰：武王以大義伐商，而伯夷、叔齊亦以義非之，二者不得兩立，而孔子與之，何哉？夫文、武之王，非其求而得之也，天下從之，雖欲免而不得，紂之存亡，不復爲損益矣。文王之置之，知天命之不可先也；武王之伐之，知天命不可後也，然湯以克夏爲慙，而孔子謂武未盡善，則伯夷之義，豈可廢哉！宋昭公以無道弒，《春秋》雖書曰「宋人弒其君杵臼」，然晉荀林父、衛孔達、陳公孫寧、鄭石楚伐宋，以不討賊稱人；晉靈公爲之會諸侯於扈，以不討賊不叙，明君臣之義，不以無道廢也。（伯夷列傳第六十一。史部，別史類，古史，卷二十四，頁3、頁4）

（2）依道德是非，作價値判斷者。例如：

　　臣光（司馬光）曰：爲人子者，父毋有過則諫；諫而不聽，則號泣而隨之，安有守高祖之業，爲天下之主，不忍毋之殘酷，遂棄國家而不恤，縱酒色以傷生？若孝惠者，可謂篤於小仁，而未知大誼也。（呂太后本紀第九。史部，編年類，通代之屬，資治通鑑，卷十二，頁18。善本）

（3）述聖賢之道，辨因果關係者。例如：

（王應麟）秦莊襄王元年，滅東周。三年始皇立而柏翳之秦亦滅。二世元年，廢衞君，是歲諸侯之起者五國，三年而秦亡。然則滅人之國，乃所以自滅也。（秦本紀第五。子部，雜家類，困學紀聞，卷十一，頁6。善本）

2、辭章類：旨在「審美妍」

（1）析筆法。例如：

劉辰翁曰：兩言大破之，又言遂破之，文如破竹。（高祖本紀第八。《評林》頁303）

（2）明章法。例如：

李塗曰：〈禹貢〉簡而盡，山水田土，貢賦草木，金革物產，叙得皆盡，後叙山脈一段，水脈一段，五服一段，更有條而不紊。（夏本紀第二。集部，詩文評類，文章精義，文章精義，頁8）

（3）論文采。例如：

（馬存）子長平生喜遊，方少年自負之時，足跡不肯一日休，非眞為景物役也，將以盡天下之大觀以助吾氣，然後吐而為書。今於其書觀之，則其平生所嘗遊者皆在焉。南浮長淮，泝大江，見狂瀾驚波，陰風怒號，逆走而橫擊，故其文奔放而浩漫。望雲夢洞庭之陂，彭蠡之瀦，涵混太虛，呼吸萬壑，而不見介量，故其文停滀而淵深。見九疑之絕緜，巫山之嵯峨，陽臺朝雲，蒼梧暮煙，態度無定，靡曼綽約，春粧如濃，秋飾如薄，故其文妍媚而蔚紆。泛沅渡湘，弔大夫之魂，悼妃子之恨，竹上猶有斑斑，而不知魚腹之骨尚無恙者乎，故其文感憤而傷激。北過大梁之墟，觀楚漢之戰場，想見項羽之暗嗚，高帝之慢罵，龍跳虎躍，千兵萬馬，大弓長戟，俱遊而齊呼，故其文雄勇猛健，使人心悸而膽栗。世家龍門，念神禹之鬼功，西使巴蜀，跨劍閣之鳥道，上有摩雲之崖，不見斧鑿之痕，故其文斬絕峻拔，而不可攀躋。講業齊魯之都，覿夫子之遺風，鄉射鄒嶧，彷徨乎汶陽洙泗之上，故其文典重溫雅，有似乎正人君子之容貌。凡天地之間，萬物之變，可驚可愕，可以娛心，使人憂，使人悲者，子長盡取而為文章，是以變化出沒如萬象供四時而無窮，今於其書而觀之，豈不信矣。（集部，總集類，古文集成，卷二，頁9、頁10）

3、考據類：旨在「詳訓詁」

（1）考證糾謬。例如：

　　（黃履翁）世之論律法之善者莫如司馬遷，而論律法之失者亦莫如司馬遷。夫遷世爲太史，最精律法，以律之一龠而推日分，以律之九寸而得甲子，此非善知律者不能也！然攷之〈律書〉其所議論，其所推算，而其失滋甚！且遷之黃鍾九寸，蓋以九分爲寸，以十分之寸約之，得八寸，十分一，而乃謂之七分之，其失一也。遷之鍾分，丑三之下有二，其實位生之法而妄論餘分，其失二也。夫以遷之長於律學，尚不免有異同之疑，況紛紛諸子乎！（律書第二十五。子部，類書類，古今源流至論，別集卷九，頁 24、頁 25）

（2）疏解字句。例如：

　　倪思曰：假，格也，謂其祀天有典，猶恐有所闕遺也，其殆以納于大麓，亦封禪者乎！（司馬相如列傳第一百一十七。《評林》頁 2638）

（3）訓釋名物。例如：

　　履祥（金履祥）按：諸家多謂禹鑄九鼎，然於經無所考，史亦不言九鼎之始。觀方有德之辭似非指禹，當從墨子之説，然象物神姦之説，滿盈設辭以神之。古之鐘鼎，猶今之碑碣，皆所以載事也，九州圖籍之説近是。（楚世家第四十。史部，編年類，資治通鑑前編，卷三，頁 12）

4、史識類：旨在「明得失」

（1）析史遷之識見者。例如：

　　愚（陳仁子）曰：居今日而贊孔氏，夫何言哉？以六家並論之，史遷似亦溺於流俗者，而能尊孔子於世家，置老子於列傳，其見不卓乎！先黃老後六經，意者固之論，特以時好觀遷史耳！（孔子世家第四十七。集部，總集類，通代之屬，文選補遺，卷三十八，頁 1。善本）

（2）論史事之利害者。例如：

　　彪（鮑彪）謂：王噲，七國之愚主也。惑蘇代之淺説，貪堯之名，惡禹之實，自令身死國破，蓋無足筭。齊閔所以請太子者，近於興滅繼絕矣，而天下不以其言信其心。蓋名實者，天下之公器也。豈可以虛稱矯舉而得哉！故齊閔之勝，適足以動天下之兵，而速臨淄之敗也。（燕世家第三十四。史部，雜史類，先秦兩漢之屬，戰國策校注，卷九，頁 15。善本）

（3）評人物之得失者。例如：

　　（黃震）婁敬脱輓輅、羊裘見天子，曰：衣帛衣帛見、衣褐衣褐見，此其質直，不徇流俗，已可覘其胷中之所挾持者矣。勸都長安，逆覘敵情，皆

磊落出人意表，惟結和親約，雖能寬一時之急，未免遺萬世之弊耳。（劉敬叔孫通列傳第九十九。子部，儒家類，黃氏日抄，卷四十六，頁54）

5、其他：綜合評論或出於上述諸類者。例如：

（曾鞏）《逸事》云：陳后山初攜文卷見南豐先生，先生覽之，問曰：「曾讀《史記》否？」后山對曰：「自幼年即讀之矣。」南豐曰：「不然，要當且置它書，熟讀《史記》三兩年爾。」后山如南豐之言，讀之，後再以文卷見南豐，南豐曰：「如是足也。」（集部，詩文評類，餘師錄，卷一，頁10）

第二節　評家評點內容分類

評點內容分類，採依人分類法：首以生卒年序列，次將同一評家之作，集中一處，再依百三十篇先後排列，篇內次序先依《史記評林》順序條陳，以表單方式便利索引，次將增補篇目安置各篇之末，以資分別。並依評點內容，根據前述分類標準，加以類分，以明評點旨趣。末後，將出處及各類註明事項，注記於備註欄內，用作參考。又，善本手抄易誤，或注或不注，謹附書碼與出版項，爲便需者往檢。

北　宋

王禹偁《史記》評點表

評家	160	體例篇名	類別	評　點　內　容	備　註
王禹偁	68	商君列傳第六十八	義理	凡爲社稷之臣，計安危之事者，在任賢、去不肖而已。且鞅果賢也，可固請用之；果不肖也，可固請殺之，用則爲國之宝，殺則去國之蠹，烏有始請用，中請殺，而終使逃者，淂爲忠乎？且先君後臣之說，非無稽之言乎？ （善本：09948：傳錄莒西倪氏經鉏堂影宋鈔本）	（集部，別集類，宋金元，小畜集，卷十五，頁11、頁12） （善本）

范仲淹《史記》評點表

評家	160	體例篇名	類別	評　點　內　容	備　　註
范仲淹	67	仲尼弟子列傳第六十七	義理	孔子門人七十子之徒，天下皆知其賢焉，或爲邑宰，或爲家臣，或不願仕，蓋顯於諸侯者寡矣，然則七十子之徒，與孔子語而未嘗及怨，何哉？君子之道，充乎已加乎人，窮與達外也。彼戰國豪士，不由孔子之門者，則有脫賤貧、逐貴高，弗奪弗厭，滅身覆宗而不悔，何哉！	（集部，別集類，北宋建隆至靖康，范文正集，卷十三，頁31、頁32）

孫復《史記》評點表

評家	160	體例篇名	類別	評　點　內　容	備　　註
孫復	1	五帝本紀第一	史識	孫明復曰： 舜起微陋，雖曰睿聖，然世德弗耀，四岳、十二牧，未盡服其德；九州四海，未盡蒙其澤，不可遽授以大位也。若遽授之，則四岳、十二牧其盡臣之乎？九州四海其盡戴之乎？不臣不戴則爭且叛矣！堯懼其如是也，非權謁以授之？於是潛神隱耀，厥用弗彰，以觀于舜，故八凱八元，雖積其善而不舉也；三兇、四兇雖積其惡而不去也。若盡舉八凱、八元、盡去三兇、四兇，則舜有何功於天下耶？是故堯不舉，而俾舜舉之，堯不去，而俾舜去之，俟其功著于天下，四岳、十二牧，莫不共臣之；九州四海，莫不共戴之，然後授以大位，絕其爭且叛也，非堯孰能與於此。 按：該語引自宋不著撰人《歷代名賢確論》。 （善本：05220：明弘治間（1488～1505）錫山錢孟濬刊本）	（史部，史評類，史論之屬，歷代名賢確論，卷二，頁5） （善本）

宋祁《史記》評點表

評家	160	體例篇名	類別	評　點　內　容	備　　註
宋祁	47	孔子世家第四十七	義理	《春秋》者，天下之正法也。孔子有王天下之才，而不得位，故見其志於《春秋》，是以引天下之譽襃之，賢者不敢私；引天下之議貶之，姦人不敢亂，故漢人以《春秋》決獄，所以法仲尼也。	（子部，雜家類，雜說之屬，宋景文筆記，卷中，頁10）

| 宋祁 | 76.5 | 平原君虞卿列傳第七十六 | 史識 | 太史公曰：「趙勝翩翩濁世之佳公子也。」見自振澤纏為亂世之士，治世則罪人矣。 | （子部，雜家類，雜說之屬，宋景文筆記，卷中，頁9、頁10） |
| 宋祁 | 150 | 通論 | 考據 | 衞宏《漢儀注》曰：「太史公，武帝置，位在丞相上，天下計書，先上太史公，副上丞相，序事如古《春秋》。司馬遷死後，宣帝以其官為令，行太史文書而已。」晉灼以宏言為非是。顏師古曰：「司馬談為太史令耳，遷尊之為公。」予謂遷〈與任安書〉自言：「僕之先人，文史星歷近乎卜祝之間，固主上所戲弄，倡優畜之，流俗之所輕也。」若其位在丞相上，安得此言耶？〈百官表〉不著其官，信其非矣。 | （子部，雜家類，雜說之屬，宋景文筆記，卷中，頁1） |

歐陽修《史記》評點表

評家	160	體例篇名	類別	評　點　內　容	備　註
歐陽修	1	五帝本紀第一	考據	遷所作本紀，出於《大戴禮》、《世本》諸書。今依其說，圖而考之，堯、舜、夏、商、周皆同出於黃帝。堯之崩也，下傳其四世孫舜；舜之崩也，復上傳其四世祖禹，而舜、禹皆壽百歲，稷、契於高辛為子，乃同父異母之兄弟。今以其世次而下之，湯與王季同世，湯下傳十六世而為紂，王季下傳一世而為文王，二世而為武王，是文王以十五世祖，自事十五世孫紂，而武王以十四世祖伐十四世孫而代之王，何其繆哉！ （善本：10105：明天順辛巳（5年）吉安知府程宗刊弘治壬子（5年）顧天錫修補本）	（集部，別集類，宋金元，歐陽文忠公集，卷四十三，頁11） （善本）
歐陽修	4.5	周本紀第四	考據	昔者孔子當衰周之際，患眾說紛紜以惑亂當世，於是退而作六經，以為後世法。及孔子既歿，去聖稍遠，而眾說乃興，與六經相亂，自漢以來莫能辨正。今有卓然之士，一取信乎六經，則〈泰誓〉者武王之事也，十有一年者武王即位之十有一年爾，復何疑哉？司馬遷作〈周本紀〉，雖曰武王即位九年，祭於文王之墓，然後治兵于盟津。至作〈伯夷列傳〉則又載父死不葬之說，皆不可為信，是以吾無取焉，取信于《書》可矣。 （善本：10105：明天順辛巳（5年）吉安知府程宗刊弘治壬子（5年）顧天錫修補本）	（集部，別集類，宋金元，歐陽文忠公集，卷十八，頁14） （善本）

歐陽修	150	通論	史識	孔子既沒，異端之說復興，周室亦益衰亂，接乎戰國，秦遂焚書，先王之道中絕。漢興久之，《詩》、《書》稍出而不完，當王道中絕之際，奇書異說方充斥而盛行，其言往往反自託於孔子之徒，以取信於時，學者既不備見《詩》、《書》之詳，而習傳盛行之異說，世無聖人以為質，而不自知其取捨真偽。至有博學好奇之士，務多聞以為勝者，於是盡集諸說而論次，初無所擇，而惟恐遺之也，如司馬遷之《史記》是矣。 （善本：10105；明天順辛巳（5年）吉安知府程宗刊弘治壬子（5年）顧天錫修補本）	（集部，別集類，宋金元，歐陽文忠公集，卷四十三，頁9） （善本）
歐陽修	150	通論	考據	以孔子之學，上述前世止於堯、舜，著其大略，而不道其前。遷遂出孔子之後，而乃上述黃帝以來，又詳悉其世次，其不量力而務勝，宜其失之多也。遷所作本紀，出於《大戴禮》、《世本》諸書。今依其說圖而考之，堯、舜、夏、商、周皆同出於黃帝，堯之崩也，下傳其四世孫舜，舜之崩也，復上傳其四世祖禹，而舜、禹皆壽百歲。稷、契於高辛為子，乃同父異母之兄弟，今以其世次而下之，湯與王季同世，湯下傳十六世而為紂王，季下傳一世而為文王，二世而為武王，是文王以十五世祖臣事十五世孫紂，而武王以十四世祖伐十四世孫而代之王，何其繆哉！ （善本：10105；明天順辛巳（5年）吉安知府程宗刊弘治壬子（5年）顧天錫修補本）	（集部，別集類，宋金元，歐陽文忠公集，卷四十三，頁9、頁10） （善本）
歐陽修	150	通論	辭章	余固喜傳人事，尤愛司馬遷善傳，而其所書皆偉烈奇節士。喜讀之，欲學其作，而怪今人如遷所書者何少也，乃疑遷特雄文，善壯其說，而古人未必然也。及得桑懌事，乃知古之人有然焉，遷書不誣也。 （善本：10105；明天順辛巳（5年）吉安知府程宗刊弘治壬子（5年）顧天錫修補本）	（集部，別集類，宋金元，歐陽文忠公集，卷六十五，頁11、頁12） （善本）

蘇洵《史記》評點表

評家	160	體例篇名	類別	評　點　內　容	備　　註
蘇洵	0	三皇本紀	史識	蘇子古史曰： 孔子刪《詩》及《書》，起于堯、舜、稷、契之際史識，以爲自是以上其事不可詳矣！至司馬遷紀五帝，首黃帝遺犧農，而黜少昊，以爲帝王皆出于黃帝，蓋紀其世，非紀其事也，故余因之，然黃帝本神農之後，少典之子，神農豈非五帝世耶？蓋黃帝、高陽、高辛子孫代有天下，而少昊之後不傳，《周禮》六樂無少昊之樂，《易》敍古帝王亦不道也。遷由是黜而不紀，後世多以遷爲非者。	見《評林》頁6按：〈三皇本紀〉根據《史記評林》（補標本），乃唐司馬貞所補，故不入太史公百三十篇中，謹列於本紀之末以備查。
蘇洵	8	高祖本紀第八	史識	虎方捕鹿，羆據其穴捕其子，虎安得不置鹿而返？返則辟於羆明矣。軍志所謂攻其必救也。 按：該語引自宋不著撰人《歷代名賢確論》。 （善本：05220：明弘治間（1488～1505）錫山錢孟濬刊本）	（史部，史評類，史論之屬，歷代名賢確論，卷三十八，頁4） （善本）
蘇洵	81	廉頗藺相如列傳第八十一	史識	遷之傳廉頗也，議救閼與之失，不載焉，見之〈趙奢傳〉；傳酈食其也，謀撓楚權之繆，不載焉，見之〈留侯傳〉。固之傳周勃也，汗出洽背之恥，不載焉，見之〈王陵傳〉；傳董仲舒也，議和親之疏，不載焉，見之〈匈奴傳〉。夫頗、食其、勃、仲舒皆功十而過一者也。苟列一以疵十，後之庸人，必曰：智如廉頗、辯如酈食其、忠如周勃、賢如董仲舒，而十功不能贖一過，則將苦其難而怠矣。是故本傳晦之，而他傳發之，則其與善也，不亦隱而章乎！ （善本：10148：明崇禎10年仁和黃氏寶堂刊本）	（集部，別集類，宋金元，重編嘉祐集，卷九，頁3、頁4） （善本）
蘇洵	150	通論	史識	遷、固史雖以事詞勝，然亦兼道與法而有之，故時得仲尼遺意焉。吾今擇其書有不可以文曉，而可以意達者四，悉顯白之，其一曰隱而章，其二曰直而寬，其三曰簡而明，其四曰微而切，遷之傳廉頗也，議救閼與之失不載焉，見之《趙奢傳》；傳酈食其也，謀撓楚權之繆不載焉，見之《留侯傳》。固之傳周勃也，汗出洽背之恥不載焉，見之《王陵傳》；傳董仲舒也，議和親之疏不載焉，見之《匈奴傳》。夫頗、食其、勃、仲舒皆功十而過一者也，苟列一以疵十，後之庸人	（集部，別集類，北宋建隆至靖康，嘉祐集，卷九，頁3、頁4、頁5、頁6）

必曰：「智如廉頗，辯如酈食其，忠如周勃，賢如董仲舒，而十功不能贖一過。」則將苦其難而怠矣。是故本傳晦之，而他傳發之，則其與善也，不亦隱而章乎！遷論蘇秦，稱其智過人，不使獨蒙惡聲；論北宮伯子，多其愛人長者。固贊張湯，與其推賢揚善；贊酷吏，人有所褒不獨暴其惡。夫秦、伯子、湯、酷吏，皆過十而功一者也，苟舉十以廢一，後之凶人必曰：「蘇秦、北宮伯子、張湯、酷吏雖有善不錄矣，吾復何望哉！」是窒其自新之路，而堅其肆惡之志也，故於傳詳之，於論於贊復明之，則其懲惡也，不亦直而寬乎！遷表十二諸侯，首魯訖吳，實十三國，而越不與焉，夫以十二名篇而載國十三，何也？不數吳也。皆諸侯耳，獨不數吳，何也？用夷禮也。不數而載之者，何也？周裔而霸盟，上國也。《春秋》書「哀七年，公會吳于鄫」，書「十二年，公會吳于橐皋」，書「十三年，公會晉侯及吳子于黃池」，此其所以雖不數而猶獲載也。若越，區區於南夷，豺狼狐狸之與居，不與中國會盟以觀華風，而用夷俗之名以赴，故君子即其自稱以罪之。《春秋》書「定五年，於越入吳」，書「十四年，於越敗吳于醉李」，書「哀十三年，於越入吳」，此《春秋》所以夷狄畜之也。苟遷舉而措之諸侯之末，則山戎、獫狁亦或庶乎其間。是以絕而弃之，將使後之人君觀之曰：「不知中國禮樂，雖勾踐之賢，猶不免乎絕與弃。」則其賤夷狄也，不亦簡而明乎！固之表八而王侯六，書其人也，必曰某土某王，若侯某，或功臣外戚，則加其姓，而首目之曰號謚姓名，此異姓列侯之例也。諸侯王其目止號謚，豈以其尊故不曰名之邪？不曰名之而實名之，豈以不名則不著邪？此同姓諸侯王之例也。王子侯其目為二，上則曰號謚名，名之而曰名之殺一等矣，此同姓列侯之例也。及其下則曰號謚姓名，夫以同姓列侯，而加之異姓之例何哉？察其故，蓋元始之間，王莽僞褒宗室，而封之者也，非天子親親而封之者也。宗室天子不能封，而使王莽封之，故從異姓例，亦示天子不能有其同姓也，將使後之人君觀之曰：「權歸於臣，雖同姓不能有名器誠不可假人矣」，則其防僭也，不亦微而切乎！噫！隱而章，則後人樂得為善之利；直而寬，則後人知有悔過之漸；簡而明，則人君知中國禮之為貴；微而切，則人君知強臣專制之為患。用力寡而成功博，其能為《春秋》繼，而使後之史無及焉者，以是夫！

評家	150	體例篇名	類別	評　點　內　容	備　　註
				（善本：10148；明崇禎 10 年仁和黃氏貫堂刊本）	（善本）
蘇洵	150	通論	史識	遷之辭，淳健簡直，足稱一家，而乃裂取六經傳記雜於其間，以破碎汩亂其體。五帝、三代紀多《尚書》之文，齊、魯、晉、楚、宋、衛、陳、鄭、吳、越世家多《左傳》、《國語》之文，〈孔子世家〉、〈仲尼弟子傳〉多《論語》之文。夫《尚書》、《左傳》、《國語》、《論語》之文非不善也，雜之則不善也。	（集部，別集類，宋金元，重編嘉祐集，卷九，頁 6、頁 7）
				（善本：10148；明崇禎 10 年仁和黃氏貫堂刊本）	（善本）
蘇洵	150	通論	其他	遷喜雜說，不顧道所可否；固貴諛偽，賤死義。	（集部，別集類，宋金元，重編嘉祐集，卷九，頁 6）
				（善本：10148；明崇禎 10 年仁和黃氏貫堂刊本）	（善本）

劉敞《史記》評點表

評家	160	體例篇名	類別	評　點　內　容	備　　註
劉敞	77	魏公子列傳第七十七	史識	孟嘗、平原、信陵，皆稱賢君，善養士，士至三千人，然孟嘗以讒廢，惟馮生從車一乘入秦，使孟嘗復重于齊。平原背千里之趙與楚約從，非毛遂幾不定。信陵最賢矣，得侯嬴，乃能成功，士亦安在多哉？然不多養士，亦失此三人。此三人，非特百十之雄也，乃在三千之一也。以彼其折節慕義，貧賤無所遺，卒得其用者，三千而一耳，況乎不養士，士無所歸者乎？其不困辱幸矣，何功名之望哉？	（集部，別集類，北宋建隆至靖康，公是集，卷四十八，頁 1）

曾鞏《史記》評點表

評家	160	體例篇名	類別	評　點　內　容	備　　註
曾鞏	2	夏本紀第二	考據	曾氏曰： 被，覆也。菏水衍溢，導其餘波，入于孟豬，不常入也，故曰被。 按：該語引自明胡廣《書經大全》曾鞏注。	（經部，書類，書經大全，卷三，頁 45）

評家	2	體例篇名	類別	評點內容	備註
曾鞏	2	夏本紀第二	考據	曾氏謂： 岍與西傾皆雍州之山，故西傾不言導。其文蒙于導岍也，岷、嶓皆梁州之山，故岷山不言導，其丈蒙于導嶓冢也。 按：該語引自宋夏僎《夏氏尚書詳解》。	（經部，書類，夏氏尚書詳解，卷八，頁5）
曾鞏	150	通論	史識	司馬遷從五帝三王既没，數千載之後，秦火之餘，因散絶殘脫之經，以及傳記百家之說，區區掇拾，以集著其善惡之迹，興廢之端，又創已意，以爲本紀、世家、八書、列傳之文，斯亦可謂奇矣！然而蔽害天下之聖法，是非顚倒，而采摭謬亂者，亦豈少哉！是豈可不謂：明不足以周萬事之理，道不足以適天下之用，智不足以通難知之意，文不足以發難顯之情者乎？夫自三代以後爲史者，如遷之文亦不可不謂雋偉拔出之材，非常之士也，然顧以爲：明不足以周萬事之理，道不足以適天下之用，智不足以通難知之意，文不足以發難顯之情者，何哉？盖聖賢之高致，遷固有不能純達其情，而見之於後者矣，故不得而與之也。遷之得失如此，況其他邪？	（集部，別集類，北宋建隆至靖康，元豐類藁，卷十一，頁16、頁17）
曾鞏	150	通論	其他	《逸事》云：陳后山初携文卷見南豐先生，先生覽之，問曰：「曾讀《史記》否？」后山對曰：「自幼年即讀之矣。」南豐曰：「不然，要當且置它書，熟讀《史記》三兩年爾。」后山如南豐之言，讀之，後再以文卷見南豐，南豐曰：「如是足也。」 按：該語引自宋王正德《餘師錄》。	（集部，詩文評類，餘師錄，卷一，頁10）

司馬光《史記》評點表

評家	160	體例篇名	類別	評點內容	備註
司馬光	1.5	五帝本紀第一	考據	昔舜命禹曰：朕耄期倦于勤，汝惟不怠，惣朕師。是以天子爲勤，故老而使禹攝也。夫天子之職，莫勤於巡守，而舜猶親之，卒死於外而葬焉，惡用使禹攝哉？是必不然。或曰：〈虞書〉稱舜「陟方乃死」，孔安國以爲「升道南方」，巡守而死。《禮記》亦稱「舜葬於蒼梧之野」，皆如太史公之言，予獨以爲不然何如？曰，傳記之言，因不可据以爲實，藉使有之，又安知無中國之蒼梧而必在江南邪？〈虞書〉：「陟方」	（集部，別集類，宋金元，司馬太師溫國文正公傳家集，卷七十三，頁11）

				云者，言舜在帝位，治天下五十載，升於至道，然後死耳，非謂巡守爲陟方也。嗚呼！遂使後世愚悖之人或疑舜、禹而非聖人，豈非孔安國與太史公之過也哉？ （善本：10010；明刊黑口十行本）	（善本）
司馬光	5.5	秦本紀第五	史識	戎王使由余於秦，秦穆公問曰：『中國以《詩》、《書》、《禮》、《樂》、法度爲政，然尙時乱今，我夷無此，何以爲治？由余笑曰：『此乃中國所以乱也，夫自上聖作爲禮、樂、法度僅以小治，及其後世，阻法度之威，以督責於下。下罷極，則以仁義怨望於上，上下交爭怨而相篡弒。夫戎狄不然，上含淳德以遇其下，下懷忠信以事其上，此眞聖人之治也。』穆公以爲賢，乃離間戎之君臣，卒得由余而用之，遂霸西戎。劉曰：所貴乎有賢者，爲其能治人國家也，治人國家，舍《詩》、《書》、《禮》、《樂》、法度無由也。今由余曰：是六者，中國之所以亂也，不如我戎夷無此六者之爲善。如此而穆公以爲賢而用之，則雖亡國無難矣，若之何其能霸哉？是特老莊之徒設爲此言，以詆先王之法，太史公遂以爲實而載之，過矣。 （善本：10010；明刊黑口十行本）	（集部，別集類，宋金元，司馬太師溫國文正公傳家集，卷七十三，頁13） （善本）
司馬光	6	始皇本紀第六	考據	司馬光曰： 始皇登之罘，刻石堅之而仆，如是者三，始皇怒鞭之，石盡出血。今之罘山石盡赤，相傳以爲始皇鞭之云。至始皇三十六年庚戌，夜石自起立爲人言曰：三人未來，來焉已哉！居旁人聞之，□不解其說。後三十□年，始皇出游，道經之罘，病甚，至沙丘□□乃始悟其說，三人□者，乃秦字，言秦始皇來此而將死也。此與遺滈池君之說相似，然亦只兩月間觀此兩異事。	見《評林》頁204、頁205（□表勘刻模糊）
司馬光	9	呂太后本紀第九	義理	臣光曰： 爲人子者，父毋有過則諫；諫而不聽，則號泣而隨之，安有守高祖之業，爲天下之主，不忍毋之殘酷，遂棄國家而不恤，縱酒色以傷生？若孝惠者，可謂篤於小仁，而未知大誼也。 （善本：01720；明嘉靖二十四年孔天胤等刊本）	（史部，編年類，通代之屬，資治通鑑，卷十二，頁18） （善本）
司馬光	34	燕世家第三十四	義理	臣光曰： 燕丹不勝一朝之忿，以犯虎狼之秦，輕慮淺謀，挑怨速禍，使召公之廟不祀忽諸，罪孰大焉？而論者或謂之賢，豈不過哉！ （善本：01720；明嘉靖二十四年孔天胤等刊本）	（史部，編年類，通代之屬，資治通鑑，資治通鑑，卷七，頁3） （善本）

司馬光	40	楚世家第四十	史識	臣光曰： 楚自祝融鬻熊以來，其有國幾何年矣？方其盛也，奄有南海，憑陵諸夏，及懷王放廢忠良，親近讒慝，惑張儀之口，而耳目不能自守，見欺而不悟，亡師而不悔，以失濟失，客死於秦。使其子孫銜涕忍恥以事仇讎，强之女而不敢辭，陵廟焚而不敢怨，兔逃鼠伏，自屏於陳，束兵不戰而攻之不解，割地請和而侵之不止，卒不見赦而國以淪亡，不亦悲乎！ （善本：01752；明范氏天一閣刊本）	（史部，編年類，通代之屬，司馬溫公稽古錄，卷十一，頁75、頁76） （善本）
司馬光	45	韓世家第四十五	義理	臣光曰： 韓以微弱之國，居天下之衝，首尾腹背，莫不受敵，然猶社稷血食，幾二百年，豈非昭侯奉法之謹！賞不加無功，罰不失有罪，後世雖不肖，猶得蒙遺烈以自存乎？ （善本：01752；明范氏天一閣刊本）	（史部，編年類，通代之屬，司馬溫公稽古錄，卷十一，頁74） （善本）
司馬光	46	田敬仲完世家第四十六	史識	齊為三晉、燕、楚之根柢，三晉、燕、楚為齊之藩蔽，秦雖強暴，百有餘年，不能一諸侯者，以其表裏相鉤帶也。及齊王建，用后勝之謀，信秦間之言，拱手以事秦，不救五國；五國已亡，而齊并為虜，理勢然也。 （善本：01752；明范氏天一閣刊本）	（史部，編年類，通代之屬，司馬溫公稽古錄，卷十一，頁78） （善本）
司馬光	47	孔子世家第四十七	史識	剡曰： 晏嬰忠信以有禮，愛君而樂善。於晉悅叔向，於鄭悅子皮，於吳悅季札，豈於孔子獨不知而毀之乎？ （善本：10010；明刊黑口十行本）	（集部，別集類，宋金元，司馬太師溫國文正公傳家集，卷七十三，頁13） （善本）
司馬光	63	老子韓非列傳第六十三	義理	司馬光曰： 探人心，伺顏色，而求合，則邪佞諛諂，無所不至，適足取死。〈說難篇〉，蓋非最得意之文、最失意之遇。	見《評林》頁1745
司馬光	71	樗里甘茂列傳第七十一	史識	甘羅以稚子名顯於世，非有佗奇略，正以勢力恐張唐耳。雖云慧敏，然君子治世無所取焉。 （善本：10010；明刊黑口十行本）	（集部，別集類，宋金元，司馬太師溫國文正公傳家集，卷六十七，頁1） （善本）

司馬光	77	魏公子列傳第七十七	史識	無忌去而魏輕，還而魏重，安僖王猶以爲疑，無忌死而魏亡，賢者之於國，何如哉？ （善本：01752；明范氏天一閣刊本）	（史部，編年類，通代之屬，司馬溫公稽古錄，卷十一，頁 75） （善本）
司馬光	89	張耳陳餘列傳第八十九	史識	高祖驕以失臣，貫高很以亡君。使貫高謀逆者，高祖之過也；使張敖亡國者，貫高之罪也。 （善本：01720；明嘉靖二十四年孔天胤等刊本）	（史部，編年類，通代之屬，資治通鑑，資治通鑑，卷十二，頁 3） （善本）

王安石《史記》評點表

評家	160	體例篇名	類別	評 點 內 容	備 註
王安石	1	五帝本紀第一	史識	在廷之臣，可治水者，惟鯀耳。水之患，不可留而俟人。鯀雖方命圮族，而其才則群臣皆莫及，然則舍鯀而孰使哉！當此之時，禹蓋尚少，而舜猶使於下而未見乎上也？ （善本：10153；明嘉靖丙午（25 年）臨川知縣應雲鷟刊本）	（集部，別集類，宋金元，臨川先生文集，論議，卷六十八，頁 3） （善本）
王安石	1	五帝本紀第一	史識	王氏曰：百揆，百官之首，故先命禹；養民治之先務，故次命稷；富然後教，故次命契；刑以弼教，故次命皋；工立成器，以爲天下利，又治之末，故次命垂，如此治人者略備矣，然後及草木鳥獸，故次命益；民物如此，則隆禮樂之時也，故次命夷、夔；禮先樂後，故先夷後夔；樂作則治功成矣。羣賢雖盛，治功雖成，苟讒間得行，則賢者不安，前功遂廢，故命龍於末，所以防讒間衛羣賢，以成其終，猶命十二牧，而終以難任人，夫子咨爲邦，而終以遠佞人也。 按：該語引自元黃鎮成《尚書通考》。	（經部，書類，尚書通考，卷五，頁 18、頁 19）
王安石	47	孔子世家第四十七	義理	1.（此段文字分二段，此爲第一） 古之人僕僕然勞其身，以求行道於世，而曰吾以學孔子者，惑矣！孔子之始也，食於魯，魯亂而適齊，齊大夫欲害己，則反而食乎魯。魯受女樂，不朝者三日，義不可以留也，則烏乎	（集部，別集類，宋金元，臨川先生文集，卷六十七，頁 16）

				之，曰甚矣！衞靈公之無道也。其遇賢者庶乎其猶有禮耳。枉是之衞，衞靈公不可與處也。枉是不暇擇而之曹，以適于宋、鄭、陳、蔡、衞、楚之郊，其志猶去衞而之曹也。老矣，遂歸于魯以卒。孔子之行如此，烏在其求行道也？夫天子、諸侯不以身先枉賢人，其不足與有爲明也。孔子而不知，其何以爲孔子也！ （善本：10153；明嘉靖丙午（25 年）臨川知縣應雲鷟刊本）	（善本）
王安石	47	孔子世家第四十七	史識	2.　（此段文字分二段，此爲第二） （王安石又曰：） 太史公敘帝王則曰本紀，公侯傳國則曰世家，公卿特起則曰列傳，此其例也。其列孔子爲世家，奚其進退無所據耶！孔子，旅人也。棲棲衰季之世，無尺土之柄，此列之以傳宜矣，曷爲世家哉！豈以仲尼躬將聖之資，其教化之盛，焉奕萬世，故爲之世家以抗之，又非極摯之論也。夫仲尼之才，帝王可也，何特公侯哉？仲尼之道，世天下可也，何特世其家哉！處之世家，仲尼之道，不從而大；置之列傳，仲尼之道，不從而小，而遷也，自亂其例，所謂多所抵牾者也。 （善本：10153；明嘉靖丙午（25 年）臨川知縣應雲鷟刊本）	（集部，別集類，宋金元，臨川先生文集，卷七十一，頁 11、頁 12） （善本）
王安石	66	伍子胥列傳第六十六	義理	予觀子胥出死亡逋竄之中，以客寄之一身，卒以說吳，折不測之楚，仇杋恥雪，名震天下，豈不壯哉！及其危疑之際，能自慷慨，不顧萬死，畢諫枉所事，此其志与夫自恕以偷一時之利者異也。孔子論古之士大夫，若管夷吾、臧武仲之屬！苟志枉善，而有補於當世者，咸不廢也，然則子胥之義，又曷可少耶？ （善本：10153；明嘉靖丙午（25 年）臨川知縣應雲鷟刊本）	（集部，別集類，宋金元，臨川先生文集，卷八，頁 7）
王安石	67	仲尼弟子列傳第六十七	史識	予讀史所載子貢事，疑傳之者妄，不然子貢安得爲儒哉？夫所謂儒者：用於君則憂，君之憂食於民則患，民之患在下而不用則修身而已。當堯之時天下之民患於洚水，堯以爲憂，故禹於九年之間三過其門而不一省其子也。回之生，天下之民患有甚於洚水，天下之君憂有甚於堯；然回以禹之賢而獨樂陋巷之間，曾不以天下憂患介其意也。夫二人者豈不同道哉？所遇之時則異矣。蓋生於禹之時而由回之行則是楊朱也，生於回之時而由禹之行則是墨翟也。	（集部，別集類，北宋建隆至靖康，臨川文集，卷六十四，頁 6、頁 7）

				故曰：賢者用於君則以君之憂爲憂，食於民則以民之患爲患，在下而不用於君則修其身而已；何憂患之與哉！夫所謂憂君之憂患民之患者，亦以義也；苟不義而能釋君之憂除民之患賢者，亦不爲矣。史記曰：齊伐魯，孔子聞之曰：魯墳墓之國，國危如此，二三子何爲莫出？子貢因行；說齊以伐吳，說吳以救魯，復說越，復說晉；五國由是交兵；或強、或破、或亂、或霸，卒以存魯。觀其言、迹其事，儀、秦、軫、代無以異也。嗟乎！孔子曰：己所不欲勿施於人。己以墳墓之國而欲全之，則齊吳之人豈無是心哉？奈何使之亂歟？吾所以知傳者之妄一也。於史考之當是時，孔子、子貢爲匹夫，非有卿相之位、萬鍾之禄也，何以憂患爲哉？然則異於顏回之道矣？吾所以知其傳者之妄二也。墳墓之國雖君子之所重，然豈有憂患而謀爲不義哉？借使有憂患爲謀之義，則豈可以變詐之說亡人之國，而求自存哉？吾所以知其傳者之妄三也。子貢之行雖不能盡當於道，然孔子之賢弟子也，固不宜至於此，矧曰孔子使之也。太史公曰：學者多稱七十子之徒，譽者或過其實，毀者或損其真。子貢雖好辯，詎至於此耶？亦所謂毀損其真者哉？	
王安石	67.5	仲尼弟子列傳第六十七	史識	《史記》曰：齊伐魯，孔子聞之曰：「魯，墳墓之國，國危如此，二、三子何爲莫出？」子貢因行，說齊以伐吳，說吳以救魯，復說越，復說晉；五國由是交兵，或強、或破、或亂、或霸，卒以存魯。觀其言，迹其事，儀、秦、軫、代無以異也。嗟乎，孔子曰：「己所不欲，勿施於人。」己以墳墓之國，而欲全之，則齊、吳之人豈無是心哉？奈何使之亂歟？吾所以知傳者之妄，一也。於史考之，當是時，孔子、子貢爲匹夫，非有卿相之位、萬鍾之禄也，何以憂患爲哉？然則異於顏回之道矣，吾所以知其傳者之妄，二也。墳墓之國，雖君子之所重，然豈有憂患而謀爲不義哉？借使有憂患爲謀之義，則豈可以變詐之說，亡人之國而求自存哉？吾所以知其傳者之妄，三也。子貢之行，雖不能盡當於道，然孔子之賢弟子也，固不宜至於此，矧曰：孔子使之也？太史公曰「學者多稱七十子之徒，譽者或過其實，毀者或損其真」，子貢雖好辯，詎至於此邪？亦所謂毀損其真者哉！ （善本：10153：明嘉靖丙午（25年）臨川知縣應雲鷲刊本）	（集部，別集類，宋金元，臨川先生文集，卷六十四，頁5） （善本）

| 王安石 | 86 | 刺客列傳第八十六 | 史識 | 曹沬將而亡人之城，又劫天下盟主。管仲因勿倍，以市信一時，可也。予獨怪智伯國士豫讓，豈顧不用其策耶？讓，誠國士也。曾不能逆策三晉，救智伯之亡，一死區乚，尚足校哉？其亦不欺其意者也。聶政售於嚴仲子、荊軻豢於燕太子丹，此兩人者，汙隱困約之時，自貴其身不妄，顧知亦曰有待焉，彼挾道德，以時世者，何如哉？

（善本：10153；明嘉靖丙午（25年）臨川知縣應雲鷟刊本） | （集部，別集類，宋金元，臨川先生文集，雜著，卷七十一，頁10）

（善本） |
| 王安石 | 112 | 平津矦列傳第一百一十二 | 史識 | 臣始讀《孟子》，見孟子言王政之易行，心則以爲誠然，及見與愼子論齊、魯之地，以爲先王之制國，大抵不過百里者，以爲今有王者起，則凡諸侯之地，或千里或五百里，皆將損之。至於數十百里而後止，於是疑孟子雖賢，其仁智足以一天下，亦安能毋刦之以兵革，而使數百千里之強國，一旦肯損其地之十八九，比於先王之諸侯。至其後觀漢武帝用主父偃之策，令諸侯王地悉得推恩封其子弟，而漢親臨定其號名，輒別屬漢，於是諸侯王之子弟各有分土，而勢強地大者，卒以分析弱小，然後知慮之以謀，計之以數，爲之以漸，則大者固可使小，強者固可使弱，而不至乎傾駭變亂，敗傷之釁，孟子之言不爲過。

（善本：10153；明嘉靖丙午（25年）臨川知縣應雲鷟刊本） | （集部，別集類，宋金元，臨川先生文集，卷三十九，頁17）

（善本） |

劉攽《史記》評點表

評家	160	體例篇名	類別	評 點 內 容	備 註
劉攽	8	高祖本紀第八	考據	劉攽曰： 余謂別將字，當屬下句讀之。言章邯身從陳，而別將定楚耳。 按：該語引自《前漢書》宋劉攽注。	（史部，正史類，前漢書，卷一上，頁11）
劉攽	97	酈生陸賈列傳第九十七	考據	劉攽曰： 此時，何緣更有田間？據〈田橫傳〉乃是田觧。 按：該語引自明凌稚隆《漢書評林》宋劉攽評。 （善本：01383；明萬曆辛巳（9年，1581）吳興凌氏刊本）	（史部，紀傳類，先秦兩漢之屬，西漢，漢書評林，卷四十三，頁3） （善本）

劉攽	121	儒林列傳第一百二十一	辭章	劉攽曰：所聞當屬上句讀之。 按：該語引自《前漢書》宋劉攽注。	（史部，正史類，前漢書，卷八十八，頁6）
劉攽	150	通論	考據	劉奉世曰周制：外史掌四方之志，布在諸侯國，其位上士，皆在諸侯之卿上，秦亦有之，故《漢儀注》所云「太史公在丞相上」，謂此也。 按：該語引自明凌稚隆《漢書評林》宋劉攽評。 （善本：01383；明萬曆辛巳（9年，1581）吳興凌氏刊本）	（史部，紀傳類，先秦兩漢之屬，西漢，漢書評林，卷六十二，頁2） （善本）

沈括《史記》評點表

評家	160	體例篇名	類別	評　點　內　容	備　註
沈括	14.5	十二諸侯年表第十四	考據	按《史記》年表，周平王東遷二年，魯惠公方即位，則《春秋》當始惠公，而始隱，故諸儒之論紛然，乃《春秋》開卷第一義也，唯啖趙都不解始隱之義，學者常疑之，唯於纂例，隱公下注八字云，惠公二年，平王東遷，若爾則《春秋》自合始隱，更無可論，此啖趙所以不論也，然與《史記》不同，不知啖趙得於何書？又嘗見士人《石端集》一紀年書，考論諸家年統，極爲詳密，其叙平王東遷亦在惠公二年，予得之，甚喜！亟問石君，云出一史傳中，遽檢未得，終未見的。據《史記》年表注，東遷在平王元年辛未歲，本紀中都無說，諸侯世家言東遷卻盡在庚午歲。《史記》亦自差謬，莫知其所的。 （善本：07271；明崇禎4年（1631）嘉定馬元調刊本）	（子部，類書類，夢溪筆談，卷十四，頁6、頁7） （善本）
沈括	25.5	律書第二十五	考據	《史記·律書》所論二十八舍、十二律，多皆臆配，殊無義理。至於言數，亦多差舛。如所謂「律數者，八十一爲宮，五十四爲徵，七十二爲商，四十八爲羽，六十四爲角」。此止是黃鍾一均耳。十二律各有五音，豈得定以此爲律數？如五十四在黃鍾則爲徵，在夾鍾則爲角，在中呂則爲商，兼律有多寡之術，有實積之數，有短長之數，有周徑之數，有清濁之數，其八十一、五十四七十二、四十八、六十四，止是實積數耳。又云：「黃鍾長八寸七分一，大呂長七寸五分三分一，太蔟長七寸七分二，夾鍾長六寸二分三分一，姑洗長六寸七分四，中呂長五寸九分三分二，蕤賓長五寸六分二分一，林	（子部，類書類，夢溪筆談，卷八，頁1、頁2）

				鍾長五寸七分四，夷則長五寸四分三分二，南呂長四寸七分八，無射長四寸四分三分二，應鍾長四寸二分三分二。」此尤誤也。此亦實積耳，非律之長也。蓋其間字又有誤者，疑後人傳寫之失也。餘分下分數目，凡「七」字皆當作「十」字，誤屈其中畫耳。 （善本：07271；明崇禎4年（1631）嘉定馬元調刊本）	（善本）
沈括	150	通論	史識	班固論司馬遷爲《史記》：「是非頗謬於聖人，論大道則先黃老而後六經，序游俠則退處士而進姦雄，述貨殖則崇勢利而羞貧賤，此其蔽也。」予按：後漢王允曰：「武帝不殺司馬遷，使作謗書，流於後世。」班固所論，乃所謂謗也。此正是遷之微意。凡《史記》次序、說論，皆有所指，不徒爲之。班固乃譏遷「是非頗謬於聖賢」，論甚不歉。 （善本：07271；明崇禎4年（1631）嘉定馬元調刊本）	（子部，類書類，夢溪筆談，卷上，頁8） （善本）

劉恕《史記》評點表

評家	160	體例篇名	類別	評　點　內　容	備　註
劉恕	67.5	仲尼弟子列傳第六十七	史識	司馬遷曰：「子貢一出，存魯，亂齊，破吳，強晉、伯越」，「十年之中，五國各有變。」戰國之時，齊、魯交兵者數矣，一不被伐，安能存哉？田氏弱齊，一當吳兵，安能亂哉？吳不備越而凶勝，齊安能破哉？四卿擅權，晉以衰弱，脩兵休卒，安能彊哉？越從吳伐齊，滅吳乃彊，此安能伯哉？十年之中，魯、齊、晉未嘗有變，吳、越不爲是而存凶。遷之言，華而少實哉？ （善本：01830；明末刊本）	（史部，編年類，斷代之屬，先秦，通鑑外紀，卷九，頁11） （善本）

程頤、程顥《史記》評點表

評家	160	體例篇名	類別	評　點　內　容	備　註
程頤	61.5	伯夷列傳第六十一	義理	天道甚大，安可以一人之故，妄意窺測？如曰顏何爲而夭，跖何爲而壽，皆指一人計較天理，非知天也。 按：該語引自宋王應麟《困學紀聞》。 （善本：07143；明初刊本）	（子部，雜家類，困學紀聞，卷十一，頁32） （善本）

| 程頤、程顥 | 150 | 通論 | 史識 | 先生曰司馬遷爲近古，書中多有前人格言，如作紀本《尚書》，但其間有曉不得《書》意，有錯用却處。嘉仲問：「項籍作紀如何？」曰：「紀只是有天下方可作」又問：「班固嘗議遷之失，如何？」曰：「後人議前人，固甚易。」 | （子部，儒家類，二程外書，卷十，頁4） |

蘇軾《史記》評點表

評家	160	體例篇名	類別	評　點　內　容	備　註
蘇軾	2	夏本紀第二	考據	1.　（此段文字分二段，此爲第一） 包，裹也。小曰橘，大曰柚。錫者必待錫命而後貢，非歲貢之常也。 按：該語引自明胡廣《書經大全》蔡沈傳，明凌稚隆《史記評林》作宋蘇軾，非。	（經部，書類，書經大全，卷三，頁35）
蘇軾	2	夏本紀第二	考據	2.　（此段文字分二段，此爲第二） 蘇氏曰： 橘柚苟常供則勞害，如漢、唐荔枝矣。 按：該語引自明胡廣《書經大全》蘇氏注。	（經部，書類，書經大全，卷三，頁35）
蘇軾	28	封禪書第二十八	史識	司馬遷、班固書曰：獲一角獸，蓋麟云。蓋之爲言疑之也。夫獸而一角，固麟矣，二子何疑焉？豈求之武帝，而未見所以致麟者歟！ （善本：10188；明刊本）	（集部，別集類，宋金元，東坡全集，卷九十二，頁9） （善本）
蘇軾	31	吳世家第三十一	史識	季子觀樂於魯，知列國之廢興於百年之前，方其救陳也，去吳之亡，十三年耳，而謂季子不知可乎？闔廬之自立也，曰季子雖至不吾廢也，是季子德信於吳人，而言行於其國也，且帥師救陳，不戰而去之，以爲敵國名，則季子之於吳，蓋亦少專矣。救陳之明年，而子胥死，季子知國之必亡，而終無一言於夫差，知言之無益也。夫子胥以闔廬霸，而夫差殺之如皂隸，豈獨難於季子乎？烏乎悲夫！吾是以知夫差之不道，至於使季子不敢言也。 （善本：10188；明刊本）	（集部，別集類，宋金元，東坡全集，卷九十四，頁1、頁2） （善本）
蘇軾	32	齊太公世家第三十二	史識	東坡曰： 權以濟事曰譎。鄒陽曰：齊桓公殺哀姜于夷。孔子曰：正而不譎。陽之時，師傅蓋云爾。以此推之，晉文公譎而不正，蓋納辰嬴之過也。哀姜親也，齊雖不誅，君子不以罪桓公，故曰：	（史部，史評類，史論之屬，歷代名賢確論，卷二十三，頁4）

				正而不譎。以爲桓公可以譎而徇正，蓋甚之也。 按：該語引自宋不著撰人《歷代名賢確論》。 （善本：05220；明弘治間（1488～1505）錫山錢孟濬刊本）	（善本）
蘇軾	41	越王勾踐世家第四十一	史識	范蠡、留侯雖非湯、武之佐，然亦可謂剛毅果敢、卓然不惑，而能有所必爲者也。觀吳王困於姑蘇之上，而求哀請命於勾踐。勾踐欲赦之，彼范蠡者，獨以爲不可，援桴進兵，卒刎其頸。項籍之解而東，高帝亦欲罷兵歸國。留侯諫曰：此天亡也，急擊勿失。此二人者，以爲區區之仁義，不足以易吾之大計也。 （善本：10188；明刊本）	（集部，別集類，宋金元，東坡全集，卷四十三，頁 3） （善本）
蘇軾	41	越王勾踐世家第四十一	史識	范蠡知句踐可與共患難，則爲之滅吳，以致其功；知其不可與同安樂，則棄之浮江湖，如去仇讐。是以君臣免於惡名，可不謂賢哉！ 按：該語出自宋蘇轍《古史》，乃徹語，明凌稚隆《史記評林》作宋蘇軾，非。	（史部，別史類，古史，卷三十七，頁 7、頁 8）
蘇軾	43	趙世家第四十三	史識	公仲可謂賢相也，猶不去止歌者之田，必待牛畜、荀欣、徐越而后止，進賢之功可少哉！	見《評林》頁 1412
蘇軾	47	孔子世家第四十七	史識	孔子爲魯司寇七日，而誅少正卯，或以爲太速。此叟蓋自知其頭方命薄，必不久在相位，故汲汲及其未去發之。使更遲疑，兩三日已爲少正卯所圖矣。 （善本：10188；明刊本）	（集部，別集類，宋金元，東坡全集，卷一百四，頁 11） （善本）
蘇軾	47	孔子世家第四十七	史識	孔子用於魯三月，而齊人畏其霸，以僖子之賢，而知夫子之爲聖人也。使之未亡，而授之以政，則魯作東周矣！故曰孟僖子之過，可悲也已。雖然夫子之道，充乎天下者，自僖子始。 （善本：10188；明刊本）	（集部，別集類，宋金元，東坡全集，卷五十，頁 3、頁 4） （善本）
蘇軾	47	孔子世家第四十七	史識	佛肸之不能爲東周亦明矣，然而用孔子，則有可以爲東周之道，故子欲往者，以其有是道也；卒不往者，知其必不能也。 按：該語引自宋不著撰人《歷代名賢確論》。 （善本：05220；明弘治間（1488～1505）錫山錢孟濬刊本）	（史部，史評類，史論之屬，歷代名賢確論，卷二十五，頁 4） （善本）

蘇軾	47	孔子世家第四十七	史識	三家不臣，則魯無可治之理。孔子之用於世，其政無急於此者矣。彼晏嬰者亦知之曰：田氏之僭，唯禮可以已之。在禮家施不及國，大夫不収公利。齊景公曰：善哉！吾今而後，知禮之可以爲國也。嬰能知之，而莫能爲之，嬰非不賢也，其浩然之氣，以直養而無害，塞于天地之間者，不及孔、孟也。孔子以羈旅之臣得政，期月而舉治世之禮，以律亡國之臣，墮名城、出藏甲，而三家不疑其害已。此必有不言而信，不怒而威者矣。 按：該語引自宋不著撰人《歷代名賢確論》。 （善本：05220：明弘治間（1488～1505）錫山錢孟濬刊本）	（史部，史評類，史論之屬，歷代名賢確論，卷十五，頁9） （善本）
蘇軾	55	留侯世家第五十五	史識	刻印銷印，有同兒嬉，何嘗累高祖之知人？適足明聖人之無我。 （善本：10188：明刊本）	（集部，別集類，宋金元，東坡全集，卷五十一，頁19） （善本）
蘇軾	64	司馬穰苴列傳第六十四	史識	《史記》司馬穰苴，齊景公時人也。其事至偉，而左氏不載。予嘗疑之。《戰國策》：司馬穰苴爲政者也，閔王殺之，大臣不親，則其去景公也遠矣。太史公取《戰國策》作《史記》，當以《戰國策》爲信。 （善本：7277：明刊朱墨套印本）	（子部，類書類，東坡先生志林，卷四，頁2） （善本）
蘇軾	67	仲尼弟子列傳第六十七	義理	昔夫子以簞食瓢飲賢顏子，而韓子乃以爲哲人之細事，何哉？蘇子曰：古之觀人也，必於小者，觀其大者，容有僞焉。人能碎千金之璧，不能無失聲於破釜；能搏猛虎，不能無變色於蠭蠆，孰知簞食瓢飲之爲哲人之大事乎？	（集部，別集類，北宋建隆至靖康，東坡詩集註，卷二十八，頁38）
蘇軾	73	白起王翦列傳第七十三	史識	秦初遣李信，以二十萬人取楚，不克，乃使王翦以六十萬攻之，蓋空國而戰也。使齊有中主具臣，知亡之無日，而掃境以伐秦，以攴安齊，而入厭兵空虛之秦，覆秦如反掌也。吾故曰：拙於取楚，然則奈何曰：古之取國者，必有數，如取齦齒也，必以漸，故齒脫而兒不知。今秦易楚，以爲是齦齒也，可拔，遂抉其口，一拔而取之，兒必傷，吾指必齧，故秦之不亡者幸也，非數也。 （善本：10188：明刊本）	（集部，別集類，宋金元，東坡全集，卷一百五，頁6） （善本）

蘇軾	74	孟子荀卿列傳第七十四	史識	昔者常怪李斯事荀卿，既而焚滅其書，大變古先聖王之法，於其師之道，不啻若寇讐，及今觀荀卿之書，然後知李斯之所以事秦者，皆出於荀卿，而不足怪也！荀卿者，喜爲異說而不讓，敢爲高論而不顧者也，其言愚人之所驚，小人之所喜也。子思、孟軻世之所謂賢人君子也，荀卿獨曰亂天下者子思、孟軻也，天下之人如此其衆也，仁人義士如此其多也，荀卿獨曰：人性惡，桀紂性也，堯舜僞也。由是觀之，意其爲人，必也剛愎不遜，而自許太過，彼李斯者，又特甚者耳！	（集部，別集類，北宋建隆至靖康，東坡全集，卷四十三，頁 5、頁 6）
蘇軾	74	孟子荀卿列傳第七十四〈重出〉	史識	昔者常怪李斯事荀卿既而焚滅其書，大變古先聖王之法於其師之道，不啻若寇讐。及今觀荀卿之書，然後知李斯之所以事秦者，皆出於荀卿，而不足怪也。荀卿者，喜爲異說而不讓，敢爲高論而不顧者也。其言，愚人之所驚，小人之所喜也。子思、孟軻世之所謂賢人君子也，荀卿獨曰：亂天下者，子思、孟軻也。天下之人如此其衆也，仁人義士如此其多也，荀卿獨曰「人性惡桀、紂性也，堯、舜僞也」。由是觀之，意其爲人必也剛愎不遜，而自許太過，彼李斯者，又特甚者耳。	（集部，別集類，北宋建隆至靖康，東坡全集，卷四十三，頁 5、頁 6）
蘇軾	75	孟嘗君列傳第七十五	史識	田文所賓禮者，至梟狗盜皆以客禮食之。其取士亦陋矣，然微此二人，幾不脫於死。當是之時，雖道德禮義之士，無所用之，然道德禮義之士，當救之梟未危，亦無用此士也。 按：該語引自宋不著撰人《歷代名賢確論》。 （善本：05220；明弘治間（1488～1505）錫山錢孟濬刊本）	（史部，史評類，史論之屬，歷代名賢確論，卷二十九，頁 11） （善本）
蘇軾	82	田單列傳第八十二	史識	田單使人食必祭，以致烏鳶，又誤爲神師，皆近兒戲，無益於事。蓋先以疑似置齊人心中，則夜見火牛龍文，足以駭動。取一時之勝，此其本意也。	（子部，雜家類，雜說之屬，東坡志林，卷五，頁 8）
蘇軾	87	李斯列傳第八十七	義理	夫以法毒天下者，未有不反中其身及其子孫者也。漢武與始皇皆果於殺者也，故其子如扶蘇之仁，則寧死而不請；如戾太子之悍，則寧反而不訴，知訴之必不察也。戾太子豈欲反者哉？計出於無聊也，故爲二君之子者，有死與反而已。李斯之智，蓋足以知扶蘇之不反也。 （善本：10188；明刊本）	（集部，別集類，宋金元，東坡全集，卷一百五，頁 19） （善本）

蘇軾	117	司馬相如列傳第一百一十七	史識	司馬長卿始以汙行，不齒於蜀人，既而以賦得幸天子，未能有所建明，立絲毫之善以自贖也，而創開西南夷，逢君之惡，以患苦其父母之邦，乃復矜其車服、節旄之美，使邦君負弩先驅，豈詩人致恭桑梓，萬石君父子下里門之義乎？卓王孫暴富遷虜也，故眩而喜耳，魯多君子，何喜之有？ （善本：10188；明刊本）	（集部，別集類，宋金元，東坡全集，卷九十二，頁17） （善本）
蘇軾	150	通論	史識	吾嘗以爲遷有大罪二，其先黃老，後六經；退處士，進姦雄，蓋其小小者耳。所謂大罪二，則論商鞅、桑弘羊之功也。自漢以來，學者恥言商鞅、桑弘羊，而世主獨甘心焉，皆陽諱其名而陰用其實，甚者則名實皆宗之，庶幾其成功，此則司馬遷之罪也。秦固天下之强國，而孝公亦有志之君也，脩其政刑十年，不爲聲色畋遊之所敗，雖微商鞅，有不富强乎？秦之所以富强者，孝公務本力穡之效，非鞅流血刻骨之功也，而秦之所以見疾於民，如豺虎毒藥，一夫作難而子孫無遺種，則鞅實使之。至於桑弘羊，斗筲之才，穿窬之智，無足言者，而遷稱之，曰「不加賦而上用足」。 （善本：10188；明刊本）	（集部，別集類，宋金元，東坡全集，卷一百五，頁12） （善本）

蘇轍《史記》評點表

評家	160	體例篇名	類別	評　點　內　容	備　　註
蘇轍	1	五帝本紀第一	史識	蘇子曰： 學者言堯、舜之事有三妄焉，太史公得其一，不得其二。莊子稱堯以天下讓許由，許由不受，恥之逃隱。莊子蓋寓言焉，而後世信之。太史公曰：舜、禹之間，岳、牧咸薦，試之於位典職數十年，功用既興，然後授政，示天下重器王者大統，傳天下若斯之難，而許由何以稱焉？孟子曰：堯將舉舜，妻以二女，瞽瞍不順不告而娶，既而猶欲殺舜，而分其室，然舜終不以爲怨。余考之於書，孟子蓋失之矣，世豈有不能順其父母，而能治天下者哉？四岳之薦舜曰：烝烝乂不格姦，益之稱舜曰：夔夔齊栗，瞽亦允若，則舜之爲庶人，既已能順其親，使不至於姦矣，父母兄弟之際，智力之所不施也，有頑父、囂母、傲弟，而能和之，以不失其親，惟至仁能之。此堯之所以用舜而不疑者也。父	（史部，別史類，古史，卷二，頁8、頁9）

				子相賊，姦之大也，豈其既已用之而猶欲殺之哉？孟子又言：堯、舜、禹之終，皆薦人於天；堯崩，舜辟堯子於南河之南；舜崩，禹辟舜子於陽城，天下皆往歸之，然後之中國踐天子位。禹崩，益辟禹子於箕山之陰，朝覲獄訟者，皆不之益而之啓，故益不得爲天子。以書觀之，此亦非君子之言也。舜、禹之攝格于祖，考郊祀天地，朝見諸侯，巡守方岳，行天子之事矣。及其終而又辟之何哉？使舜、禹辟之，天下歸之，而其子不順，將從天下而廨其子歟？將奉其而違天下歟？此事之至逆由辟致之也，至益不度天命，而受位於禹，辟之而天下不從，然後不敢爲，匹夫猶且恥之，而謂益爲之哉？	
蘇轍	1.5	五帝本紀第一	史識	孔子刪《詩》及《書》，起於堯、舜、稷、契之際，以爲自是以上其事不可詳矣。至司馬遷紀五帝，首黃帝，遺犧農而黜少昊，以爲帝王皆出於黃帝，蓋紀其世，非紀其事也，故余因之，然黃帝本神農之後，少典之子，神農豈非五帝世耶？蓋黃帝、高陽、高辛、子孫代有天下，而少昊之後不傳，《周禮》六樂無少昊之樂，《易》叙古帝王，亦不道也。遷由是黜而不紀，後世多以遷爲非者，於是作〈三皇本紀〉，復紀少昊於五帝首。	（史部，別史類，古史，卷一，頁3）
蘇轍	2	夏本紀第二	義理	蘇子曰： 聖人之於天下，苟可以安民，不求爲異也。堯、舜傳之賢，而禹傳之子，後世以爲禹無聖人而傳之，而後授之其子孫，此以好異期聖人也。昔者湯有伊尹、武王有周公，而周公又武王之弟也。湯之太甲、武之成王，皆可以爲天下，而湯不以予其臣，武王不以予其弟，誠以爲其子之才不至於亂天下者，無事乎授之它人，而以爲異也，而天下何獨疑禹哉？今夫人之愛其子，是天下之通義也。有得焉而以予其子孫，又情之所皆然也。聖人以是爲不可易，故因而聽之，使之父子相繼而無相亂。以至於堯，堯舉天下而授之舜，舜得堯之天下，而又授之禹，舉天下而授之人，此聖人之所以大過人，而天下後世之所不能也。天下後世之所不能，而聖人獨爲之，豈以爲異哉？天下之人不能皆賢而有異人焉，爲異而震之，則天下皆將喜其名而失其眞，故夫堯舜之傳賢者，是不得已而然也。使堯之丹朱、舜之商均，僅可以守天下，而堯肯傳之舜，舜肯傳之禹，以爲異而疑天下哉！然則禹之不以天下授益，非以益爲不足授也。	（史部，別史類，古史，卷三，頁5、頁6）

				使天下復有禹，予知禹之不以天下授之矣。何者？啓足爲天下故也。啓爲天下而益爲之佐，是益不失爲伊尹、周公，其功猶可以及天下也，聖人之不喜異也如此。	
蘇轍	3	殷本紀第三	義理	蘇子曰： 商之有天下者三十世，而周之世三十有七。商之既衰而復興者五王，而周之既衰而復興者宣王一人而已。蓋商之多賢君，宜若其世之過於周，周之賢君不如商之多，而其久於商者，乃數百歲，其故何也？周公之治天下，務以文章繁縟之禮，和柔馴擾剛強之民，故其道本於尊尊而親親，貴老而慈幼，使民之父子相愛、兄弟相悅，以無犯上難制之氣，行其至柔之道，以揉天下之戾心，而去其剛毅果敢之志，故其享天下至久，而諸侯內侵，京師不振，卒於廢爲至弱之國，何者？優柔和易，可以爲久，而不可以爲強也。若夫商人之所以爲天下者，不可復見矣。嘗試求之《詩》、《書》，《詩》之寬緩而和柔；《書》之委曲而繁重者，皆周也。而商人之《詩》駿發而嚴厲；其《書》簡絜而明肅，以爲商人之風俗，蓋在乎此矣。夫惟天下有剛強不屈之俗也，故其後世有以自振於衰微，然至其敗也，一散而不可復止。蓋物之強者易以折，而柔忍者可以久存；柔者可以久存，而常困於不勝；強者易以折，而其末也，可以有所立，此商之所以不長，而周之所以不振也。嗚呼！聖人之爲天下，亦有所就而已，不能使之無弊也，使之能久而不能強，能以自振而不能以及遠，此二者存乎其後世之賢與不賢矣。太公封於齊，尊賢而上功。周公曰：後世必有篡弒之臣。周公治魯，親親而尊尊。太公曰：後世浸衰矣。夫尊賢上功，則近於強；親親尊尊，則近於弱。終之齊有田氏之禍，而魯人困於盟主之令。蓋商之政近於齊，而周公之所以治周者，其所以治魯也，故齊強而魯弱，魯未亡而齊亡也。《書》稱伊尹去亳適夏，既醜有夏，復歸于亳。蓋伊尹耕於莘野，既以處士從湯矣。及其適夏，非其私行也，湯必與知之，其君臣之心，以爲從湯伐桀，以濟斯世，不若使伊尹事桀以止其亂，雖使夏不亡，商不興，無憾也。及其不可復輔，於是捨而歸耳。其後文王事紂，亦身爲之三公，至將囚而殺之，然後弃之而西。蓋湯之於桀，文王之於紂，其不欲遽奪之者如此，此其所以爲湯、文王，而後世之所不及也。	（史部，別史類，古史，卷四，頁7、頁8、頁9）

| 蘇轍 | 4 | 周本紀第四 | 義理 | 蘇子曰：
傳曰：夏之政尙忠，商之政尙質，周之政尙文，而仲尼亦云，周監於二代，郁郁乎文哉！吾從周。余讀《詩》、《書》，歷觀唐、虞至於夏、商，以爲自生民以来，天下未嘗一日而不趨於文也。文之爲言，猶曰萬物各得其理云爾。父子君臣之間、兄弟夫婦之際，此文之所由起也。昔者生民之初，父子無義、君臣無禮、兄弟不相愛、夫婦不相保，天下紛然而淆亂，忿鬬而相苦，文理不著，而人倫不明，生不相養而死不相葬，天下之人舉皆戚然不寧於中，然後反而求其所安，屬其父子而列其君臣，聯其兄弟而正其夫婦。至於虞、夏之世，乃益去其鄙野之制，然猶以天子之尊，飯土塯、啜土鉶，土堦三尺，茅茨而不剪，至於周而後大備。其粗始於父子之際，其精布於萬物，其用甚廣而無窮。蓋其當時莫不自謂文於前世，而後之人，乃更以爲質也。是故祭祀之禮，陳其籩豆，列其鼎俎，備其醴醴，俯伏以薦思，其飲食醉飽之樂而不可見也，於是灌用鬱鬯，藉用白茅，既沃而莫之見，以爲神之縮之也，體魄降於地，魂氣升於天，怳忽誕漫而不知其所由，處聲音氣臭之類，恐不能得當也。於是終祭於屋漏，繹祭於祊，以爲人子之心無所不至也，薦之以滋味，重之以膾炙，恐鬼神之不屑也，薦之以血毛，重之以體薦，恐父祖之不吾安也。於是先黍稷而飯稻粱，先大羹而飽庶羞，以爲不敢忘禮亦不敢忘愛也，丁寧反復，以爲可以盡人子之心，而人子之心亦可以安矣，故凡世之所謂文者，皆所以安夫人之所不安，而人之所安者，事之所當然也。仲尼區區於衰周之末，收先王之遺文，而與曾子推論禮之所難處。至於毫釐纖悉，蓋以爲王道之盛，其文理當極於此焉耳。及周之亡，天下大壞，強凌弱，衆暴寡，而後世乃以爲用文之弊。夫自唐、虞以至於商，漸而入於文，至周而文極於天下。當唐、虞、夏、商之世，蓋將求周之文，而其勢有所未至，非有所謂質與忠也。自周而下，天下習於文，非文則無以安天下之所不足，此其勢然也。今夫冠、昏、喪、祭而不爲之禮，墓祭而不廟，室祭而無所，仁人君子，有所不安於其中，而曰不文，以從唐、虞、夏、商之質。夫唐、虞、夏、商之質，蓋將求周之文而未至，非所以爲法也。 | （史部，別史類，古史，卷五，頁25、頁26、頁27） |

蘇轍	5	秦本紀第五	史識	秦穆公東平晉亂，西伐諸戎；楚莊王克陳入鄭，得而不取，皆有伯者之風矣，然穆公聽杞子之計，違蹇叔而用孟明，千里襲鄭，覆師於殽，雖悔過自誓，列於《周書》，而不能東征諸夏，以終成伯業。莊王使申舟聘齊，命無假道於宋。舟知必死而王不聽，宋人殺之。王聞其死，投袂而起，以兵伐宋，圍之九月，與之盟而去之，雖號能服宋，然君子以為此不假道之師也。齊靈公、楚靈王之所為，王亦為之，而尚何以為伯乎？於乎！此二君者，皆賢君也。兵一不義，而幾至於狼狽，不能與桓文齒，而況其下者哉！ （善本：10240；明東吳王執禮清夢軒刊本）	（集部，別集類，宋金元，欒城集，後集卷七，頁 6、頁 7） （善本）
蘇轍	5	秦本紀第五	義理	蘇子曰： 三代聖人，以道御天下，動容貌、出詞氣，逡巡廟堂之上，而諸侯承德，四夷向風，何其盛哉！至其後世稍衰，桓、文迭興，而維持之，要之以盟會，齊之以征伐，既已早矣，然春秋之後，吳、越放恣，繼之以田常，三晉之亂，天下遂為戰國。君臣之間，非詐不言，非力不用，相與為盜跖之行，猶恐不勝，雖桓、文之事，且不試矣，而況於文、武、成、康之舊歟！秦起於西垂，與戎翟雜居，本以強兵富國為上，其先襄公最賢，詩人稱之，然其所以為國者，亦猶是耳。《詩》曰：蒹葭蒼蒼，白露為霜；所謂伊人，在水一方。夫蒹葭之方盛也蒼蒼，其強勁而不適於用，至於白露凝戾為霜，然後堅成，可施於人。今夫襄公以耕戰自力，而不知以禮義終成之，豈不蒼然盛哉！然而君子以為未成，故其後世忸於為利，而不知義。至於商君屬之以法，風俗日惡，鄙詐猛暴，甚於六國，卒以此勝天下，秦之君臣，以為非是無足以服人矣。當是時，諸侯大者，連地數千里，帶甲數十萬，雖使齊桓、晉文假仁義，挾天子以令之，其勢將不能行。惟得至誠之君子自修而不爭，如商、周之先君，庶幾可以服之。孟子游於齊、梁，以此干其君，皆不能信，以為詐謀奇計之所不能下，長戟勁弩之所不能克，區區之仁義，何足以致此？然魏文侯當時之弱國也，君王后齊之一婦人也，魏文侯行仁義，禮下賢者，用卜子夏、田子方、段干木而秦人不敢加兵，君王后用齊四十餘年，事秦謹，與諸侯信，而齊亦未嘗受兵，而況於力行仁義中心慘怛，終身不懈，而有不能勝者哉？夫衣冠佩玉，可以化強暴；深居簡出，可以却猛獸；定	（史部，別史類，古史，卷六，頁 26、頁 27）

				心寡欲，可以懷鬼神。孟子曰：仁不可爲眾。誠因秦之地，用秦之民，按兵自守，修德以來天下，彼將襁負其子而至，而誰與共守？惜乎！其明不足以知之，竭力以勝敵；敵勝之後，二世而亡，其數有以取之矣。	
蘇轍	6	始皇本紀第六	義理	蘇子曰： 諸侯之興，自生民始矣。至始皇滅六國，而五帝、三代之諸侯埽地無復遺者，非秦能滅諸侯，而勢之隆汙，極於此矣。昔禹會諸侯於塗山，執玉帛者萬國，傳商及周，文、武之間，止千七百餘國。夫人之必爭，強弱之必相吞滅，此勢之必至者也。彼非諸侯，獨能自存，聖賢之君時出而齊之是以強者，不敢肆弱者有以自立。蓋自禹五世而得少康，自少康十二世而得湯，自湯六世而得大戊，自大戊十三世而得武丁，自武丁八世而得周文、武，當是時，雖有強暴，諸侯不得以力加小弱，然虞、夏諸侯亡者已十八九矣，自文、武、成、康以來，三十有三世，獨一宣王能紀綱諸夏，幽、平以後，諸侯放恣，春秋之際，存者百七十餘國而已。雖齊桓、晉文迭興，以會盟征伐持之，而道德不足其身，所攻滅蓋已多矣。陵遲至於六國，獨有宋、衛、中山、泗上諸侯在耳。地大兵強，皆務以詐力相傾，雖使桓、文復生，號令將有所不行，非有盛德之君，不足以懷之矣。是以至於蕩滅無餘而後止，秦雖欲復立諸侯，豈可得哉！而議者乃追咎李斯不師古。始使秦孤立無援，二世而亡，蓋未之思。夫商、周之初，雖封建功臣子弟而上古諸侯，碁布天下，植根深，是以新故相維，勢如犬牙，數世之後，皆爲故國不可復動。秦已削平諸侯，蕩然無復立錐之國，雖使並建子弟，而君民不親，譬如措舟滄海之上，大風一作，漂卷而去，與秦之郡縣何異？且獨不見漢高、晉武之事乎？割裂海內以封諸將諸子，大者連城數十，舉無根之人，寄之萬民之上，十數年之間，隨即散滅，不獲其用，豈非惑於其名，而未察其勢也哉！古之聖人，立法以御天下，必觀其勢，勢之所去，不可強反。今秦之郡縣，豈非勢之自至也歟？然秦得其勢而不免於滅亡。蓋治天下，在德不在勢，誠能因勢以立法，務德以扶勢，未有不安且治者也。使秦既一天下，與民休息，寬繇賦，省刑罰，黜奢滛，崇儉約，選任忠良，放遠法吏，而以郡縣治之，雖與三代比隆可也。	（史部，別史類，古史，卷七，頁28、頁29、頁30）

蘇轍	31	吳世家第三十一	史識	潁濱曰：泰伯以國授王季，逃之荊蠻，天下知文武之賢而不知泰伯之德，所以成之者遠矣。故曰泰伯其可謂至德也。 按：宋無性名《歷代名賢確論》曾引該語。	（史部，史評類，歷代名賢確論，卷二十一，頁7）
蘇轍	31	吳世家第三十一	史識	季子事吳九十餘年；觀其掛劍於墓不以死背其心，葬子嬴博不以恩累其志，引兵避楚不以名害其德；蓋其所以養心者至矣。雖祿之天下將有所不受，而況於吳乎？彼其所養者誠重故也。	（史部，別史類，古史，卷二十七，頁6）
蘇轍	31	吳世家第三十一	義理	蘇子曰： 吳自太伯至壽夢十九世，不通中國，壽夢以下始與諸侯盟會，七世而亡，然孔子作《春秋》，終以蠻夷書之，謂之吳而不人，蓋禮義不足故也。春秋諸侯國而不人者三，楚始稱荊而已。僖元年書楚人伐鄭，文九年書楚子使椒來聘，自是遂與諸侯齒，而吳、越終春秋不人，此其禮義存亡之實也，故予因《春秋》所書而推考三國得失之効，以爲吳、越皆戰勝攻取，能服人矣，而無禮義以自將。吳欲以乘陵諸夏，而不知止，故闔閭之後，覆亡而不救；越能自安於蠻夷，無意於王伯，故句踐之後，固陋而無聞。至於楚，禮義雖不足道，而亦無愧於齊、晉，故其後遂與戰國相終始。由是觀之，禮義之於爲國豈誣也哉！	（史部，別史類，古史，卷八，頁10）
蘇轍	32	齊太公世家第三十二	史識	桓公帥諸侯以伐楚，次於陘而不進，以待楚人之變。楚使屈完如師，桓公陳諸侯之師，與之乘而觀之，屈完見齊之盛，懼而求盟，諸侯之師，成列而未試。桓公退舍召陵，與之盟而去之，夫豈不能一戰哉？知戰之不必勝，而戰勝之利，不過服楚，全師之功，大於克敵，故以不戰服楚而不吝也。 （善本：10240；明東吳王執禮清夢軒刊本）	（集部，別集類，宋金元，欒城集，後集卷七，頁6） （善本）
蘇轍	32	齊太公世家第三十二	義理	蘇子曰： 三代之得天下，其所以異於後世者，惟不求而得之耳。世之論伊尹、太公，多以陰謀奇計歸之，其說乃與漢陳平、魏賈詡無異。夫陳平、賈詡之事，張子房、荀文若之所不爲也，而謂伊尹、太公爲之乎？太公蓋善用兵，老而不衰，與文王治岐，而司馬兵法出焉。要之，皆仁人，豈以詭詐爲文武傾人，以自立者哉？管仲相桓公，霸諸侯，一匡天下，使人免左衽之禍，孔	（史部，別史類，古史，卷九，頁22、頁23）

				子以仁許之，然死不旋踵，適庶爭立，桓公不得葬，幸而不亡，以管仲之智，而不免於此，蓋物有以蔽之歟！古者將治天下，必先治家，以爲其道，當自是往，管仲爲齊大夫，塞門反坫，身備三歸，而相公內嬖如夫人者六人，其行甚穢，管仲以爲不害伯，不禁也。夫古之聖人，爲君臣、父子、夫婦之禮，皆有本末，不徒設也，故以舊坊爲無用而毀之者，必有水患；以舊禮爲無益而去之者，必有亂患。古之君子，身修而家治，安而行之，不知其難而亂自去。今管仲貪取一時之欲，而僥倖於長久，難哉！桓公季年，將立世子，管子知將有嫡庶之禍，遂與桓公屬孝公於宋襄公。夫使桓公妻妾適庶之分素明，家事素定，則太子一言立矣，而他人何與哉？蓋管仲智有餘而德不足，於是窮矣。	
蘇轍	33	周公世家第三十三	義理	蘇子曰： 魯自宣公殺其世子而自立，公室遂卑，三桓分有其民而竊咻之，民知有大夫而不知有君。襄公二十九年，季武子取卞，公還自楚，不敢入，歸而不敢問，蓋魯君之失國也，久矣。至昭公，不忍其詢，未能收民，而舉兵攻之，遂以失國。哀公孤弱，甚於昭公，又欲以越人攻之，終亦出死於越。嗟夫！棄民五世而欲一朝收之，宜其難哉！昔齊晏子嘗告景公以田氏之禍，公問所以救之者，晏子曰：唯禮可以已之。在禮，家施不及國。而大夫不收公利。景公稱善，而不能用，齊卒以亡。語稱哀公問社於宰我。宰我對曰：夏后氏以松，殷人以柏，周人以栗，曰使民戰栗。孔子聞之曰：成事不說，遂事不諫，既往不咎。予嘗考之，以爲哀公將去三桓，而不敢正言，古者戮人於社，其託於社者，有意於誅也。宰我知其意，而亦以隱答焉。其曰使民戰栗，以誅告也。孔子知其不可曰，此先君之所爲植根固矣，不可以誅戮齊也。蓋亦有意於禮乎？不然，何咎予之深也？孔子曰：禮樂征伐，自諸侯出，十世希不失矣；自大夫出，五世希不失矣；陪臣執國命，三世希不失矣。自隱至昭而逐於季氏，凡十世；自宣至定而制於陽虎，凡五世，虎不逾世而敗。自是三桓微，散沒不復見，而魯公室雖微不絕，遂與戰國相終始。蓋以臣僭君，不義而得民，要以其力自斃，君雖失衆，而其實無罪，久則民將哀之，其勢固當然哉！	（史部，別史類，古史，卷十，頁28、頁29）

蘇轍	34	燕世家第三十四	史識	蘇子曰： 燕召公之後，然國於蠻貊之間，禮樂微矣。春秋之際，未嘗出與諸侯會盟，至於戰國，亦以耕戰自守，安樂無事，未嘗被兵。文公二十八年，蘇秦入燕，始以縱橫之事說之，自是兵交中國，無復寧歲，六世而亡。吳自大伯至壽夢十七世，不通諸侯，自巫臣入吳教吳，乘車戰射，與晉、楚力爭，七世而亡。燕、吳雖南北絕遠，而興亡之迹，大略相似。彼說客策士借人之國，以自快於一時可矣，而爲國者，因而狗之，猖狂恣行以速滅亡，何哉？夫起於辟陋之中，而奮於諸侯之上，如商、周先王以德服人則可，不然皆禍也。至太子丹不聽鞫武，而用田光，欲以一匕首斃秦，雖使荊軻能害秦王，亦何救秦之滅燕？而況不能哉！此又蘇秦之所不取也。	（史部，別史類，古史，卷十一，頁 8、頁 9）
蘇轍	35	管蔡世家第三十五	義理	蘇子曰： 世俗之說曰：舜囚堯不得其死，禹逐舜終於蒼梧之野。周公將篡成王，二叔譏之，乃免於亂。彼以小人之情，度君子之心，亦何所不至哉！今夫聖人雖與世同處，而其中浩然與天地同量，彼其食粟衣帛，蓋有不得已耳，而況與人爭利哉！諸葛孔明受托昭烈以相孺子，雖使取而代之，蜀人安焉，然君臣之義沒身不替。孔明尚然，而況於聖人乎？彼小人何足以知之！	（史部，別史類，古史，卷十二，頁 5、頁 6）
蘇轍	36	陳杞世家第三十六	考據	蘇子曰： 杞、宋皆天子之事守也，蓋禮樂車服在焉，故孔子曰：夏禮吾能言之，杞不足徵也；殷禮吾能言之，宋不足徵也，文獻不足故也。宋雖不足徵，然春秋之際，晉、楚大國有所不知，未嘗不問焉。如杞遂至於夷，無足言者。	（史部，別史類，古史，卷十三，頁 11）
蘇轍	37	衛世家第三十七	義理	蘇子曰： 衛之大亂者再，皆起於父子夫婦之際。宣公、靈公專欲以興禍，固無足言者。急子、壽子爭相爲死，而莊公、出公父子相攻，出入二十餘年，不以爲恥，賢愚之不同至此哉！然急、壽勇於義，惜其不爲吳太伯，而蹈申生之禍以重父之過，可以爲廉矣，未得爲仁也。昔者孔子之門人季路、高柴皆事出公，孔子自陳反於衛，子路問曰：衛君待子而爲政，子將奚先？孔子曰：必也正名乎。名不正則言不順，言不順則事不成，事不成則禮樂不興，禮樂不興則刑罰不中，刑罰不中則民無所措手足，故君子名之必可言也，言之必可行也。君子於其言無所苟	（史部，別史類，古史，卷十四，頁 18、頁 19）

				而已矣。嗚呼！衛之名，於是可謂不正矣。靈公黜其子而子其孫，出公不父其父而禰其祖，人道絕矣，孔子於是焉而欲正之。何為而可？靈公之死也，衛人立公子郢，郢不可，則衛人立輒，使輒而知禮必辭，辭而不獲必逃，輒逃而郢立，則名正矣，雖以拒蒯聵可也。雖然孔子為政，豈將廢輒而立郢邪？其亦將教輒避位而納蒯聵耳。蒯聵得罪於父，生不養死不喪，然於其入也，《春秋》書曰：晉趙鞅帥師納衛世子蒯聵于戚，非世子而以世子名之，以其子得立於衛，成其為世子也。若輒避位而納其父，是世子為君也，而名有不正乎？名正而衛定矣。	
蘇轍	38	宋世家第三十八	史識	蘇子曰： 宋襄公欲求諸侯，與楚人戰于泓，不鼓不成列，不禽二毛，以此兵敗身死，而公羊嘉之，以為文王之戰，不過於此。余竊笑之。夫襄公凌虐小國，至使邾人用鄫子于次且之社，雖桀紂有不為矣，乃欲以不鼓不成列，不禽二毛，求為文王，不亦過甚矣哉！夫堯、舜、文、武其所以自為者至矣，始於其身而至於其室家，仰不愧於天、俯不慚於人，夫是以干羽可以格三苗、因壘可以伏有崇，不然將敗折自救之不暇，而況以伏人哉！嗚呼！儒者不原本末，而惑於虛名，將以盃水勝輿薪之火，悲夫！	（史部，別史類，古史，卷十五，頁17）
蘇轍	39	晉世家第三十九	史識	晉文公以諸侯遇楚於城濮，楚人請戰，文公思楚人之惠，退而避之三舍，軍吏皆諫咎犯，曰：我退而楚還，我將何求？若其不還，君退臣犯，曲在彼矣。師退而楚不止，遂以破楚而殺子玉。使文公退而子玉止，則文公之服楚，亦與齊桓等無戰勝之功矣，故桓文之兵，非不得已不戰，此其所以全師保國無敵於諸侯者也。 （善本：10240；明東吳王執禮清夢軒刊本）	（集部，別集類，宋金元，欒城集，後集卷七，頁6） （善本）
蘇轍	39	晉世家第三十九	史識	蘇子曰： 晉文公辟麗姬之難，處狄十有二年，奚齊、卓子相繼弒死，秦、晉之人歸心焉。文公深信舅犯，靖而待之，若將終焉者。至於惠公，起而赴之，如恐不及，於是秦人責報於外，而里丕要功於內，不能相忍，繼以敗滅，內外絕望，屬於文公，然後文公徐起而收之。無尺土之賂、一金之費，而晉人戴之，遂霸諸侯。彼其處利害之計誠審哉！夏、商之衰，湯、文王皆起於諸侯，積德深厚，天下歸之，不得已而後應，故雖取天下，而無取天下之患，其後皆數十世。	（史部，別史類，古史，卷十六，頁41、頁42）

				若晉文公，德雖未足，而待其自至，則庶幾王者之事也。是以主盟中夏，幾二百年，其功業與齊桓等，而子孫過之遠甚。夫豈非其積之有厚薄故耶？晉悼公之復伯也，與楚爭鄭，三合諸侯之師，未嘗一與楚戰，卒以敝楚而服鄭。蓋古之善用兵者，皆以不戰屈人之兵，非不得已不戰。方鄭之未服也，中行偃、欒黶皆欲以戰勝楚，惟智罃知用兵之難，勝負之不可必，遷延稽故，而楚人自敝，不較而去，不然二子將爲先縠，而罃將爲林父，如罃可謂知兵矣。	
蘇轍	40	楚世家第四十	義理	秦惠王使張儀說楚懷王，欺而賣之，如劫嬰兒。昭王又誘而執之咸陽，加之以兵，遂分楚之半，此其惡甚於楚靈王，然傳子孫累世，其禍乃應，夫國於天地有與立矣，一日爲惡，禍未即報也。本弱者速斃，根深者徐拔，彼方以得爲幸，而不知天網之不失也。是故楚雖已滅，而楚之父老知秦之虣，曰楚雖三戶，亡秦必楚。卒之滅秦者皆楚人也。楚莊王討陳夏徵舒，圍鄭及宋，力皆足以取之。棄而不有，夫豈不欲？畏天故也。莊王既伯諸侯，而楚遂以興，天命之不僭如此，而可誣也哉！	（史部，別史類，古史，卷十七，頁 49、頁 50）
蘇轍	41	越王勾踐世家第四十一	史識	蘇子曰： 吳以蠻夷爭盟上國，陵蔑齊、晉，結怨楚、越，再世而亡，何者？地遠而民勞，勢不順也。越王句踐既克夫差，雖號伯王，而實歛兵自守，無大征伐，分吳故土，以畀楚、宋、魯，遂以保國傳世。彼親見其害，知所以自監矣哉！至王無彊，無闔閭之知，而有夫差之愚，其殘國宜矣！昔楚莊王克陳、宋、鄭，力能取之，而不有，諸侯安之，而楚遂以興。靈王大城陳、蔡不羹，經營中夏，貪而不止，則身受其咎，蓋東南之常勢，於是可見矣。自東晉以來，至於陳，皆國於吳、越之墟，成敗之迹，無不然者，雖桓溫、劉裕善用兵，或能一勝，而民以罷弊，訖於無成。至殷浩、庾亮，蓋不足數也。如謝安之賢，猶勉彊北征，失策而死，亦眩於其名，而未安其實故耶！嗟夫！謀國如蔡謨，吾有取焉。	（史部，別史類，古史，卷十九，頁 8、頁 9）
蘇轍	42	鄭世家第四十二	史識	蘇子曰： 鄭之諸公，桓武之後，惟莊公爲賢，然其爲人喜權而任數，桓武之風衰矣。叔段之亂，諸大夫皆欲早爲之所，莊公之明，足以制之，然釋而不問，俟其惡成，而後加之以大戮，此非不忍於弟，蓋忍之至也。孔子深探其心，故書曰：「鄭伯克段	（史部，別史類，古史，卷十八，頁 18、頁 19）

				于鄢。」而邱明謂之鄭志，蓋謂此也。周平王、桓王貳於虢公，莊公既質王子，取麥禾矣，則又率齊而朝之，伐宋而說之，政不可得，於是兵交中原，射王中肩。烏乎！其忮心發於中，卒不可葢如此！鄭自莊公，始畏楚，穆、襄之後，無歲不被晉、楚之兵，子駟、子展爲政，不知所出，惟其來者與之，鄭幾於亡。及晉悼公三帥諸侯以弊楚師，楚不能爭，而子產受之，以禮自固，雖晉，楚之暴，不能加焉。《詩》云：誰能執熱？逝不以濯。又曰：無競維人，四方其訓之。吳季札過鄭，謂子產政將及子，子爲政，必愼以禮，不然，鄭國將敗。子產用之，鄭以復安，如季子可謂知務矣哉！	
蘇轍	43	趙世家第四十三	史識	蘇子曰： 趙於戰國，彊國也，非大失計，未遽亡也。孝成王貪上黨之利，不聽趙豹，而聽趙勝，以致秦怒，一失矣；使廉頗拒秦長平，聽秦之間，而使趙括代頗，再失矣；趙括既敗，邯鄲被圍，虞卿請以重寶附楚、魏，以援國示秦，則秦媾可合，王不能用而聽趙豹，使鄭朱入秦求媾，諸侯由此莫肯救趙，三失矣。積此三失，以致大敗，僅能自存，由此觀之，非秦獨能敗趙，而趙之所以自敗者，多矣！	（史部，別史類，古史，卷二十，頁34，頁35）
蘇轍	44	魏世家第四十四	史識	蘇子曰： 魏文侯，非戰國之君也。內師事卜子夏、友田子方、段干木，被服儒者，身無失德。用吳起、西門豹、李悝，盡力耕戰，民賴以富，而敵不敢犯；外以禮與信，交接諸侯，與韓、趙無怨，終其身，魏人不知戰國之患，雖非盛德之主，使當平世，得行其志，雖西漢文帝不能逺過也，一時諸侯無足言者矣。至子武侯，稍已侵暴鄰國，至孫惠王，藉父祖之業，結怨韓、趙，齊乘其弊，殺龐涓，虜太子申，秦人因之，遂取西河地，魏由此衰，不然，以全魏之力，據山河之利，秦豈能動之哉！	（史部，別史類，古史，卷二十一，頁27）
蘇轍	45	韓世家第四十五	義理	蘇子曰： 韓之先，獻子厥最賢，然春秋之際，諸侯之賢大夫，如獻子者，多矣，而子孫莫興，太史公以獻子存趙氏之孤，爲天下之陰德，故宜有後。予以謂不然。韓之先與晉同祖，皆周武王之後也，史伯謂鄭桓公武實昭文之功，文之祚盡，武其嗣乎？武王之子，應韓不在，其在晉乎？晉自文公伯諸侯，至乎八世，猶未足以究武之烈，而繼之	（史部，別史類，古史，卷二十二，頁11、頁12）

			以韓，此天意也。獻子何足以當之？然周衰姬姓復興者三國，燕與韓、魏，皆據地千里，后稷播種百穀，以濟飢饉，其報固當然哉！	
蘇轍	46	田敬仲完世家第四十六	史識	蘇子曰： 蘇秦欲連諸侯以拒秦，此一時良籌也。公孫衍一說齊、魏，而蘇秦之約，不能期年以壞，眾志之不一，其勢固難成哉！然天方相秦，人謀雖善，將有不能支者。彼韓、魏、趙、楚，與秦壤地相接，雖欲勉強抗秦，而干戈日至，勢不可矣。如燕、齊負海，前有四國之限，燕弱不足言，如齊之強，使與四國合從，推其有餘，以補不足，時出而拯其亟，雖秦之暴，亦安能遂滅諸侯乎？然威、宣方以其力，攻伐諸侯；諸侯不親，湣王取宋破燕，求逞其欲，不暇及遠，而王建媮安自守，儌倖秦之見容，與五國相隨而亡，豈非天哉！然吾觀六國之亡，其君無一人可以守國者，楚考烈王死，李園專國；負芻與王猶爭立，僅能自定，而秦兵至，趙王遷信讒以誅李牧；魏景湣王，用秦間以廢信陵；韓王安制於韓玘；燕丹私怨始皇，欲以刺客斃秦，雖使秦寇不作，其勢亦不能久安矣，而況秦乘其弊乎！	（史部，別史類，古史，卷二十三，頁22，頁23）
蘇轍	47	孔子世家第四十七	史識	蘇子曰： 孔子一用於魯，有成功矣，而魯定公、季桓子皆庸人，一為女樂所誤，視棄孔子如脫弊屣。孔子去魯，而洊諸侯，有意於擇君矣乎？當是時，諸侯無可言者，衛靈公雖無道，而善用人：仲叔圉治賓客、祝鮀治宗廟、王孫賈治軍旅，以無失其國，孔子疑可輔焉，是以去魯三年而往反於衛者四。及知其不用，然後適陳、適蔡皆再。孔子之於陳、蔡，無取焉耳。陳、蔡近於楚，而楚昭王、葉公諸梁，一時賢君臣也。磐桓以竢焉。前後六年，見葉公不合，卒見昭王，將用之矣，而子西間之，昭王亦死，知諸侯無復可與共事者，然後浩然有歸老之意，然猶反於衛五年，以須魯人之招也，蓋翔而後集故歟！	（史部，別史類，古史，卷三十一，頁21）
蘇轍	61	伯夷列傳第六十一	義理	蘇子曰： 武王以大義伐商，而伯夷、叔齊亦以義非之，二者不得兩立，而孔子與之，何哉？夫文、武之王，非其求而得之也，天下從之，雖欲免而不得，紂之存亡，不復為損益矣。文王之置之，知天命之不可先也；武王之伐之，知天命不可後也，然湯以克夏為慙，而孔子謂武未盡善，	（史部，別史類，古史，卷二十四，頁3、頁4）

			則伯夷之義，豈可廢哉！宋昭公以無道弒，《春秋》雖書曰「宋人弒其君杵臼」，然晉荀林父、衛孔達、陳公孫寧、鄭石楚伐宋，以不討賊稱人；晉靈公爲之會諸侯於扈，以不討賊不叙，明君臣之義，不以無道廢也。	
蘇轍	63	老子韓非列傳第六十三	義理	老子體道而不嬰於物，孔子至以龍比之，然卒不與共斯世也。捨禮樂政刑，而欲行道於世，孔子固知其難哉！ （善本：10240；明東吳王執禮清夢軒刊本）	（集部，別集類，宋金元，欒城集，後集卷十，頁10） （善本）
蘇轍	63	老子韓非列傳第六十三	義理	1.　（此段文字分三段，此爲第一） 孔子以仁義教人，而以禮樂治天下。仁、義、禮、樂之變無窮，而其稱曰：吾道一以貫之。苟無以貫之，則因變而行義，必有支離而不合者矣。《易》曰：形而上者，謂之道；形而下者，謂之器。語曰：君子上達，小人下達，而孔子自謂下學而上達者，洒埽應對，詩、書、禮、樂，皆所從學也，而君子由是以達其道；小人由是以得其器。達其道，故萬變而致一；得其器，故有守而不蕩，此孔子之所以兩得之也。蓋孔子之爲人也周，故示人以器而晦其道，使達者有見，而未達者不眩也；老子之自爲也深，故示人以道而略其器，使達者易入，而不恤其未達也。要之，其實皆志於道，而所從施之有先後耳。三代之後，釋氏與孔、老並行於世，其所以異者，體道愈遠，而立於世之表，指天下之所不見以示人，而不憂其不悟。曰要將有悟者，其說又老氏之耶也，《老子》八十一章，予嘗爲之解，其說如此。	（史部，別史類，古史，卷三十三，頁2、頁3）
蘇轍	63	老子韓非列傳第六十三	史識	2.　（此段文字分三段，此爲第二） 蘇子曰： 吾聞之子　　（闕）兄子瞻曰：太史公言莊子作〈漁父〉〈盜跖〉〈胠篋〉，以詆訾孔子之徒，以明老子之術，此知莊子之粗者。予以爲莊子蓋助孔子者，要不可以爲法耳。楚公子微服出亡，而門者難之，其僕操箠而罵曰：隸也不力。門者出之，事固有倒行而逆施者，以僕爲不愛公子，則不可，以爲事公子之法，亦不可，故莊子之言，皆文予而實不予，陽擠而陰助之，其正言也，盍無幾。至於詆訾孔子，未嘗不微見其意。其論天下道術，自墨翟、禽滑釐、彭蒙、慎到、田駢、關尹、老聃之徒，以至於其身，皆以爲一家，而孔子不與，其尊之也至矣。	（史部，別史類，古史，卷三十三，頁5）

蘇轍	63	老子韓非列傳第六十三	義理	3. （此段文字分三段，此爲第三） 商鞅以法治秦，而申不害以術治韓。憲令著於官府，刑罰必於民心；賞存乎慎法，罰加乎奸令，所謂法也。因任而授官，循名而責實；操生殺之柄，課羣臣之能，所謂術也。法者，臣之所師，而術者，君之所執也。及韓非之學，並取申、商而兼用。法、術，法之所止，雖有聖智不用也。術之所操，雖有父子不信也。使人君據法術之自然，而無所復爲，此申、韓所謂老子之道，而實非也。	（史部，別史類，古史，卷三十三，頁10、頁11）
蘇轍	64	司馬穰苴列傳第六十四	考據	古史曰： 太史公爲〈司馬穰苴傳〉，言齊景公拔以爲將，遂以成功。歸爲大司馬，大夫高國害之，譖而殺之，其言甚美，世皆信之。予以《春秋左氏》考之，未有燕、晉伐齊者也，而《戰國策》稱司馬穰苴執政者也，湣王殺之，故大臣不附，意者穰苴，湣王之臣，嘗爲湣王郤燕、晉，而戰國雜說，遂以爲景公時耶！ 按：該語引自《史記‧考證》。	（史部，正史類，史記考證，卷六十四，頁1）
蘇轍	66	伍子胥列傳第六十六	義理	蘇子曰： 伍負以父兄之怨，破楚入郢，鞭平王之墓，世皆憐其志，多其才，然士不幸至此，不足以言功名矣，而負至鞭舊君以逞，逆天而傷義，卒以盡忠而喪其軀，豈非天哉？	（史部，別史類，古史，卷三十五，頁5）
蘇轍	67	仲尼弟子列傳第六十七	義理	1. （此段文字分十一段，此爲第一） 孔子之道如天然，在人賢者識其大者，不賢者識其小者，顏子識其大者也，故仰之而知其有高者存焉，鑽之而知其有堅者存焉，故曰語之而不惰者，其回也歟！此孔子所以獨稱其好學也。人誠有見於此，譬如爲山，雖覆一簣，未有能止之者也。苟誠無見矣，雖既九仞却，不復能進也，此顏子與衆弟子之辨也。	（史部，別史類，古史，卷三十二，頁3）
蘇轍	67	仲尼弟子列傳第六十七	義理	2. （此段文字分十一段，此爲第二） 古之君子，其躬無所不敬。其於人也，則不然。平易近民，而後民安之，太公之所以治齊，則居敬而行簡者也；伯禽之所以治魯，則居敬而行敬者也，雖周公亦憂魯之不競，則仲弓之言，周、孔之所許也。	（史部，別史類，古史，卷三十二，頁4）

蘇轍	67	仲尼弟子列傳第六十七	史識	3.（此段文字分十一段，此爲第三） 太史公言宰我爲臨菑大夫，與田恒作亂，夷其族，孔子恥之。余以爲宰我之賢，列於四科，其師友淵源所從來遠矣。雖爲不善，不至於從畔逆弒君父也。宰我不幸平居有晝寢、短喪之過，儒者因遂信之。蓋田恒之亂，本與闞止爭政，闞止亦子我也。田恒既殺闞止，而宰我蒙其惡名，豈不哀哉！且使宰我信與田恒之亂，恒既殺闞止、弒簡公，則尚誰族宰我者，事蓋必不然矣。	（史部，別史類，古史，卷三十二，頁5、頁6）
蘇轍	67	仲尼弟子列傳第六十七	史識	4.（此段文字分十一段，此爲第四） 太史公稱子貢一出，存魯、亂齊、破吳、彊晉、伯越。予觀《春秋左氏傳》，齊之伐魯，本於悼公之怒季姬而非陳恒；吳之伐齊，本怒悼公之反覆而非子貢。吳、齊之戰，陳乞猶在而恒未任事，凡太史公所記皆非也。蓋戰國說客設爲子貢之辭，以自託於孔氏，而太史公信之耳。	（史部，別史類，古史，卷三十二，頁10）
蘇轍	67	仲尼弟子列傳第六十七	史識	5.（此段文字分十一段，此爲第五） 冉有、季路皆以政事稱於孔氏，冉有才有餘而志不足，其於季氏委曲從之，不能有所立也。至於季路，志厲而識闇，事衛出公，雖父子爭國，而不知其危也。方其攻莊公於臺上，使幸而莊公舍孔悝，季路與悝皆出，猶可言也。莊公方質孔悝以取衛，其不釋悝明矣。孔悝不出，遂攻而勝之，則爲臣弒君，季路雖生，將安所容身乎？烏乎！學於孔子，而其慮害曾不若召獲，悲夫！	（史部，別史類，古史，卷三十二，頁17）
蘇轍	67	仲尼弟子列傳第六十七	義理	6.（此段文字分十一段，此爲第六） 善乎子夏之教人也，始於洒埽應對進退，而不急於道，使其來者自盡於學，日引月長而道自至，故曰百工居肆以成其事，君子學以致其道。譬如農夫之殖草木，既爲之區，溉種而時耨之。風雨既至，小大甘苦，莫不咸得其性，而農夫無所用巧也。孔子曰：君子上達，小人下達。達之有上下，出乎其人，而非教者之力也。異哉！今世之教者，聞道不明，而急於夸世，非性命道德，不出於口，雖禮樂政刑，有所不言矣，而況於洒掃應對進退也哉！教者未必知，而學未必信，務爲大言以相欺，天下之僞，自是而起，此子貢所謂誣也。	（史部，別史類，古史，卷三十二，頁19，頁20）

蘇轍	67	仲尼弟子列傳第六十七	義理	7.（此段文字分十一段，此為第七） 道有不可以名言者，古之聖人，命之曰一，寄之曰中。舜之禪禹，曰「人心惟危，道心惟微，惟精惟一，允執厥中」。聖人之欲以道相詔者，至於一與中盡矣。昔者，孔子與諸弟子言，無所不至，然而未嘗及此也。蓋嘗與子貢言之矣，曰：賜也，汝以予為多學而識之者歟？曰：然，非歟？曰：非也，予一以貫之。雖與子貢言之，而孔子之言之也難，而子貢之受之也未信。至於曾子，不然。孔子曰：參乎！吾道一以貫之。曾子曰：唯。曾子出，門人問，曾子曰：夫子之道，忠恕而已矣！蓋孔子之告之也不疑，而曾子之受之也不惑，則與子貢異矣，然曾子以一為忠恕，則知門人之不足告也夫！及孔子既沒，曾子傳之子思，子思因其說而廣之曰：喜怒哀樂之未發，謂之中；發而皆中節，謂之和。中者，天下之大本也；和者，天下之達道也，致中和，天地位焉，萬物育焉。子思之說既出，而天下始知一與中之在是矣，然子思以授孟子，孟子又推之，以為性善之論。性善之論出，而一與中始枝矣。烏乎！孔子之所以不告諸弟子者，蓋為是歟！	（史部，別史類，古史，卷三十二，頁 23、頁 24）
蘇轍	67	仲尼弟子列傳第六十七	史識	8.（此段文字分十一段，此為第八） 四子之言，皆言其志也。夫子之哂由也，以其不讓，而其與點也，以其自知之明與！如曾晳之狂，其必有不可施於世者矣。苟不自知而強從事焉，禍必隨之。其欲從弟子風乎舞雩，樂以忘老，則其處已也審矣，不然，孔子豈以不仕為貴者哉！	（史部，別史類，古史，卷三十二，頁 27）
蘇轍	67	仲尼弟子列傳第六十七	義理	9.（此段文字分十一段，此為第九） 蘇子曰： 樊遲之學為農圃，蓋將與民並耕而食歟！此孟子所謂許行之學也。孟子曰：有大人之事，有小人之事，堯以不得舜為己憂，舜以不得皋陶為己憂，以百畝之不易，為己憂者，農夫也。此孔子所謂樊遲小人也。	（史部，別史類，古史，卷三十二，頁 30、頁 31）
蘇轍	67	仲尼弟子列傳第六十七	史識	10.（此段文字分十一段，此為第十） 太史公稱孔子既沒，弟子以有若貌類孔子，師之如孔子時，及問而不能答，乃斥去之。夫以益有若之賢，而其無恥至此極歟！且月宿於畢而雨不應，商瞿四十而生五子，此卜祝之事，而鄙儒所以謂孔子聖人者，戰國雜說類此者多矣！孟子猶不能擇，而況太史公乎！	（史部，別史類，古史，卷三十二，頁 32）

蘇轍	67	仲尼弟子列傳第六十七	考據	11（此段文字分十一段，此爲第十一）孔子弟子高弟七十七人，余以《太史公書》及《孔子家語》考之皆同。秦冉、顏何不載於《家語》，而琴牢、陳亢不錄於《史記》，二書既不可偏廢，而琴張、陳亢又見於《論語》，故并錄之，凡七十九人。	（史部，別史類，古史，卷三十二，頁37、頁38）
蘇轍	68	商君列傳第六十八	史識	解牛之技，恥於屠狗；穿窬之盜，恥於穿窬，衛鞅有帝王之術，而肯以強國之事說孝公乎？蓋鞅之志，本於強國而已，恐孝公之不能用，是以極言其上，以要之耳。鄭子華欲以鄭爲市於齊，管仲不受而諸侯歸之。鞅欺公子卬，以取魏河西，利之所在，無所復顧。鞅而知帝王之術，其肯爲此哉？古之制刑，輕重必與事麗，殺人者死，傷人及盜抵罪，故人雖死而無憾。今鞅使不告姦者腰斬，告姦者與斬敵首同賞，匿姦者與降敵同罰，民有二男不分異者倍賦，事末利及怠而貧者，舉爲收孥。刑之輕重，豈復與事麗哉？其後始皇之世，有子而嫁者有刑，夫爲寄豭者殺之無罪，妻爲逃嫁者，子不得母，法皆與情不應。至於偶語《詩》、《書》者弃市，以古非今者族，其端皆自鞅發之。	（史部，別史類，古史，卷三十九，頁8、頁9）
蘇轍	68	商君列傳第六十八	其他	極言其上，以要之耳。	（史部，別史類，古史，卷三十九，頁8）
蘇轍	69	蘇秦列傳第六十九	史識	蘇子曰：秦強而諸侯弱，游談之士，爲橫者易爲功，而爲從者難爲力，然而從成則諸侯利而秦病；橫成則秦帝而諸侯虜，要之，二者皆出於權譎，而從爲愈欤！蘇秦本說秦爲橫，不合，而激於燕、趙，甘心於所難。爲之期年，而歃血於洹水之上，可不謂能乎？然口血未乾，犀首一出，而齊、趙背盟，從約皆破。蓋諸侯異心，譬如連雞不能俱飛，勢固然矣，而太史公以爲約書入秦，秦人爲之閉函谷者十五年，此說客之浮語，而太史公信之，過矣！	（史部，別史類，古史，卷四十，頁23、頁24）
蘇轍	70	張儀列傳第七十	史識	戰國之爲從橫者，皆傾危反覆之士也，然而汙賤無恥，莫如張儀，而其成功，莫如儀之多。儀之未信於楚也，辭而之晉，謂懷王曰：王無求於晉國乎？王曰：黃金、珠璣、犀、象，楚產也。吾何求於晉？儀曰：王獨不好色耳。周、鄭之女，粉白墨黑立於衢閭，不知而見者以爲神也，王獨不好色耳？王說，資之珠玉而遣之。南后鄭袖聞而憂之，奉之以千金。儀將行，謂	（史部，別史類，古史，卷四十一，頁23、頁24）

				王曰：天下關閉不通，未知見日也。願王觸臣，中飲，儀請王召所便習，王召鄭袖，儀見之，跪請罪曰：儀行天下，未嘗見人如此其美也，而儀言得美人，是欺王也。王與后大喜，而儀言得行。儀之所以求用者，其術至此，此所以言必信而功多也，可不悲乎！	
蘇轍	71	樗里甘茂列傳第七十一	史識	蘇秦爲諸侯弱秦，而張儀爲秦弱諸侯，其說猶可言也。如樗里疾公孫奭黨於韓，甘茂黨於魏，向壽黨於楚，皆借秦之強以搖動諸侯，而成其私。民生其間，其受害可勝言乎！今世雖無戰國相傾之勢，然士居其間，其以喜怒成敗天下事者多矣。人主誠得其情，其罪可勝誅乎？ （善本：01355：明萬曆39年（1611）豫章刊本）	（史部，紀傳類，先秦兩漢之屬，先秦，古史，卷四十二，頁9） （善本）
蘇轍	72	穰侯列傳第七十二	史識	秦誅商君逐穰侯，君臣皆失之矣。彼二子者，知得而不知喪，雖智能伯秦，而不能免其身，蓋無足言者，而惠王以怨誅鞅，至誣以畔逆，昭王以偪遷冉，至出老母，逐弱弟而不顧，甚矣！其少恩也。彼公子虔方欲報怨，固不暇爲國慮矣，而范雎將毀人以自成，而至於是，可畏也哉！	（史部，別史類，古史，卷四十三，頁6、頁7）
蘇轍	73	白起王翦列傳第七十三	史識	1.（此段文字分二段，此爲第一） 予讀太史公〈白起傳〉，秦之再攻邯鄲也，起與范雎有怨，稱病不行，以亡其軀，慨然歎曰：起以武夫無所屈信，而困於游談之士，使起勉強一行，兵未必敗，而免於死矣。及覽《戰國策》，觀起自陳成敗之蹟，乃知邯鄲，法不可再攻，而起非特以怨不行。蓋爲之流涕也。趙充國征西羌，守便宜不肯奉詔出兵，辛武賢雖兵出有功，充國竟爲漢宣明其非是，武賢怨之至骨，雖不能害充國，而卒陷其子卬。嗚呼！循道而不阿，自古而難之歟！ （善本：01355：明萬曆39年（1611）豫章刊本）	（史部，別史類，古史，卷四十四，頁6、頁7） （善本）
蘇轍	73	白起王翦列傳第七十三	史識	2.（此段文字分二段，此爲第二） 王翦與始皇議滅楚，非六十萬不行。予始疑其過。及觀田單與趙奢論兵，乃知老將之言不妄也。趙以齊田單爲相，單語趙奢曰：吾非不說將軍之兵法，所以不服者，將軍之用衆也。帝王之兵，不過三萬，而天下服矣。今將軍必負十萬、二十萬而後用之，使民不得耕作，糧食輓貴，不可給也。奢曰：君非徒不達兵，又不明時勢矣。夫吳干之劍，肉試則斷牛馬，金試則截盤匜，薄之柱上而擊之，則絕爲三；質之石	（史部，別史類，古史，卷四十四，頁9、頁10）

| 蘇轍 | 74 | 孟子荀卿列傳第七十四 | 義理 | 蘇子曰：
孟子生於戰國，知仁義可以化服暴彊，以此游說諸侯，諄諄言之冀其或信，而諸侯皆習於鄙詐，莫以爲然者，梁襄王問孟子：天下烏乎定？孟子對曰：定于一。曰：孰能一之？曰：不嗜殺人者能一之。當是時，諸侯皆將以多殺人一天下，誠有不嗜殺人之君，招而撫之，天下必將歸之。孟子之言，非苟爲大而已也，然不深厚其意而詳究其實，未有不以爲迂者矣。予觀戰國之後，更始皇、項籍殺人愈多而天下愈亂。及漢高帝，雖以兵取天下而心不在殺人，然後乃定子孫，享國二百餘年。王莽之亂，盜賊蜂起，光武復以不嗜殺人收之。及桓、靈之禍，曹公、孫、劉皆有蓋世之略而以喜怒殺人，故天下卒於三分，司馬父子力能一之而殺心益熾，故既一復散裂爲五胡，離爲南北。隋文帝又能合之矣，而好殺不已，至子而敗。及唐太宗始復不嗜殺人，天下乃定。其後五代之君，出於盜賊夷虜，屠戮生靈，如恐不及，數十年之間，天下五禪皆不能有天下之半。及宋，受命藝祖皇帝，雖以神武誅鉏僭僞而不嗜殺人之心，神民信之，未及十年，而削平之功，比於漢、唐，天下既定，輕刑屬禁，凡所誅戮，一附於法，匹夫匹婦，無冤死之獄，其仁過於前代，是以百有餘年，兵革不試，戶口充溢，有死於癘疫，而無死於兵亂。蓋自孟子以來，能一天下者四君，皆以不嗜殺人致之，由此觀之。孟子之言，豈偶然而已哉！
（善本：01355；明萬曆39年（1611）豫章刊本） | （史部，別史類，古史，卷三十四，頁2、頁3） |

上面一格：

上而擊之，則碎爲百，今以三萬之衆，而應強國之兵，是薄柱擊石之類也。且夫劍之爲用，無脊之厚則鋒不入；無脾之薄則刃不斷，無鈎罕鐔蒙湏之便，操其刃而刺，則未入而手斷。今君無十萬、二十萬之衆，以爲鈎罕鐔蒙湏之便，焉能以三萬行於天下乎？古者四海萬國，城大不過三百丈，人雖多無過三千家，則以三萬距之足矣。今取古萬國分爲戰國七，兵能具數十萬，食能支數歲，千丈之城，萬家之邑相望也，君奈何以三萬衆攻之？田單喟然歎息曰：單未至也。由此觀之，攻千里之國，毀百年之業，不乘大隙，非大衆不可；彼決機兩陳之間，爲一日成敗之計，乃可以少擊衆耳。

（善本：01355；明萬曆39年（1611）豫章刊本）　　（善本）

蘇轍	75	孟嘗君列傳第七十五	史識	戰國以詐力相侵伐二百餘年，兵出未嘗有名。秦昭王欺楚懷王而囚之，要以割地，諸侯孰視無敢以一言問秦者，惟田文兔相於秦，幾不得脫，歸而怨之，乃借楚爲名，與韓、魏伐秦。兵至函谷，秦人震恐，割地以予韓、魏，僅乃得免，自小束難秦，未有若此其壯者也。夫兵直爲壯、曲爲老，有名之兵，誰能禦之？使田文能奮其威，則是役也，齊可以伯。惜其聽蘇代之計，臨函谷而無攻，以求楚東國，而出師之名，索然以盡，東國既不可得，而懷王卒死於秦。由此觀之，秦惟不遇桓、文，是以橫行而莫之制耳。世豈有以大義而屈於不義者哉？	（史部，別史類，古史，卷四十五，頁12、頁13）
蘇轍	76	平原君虞卿列傳第七十六	史識	1.（此段文字分二段，此爲第一） 趙勝傾身下士，以竊一時之聲可耳。至於爲國計慮，勝不知也。趙欲距燕，有廉頗、趙奢不能用，而割地與齊，以借田單，知單之賢，而不知其不爲趙用也。及韓馮亭以上黨嫁禍於趙，趙豹明其不可，而勝貪取之，長平之禍，成於勝一言，此皆貴公子不知務之禍也。乃欲使之相危國拒強秦，難矣哉！ （善本：01355：明萬曆39年（1611）豫章刊本）	（史部，別史類，古史，卷四十六，頁5、頁6） （善本）
蘇轍	76	平原君虞卿列傳第七十六	史識	2.（此段文字分二段，此爲第二） 游說之士，皆歷抵諸侯，以左右網其利，獨虞卿始終事趙，專持從說，其言前後可攷，無翻覆之病。觀其赴魏齊之急，捐相印，棄萬户侯而不顧，此固義俠之士，非說客也哉！然太史公記虞卿與趙謀事，皆秦破長平後，而卿爲魏齊棄相印、走大梁，則前此矣，意者魏齊死，卿自梁還，復相趙，而太史公失不言之耳。 （善本：01355：明萬曆39年（1611）豫章刊本）	（史部，別史類，古史，卷五十四，頁5） （善本）
蘇轍	77	魏公子列傳第七十七	史識	魏公子始用侯嬴之計，盜兵符、殺晉鄙，而奪其軍，擊秦以全趙，成桓、文之功矣，然兄弟自是相失，十年不敢還，魏幾無以安其身，殆哉！其後秦兵攻魏，無忌無還魏之心，毛、薛基之，翻然而歸，合諸侯，破秦軍，使宗廟復安，兄弟如故，然後得明目以立於世。蓋無忌之名，發於侯生，而全於毛、薛。侯生之奇，毛、薛之正，廢一不可，而正之所全者多矣。 （善本：01355：明萬曆39年（1611）豫章刊本）	（史部，別史類，古史，卷四十七，頁7） （善本）

蘇轍	78	春申君列傳第七十八	史識	黃歇相楚王，患王無子，而以巳子盜其後，雖使聽朱英殺李園，終擅楚國，亦將不免大咎。何以言之？秦、楚立國，僅千歲矣。無功於民，而獲罪於天，天以不韋、歇陰亂其嗣，而與之俱斃，豈區區朱英所能爲哉？不然，以黃歇之智，而朱英之言，獨無槩於中乎？ （善本：01355；明萬曆 39 年（1611）豫章刊本）	（史部，別史類，古史，卷四十八，頁 7、頁 8） （善本）
蘇轍	79	范雎蔡澤烈傳第七十九	史識	范雎相秦，其所以利秦者少，而害秦者多。以魏冉之專，忘其舊勳，而逐之可也，而并逐宣太后，使昭王以子絕母，不已甚乎？宣太后之於秦，非有鄭武姜、莊襄后之惡也。鄭武姜、莊襄后，猶可不絕，而雎勇絕之，獨不愧潁考叔、茅焦乎？及雎任秦事，殺白起而用王稽、鄭安平，使民怨於內、兵折於外，曾不若魏冉之一二。以予觀之，范雎、蔡澤自爲身謀取卿相可耳，未見有益於秦也。 （善本：01355；明萬曆 39 年（1611）豫章刊本）	（史部，別史類，古史，卷四十九，頁 18、頁 19） （善本）
蘇轍	80	樂毅列傳第八十	史識	齊湣王出死於莒，何者？無德而有功，諸侯之所共疾。兵之招也，故非有功之難，而有以保其功之難耳。樂毅爲燕合諸侯，破齊殺湣王，舉全齊之富，而歸之燕。徇齊五年，下七十餘城，惟莒、即墨未服，兵久於外，而燕人無怨心，諸侯無異議，其所以鎮撫內外必有道矣。湣王之暴，神人之所共棄，而伐齊之利，諸侯之所共有，此固毅之本計歟！至與莒、即墨相持，田單拒之，五年而不決，此非戰之罪，勇智相敵，勢固然耳！廉頗拒王齕於長平，司馬懿拒諸葛亮於岐山，智均力敵，雖有小負，莫肯先決而要之以久，使毅不遭惠王之隙，以燕、齊之衆而臨二城，磨以歲月，雖田單之智，將何能爲乎？其勢如燕將之守聊，愈久而愈困耳。至夏侯元不達兵勢，以謂毅不下二城，將以成王者之業，此書生之論，非其實也。	（史部，別史類，古史，卷五十，頁 7、頁 8）
蘇轍	81	廉頗藺相如列傳第八十一	史識	蘇子曰： 藺相如，非戰國之士也。以死行義，不屈於強秦；以禮爲國，不校於廉頗。其處剛柔進退之際，類學道者。使居平世，可以爲大臣矣，非戰國之士也。廉頗、李牧皆以將亡之趙，抗方興之秦，其爲力艱矣，卒以其用捨，爲趙之存亡。趙能用之，而不能終，悲夫！	（史部，別史類，古史，卷五十一，頁 11、頁 12）

蘇轍	82	田單列傳第八十二	史識	樂毅以全燕之兵，兼強齊之衆。棲田單於即墨，諸侯之救不至，使天胙燕，昭王不死，樂毅不亡，田單雖智，要之歲月，兵殘食盡，齊之亡，可立而待也，然單兵不滿萬人，堅守二城，以抗百倍之師，相持五年，而無可乘之隙，遷延稽故，以須天命之復，可不謂智過人哉！	（史部，別史類，古史，卷五十二，頁5、頁6）
蘇轍	83	魯仲連鄒陽列傳第八十三	史識	戰國游談之士，非從即衡，說行交合，而寵祿附之，故事不厭詭詐，爭走於利。魯仲連辯過秦、儀，氣凌髡、衍，而從、橫之利，不入於口；因事放言，切中機會，排難解紛，如決潰堤，不終日而成功。逃避爵賞，脫屣而去，戰國以來，一人而已。	（史部，別史類，古史，卷五十四，頁13、頁14）
蘇轍	84	屈原賈生列傳第八十四	史識	漢賈誼爲長沙傅，過汨羅爲賦，以弔屈原曰：歷九州而相君，何必懷此故都？誼之言，或一道也，而非原志。原楚同姓，不忍棄其君而之四方，而誼教之以孔子、孟軻，歷聘諸侯，以求行道，勢必不從矣。柳下惠爲士師，三黜而不去，曰：直道而事人，何往而不三黜？枉道而事人，何必去父母之邦？惜乎！屈原廉直而不知道，殉節以死，然後爲快，此所以未合於聖人耳！使原如柳下惠，用之則行，舍之則藏，終身於楚，優游以卒歲，庶乎其志也哉！	（史部，別史類，古史，卷五十三，頁5）
蘇轍	85	呂不韋列傳第八十五	義理	戰國惟秦、楚、燕爲故國，取之非逆，而守之則暴矣。若三晉及齊，皆以篡奪得之，所以取守者，皆非義也。天方厭喪亂，欲假手於秦，而秦亦淫虐，無以受之，於是不韋乘釁納妾於子楚，以亂其後，六國未亡，而嬴氏已先亡矣。及至二世，屠戮諸公子殆盡，而後授首於劉、項。老子曰：天網恢恢，疏而不失。不觀其微，孰知其故哉！	（史部，別史類，古史，卷五十五，頁6）
蘇轍	86	刺客列傳第八十六	史識	周衰禮義不明，而小人奮身以犯上，相夸以爲賢，孔子疾之。齊豹以衞司寇殺衞侯之兄縶，蔡公孫翩以大夫弑其君申，《春秋》皆以盜書而不名，所謂求名而不得者也。太史公傳刺客凡五人，皆豹、翩之類耳，而其稱之不容口，失《春秋》之意矣。獨豫讓爲舊君報趙襄子，有古復讎之義。如荊軻刺秦始皇，雖始皇以強暴失天下心，聞者快之，要以盜賊乘人主不意，法不可長也。至曹沫之事，予以左氏考之，魯莊公十年，沫始以謀干莊公，公用之，敗齊於長勺，自是魯未嘗敗，十三年而會齊侯於柯安，得所謂三戰三敗。沫以匕首刼齊桓求侵地者哉！始公羊高采異說，載沫事於《春秋》，後戰國游士，多稱沫以爲口實，而實非也。莊公之	（史部，別史類，古史，卷五十九，頁16）

				禦齊，沫問所以戰，以小惠、小信爲不足恃，唯忠爲可以一戰，沫盍知義者也，而肯以其身爲刺客之用乎？	
蘇轍	87	李斯列傳第八十七	義理	始皇以詐力兼天下，志得意滿，諱聞過失。李斯燔《書》、《詩》、誦功德，以成其氣。至其晚節，不可告語。君老、太子在外，履危亂之機，而莫敢以一言，合其父子之親者，雖始皇之暴，非斯養之不至此也。及其事二世，知趙高之姦，復喻合取容，使高勢已成，天下已亂，乃欲力諫，不亦晚乎？至於國破家滅，非不幸也！	（史部，別史類，古史，卷五十六，頁22）
蘇轍	88	蒙恬列傳第八十八	義理	蒙氏爲秦呑滅諸侯，其所殘暴多矣，子孫以無罪戮死，此天意也。恬以長城之役，竭民力、斷地脉，自知當死，而毅以忠信事上，自許無罪，死而不厭。夫喻合取容，咎亞李斯，此其所以不免者哉！然始皇病於琅邪，使毅還禱山川，至沙丘而崩。使毅尚從，則趙高、李斯廢適之謀，殆不能發。嗚呼！天之所廢，人謀固無所復施耶！	（史部，別史類，古史，卷五十七，頁5、頁6）
蘇轍	105	扁鵲倉公列傳第一百五	史識	蘇子曰：予於〈趙世家〉，削簡子之夢，黜扁鵲之說，以爲爲國不可以語怪，及〈扁鵲列傳〉，則具載其說，曰世或有是，不足怪也。蓋孔子作《春秋》，非人事不書，而左丘明所記，鬼神變怪，世所共傳者，錄之無疑。世有達者，當辨此耳。	（史部，別史類，古史，卷五十八，頁6）
蘇轍	117	司馬相如列傳第一百一十七	辭章	讀〈上林賦〉，如觀君子佩玉冠冕折旋揖讓，吐音皆中規矩，終日儀觀，無不可觀。 按：該語引自明唐順之《稗編》。曾引該語。	（子部，類書類，稗編，卷七十七，頁11）
蘇轍	130	太史公自序一百三十	辭章	太史公行天下，周覽名山大川，與燕、趙間豪俊交遊，故其文疎蕩，頗有奇氣。 按：元富大用《古今事文類聚__古今事文類聚新集》。	（子部，類書類，古今事文類聚__古今事文類聚新集，卷三，頁10）
蘇轍	150	通論	史識	太史公始易編年之法，爲本紀、世家、列傳，記五帝三王以來，後世莫能易之，然其爲人淺近而不學，疎略而輕信。漢景、武之間，《尚書古文》、《詩毛氏》、《春秋左氏》皆不列於學官，世能讀之者少，故其記堯、舜三代之事，皆不得聖人之意。戰國之際，諸子辯士各自著書，或增損古事以自信一時之說，遷一切信之，甚者或采世俗相傳之語，以易古文舊說。及秦焚書，戰國之史不傳於民間，秦惡其議已也，焚之略盡，幸而野史一二存者，遷亦未暇詳也，故其記戰國，有數年不書一事者，余竊悲之。	（史部，別史類，古史，原叙，頁2）

蘇轍	150	通論	史識	司馬遷作《史記》，記五帝、三代，不務推本《詩》、《書》、《春秋》，而以世俗雜說亂之。記戰國事多斷缺不完，欲更爲古史。 （善本：10240；明東吳王執禮清夢軒刊本）	（集部，別集類，宋金元，欒城集，後集卷十二，頁5） （善本）
蘇轍	150	通論	史識	太史公行天下，周覽四海名山大川，與燕、趙間豪俊交游，故其文疎蕩，頗有奇氣，此二子者，豈嘗執筆學爲如此之文哉！其氣充乎其中，而溢乎其貌，動乎其言，而見乎其文，而不自知也。 （善本：10240；明東吳王執禮清夢軒刊本）	（集部，別集類，宋金元，欒城集，卷二十二，頁1） （善本）

黃庭堅《史記》評點表

評家	160	體例篇名	類別	評　點　內　容	備　註
黃庭堅	150	通論	辭章	凡爲文須熟讀司馬子長、韓退之文，每作一文，皆須有宗有趣，終始關鍵，有開有闔。如四瀆雖納百川，或匯而爲廣澤，汪洋千里，要自發源注海耳。 按：宋王正德《餘師錄》。曾引該語。	（集部，詩文評類，餘師錄，卷二，頁7）

趙頊《史記》評點表

評家	160	體例篇名	類別	評　點　內　容	備　註
趙頊	150	通論	史識	漢司馬遷紬石室金櫃之言，據《左氏》、《國語》推《世本》、《戰國策》、《楚漢春秋》采經摭傳，罔羅天下放失舊聞，攷之行事，馳騁上下數千載間，首記軒轅，至於麟止，作爲紀、表、世家、書、傳，後之述者不能易此體也。惟其是非不謬於聖人，褒貶出於至當，則良史之才矣。 按：該語引自清徐乾學《御選古文淵鑒》。	（集部，總集類，御選古文淵鑒，卷四十二，頁23、頁24）

秦觀《史記》評點表

評家	160	體例篇名	類別	評 點 內 容	備 註
秦觀	82.5	田單列傳第八十二	史識	予讀《史記》，至此未嘗不爲蠋，廢書而泣，以謂推蠋之志足以無憾於天，無怍於人，無敗於伯夷、比干之事，太史公當特書之，屢書之，以破萬世亂臣賊子之心，柰何反不爲蠋立傳？其當時事迹乃微見於田單之傳尾，使蠋之名僅存以不失傳，而不足以暴天下，甚可恨也！且夫聶政、荊軻之匹，徒能瞋目攘臂，奮然不顧以報一言一飯之德，非有君臣之讎而懷匕首，袖鐵椎，白日殺人，以喪七尺之軀者，太史公猶以其有義也，而爲之立傳以見後世，後世亦從而服之曰壯士。蘇秦、張儀、陳軫、犀首，左右賣國以取容，非有死國死君之行，朝爲楚卿，暮爲秦相，不以慊於心，太史公猶以其善說也，而爲之立傳以見後世，後世亦從而服之曰奇材。以至韓非、申不害之徒，刑名之學也，猶以原道附之老耼；淳于髡、鄒衍、田駢、慎到、接予、環、騶奭之徒，迂闊之士也，猶以爲多學而附之孟子，然則世有殺身成仁，如王蠋之事者，獨不當傳之以附於伯夷之後乎？噫！昔者夫子作《春秋》，其大意在於正君臣、嚴父子，使當時君臣正、父子嚴，則《春秋》，不作矣。後世愚夫庸婦，一言一行近似者，皆當筆之《春秋》，況夫卓然有補世敎者，得無特書之、屢書之乎！此予所以爲太史公惜也。 （善本：10298；明嘉靖乙巳（24 年）高郵知州胡民表刊本）	（集部，別集類，宋金元，淮海集，卷三十四，頁 2、頁 3） （善本）
秦觀	103	萬石張叔列傳第一百三	史識	臣聞漢武帝既招英俊，程其器能，用之如不及。內修法度、外攘胡粵，封泰山、塞決河。朝廷多事；丞相李蔡、嚴青、翟趙周、公孫賀、劉屈氂之屬，皆以罪伏誅；其免者：平津侯、公孫弘、牧邱侯、石慶而已。平津以賢良爲舉，首用經術取漢相、辯論有餘、習文法吏事、其免固宜。牧邱鄙人耳，爲相已非其分，又以全終，何也？蓋慶之終於相位，非其才智之足以自免也，事勢之流相激使然而已矣。何則？夫君之與臣猶陰之與陽也；陰勝而偪陽則發生之道缺，陽勝而偪陰則刻制之功虧；偪實生偪，偪亦生偪；兩者無有，是謂太和；萬物以生，變化以成。方武帝即位之始，富於春秋。武安	（集部，別集類，北宋建隆至靖康，淮海集，卷十九，頁 5、頁 6）

| | | | | 侯田蚡以肺腑爲丞相，權移主上，上滋不平；特以太后之故隱忍而不發。當此之時，臣强君弱，陰勝而僭陽。武安侯既死，上懲其事，盡收威柄於掌握之中，大臣取充位而已，稍不如意，則痛法以繩之，自丞相以下皆皇恐救過而不暇。當此之時，君强臣弱，陽勝而僭陰。夫豪傑之士，類多自重，莫肯少殺其鋒；鄙人則惟恐失之，無所不至也。當君强臣弱陽勝僭陰之時，雖有豪傑，安得而用。雖用之，安得而終。然則用之而終者，惟鄙人而後可也。慶爲相時，九卿更進用，事不關決於慶。慶醇謹而已，在位九歲，無能有所正言，嘗欲治上近臣，反受其過，上書乞骸骨，詔報反室，自以爲得計，既而不知所爲，復起視事。嗚呼！此其所以見容於武帝者歟！ | |
| 秦觀 | 150 | 通論 | 史識 | 班固贊司馬遷，以爲：是非頗謬於聖人，論大道則先黃老，而後六經；序游俠則退處士，而進姦雄；述貨殖則崇勢利，而羞貧賤。先黃老而後六經，求古今搢紳先生之論，尚或有之。至於退處士而進姦雄，崇勢利而羞貧賤，則非閭里至愚極陋之人不至是也，孰謂遷之高才博洽而至於是乎？以臣觀之，不然！彼實有見而發，有激而云耳。孟子曰：「仁者人也，合而言之，道也。」楊子亦曰：「道以導之，德以得之，仁以人之，義以宜之，禮以體之。」天也，合則渾，離則散。蓋道德者，仁、義、禮之大全，而仁、義、禮者，道德之一偏。黃、老之學，貴合而賤離，故以道爲本。六經之教，於渾者略，於散者詳，故以仁、義、禮爲用。遷之論大道也，先黃、老而後六經，豈非有見於此而發哉！方漢武用法刻深，急於功利，大臣一言不合，輒下吏就誅。有罪當刑，得以貨自贖，因而補官者有焉。於是朝廷皆以偷合苟免爲事，而天下皆以竊資殖貨爲風。遷之遭李陵禍也，家貧無財賄自贖，交遊莫救，左右親近不爲一言，以陷腐刑，其憤懣不平之氣，無所發泄，乃一切寓之於書，故其序游俠也，稱昔虞舜窘於井廩，伊尹負於鼎俎，傅說匿於傅巖，呂尚困於棘津，夷吾桎梏，百里飯牛，仲尼阨於陳蔡，蓋遷自況也。又曰：「士窮窘得委命，此豈非人所謂賢豪者耶？誠使鄉曲之俠與季次原憲比權量力，効功於當世，不同日而論矣。」蓋言當世號爲修行仁義者，皆畏避自保，莫肯急於人之難，曾匹夫之不若也。其述貨殖也， | （集部，別集類，宋金元，淮海集，卷二十，頁2頁3、頁4） |

| | | | | 稱秦始皇令烏氏倮比封君，與列臣朝請；以巴蜀寡婦清爲正婦而客之，爲築女懷清臺，蓋以譏孝武也。又云：「諺曰『千金之子，不死扵市』，非空言也。」蓋遷自傷砥節礪行，特以貧故不免於刑戮也。以此言退處士而進姦雄，崇勢利而羞貧賤，豈非有激而云哉！彼班固不達其意，遂以爲「是非頗謬於聖人」，亦已過矣！然遷爲人多愛不忍，雖刺客、滑稽、佞幸之類，猶屑屑焉稱其所長，況於黃老、游俠、貨殖之事，有見而發，有激而言者？其所稱道，不能無溢美之言也。若以《春秋》之法，明善惡、定邪正責之，則非矣。楊子曰：「太史公，聖人將有取焉。」又曰：「多愛不忍，子長也。仲尼多愛，愛義也；子長多愛，愛奇也。」夫惟所愛不主於義，而主於奇，則遷不爲無過。若以「是非頗謬扵聖人」，曷爲乎有取也！ | |
| | | | | （善本：10298；明嘉靖乙巳（24年）高郵知州胡民表刊本） | （善本） |

晁補之《史記》評點表

評家	160	體例篇名	類別	評　點　內　容	備　註
晁補之	150	通論	辭章	又云：文者氣之形，太史公周覽四海名山大川，與燕趙間豪傑遊，故其文章疏蕩，頗有奇氣，然未嘗役意學爲如此之文也。氣充乎其中，而動乎其言也，譬顏魯公性忠烈，故雖字畫亦剛勁，類其爲人，皆未可求之筆墨蹊逕間也。 按：該語引自宋王正德《餘師錄》。	（集部，詩文評類，餘師錄，卷一，頁16）

張耒《史記》評點表

評家	160	體例篇名	類別	評　點　內　容	備　註
張耒	70	張儀列傳第七十	史識	縱而散者，蘇秦負其責；橫而合者，張儀任其咎，然天下之勢故不一，要之合散必不可以一定。夫操不可以一定之勢，而身當其任，故曰縱橫危道也。陳軫之智，不逮二子，而不主縱、橫之任，乘勢伺變而行其説，故其爲不勞，而其身處安故，軫者説士之巨擘者也。	（集部，別集類，北宋建隆至靖康，柯山集，卷三十六，頁16）

評家	150	體例篇名	類別	評　點　內　容	備　註
張耒	150	通論	史識	司馬遷作〈伯夷傳〉，言「非公正不發憤而遇禍災」，此特遷自言爲李陵辯而武帝刑之耳。論管、晏之事，則于晏子獨曰「使晏子而在，雖執鞭所忻慕焉」，遷之爲是言者，蓋晏子出越石父于縲絏，而方遷被刑，漢之公卿無爲遷言，故于晏子致意焉！且方李陵之降，其爲漢與否未可知，而遷獨激昂不顧，出力辯之如此，幾于愚乎！與夫時然後言，片言解紛者異矣！不知其失，而惑夫道之是非，何哉？至怨時人之不援巳于禍，而拳拳于晏子，遷亦淺矣，遷亦淺矣！	（集部，別集類，北宋建隆至靖康，柯山集，卷三十八，頁2）
張耒	150	通論	史識	司馬遷尚氣好俠，有戰國豪士之餘風，故其爲書，叙用兵、氣節、豪俠之事特詳。其言侯嬴自殺以報魏公子，而樊於期自殺以頭遺荆軻，皆奇誕不近人情，不足攷信。以嬴既進朱亥以報魏公子，不自殺未害爲信，而樊於期自匿以求苟免，尚安肯憤然刎以浮詞，以首遺人哉？此未必非燕丹殺之也。予讀〈刺客傳〉，頗愛曹沫、豫讓之事。沫有補其國，而讓爲不負其君，然皆不合大義，而庶幾所謂好勇者。如聶政、荆軻之事，此特賤丈夫之雄耳。予觀竇嬰、田蚡、灌夫之事，夫嬰與蚡皆庸人不學，其所立無可稱録，而灌夫屠沽之人也，鬭爭于酒食之間，不啻若奴妾，是皆何足載之于書！而遷叙聶政、荆軻、竇嬰、田蚡之事特詳，反覆叙録而不厭，蓋其尚氣好俠事投其所好，故不知其言之不足信，而忘其事之爲不足録也。	（集部，別集類，北宋建隆至靖康，柯山集，卷三十八，頁2、頁3）

李廌《史記》評點表

評家	160	體例篇名	類別	評　點　內　容	備　註
李廌	150	通論	辭章	李方叔《師友讀書記》曰：司馬遷作《史記》大抵譏漢武帝所短爲多，故其用意遠，揚雄、班固之論不得實。〈秦始皇本紀〉皆譏武帝也，可以推求《史記》其意深遠，則其言愈緩，其事繁碎，則其言愈簡，此詩《春秋》之義也。 按：該語引自宋馬端臨《文獻通考》。 （善本：04474：明正德己卯（14年，1519）建陽劉氏愼獨齋刊本）	（史部，政書類，通制之屬，文獻通考，卷一百九十一，頁7） （善本）

唐庚《史記》評點表

評家	160	體例篇名	類別	評　點　內　容	備　　註
唐庚	71	樗里甘茂列傳第七十一	義理	古稱得道至人，能知城邑宮殿從何福業生，此非虛語也。凡物成就，本非一時之所能為，至其變滅，亦非一時之能廢，業凝而成，既泮而敗，其所由來遠矣。世無至人，故莫識其所從也。若樗里子者，豈足名得道哉？彼不過以數知之耳！蓋萬物本於道，故道能知之，不外於數，故數亦能知之。戰國之士，大抵皆深於數，故知來事如此，至詰其所從來，彼亦不能言也。	（集部，別集類，北宋建隆至靖康，眉山集__眉山文集，卷二，頁1、頁2）
唐庚	150	通論	其他	司馬遷敢亂道，卻好；班固不敢亂道，卻不好。 按：該語引自明陶宗儀《說郛》。	（子部，雜家類，雜纂之屬，說郛，卷七十九上，頁6）
唐庚	150	通論	辭章	六經以後便有司馬遷，三百五篇之後便有杜子美。文當學司馬遷，詩當學杜子美。 （善本：08114；明萬曆乙未（23年，1595）維揚彭氏刊己未（47年，1619）修補本）	（子部，類書類，山堂肆考，卷一百二十六，頁17） （善本）

王觀國《史記》評點表

評家	160	體例篇名	類別	評　點　內　容	備　　註
王觀國	28.5	封禪書第二十八	考據	太史公〈封禪書・贊〉曰：「余從巡祭天地、諸神、名山、大川，而封禪焉，入壽宮，侍祠神語，究觀方士、祠官之意，於是退而論次。」觀國案：〈封禪〉具載祠祭事，太史公當取其與禮合者，而敘武帝方士之言，謬悠無根，至於壽宮神與人言，闚棋觸擊之類，皆世俗巫覡小數，虛怪不足以示後世。	（子部，雜家類，雜考之屬，學林，卷七，頁29）
王觀國	150	通論	考據	大率司馬遷好異而惡與人同，觀《史記》用《尚書》、《戰國策》、《國語》、《世本》、《左氏傳》之文，多改其正文。改績用為功用，改厥田為其田，改肆覲為遂見，改宵中為夜中，改咨四嶽為嗟四嶽，改協和為合和，改方命為負命，改九載為九歲，改格姦為至姦，改慎徽為慎和，改烈風為暴風，改克從為能從，改濬川為決川，	（子部，雜家類，雜考之屬，學林，卷一，頁21、頁22）

| | | | | 改恤哉爲靜哉，改四海爲四方，改熙帝爲美堯，改不遜爲不訓，改胄子爲稺子，改維清爲維靜，改天工爲天事，改底績爲致功，改降丘爲下丘，改納錫爲入賜，改孔修爲甚修，改夙夜爲早夜，改申命爲重命，改汝翼爲汝輔，改敕天爲陟天，改率作爲率爲，改宅土爲居土，如此類甚多。又用《論語》文分綴爲〈孔子弟子傳〉，亦多改其文：改吾執爲我執，改毋固爲無固，改指諸掌爲視其掌，改性與天道爲天道性命，改未若爲不如，改便便爲辯辯，改滔滔爲悠悠，如此類又多。子長但知好異，而不知反有害於義也。 | |

舒雅《史記》評點表

評家	160	體例篇名	類別	評 點 內 容	備 註
舒雅	6	始皇本紀第六	義理	舒雅云：威烈王時，九鼎震，震之者，淪之兆也。既震矣，曷爲不能沒哉？宋太丘社亡，自亡也，社能自亡，鼎之自沒亦理也。且秦之金人十二，靈爽芳矣，魏人徙之則潸然下泣，況神禹之鼎乎，龍泉之劍入平津、湛盧之劍去楚國，彼固非鼎匹也，神物義不污秦明矣。 按：該語引自明楊愼《升菴集》。 又，明凌稚隆《史記評林》評家作舒稚，四庫文淵閣本作宋舒雅。	（集部，別集類，明洪武至崇禎，升菴集，卷四十七，頁18）
舒雅	33	周公世家第三十三	史識	舒雅曰： 本于讓而爭也，老少相讓，幾于爭矣。孔子知魯道之將微，嘆之；太史公觀慶父、叔牙之亂，以揖讓相尚，而君臣之間至反戾若是，故又嘆之。	見《評林》頁1188
舒雅	62	管晏列傳第六十二	史識	舒雅曰： 執蓋之婦羞其夫爲晏子御，太史公乃願爲執鞭，何哉？蓋太史公以李陵故被刑，漢法腐刑許贖，而生平交游故舊，無能如晏子解左驂贖石父者，自傷不遇斯人，而過激仰羨之詞耳。曾謂太史公不若彼婦哉！	見《評林》頁1735

馬存《史記》評點表

評家	160	體例篇名	類別	評　點　內　容	備　註
馬存	150	通論	辭章	子長平生喜遊，方少年自負之時，足跡不肯一日休，非眞爲景物役也，将以盡天下之大觀以助吾氣，然後吐而爲書。今於其書觀之，則其平生所嘗遊者皆在焉。南浮長淮，泝大江，見狂瀾驚波，陰風怒號，逆走而橫擊，故其文奔放而浩漫。望雲夢洞庭之陂，彭蠡之潴，涵混太虛，呼吸萬壑，而不見介量，故其文停滀而淵深。見九疑之絕纞，巫山之嵯峨，陽臺朝雲，蒼梧暮煙，態度無定，靡曼綽約，春粧如濃，秋飾如薄，故其文妍媚而蔚紆。泛沅渡湘，弔大夫之魂，悼妃子之恨，竹上猶有斑斑，而不知魚腹之骨尙無恙者乎，故其文感憤而傷激。北過大梁之墟，觀楚漢之戰場，想見項羽之喑嗚，高帝之慢罵，龍跳虎躍，千兵萬馬，大弓長戟，俱遊而齊呼，故其文雄勇猛健，使人心悸而膽栗。世家龍門，念神禹之冕功，西使巴蜀，跨劍閣之鳥道，上有摩雲之崖，不見斧鑿之痕，故其文斬絕峻拔，而不可攀躋。講業齊魯之都，覩夫子之遺風，鄉射鄒嶧，彷徨乎汶陽洙泗之上，故其文典重溫雅，有似乎正人君子之容貌。凡天地之間，萬物之變，可驚可愕，可以娛心，使人憂，使人悲者，子長盡取而爲文章，是以變化出没如萬象供四時而無窮，今於其書而觀之，豈不信矣。 按：該語引自宋王霆震《古文集成》。	（集部，總集類，古文集成，卷二，頁9、頁10）

黃朝英《史記》評點表

評家	160	體例篇名	類別	評　點　內　容	備　註
黃朝英	150	通論	考據	《史記‧太史公自序》云「談爲太史公」；又云「太史公既掌天官，不治民，有子曰遷，遷生龍門」；又云「太史公留滯周南，不得與從事，故發憤且卒」；又云「太史公執遷手而泣曰，余先周室之太史也，予死，汝必爲太史，無忘吾所欲論著矣」。凡此以上所稱「太史公」者，皆謂司馬談也。又按本傳云「太史公曰，先人有言，自周公卒五百歲而有孔子」；又云太史公與	（子部，雜家類，靖康緗素雜記，卷六，頁3）

| | | | | 上大夫壺遂對答；又云「太史公曰唯唯否否」；又云「七年而太史公遭李陵之禍」。凡此以上所稱「太史公」者，謂司馬遷也。又《文選·報任少卿書》云「太史公牛馬走，司馬遷再拜言」，五臣注曰太史、遷之父，走、僕也；言已為太史公牛馬之僕，蓋自卑之辭也。又案〈孝武本紀〉云「有司與太史公、祠官寬舒等議」，韋昭注曰「說者以談為太史公，失之矣。《史記》稱遷為太史公者，是外孫楊惲所稱」。余嘗考之《史記·自序》，前所指司馬談為太史公者，蓋遷之辭也，後所指司馬遷為太史公者，蓋後人所定也。案《漢儀注》：「太史公，武帝置，位在丞相上，後宣帝以其官為令，行太史公文書而已。」而臣瓚又曰：「〈百官表〉無太史公司馬談，但以太史丞為太史令。」余案班固〈郊祀志〉曰「有司與太史令談」，班彪《略論》曰「孝武之世太史令司馬遷」，則談遷父子相繼為太史公明矣。〈自序〉亦曰「太史公仍父子相續纂其職」，又云「司馬氏世主史官」，故雖為令，而皆可以公稱之也。遷尊其父，故呼談為太史公，後人又尊遷，故呼遷為太史公。蓋所稱公者，如周公、召公、太公、廷尉吳公、謁者僕射鄧公、四皓有園公、夏黃公之類是也，非必是其外孫所稱。韋昭乃以司馬談為非太史公，又以遷為太史公者是楊惲所稱，誤也。 | |
| | | | | （善本：07090；鈔本） | （善本） |

北宋南宋之間

楊時《史記》評點表

評家	160	體例篇名	類別	評 點 內 容	備 註
楊時	55	留侯世家第五十五	義理	老氏之學最忍，它閒時似箇虛，無旱弱底人莫教，緊要處，發出來更教你支梧不住，如張子房是也。子房皆老氏之學，如嶢關之戰，與秦將連和了，忽乘其懈擊之；鴻溝之約，與項羽講解了，忽囬軍殺之，這箇便是他柔弱之發處，可畏！可畏！ 按：該語引自宋黎靖德編《朱子語類》朱子曰，明凌稚隆《史記評林》作宋楊時，非。	（子部，儒家類，朱子語類，卷一百二十五，頁3）

洪興祖《史記》評點表

評家	160	體例篇名	類別	評　點　內　容	備　註
洪興祖	84	屈原賈生列傳第八十四	辭章	此章言，己雖放逐，不以窮困易其行，小人蔽賢，羣起而攻之，舉世之人無知我者；思古人而不得見；伏節死義而已。太史公曰：乃作懷沙之賦，遂自投汨羅以死。原所以死，見於此賦，故太史公獨載之。	（集部，楚辭類，楚辭補注，卷四，頁28）
洪興祖	84.5	屈原賈生列傳第八十四	考據	始漢武帝命淮南王安為《離騷傳》，其書今亡。按〈屈原傳〉云：「〈國風〉好色而不淫，〈小雅〉怨誹而不亂，若《離騷》者，可謂兼之矣。」又曰：「蟬蛻於濁穢以浮游塵埃之外，不獲世之滋垢，皭然泥而不滓，推此志，雖與日月爭光可也。」班孟堅、劉勰皆以為淮南王語，豈太史公取其語以作傳乎！	（集部，楚辭類，楚辭補注，卷一，頁1）

朱翌《史記》評點表

評家	160	體例篇名	類別	評　點　內　容	備　註
朱翌	8	高祖本紀第八	義理	舜之踐帝位，載天子旗，往朝父瞽瞍，夔夔唯謹如子道，封弟象為諸矦。高祖為太上皇壽，至不忘怨言，及封其伯子，猶有羹頡之號，視舜之孝友何如？亦其不學之過也。	見《評林》頁325
朱翌	9	呂太后本紀第九	史識	王孫賈入市曰：淖齒殺閔王，欲與我誅者袒右。市人従者四百人，誅淖齒，周勃誅呂，用左袒之策本此。 （善本：07092；鈔本）	（子部，雜家類，猗覺察雜記，卷下） （善本）
朱翌	49.5	外戚世家第四十九	史識	司馬遷載武帝殺鈎弋夫人云：「女主獨居，驕蹇滛亂自恣，莫能禁也，女不聞呂后耶？故諸為武帝生子者，不問男女，其母無不譴死，豈可謂非賢聖哉！」班固載呂后問宰相，高祖曰：「陳平智有餘，王陵少戇，可以佐之安劉者必勃也」，終如其言，聖矣，夫二史言聖，止此二帝，夫不問有罪、無罪，一切殺之，此與桀紂何異？遷乃以為聖，何哉？ （善本：07092；鈔本）	（子部，雜家類，猗覺察雜記，卷中） （善本）
朱翌	59	五宗世家第五十九	史識	景帝殺臨江閔王，燕數萬銜土置塚上；王莽掘丁姬塚，燕數千銜土投窠中，史書如此非志怪也，以言禽鳥猶哀憐之，人不如也。	（子部，雜家類，雜考之屬，猗覺察雜記，卷下，頁16）

朱翌	60.5	三王世家第六十	史識	景帝殺臨江閔王，燕數萬銜土置塚上；王莽掘丁姬塚，燕數千銜土投窰中。史書如此，非志怪也，以言禽鳥猶哀憐之，人不如也。 （善本：07092；鈔本）	（子部，雜家類，猗覺寮雜記，卷中） （善本）
朱翌	66	伍子胥列傳第六十六	義理	勾踐賂太宰嚭求和于吳，卒滅吳，乃誅嚭。以不忠於君，而外之受重賂與己比周也。漢高與楚戰，丁公窘高祖，祖急顧謂丁公曰：兩賢豈相戹哉？丁公領兵避平楚，丁公一謁，乃斬丁公以殉以不忠於主。使人臣無效丁公，此二事可以爲賣國無狀者之戒。 （善本：07092；鈔本）	（子部，雜家類，猗覺寮雜記，卷中，） （善本）
朱翌	84	屈原賈生列傳第八十四	史識	文帝曰：吾久不見賈生，自以爲過之，今不及也。武帝曰：吾久不聞汲黯之言，又復妄發。成帝曰：吾久不見班生，今日復聞讜言。武帝之怒，不如文帝之謙也。 （善本：07092；鈔本）	（子部，雜家類，猗覺寮雜記，卷中） （善本）
朱翌	97	酈生陸賈列傳第九十七	辭章	班孟堅裁《史記》冗語，極簡健，亦有所改字，不若遷者，陸賈謂五子曰：與汝約過女，女給人爲酒食，極欲十日，而更所死家，得瑤劍、車騎、侍從者。說者謂：賈所死之子家得此物。考上文云：賈常乘安車駟馬，從歌鼓臥侍者十人，瑤劍直百金，謂其子云云，何待死而後與？以遷史考之，乃從字，謂十日後，遷徙別之一子，或過他客去，則以所携之物與之爾，若作死字恐無義味。 （善本：07092；鈔本）	（子部，雜家類，猗覺寮雜記，卷中） （善本）
朱翌	101	袁盎晁錯列傳第一百一	史識	漢文欲任賈誼爲公卿，絳、灌之屬皆害之。毀誼曰：「洛陽之人，年少初學，專欲擅權，紛亂諸事」，天子後亦踈之。其後人告絳侯謀反，繫長安獄。誼專以廉恥勵臣下，爲言以譏文帝，誼不懷前怨，而卒言待大臣無礼，以感悟上，此君子用心也。及觀表盎爲文帝言「絳侯功臣，非社稷臣」，且言「臣主失禮」，自是上益莊，丞相益畏。絳侯常以毀我責盎，其後繫請室，諸公莫敢爲言，唯盎明絳侯無罪，絳侯得釋，盎無言其言正，故前不阿絳侯，後不遂非。誼不懷前怨，盎不遂前非，皆勃之幸也。 （善本：07092；鈔本）	（子部，雜家類，猗覺寮雜記，卷下） （善本）
朱翌	109	李將軍列傳第一	史識	治廣欲居前，青既不聽，以東道回遠固辭，則人固遣之。既受上指，毋使廣當單于，乃責其失道，使自殺，青眞人奴也哉！宜乎廣子敢恨殺其父，擊傷青也。 （善本：07092；鈔本）	（子部，雜家類，猗覺寮雜記，卷中） （善本）

評家	109	李將軍列傳第一百九	史識	漢武殺文成，而曰文成食馬肝死；霍去病射殺李廣之子敢，武帝又爲之諱曰鹿觸死。賞罰，國之紀綱。旣以自欺，又爲人欺何也？ （善本：07092；鈔本）	（子部，雜家類，狷覺察雜記，卷中） （善本）
朱翌	120	汲鄭列傳第一百二十	史識	漢高令諸故項籍臣名籍，謂之豁達大度可乎？鄭君嘗事籍，獨不奏詔，可謂賢矣。乃逐之，至斬丁公，則又曰：使人臣無效丁公。何也？ （善本：07092；鈔本）	（子部，雜家類，狷覺察雜記，卷中） （善本）

胡寅《史記》評點表

評家	160	體例篇名	類別	評　點　內　容	備　註
胡寅	1.5	五帝本紀第一	史識	昔司馬遷作本紀，列黃帝、顓、辛、堯、舜五人焉，其言曰：孔子所告宰予，儒者或不傳，及《春秋》、《國語》發明〈五德〉、〈繫姓〉章矣，書缺有間，乃時見於他說。善乎予弟宏之論曰：判古昔之昏昏，當折衷於仲尼。仲尼繫《易》，歷叙制器致用兼濟生民者，獨稱羲、農、黃帝、堯、舜氏，蓋以是爲五帝也，而顓、辛無聞焉！大史公所載特形容之虛語爾，烏得與羲、農比也？豈遷有見於《尙書》之斷自唐堯，而無見於《易》之稱首包犧歟？故凡論道議事，一折衷於仲尼則無失者。置仲尼而取儒者所不傳及它說爲據，未有能臻其當也。	（集部，別集類，南宋建炎至德祐，斐然集，卷二十一，頁1、頁2）
胡寅	150	通論	史識	太史公叙九流，而陰陽家與其一，至唐呂才乃立論非之，夫此二端各有旨趣。司馬氏蓋取天地之大經，弗順之無以爲綱紀，故曰「不可失也」；呂才則摘摽末習背禮害義之事，正子長所謂「拘而多畏，未必然者」。今以耳目所覩，記幽明吉凶之效，稽諸青囊撥沙諸說，得失參半，則其得者，豈皆幸而中邪？	（集部，別集類，南宋建炎至德祐，斐然集，卷二十一，頁20）

劉子翬《史記》評點表

評家	160	體例篇名	類別	評　點　內　容	備　註
劉子翬	7	項羽本紀第七	史識	項羽引兵欲渡烏江，亭長艤舟待請羽急渡，羽不渡乃戰死。蓋是時，漢購羽千金邑萬戶，亭長之言甚甘，羽疑其欺已也，羽意謂丈夫途窮，寧戰死，不忍爲亭長所執，故託以江東父老之言爲解爾。使羽果無東渡意，豈引兵至此哉？	（集部，別集類，南宋建炎至德祐，屏山集，卷四，頁13、頁14）

劉子翬	55	留侯世家第五十五	史識	張良所畫計策，高祖用之以成漢業。及招四皓，以安太子，則高祖亦墮其計中矣。良欲從赤松子遊，蓋婉其辭，以脫世綱，所謂鴻飛冥冥，弋人何慕焉？ （善本：10421；明弘治17年建寧刊本）	（集部，別集類，宋金元，屏山集，卷四，頁10、頁11） （善本）
劉子翬	57	絳侯世家第五十七	史識	周亞父彊直自信，當文帝而顯名，遇景帝而殺身，非有幸不幸，其操術然也。方凶奴寇邊，文帝遣亞夫屯細柳，細柳在長安西，當時非臨敵之地，文帝以萬乘臨之，先過棘門霸上，則軍中豈不預知哉！萬弩持滿，向帝先驅，帝至又不得入；既入，又禁馳驅，此亞夫欲以軍威示文帝爾。如穰苴之斬莊賈、孫武之斬吳姬，有意爲之也。文帝因此重之，亞夫之名遂顯。後嬰諫景帝，帝怒下吏，又不對，竟殺之。夫行己恭、事上敬，此大臣之節也。亞夫不知遵此，姑以強直自信不移，文帝寬仁，故推成其美；景帝忌刻，故陷於僇辱，然則景帝之殺亞夫，雖曰濫刑，固有以招之矣。 （善本：10421；明弘治17年建寧刊本）	（集部，別集類，宋金元，屏山集，卷三，頁5） （善本）
劉子翬	92	淮陰矦列傳第九十二	史識	高祖與雍齒有故怨，嘗欲殺之，後諸將欲反，用張良計，乃封雍齒。王陵坐與雍齒善，亦最後封。噫！以高祖寬仁大度，猶未能於此釋然，乃知不念舊惡亦是難事。韓信王楚，召辱己少年令出跨下者，以爲中尉，曰此壯士也，觀此，則信豈庸庸武夫耶？ （善本：10421；明弘治17年建寧刊本）	（集部，別集類，宋金元，屏山集，卷四，頁11） （善本）
劉子翬	92	淮陰矦列傳第九十二	史識	韓信料敵制勝，可謂明矣，而不知高祖之疑已，是天奪其鑑也。高祖兵敗成皋，自稱漢使，晨馳入信軍，信未起，即其臥內，奪其印符，麾召諸將易置之，信乃知獨漢王來，大驚，則高祖疑信之跡彰矣。及封齊王，會垓下，項羽死，高祖襲奪信軍，徙信爲楚王，則高祖疑信之跡又昭昭矣。信殊不覺，故武涉、蒯通之言，如水投石焉。初謂漢王親信我，不奪我齊，既奪齊，又謂我無罪，既見縛，始知漢王畏惡其能，遂稱疾不朝。嗚呼！何信知之晚也！奪軍徙地，出其不意，相疑甚矣！三尺童子亦湏覺悟，而信不知，信豈暗昧至此哉？天奪其鑑也！ （善本：10421；明弘治17年建寧刊本）	（集部，別集類，宋金元，屏山集，卷四，頁11、頁12） （善本）

劉子翬	94	田儋列傳第九十四	史識	乃知田橫兄弟能得士也。余謂死溢美之言也。五百人時在海中，聞橫死，懼而逃散耳！或有與橫同死生者，亦不過數人，海上遼邈，因遂傳以為皆死，未可知也。橫竄海中，其徒五百人，若果能皆為橫死，則方其盛時，據三齊之地，所得死士，可勝論哉！以橫兄弟之賢，得死士如此之眾，夫孰能當之？然橫兄弟亦屢與諸侯兵戰矣，未嘗一勝，則所謂死士者皆安在耶？史臣欲成田橫得士之名，因世俗之傳，遂實其說。 （善本：10421；明弘治 17 年建寧刊本）	（集部，別集類，宋金元，屏山集，卷四，頁 9、頁 10） （善本）
劉子翬	112	平津矦列傳第一百一十二	史識	父偃、嚴安、徐樂引危亡之事，諫之甚切。帝曰：公輩皆安在，何相見之晚也？悉拜為郎，然征伐竟不已。又包南山民田為上林苑，東方朔陳三不可，帝拜朔為太中大夫給事中，賜黃金百，然遂起上林苑。蓋武帝知受諫為人君之美，故不吝爵祿，以旌寵之也，然有賞諫之名，無受諫之實，何益於治乎？孔子曰：法語之言，能無從乎？改之為貴，此之謂也。 （善本：10421；明弘治 17 年建寧刊本）	（集部，別集類，宋金元，屏山集，卷四，頁 1、頁 2） （善本）
劉子翬	121	儒林列傳第一百二十一	史識	劉子曰： 孔甲誠怨秦而思發憤者，然使甲知涉不滿歲而亡，甲必不輕與之也。委質為臣，與之俱死，在搢紳先生，豈細事哉！蓋甲之知不明，不知勝之不足與也。勝初入陳，便立王號，其志不廣矣。張耳、陳餘皆諫止之。不從，則引其權以去，知勝之不足與也。又務夸殿屋帷帳之盛，彼傭畊者見之，猶譏誚之，甲曾不如傭畊者乎？若知其必亡，徒以怨秦，與之俱死，此特匹夫之發憤耳。	（集部，別集類，南宋建炎至德祐，屏山集，卷三，頁 7、頁 8）
劉子翬	130	太史公自序第一百三十	史識	太史公以儒、墨、陰陽、名、法、道德為六家，較其短長而論其指要。劉子曰：夫儒何所不通哉？不通，非儒也。其論墨者曰：強本節用，人給家足之道也。孔子曰：與其奢也，寧儉。有子曰：百姓足，君孰與不足？《易》曰：節以制度，不傷財，不害民，則墨家之長，吾儒之為也。其論陰陽家曰：叙四時之大順，不可失也。孔子曰：行夏之時。《易》曰：變通莫大乎四時。又曰：君子以治厤明時，則陰陽之長，吾儒之為也。其論法家曰：尊主卑臣，分職不相踰越，不可改也，孔子：君在，踧踖如也，君命召，不俟駕而行。《易》曰：君子以辯上下定民志，則法家之長，吾儒之為也。其論名家曰：其正名實，不可不察也。孔子曰：必也正名乎？又曰：惟名與器，不可假人。又曰：如有所譽，其有所試矣，則名家之長，吾儒之為	（集部，別集類，宋金元，屏山集，卷四，頁 3、頁 4、頁 5）

				也。其論道家曰：使人精神專一，動合無形，澹足萬物。孔子曰：造次必枌是，顛沛必於是。《易》曰：以此洗心，退藏於密。又曰：無思無爲，寂然不動，感而遂通，天下之故，則道家之長，吾儒之爲也。以是觀之，則五家之長，吾儒通之明矣。其論儒者之短，則曰：以六藝爲法，六藝經傳，以千萬數，累世不能通其學，當年不能究其禮，故曰：博而寡要，勞而少功，是以跡論儒也。孔子曰：一以貫之。又曰：予欲無言，然則所謂六藝者，果可以病儒哉？論儒之跡而不論儒之道，非知儒者也。不蔽枌一偏、不滯枌一隅，以之治世、以之脩身、無不可爲，茲所謂通儒也。 （善本：10421；明弘治17年建寧刊本）	（善本）
劉子翬	150	通論	史識	太史公以儒、墨、陰陽、名、法、道德爲六家，較其短長，而論其指要。劉子曰：夫儒何所不通哉？不通非儒。其論墨者曰：「彊本節用，人給家足之道也。」孔子曰：「與其奢也，寧儉」，有子曰：「百姓足，君孰與不足」！《易》曰：「節以制度，不傷財，不害民」，則墨家之長，吾儒之爲也。其論陰陽家曰：叙四時之大順，不可失也。孔子曰：「行夏之時」，《易》曰：「變通莫大乎四時」，又曰：「君子以治歷明時」，則陰陽之長吾儒之爲也。其論法家曰：尊主卑臣，分職不相踰越，不可改也。孔子：「君在，踧踖如也，君命召，不俟駕而行」，《易》曰：「君子以辯上下定民志」，則法家之長吾儒之爲也。其論名家曰：其正名實不可不察也，孔子曰：「必也正名乎」！又曰：「惟名與器不可假人」，又曰：「如有所譽者其有所試矣」，則名家之長吾儒之爲也。其論道家曰：使人精神專一，動合無形澹足萬物。孔子曰：「造次必枌是，顛沛必枌是」！《易》曰：「以此洗心，退藏於密」，又曰：「無思無爲，寂然不動，感而遂通天下之故」，則道家之長吾儒之爲也。以是觀之，則五家之長，吾儒通之明矣。其論儒者之短，則曰：以六藝爲法，六藝經傳以千萬數，累世不能通其學，當年不能究其禮，故曰：『博而寡要，勞而少功』，是以跡論儒也。孔子曰：「一以貫之」，又曰：「予欲無言」，然則所謂六藝者，果可以病儒哉？論儒之跡，而不論儒之道，非知儒者也。不蔽枌一偏，不滯枌一隅，以之治世，以之脩身，無不可爲，茲所謂通儒也。 （善本：10421；明弘治17年建寧刊本）	（集部，別集類，宋金元，屏山集，卷四，頁3、頁4、頁5） （善本）

范浚《史記》評點表

評家	160	體例篇名	類別	評　點　內　容	備　　註
范浚	1.5	五帝本紀第一	史識	范子曰：孔子定《書》，斷自唐、虞以下，以爲唐、虞而上，不可知也。聖人去古未遠，猶難言之，太史公乃欲爲黃帝、顓頊作紀於千百歲後，何耶？世傳《孔子家語》載《五帝德》、《帝繫姓》等，皆非古書，使其說誠詳如之，則夫子著之於《書》久矣。意遷姑欲攟摭傳記以示洽博，非復考其言之當否。夫黃帝，神農後也，阪泉之戰，信亦悖妄，以臣伐君猶有慙德，而況爲之後者！信或有之，則黃帝賊矣，尚得爲聖人乎？	（集部，別集類，南宋建炎至德祐，香溪集，卷六，頁4）

鄭樵《史記》評點表

評家	160	體例篇名	類別	評　點　內　容	備　　註
鄭樵	6.5	始皇本紀第六	考據	司馬遷云「始皇姓趙氏」，此不達姓氏之言也。凡諸侯無氏，以國爵爲氏，其支庶無國爵，則稱公子，公子之子則稱公孫，公孫之子無所稱焉。然後以王父字爲氏；或分邑者，則以邑爲氏；或言官者，則以官爲氏。凡爲氏者不一。今秦氏自非子得邑則以秦邑爲氏，及襄公封國，則以秦國爲氏，相傳至於始皇，亦如商、周相傳至湯、武，豈有子湯、姬發之稱乎！若趙氏者，自造父獲封趙城爲趙氏，其後微弱而邑於晉，則以趙邑爲氏，及三分晉國，則以趙國爲氏，豈有秦國之君，而以趙國爲氏乎？漢、魏以來，與此道異。遷漢人，但知漢事而已。	（史部，別史類，通志，卷四，頁43）
鄭樵	8.5	高祖本紀第八	史識	遷遺惠而紀呂，無亦獎盜乎！ 按：該語引自宋王應麟《困學紀聞》。 （善本：07143：明初刊本）	（子部，雜家類，困學紀聞，卷十一，頁12） （善本）
鄭樵	9	呂太后本紀第九	史識	鄭氏曰： 遷遺惠而紀呂，無亦獎盜乎？ 按：該語引自宋王應麟《困學紀聞》。 （善本：07143：明初刊本）	（子部，雜家類，困學紀聞，卷十一，頁12） （善本）

鄭樵	9.5	呂太后本紀第九	史識	臣謹按漢呂、唐武之后立紀，議者紛紜不已，殊不知紀者編年之書也。若呂后之紀不立，則八年正朔所系何朝？武后之紀不立，則二十年行事所著何君？不察實義，徒事虛言，史家之大患也。	（史部，別史類，通志，卷五上，頁48）
鄭樵	150	通論	史識	仲尼既沒，百家諸子興焉！各效《論語》以空言著書，至於歷代實蹟，無所紀繫。迨漢建元、元封之後，司馬氏父子出焉。司馬氏世司典籍，工於制作，故能上稽仲尼之意，會《詩》、《書》、《左傳》、《國語》、《世本》、《戰國策》、《楚漢春秋》之言，通黃帝、堯、舜至于秦、漢之世，勒成一書，分為五體：本紀紀年，世家傳代，表以正歷，書以類事，傳以著人。使百代而下，史官不能易其法，學者不能舍其書。六經之後，惟有此作。	（史部，別史類，通志，總序，頁1）
鄭樵	150	通論	史識	故謂周公五百歲而有孔子，孔子五百歲而在茲乎？是其所以自待者已不淺，然大著述者，必深於博雅，而盡見天下之書，然後無遺恨。當遷之時，挾書之律初除，得書之路未廣，亘三千年之史籍，而跼蹐於七、八種書，所可為遷恨者，博不足也。凡著書者，雖採前人之書，必自成一家言。左氏，楚人也，所見多矣，而其書盡楚人之辭；公羊，齊人也，所聞多矣，而其書皆齊人之語。今遷書全用舊文，間以俚語，良由採摭未備，筆削不遑，故曰：「予不敢墮先人之言，乃述故事，整齊其傳，非所謂作也。」劉知幾亦譏其「多聚舊記，時插雜言」。所可為遷恨者，雅不足也。 （善本：04464：明嘉靖庚戌（29年，1550）福建監察御史陳宗夔刊本）	（史部，紀傳類，通代之屬，通志二十略，頁1、頁2） （善本）
鄭樵	150	通論	史識	凡左氏之有「君子曰」者，皆經之新意；《史記》之有「太史公曰」者，皆史之外事，不為褒貶也。間有及褒貶者，褚先生之徒雜之耳。 （善本：04464：明嘉靖庚戌（29年，1550）福建監察御史陳宗夔刊本）	（史部，紀傳類，通代之屬，通志二十略，總序，頁3） （善本）
鄭樵	150	通論	史識	自《春秋》之後，惟《史記》擅制作之規模，不幸班固非其人，遂失會通之旨，司馬氏之門戶自此衰矣。 按：該語引自清徐乾學《御選古文淵鑒》。	（集部，總集類，御選古文淵鑒，卷五十七，頁14）

評家	150	體例篇名	類別	評點內容	備註
鄭樵	150	通論	史識	《史記》一書，功在十表，猶衣裳之有冠冕，木水之有本原。班固不通旁行邪上，以古今人物彊立差等，且謂漢紹堯運，自當繼堯，非遷作《史記》厠於秦項，此則無稽之談也。 （善本：04464；明嘉靖庚戌（29年，1550）福建監察御史陳宗夔刊本）	（史部，紀傳類，通代之屬，通志二十略，總序，頁2） （善本）
鄭樵	150	通論	史識	遷之於固，如龍之於豬，奈何諸史棄遷而用固，劉知幾之徒尊班而抑馬。 （善本：04464；明嘉靖庚戌（29年，1550）福建監察御史陳宗夔刊本）	（史部，紀傳類，通代之屬，通志二十略，總序，頁3） （善本）

晁公武《史記》評點表

評家	160	體例篇名	類別	評點內容	備註
晁公武	150	通論	史識	班固嘗譏遷：論大道則先黃老而後六經，序游俠則退處士而進姦雄，述貨殖則崇勢利而羞貧賤。後世愛遷者，以此論為不然，謂遷特感當世之所失，憤其身之所遭，寓之於書，有所激而為此言耳！非其心所謂誠然也。當武帝之世，表章儒術而罷黜百家，宜乎大治，而窮奢極侈，海內彫弊，反不若文、景尚黃老時，人主恭儉，天下饒給，此其論大道所以先黃老而後六經也。武帝用法刻深，羣臣一言忤旨，輒下吏誅，而當刑者得以貨自贖。遷之遭李陵之禍，家貧無財賄自贖，交遊莫救，卒陷腐刑。其序游俠退處士而進姦雄者，蓋遷歎時無朱家之倫，不能脫己於禍，故曰：「士窮窘得委命，此豈非人所謂賢豪者邪！」其述貨殖崇勢利而羞貧賤者，蓋遷自傷特以貧故，不能自免於刑戮，故曰：「千金之子，不死於市，非空言也。」固不察其心而驟譏之，過矣！	（史部，目錄類，經籍之屬，郡齋讀書志，卷二上，頁2、頁3）

陳長方《史記》評點表

評家	160	體例篇名	類別	評點內容	備註
陳長方	8	高祖本記第八	辭章	漢高紀詔令雄健，孝文紀詔令溫潤；去先秦古書不遠，後世不能及。至孝武紀詔令，始事文采，文亦寖衰矣。 按：該語引自宋王正德《餘師錄》。	（集部，詩文評類，餘師錄，卷三，頁21）

| 陳長方 | 61.5 | 伯夷列傳第六十一 | 辭章 | 伯夷歌云：神農、虞、夏忽然沒兮，我安適歸兮！陳古刺今，此意涵蓄。此太史公文筆，非伯夷意也。

（善本：08339；鈔本） | （子部，小說家類，筆記雜事，步里客談，卷下，頁1）

（善本） |

林之奇《史記》評點表

評家	160	體例篇名	類別	評　點　內　容	備　　註
林之奇	1	五帝本紀第一	考據	林氏曰： 律之十二，又生於歷之十二前。〈律歷志〉云：推歷成律，故同律度量衡，必先協時月正日，禮有因革損益，故謂之修。 按：該語引自明胡廣《書經大全》林之奇注。	（經部，書類，書經大全，卷一，頁48）
林之奇	2	夏本紀第二	考據	林氏曰： 禹本導川歸海，今乃先以導山，蓋方洪水懷襄，故川舊瀆，皆浸沒不可見，欲施工無所措手，故先以九州高山巨鎮為表識。自西決之使東，以殺其滔天之勢，水既順下漸入于海，則川流故迹，稍稍可求。於是瀹川之功可施始，決九川而距四海。蓋先隨山而後瀹川，其序不得不然也。 按：該語引自明胡廣《書經大全》林之奇注。	（經部，書類，書經大全，卷三，頁62）
林之奇	10	孝文本紀第十	史識	林之奇曰： 文帝以富庶之業，始於賈誼，成於晁錯。誼則言願毆民而歸之農，使天下各食其力，文帝感悟，耕籍田以為農先，而務農之詔，無歲無之矣。錯之勸帝，令民入粟，以多少級數而拜爵，文帝感悟，賜民田租之半，盡除田租之詔，自此而屢下矣，然則文帝之致此者，豈非二人之力哉！ 按：該語引自宋陳仁子《文選補遺》林之奇注。 （善本：13675；明·翻刊元茶陵陳氏東山書院本）	（集部，總集類，通代之屬，文選補遺，卷一，頁15） （善本）
林之奇	38	宋世家第三十八	義理	1.（此段文字分二段，此為第一） 蓋卜筮者，天之所示也。必人事盡，然後可以求之天命。	（經部，書類，尚書全解，卷二十五，頁18）

| 林之奇 | 38 | 宋世家第三十八 | 考據 | 2. （此段文字分二段，此為第二）
故龜、筮稽疑，必在皇極三德之後。

按：該語引自清胡渭《洪範正論》。 | （經部，書類，洪範正論，卷五，頁1） |

洪邁《史記》評點表

評家	160	體例篇名	類別	評　點　內　容	備　註
洪邁	5	秦本紀第五	史識	七國虎爭天下，莫不招致四方游士，然六國所用相，皆其宗族及國人。如齊之田忌、田嬰、田文，韓之公仲、公叔，趙之奉陽、平原君、魏王至以太子為相，獨秦不然，其始與之謀國以開霸業者，魏人公孫鞅也。其他若樓緩趙人、張儀、魏冉、范睢皆魏人、蔡澤燕人、呂不韋韓人、李斯楚人，皆委國而聽之不疑，卒之所以兼天下者，諸人之力也。 （善本：07108；明崇禎3年（1630）嘉定馬元調刊本）	（子部，雜家類，容齋五筆，卷二，頁7、頁8） （善本）
洪邁	7	項羽本紀第七	史識	始勸項氏立懷王，及羽奪王之地，遷王於郴巳而殺之。增不能引君臣大誼爭之以死；懷王與諸將約先入關中者王之，沛公既先定關中，則當如約，增乃勸羽殺之。又徙之蜀、漢，羽之伐趙殺上將宋義，增為末將，坐而視之，坑秦降卒，殺秦降王，燒秦宮室，增皆親見之，未嘗聞一言也。至於榮陽之役，身遭反間，然後發怒而去，嗚呼疏矣哉！東坡公論此事偉甚，猶未盡也。	（子部，雜家類，雜考之屬，容齋隨筆，卷九，頁13）
洪邁	43	趙世家第四十三	史識	秦以白起易王齕，而趙乃以括代廉頗，不待於戰，而勝負之形見矣。 （善本：07108；明崇禎3年（1630）嘉定馬元調刊本）	（子部，雜家類，容齋五筆，卷二，頁9） （善本）
洪邁	54	曹相國世家第五十四	史識	曹參之宜為相，高祖以為可，惠帝以為可，蕭何以為可，參自以為可，故漢用之而興。 （善本：07108；明崇禎3年（1630）嘉定馬元調刊本）	（子部，雜家類，容齋五筆，卷二，頁8、頁9） （善本）

洪邁	57	絳侯世家第五十七	史識	軍中夜驚，內相攻擊擾亂，至於帳下，亞夫堅臥不起，頃之復定。吳奔壁東南陬，亞夫使備西北，已而果奔西北不得入。漢史書之，以爲亞夫能持重。按亞夫軍細柳時，天子先驅至不得入，文帝稱其不可得而犯，今乃有軍中夜驚相攻之事，安在其能持重乎？ （善本：07108；明崇禎3年（1630）嘉定馬元調刊本）	（子部，雜家類，容齋五筆，卷二，頁5） （善本）
洪邁	76	平原君虞卿列傳第七十六	辭章	是三者重沓；熟復如駿馬下注千丈坡，其文勢正爾風行於上而水波；眞天下之至文也。	（子部，雜家類，雜考之屬，容齋隨筆，五筆卷五，頁12）
洪邁	81	廉頗藺相如列傳第八十一	史識	趙括之不宜爲將，其父以爲不可，母以爲不可，大臣以爲不可。秦王知之，相應侯知之，將白起知之，獨趙王以爲可，故用之而敗。 （善本：07108；明崇禎3年（1630）嘉定馬元調刊本）	（子部，雜家類，容齋五筆，卷二，頁9） （善本）
洪邁	83	魯仲連鄒陽列傳第八十三	辭章	是三者重沓熟復，如駿馬下駐千丈坡，其文勢正爾。風行於上，而水波，眞天下之至文也。 （善本：07108；明崇禎3年（1630）嘉定馬元調刊本）	（子部，雜家類，容齋五筆，五筆卷五，頁12） （善本）
洪邁	92	淮陰矦列傳第九十二	史識	李左車說餘，曰：信乘勝而去國遠鬬，其鋒不可當，願假奇兵，從閒道絕其輜重，而深溝高壘，勿與戰，彼前不得鬬，退不得還，不至十日，信之頭可致麾下。餘不聽，一戰成擒。七國反，周亞夫將兵往擊，會兵滎陽，鄧都尉曰：吳、楚兵銳甚，難與爭鋒，願以梁委之，而東北壁昌邑，深溝高壘，使輕兵塞其饟道，以全制其極。亞夫從之，吳果敗亡。李、鄧之策一也，而用與不用則異耳。 （善本：07108；明崇禎3年（1630）嘉定馬元調刊本）	（子部，雜家類，容齋五筆，續筆卷九，頁3） （善本）
洪邁	101	袁盎晁錯列傳第一百一	義理	爰盎眞小人，每事皆借公言，而報私怨，初非盡忠一意爲君上者也。嘗爲呂禄舍人，故怨周勃。文帝禮下勃，何豫盎事？乃有非社稷臣之語，謂勃不能爭呂氏之事，適會成功耳。致文	（子部，雜家類，容齋五筆，卷十，頁2、頁3）

洪邁	111.5	衛將軍驃騎列傳第一百一十一	辭章	夫文貴於達而已，繁與省各有當也。《史記‧衛青傳》：「校尉李朔、校尉趙不虞、校尉公孫戎奴，各三從大將軍獲王。以千三百戶封朔爲涉軹侯，以千三百戶封不虞爲隨成侯，以千三百戶封戎奴爲從平侯。」《前漢書》但云：「校尉李朔、趙不虞、公孫戎奴各三從大將軍，封朔爲涉軹侯，不虞爲隨成侯，戎奴爲從平侯」。比於《史記》五十八字中省二十三字，然不若《史記》爲朴贍可喜。 （善本：07108；明崇禎3年（1630）嘉定馬元調刊本）	（子部，雜家類，容齋五筆，卷一，頁8） （善本）
				帝有輕勃心，既免使就國，遂有廷尉之難。嘗謁丞相申屠嘉，嘉弗爲禮，則之丞相舍折困之。爲趙談所害，故沮止其參乘。素不好鼂錯，故因吳反事請誅之。蓋盎本安陵羣盜，宜其忮心忍戾如此，死於刺客，非不幸也。 （善本：07108；明崇禎3年（1630）嘉定馬元調刊本）	（善本）
洪邁	150	通論	史識	大儒立言著論，要當使後人無復擬議，乃爲至當。如王氏《中說》，謂陳壽有志於史，依大議而削異端，使壽不美於史，遷、固之罪也。又曰史之失，自遷、固始也，記繁而志寡。王氏之意，直以壽之書過於《漢》、《史》矣，豈其然乎？元續讀《詩》、《書》，猶有存者，不知能出、固之右乎！蘇子由作《古史》，謂太史公易編年之法爲本紀、世家、列傳，後世莫能易之，然其人淺近而不學，疏畧而輕信，故因遷之舊，別爲《古史》。今其書固在，果能盡矯前人之失乎？指司馬子長爲淺近不學，貶之已甚，後之學者不敢謂然。	（子部，雜家類，雜考之屬，容齋隨筆，四筆卷十一，頁4）
洪邁	150	通論	辭章	〈太史公書〉不待稱說，若云褒贊，其高古簡妙處，殆是摹寫星日之光輝，多見其不知量也，然予每展讀至〈魏世家〉、〈蘇秦〉、〈平原君〉、〈魯仲連傳〉，未嘗不驚呼擊節，不自知其所以然。魏公子無忌與王論韓事，曰韓必德魏、愛魏、重魏、畏魏，韓必不敢反魏，十餘語之間，五用「魏」字。蘇秦說趙肅侯曰，擇交而得則民安，擇交而不得則民終身不安，齊秦爲兩敵，而民不得安，倚秦攻齊，而民不得安，倚齊攻秦，而民不得安。平原君使楚，客毛遂願行，君曰：「先生處勝之門下幾年于此矣？」曰：「三	（子部，雜家類，容齋五筆，五筆卷五，頁10、頁11、頁12）

| | | | | 年于此矣！」君曰：「先生處勝之門下三年於此矣，左右未有所稱誦，勝未有所聞，是先生無所有也，先生不能，先生留。」遂力請行，乃折楚王，再言：「吾君在前，叱者何也？」至左手持盤血，而右手招十九人於堂下，其英姿雄風，千載而下，尚可想見，使人畏而仰之。卒定，從而歸，至於趙，平原君曰：「勝不敢復相士，勝相士多者千人，寡者百數，今乃於毛先生而失之。毛先生一至楚，而使趙重於九鼎大呂，毛先生以三寸之舌，彊於百萬之師。勝不敢復相士。」秦圍趙，魯仲連見平原君曰：「事將柰何？」君曰：「勝也何敢言事？魏客新垣衍令趙帝秦，今其人在是，勝也何敢言事？」仲連曰：「吾始以君為天下之賢公子也，吾今然後知君非天下之賢公子也！客安在？」平原往見衍曰：「東國有魯仲連先生者，勝請為紹介交之於將軍。」衍曰：「吾聞魯仲連先生，齊國之高士也，衍，人臣也，使事有職，吾不願見魯仲連先生。」及見衍，衍曰：「吾視居此圍城之中者，皆有求於平原君者也。今吾觀先生之玉貌，非有求於平原君者也。」又曰：「始以先生為庸人，吾乃今日知先生為天下之士也。」是三者重沓熟復，如駿馬下駐千丈坡，其文勢正爾，風行於上而水波，眞天下之至文也。 | |
| | | | | （善本：07108：明崇禎 3 年（1630）嘉定馬元調刊本） | （善本） |

陸游《史記》評點表

評家	160	體例篇名	類別	評　點　內　容	備　　註
陸游	150	通論	辭章	太史公作〈張耳陳餘傳〉：「秦將作稱二世使人遺季良書云：『良嘗事我得顯幸，良誠能反趙為秦，赦良罪，貴良。』」四句云云。《唐傳》曰：「上嗟乎，吾獨不得廉頗、李牧為吾將，吾豈憂匈奴哉？」兩句而語若飛動，減一字不得。 按：該語引自明陶宗儀《說郛》。	（子部，雜家類，雜纂之屬，說郛，卷四十一下，頁24）

南宋

朱熹《史記》評點表

評家	160	體例篇名	類別	評　點　內　容	備　註
朱熹	1	五帝本紀第一	考據	五器，五禮之器也。五禮者，乃吉凶軍賓嘉之五禮。凶禮之器，即是衰絰之類；軍禮之器，即是兵戈之類；吉禮之器，即是簠簋之類。如者亦同之，義言有以同之使天下禮器皆歸於一。其文當作五玉、三帛、二生、一死贄，同律度量衡；修五禮如五器。卒乃復言諸侯既朝之後，方始同其律度量衡，修其五禮，如其五器，其事既卒，而乃復還也。問修五禮吳才老以爲只是五典之禮，唐虞時未有吉凶軍賓嘉之名，至周時方有之，然否。曰不然。五禮只是吉凶軍賓嘉，如何見得唐虞時無此，因說舜典此段疑有錯簡；當云肆覲東后，五玉、三帛、二生、一死贄，協時月正，日同律度量衡，修五禮，如五器，卒乃復。如者齊一之義。卒乃復者，事畢復歸也，非謂復歸京師，只是事畢還歸，故亦曰復。前說班瑞于羣后則是還之也。	（子部，儒家類，朱子語類，卷七十八，頁 35、頁 36）
朱熹	1	五帝本紀第一	考據	巡狩亦非是舜時創立此制，蓋亦循襲將來，故黄帝紀亦云：披山通道，未嘗寧居。 （善本：05478；明成化 9 年（1473）江西藩司覆刊宋咸淳 6 年（1270）導江黎氏本）	（子部，儒家類，朱子語類，卷七十八，頁 19） （善本）
朱熹	1	五帝本紀第一	考據	納言之官，如漢侍中。今給事中，朝廷誥令，先過後省，可以封駁。 （善本：05478；明成化 9 年（1473）江西藩司覆刊宋咸淳 6 年（1270）導江黎氏本）	（子部，儒家類，朱子語類，卷七十八，頁 36） （善本）
朱熹	2	夏本紀第二	考據	蔡沈傳曰：或曰「笙之形如鳥翼，鏞之虡爲獸形，故於笙、鏞以間言鳥獸蹌蹌」。《風俗通》曰「舜作簫、笙以象鳳，蓋因其形聲之似，以狀其聲樂之和，豈眞有鳥獸鳳凰而蹌蹌來儀者乎」？曰：是未知聲樂感通之妙也！匏巴鼓瑟而游魚出聽，伯牙鼓琴而六馬仰秣，聲之致祥召物，見於傳者多矣！況舜之德致和於上，夔之樂召和於下，其格神人舞獸鳳，豈足疑哉！	（子部，儒家類，御定孝經衍義，卷九十九，頁 7）

				按：該語引自清葉方藹等編《御定孝經衍義》蔡沈傳，明凌稚隆《史記評林》作宋朱熹，非。	
朱熹	2	夏本紀第二	考據	朱子曰：西傾雖在雍州，其人有事於京師者，必道取梁州。因桓水而來，故梁貢道及之。 按：該語引自明胡廣《書經大全》朱熹注。	（經部，書類，書經大全，卷三，頁 52）
朱熹	2	夏本紀第二	考據	〈禹貢〉過字有三義：有山過、水過、人過。如過九江，至于敷淺，原只是禹過此處去也。若曰山過、水過，便不通。 （善本：05478；明成化 9 年（1473）江西藩司覆刊宋咸淳 6 年（1270）導江黎氏本）	（子部，儒家類，朱子語類，卷七十九，頁 3） （善本）
朱熹	2	夏本紀第二	考據	朱子曰：流沙在合黎之西，自導弱水至導洛，凡九條，皆導水之事。大槩自北而南，先言山以爲水之經，故此言水爲山之紀。弱水最在西、北水又西流，不經中國，故首言之。 按：該語引自明胡廣《書經大全》朱熹注。	（經部，書類，書經大全，卷三，頁 66、頁 67）
朱熹	2	夏本紀第二	考據	朱子曰：〈釋水〉云： 河千里一曲一直，河從積石北行又東乃折而南，計應三千里，然後至龍門而爲西河；龍門地勢險，河率破山以行，禹功於此最難。自龍門南流，至華陰而極，始折而東至于底柱，又東至孟津，東過洛汭而爲南河；至大伾而極，始折而北流爲東河；至兗州而分爲九，復合爲一而入海，河流於此終矣。河爲四瀆宗，其發源西北，故敘中國之水，以河爲先，逆河是開渠通海，以泄河之溢，秋、多則涸，春、夏則泄。 按：該語引自明胡廣《書經大全》朱熹注。	（經部，書類，書經大全，卷三，頁 71、頁 72
朱熹	2	夏本紀第二	考據	朱子曰：此最難説。蓋他本文自有謬處，且如漢水自是從今漢陽軍入江，下至江州，然後江西一帶江水流出，合爲大江。兩江下水相淤，故江西水出不得，溢爲彭蠡，上取漢水入江處，有多少路？今言漢水過三澨，至于大別，南入于江，東滙澤爲彭蠡，全然不合，又如何去強解釋得！ 按：該語引自明胡廣《書經大全》朱熹注。	（經部，書類，書經大全，卷三，頁 75、頁 76）
朱熹	4.5	周本紀第四	史識	司馬遷云： 文王之治岐，耕者九一，仕者世祿，皆是降陰德，以分紂之天下，不知文王之心誠於爲民者若此！	（子部，儒家類，朱子語類，卷一百三十四，頁 14）

朱熹	8	高祖本紀第八	史識	浙間學者推尊《史記》，以爲先黃老後六經，此自是太史談之學，若遷則皆宗孔氏，如於〈夏紀・贊〉用行夏時事，於〈商紀・贊〉用乘商輅事，〈高祖・紀贊〉，則曰：「朝以十月，車服黃屋左纛」，盖譏其不用夏時商輅也。遷之意脉恐誠如是。考得甚好，然但以此遂謂遷能學孔子，則亦徒能得其皮殼而已。假使漢高祖能行夏時、乘商輅，亦只是漢高祖，終不可謂之禹、湯。	（子部，儒家類，朱子語類，卷一百二十二，頁13、頁14）
朱熹	8.5	高祖本紀第八	史識	太史公三代本紀，皆著孔子所損益四代之說，〈高祖紀〉又言色尚黃，朝以十月，此固有深意，且以孔顏而行夏時，乘商輅，服周冕，用韶舞，則好，以劉季爲之，亦未濟事在。	（子部，儒家類，朱子語類，卷一百三十五，頁4）
朱熹	24	樂書第二十四	義理	禮樂鬼神一理，又曰在聖人制作處，便是禮樂；在造化功用處，便是鬼神。 按：該語引自明胡廣《禮記大全》。	（經部，禮類，禮記之屬，禮記大全，卷十八，頁16）
朱熹	38	宋世家第三十八	義理	凡厥庶民有猷、有爲、有守，汝則念之；不協於極、不罹於咎，皇則受之。云者則以言夫君既立極於上，而下之從化，或有淺深遲速之不同，其有謀者、有才者、有德者，人君固當念之而不忘，其或未能盡合，而未抵乎大戾者，亦當受之，而不拒也。其曰而康、而色、曰予攸好德，汝則錫之福，時人斯其惟皇之極。云者則以言夫人之有能革面從君，而以好德自名，則雖未必出於中心之實，人君亦當因其自名，而與之以善，則是人者，亦得以君爲極而勉其實也。	（集部，別集類，南宋建炎至德祐，晦庵集，卷七十二，頁20）
朱熹	38	宋世家第三十八	義理	一極備凶、一極無凶；多些子不得、無些子不得。	（子部，儒家類，朱子語類，卷七十九，頁44）
朱熹	38	宋世家第三十八	義理	五福以人所尤好者爲先；六極以人所尤惡者爲先。 按：該語引自明王樵《尚書日記》。	（經部，書類，尚書日記，卷九，頁82）
朱熹	70	張儀列傳第七十	義理	楚懷貪商於之地，輕與齊絕，屈匄興無名之師，輕與秦戰，卒之商於之地不可得，而屈匄亦不免俘虜，爲楚者亦可已矣。忿不思難，又復襲秦，果何義耶？內喪師徒之衆，外召韓、魏之兵，利之不可狥也如此！	（史部，史評類，御批資治通鑑綱目，卷一下，頁4）

朱熹	84	屈原賈生列傳第八十四	史識	凡誼所稱，皆列禦寇、莊周之常言，又爲傷悼無聊之故，而藉之以自誑者。夫豈眞能原始反終，而得夫朝聞夕死之實哉？誼有經世之才，文章蓋其餘事，其奇偉卓絕，亦非司馬相如輩所能彷彿，而揚雄之論常高彼而下此，韓退之亦以馬、揚廁於孟子、屈原之列，而無一言以及誼，余皆不能識其何説也。 （善本：09308；元天曆庚午（3年即至順元年）陳忠甫宅刊本）	（集部，楚辭類，楚辭集注，卷八，頁3） （善本）
朱熹	84	屈原賈生列傳第八十四	考據	漁父，蓋亦當時隱遁之士。或曰，亦原之設詞耳。	（子部，類書類，楚辭集注，卷五，頁11）
朱熹	150	通論	史識	司馬遷才高，識亦高，但麄率。《太史公書》疎爽，班固書密塞。司馬子長動以孔子爲証，不知是見得，亦且是如此説，所以伯恭每發明得非細，只恐子長不敢承領耳。	（子部，儒家類，朱子語類，卷一百三十四，頁1）
朱熹	150	通論	史識	浙間學者推尊《史記》，以爲先黃老後六經，此自是太史談之學，若遷則皆宗孔氏。如於〈夏紀・贊〉用行夏時事，於〈商紀・贊〉用乘商輅事，〈高祖紀・贊〉則曰：「朝以十月，車服黃屋左纛。」蓋譏其不用夏時商輅也。遷之意脉，恐誠如是，考得甚好，然但以此遂謂遷能學孔子，則亦徒能得其皮殻而已，假使漢高祖能行夏時乘商輅，亦只是漢高祖，終不可謂之禹、湯。此等議論，恰與欲削鄉黨者相反必大。	（子部，儒家類，朱子語類，卷一百二十二，頁13、頁14）
朱熹	150	通論	史識	伯恭、子約宗太史公之學，以爲非漢儒所及，某嘗痛與之辨。子由《古史》言馬遷「淺陋而不學，疎畧而輕信」，此二句最中馬遷之失，伯恭極惡之。《古史・序》云：「古之帝王，其必爲善，如火之必熱，水之必寒；其不爲不善，如騶虞之不殺，竊脂之不穀。」此語最好。某嘗問伯恭，此豈馬遷所能及？然子由此語雖好，又自有病處，如云帝王之道，以無爲宗之類，他只説得箇頭勢大，下面工夫又皆疎空，亦猶馬遷〈禮書〉云「大哉禮樂之道，洋洋乎鼓舞萬物，役使群動」，説得頭勢甚大，然下面亦空疎，却引《荀子》諸説以足之。又如〈諸侯年表〉盛言形勢之利，有國者不可無，末却云「形勢雖强，要以仁義爲本」，他上文本意主張形勢，而其末却如此説者，蓋他也知仁義是箇好底物事，不得不説，且説教好看，如〈禮	（子部，儒家類，朱子語類，卷一百二十二，頁4、頁5、頁6）

				書〉所云，亦此意也。伯恭極喜渠此等說，以爲遷知行夏之時，乘殷之輅，服周之冕，爲得聖人爲邦之法，非漢儒所及，亦眾所共知，何必馬遷？然遷嘗從董仲舒遊，《史記》中有「余聞之董生云」，此等語言亦有所自來也。遷之學，也說仁義，也說詐力，也用權謀，也用功利，然其本意却只在於權謀功利。孔子說「伯夷求仁得仁，又何怨」！他一傳中首尾皆是怨辭，盡說壞了伯夷。子由《古史》皆刪去之，盡用孔子之語作傳，豈可以子由爲非，馬遷爲是？可惜子約死了，此論至死不曾明。聖賢以六經垂訓，炳若丹青，無非仁義道德之說，今求義理不於六經，而反取踈畧淺陋之子長，亦惑之甚矣！	
朱熹	150	通論	史識	曹器遠說〈伯夷傳〉得孔子而名益彰，先生曰：伯夷當初何嘗指望孔子出來發揮他？又云：黃屋左纛朝以十月葬長陵，此是大事所以書在後。先生曰：某嘗謂《史記》恐是箇未成底文字，故記載無次序，有踈闊不接續處，如此等是也。	（子部，儒家類，朱子語類，卷一百三十四，頁1）
朱熹	150	通論	史識	因言班固作《漢書》，不合要添改《史記》字，行文亦有不識當時意思處，如七國之反，《史記》所載甚踈略，却都是漢道理，班固所載雖詳，便却不見此意思。呂東萊甚不取班固，如載文帝〈建儲詔〉云：「楚王，季父也，春秋高，閱天下之義理多矣，明於國家之大體。吳王於朕，兄也，惠仁以好德。淮南王，弟也，秉德以陪朕。豈不爲豫哉！」固遂節了吳王一段，只於淮南王下添「皆」字，云「皆秉德以陪朕」。蓋「陪」字訓貳，以此言弟則可，言兄可乎？今《史記》中却載全文。又曰：屏山却云固作《漢紀》有學《春秋》之意，其〈叙傳〉云「爲《春秋》攷紀」，又曰：遷史所載，皆是隨所得者載入，正如今人草藳，如酈食其踞洗，前面已載一段，末後又載，與前說不同。蓋是兩處說，已寫入了，又攄所得寫入一段耳。	（子部，儒家類，朱子語類，卷一百三十四，頁1、頁2）
朱熹	150	通論	辭章	司馬遷文雄健，意思不帖帖，有戰國文氣象。賈誼文亦然，老蘇文亦雄健，似此皆有不帖帖意。仲舒文實，劉向文又較實，亦好，無些虛氣象，比之仲舒，仲舒較滋潤發揮。大抵武帝以前文雄健，武帝以後便實。	（子部，儒家類，朱子語類，卷一百三十九，頁5）

唐仲友《史記》評點表

評家	160	體例篇名	類別	評 點 內 容	備 註
唐仲友	82.5	田單列傳第八十二	史識	少游《書王蠋事後》，論甚偉，義甚高，然未爲知太史公之意者也。 天下之事，其成有所歸，其來有所因，所歸易見，所因難知。推見至隱，《春秋》之法也。復齊之功，人孰不曰田單？太史公以爲是獨公之所歸；乃若所因，則單之勝以有王，王之立以有蠋之死也，故論單之善兵而反諸法章之立，言法章之立而反諸蠋之死；單於是乎不得獨有其功，而蠋之死不獨大義之明，其功亦莫之先；此太史公之意也。 蠋之事固自附於《伯夷》者，《史記》數千載，而傳以伯夷爲首，其益於名教多矣，不待以蠋附之而後明。附蠋於《伯夷》，人見其義而不知單之功實因於蠋；傳單而終之以蠋，則義與功兼明，庶幾爲臣者知夫仗節死義，不特爲區區之忠也。是故，齊不可無單也，尤不可無蠋也，單可能也，蠋不可能也。單以卽墨之微敗燕師而禽其將，七十餘城一旦盡復，齊可無單哉？然卽墨之守，救死之計爾，攻救死之兵，不可以迫，迫則人自爲戰，故燕并兵於莒而緩卽墨，及淖齒戰湣王，則莒不爲齊矣。燕不急爭而東攻卽墨，又不急而坐待其服，此樂毅之深謀也。毅之力非不足以取兩城，其意以爲齊無君矣，吾固以全制其敝，而無事於多殺。使王蠋不死，法章不立，卽墨之遺黎無所繫其心，單雖智，其能獨守此乎？蠋死而王立，王立而卽墨之守固，毅之謀沮，而單之計得施，則復齊者蠋乎單乎？ 太史公之書，善乎其推本之也。太史公書蠋事累數十百言，不失一辭，正使爲蠋立傳，能加一字乎？傳不傳，於蠋無加損，據事跡實錄，附之單傳，則知蠋深矣！太史公傳韓非於老子之後，而書蠋於單傳之末，則知刑名之學老子實爲之，復齊之功蠋實倡之也。皆推見至隱之意歟！ （善本：民國 61 年（1972）藝文印書館四部分類叢書集成三編影印永康胡氏夢選庵刊本）	（集部 —— 別集類 —— 隋唐五代之屬 —— 唐，《悅齋文鈔》（金華唐氏遺書），卷九，頁 10、頁 11） （善本）

呂祖謙《史記》評點表

評家	160	體例篇名	類別	評　點　內　容	備　　註
呂祖謙	4	周本紀第四	史識	穆王卒章之命，望於伯冏者深且長矣。此心不繼，造父爲御，周遊天下，將必有車轍馬跡，導其侈者，果出於僕御之間，抑不知伯冏猶在職乎否也！穆王豫知所戒，憂思深長，猶不免躬自蹈之，人心操舍之無常可懼哉！	（經部，書類，增修東萊書說，卷三十三，頁10）
呂祖謙	4	周本紀第四	義理	世衰則情僞繁，人老則經歷熟。穆王之時，文、武、成、康之澤寖微，姦宄日勝，其作書於既耄，閱世故而察物情者亦熟矣，故古今犴獄言之略，盡用刑者所宜盡心焉。呂命穆王訓夏贖刑作〈呂刑〉，此書之作，蓋命呂侯以司寇，因而訓告諸夏，以贖刑之制也。刑之有贖，始見於《虞書》，不過有金作贖刑一語而已。蓋皋陶作士，斟酌出入，舜一以付之，固不預立條目之多也。今呂侯既受命，而猶煩穆王訓夏贖刑至三千之多焉，視舜、皋陶之際，則有間矣。是書哀矜明練，固夫子存以示後世，而微見其意者，亦不可不察也。	（經部，書類，增修東萊書說，卷三十四，頁1）
呂祖謙	6	始皇本紀第六	考據	此乃帝王初政之常，秦猶沿而行之。至於後世則鮮或舉之矣。 （善本：01782：明刊本）	（史部，編年類，通代之屬，大事記解題，卷七，頁9） （善本）
呂祖謙	8	高祖本紀第八	史識	呂祖謙曰： 天下既定，本是饑渴易爲飲食之時，只因僞遊一事，叛者九起。	見《評林》頁322
呂祖謙	8	高祖本紀第八	史識	呂氏曰： 《史記》書分趙山北，立子恒以爲代王。子長少游四方，識輿地之大勢，故其書法簡明，得主名山川之餘意，如此類非一，《漢書》多改之，蓋班氏所未達也。 按：該語引自宋王應麟《通鑑地理通釋》。 （善本：01747：元慶元路儒學刊玉海坿刻本）	（史部，編年類，通代之屬，通鑑地理通釋，卷二，頁3） （善本）
呂祖謙	8	高祖本紀第八	考據	呂氏曰： 此陣，即馬隆所謂魯公不識者也。 按：該語引自宋王應麟《漢藝文志考證》。	（史部，目錄類，經籍之屬，漢藝文志考證，卷八，頁13）

呂祖謙	8.5	高祖本紀第八	史識	《史記》書：「分趙山北，立子恆以爲代王。」子長少游四方，識輿地之大勢，故其書法簡明，得主名山川之餘意，如此類非一。《漢書》多改之，蓋班氏所未達也。 （善本：01782；明刊本）	（史部，編年類，通代之屬，大事記解題，卷九，頁34） （善本）
呂祖謙	10	孝文本紀第十	史識	呂祖謙曰： 存呂后爲有功臣，存功臣爲有呂后，此高祖深意也。	見《評林》頁351
呂祖謙	10	孝文本紀第十	史識	文帝之元年，景帝方十歲爾，平、勃所以亟請建太子者，懲惠帝繼嗣不明之禍也。文帝所以固讓者，蓋踐祚之初，懼不克勝，所言皆發於中心，非好名也。 按：該語引自明夏良勝《中庸衍義》。	（子部，儒家類，中庸衍義，卷六，頁14、頁15）
呂祖謙	33	周公世家第三十三	史識	呂氏曰： 商去周未遠，故公以王耳目所接者言之。 按：該語引自元陳櫟《書集傳纂疏》呂祖謙注。	（經部，書類，書傳輯錄纂註，卷五，頁41）
呂祖謙	33	周公世家第三十三	義理	此中宗無逸之實，嚴恭寅畏，合而言之，敬也。因桑穀而修省，亦其畏天命之一端，天人一理，既畏天命，必不敢輕下民，祗懼不敢荒寧，皆敬也。惟敬，故壽也，主靜則悠遠博厚，自強則堅實精明，操存則血氣循軌而不亂，收斂則精神內固而不浮。凡此皆敬之方，壽之理也。自此至文王，其壽莫非此理。 按：該語引自元陳櫟《書集傳纂疏》呂祖謙注。	（經部，書類，書集傳纂疏，卷五，頁36）
呂祖謙	38	宋世家第三十八	義理	1.（此段文字分四段，此爲第一） 五者之中，三從二逆，從之理多，吉之所在也，然於三從之中，必龜、筮皆從乃可。蓋龜、筮無心之物，既已皆從，它雖有逆卿士、庶民，或者別有私心，未可知也。	（經部，書類，增修東萊書說，卷十七，頁17）
呂祖謙	38	宋世家第三十八	義理	2.（此段文字分四段，此爲第二） 張氏曰： 決疑主于蓍、龜，故進于卿士、庶民之上。龜、筮從，而臣民逆，亦吉者，以我心與鬼神合也。我與民雖逆，而亦吉者，以卿士與龜、筮同也；我與卿士逆，而亦吉者，以庶民與龜、筮同也。 按：此段據元陳櫟《書集傳纂疏》、元董鼎《書傳輯錄纂註》、明胡廣《書經大全》皆云「張氏曰」，或恐凌氏誤置呂祖謙之下。	（經部，書類，書集傳纂疏，卷四上，頁46）

呂祖謙	38	宋世家第三十八	義理	3.（此段文字分四段，此爲第三） 若龜從而筮不從，必其尚有未盡者，故作內吉，如祭祀之事則可，作外凶，如征伐之事則不可。	（經部，書類，增修東萊書說，卷十七，頁18）
呂祖謙	38	宋世家第三十八	義理	4.（此段文字分四段，此爲第四） 呂氏曰： 汝與臣民皆從，而龜、筮皆違，則是於理必有未盡。靜而不爲則吉，動爲則凶矣，此義至精微。 按：該語引自清胡渭《洪範正論》。	（經部，書類，洪範正論，卷五，頁20）
呂祖謙	44	魏世家第四十四	史識	信陵君之言，深切綜練，識天下之大勢。使魏王能用其計，紏率楚、趙，竭力助韓，則韓不至於失上黨，趙不至於敗長平，六國亦不至爲秦所吞矣。謀既不用，又以矯殺晉鄙，流落於外，秦已滅周，六國垂亡，魏始再用之，猶能收合諸侯，折彊秦之鋒。若用之於上黨、長平未敗之前，天下雌雄之勢，殆未可量也。 （善本：01782：明刊本）	（史部，編年類，通代之屬，大事記解題，卷五，頁33、頁34） （善本）
呂祖謙	44	魏世家第四十四	考據	〈韓世家〉不載其事，必是時韓王少，母后用事也。	（史部，編年類，大事記＿大事記解題，卷五，頁38）
呂祖謙	48	陳涉世家第四十八	義理	呂祖謙曰： 吳是姦雄，志在富貴，志滿即驕而亡，所謂志自滿，九族乃離。	見《評林》一五五一頁
呂祖謙	93	韓王信盧綰列傳第九十三	史識	信雖失職守邊，然舍晉陽內地之安，而請治馬邑，亦非偷惰者也。高祖猜怒，廻蹙之，使其以國外叛，爲敵鄉導，遂有平城之圍。自是匈奴輕漢，爲世大患，閱百年而未息。雖冒頓方興，邊吏莫能枝梧，苟非信啓其端，寇賊亦未必如是之甚也，然則人主心量不宏，所繫豈少哉！ 按：該語引自元方回《續古今攷》。	（子部，雜家類，雜考之屬，續古今攷，卷二十六，頁7）
呂祖謙	96	張丞相列傳第九十六	義理	嘉言肅朝廷之禮，是也；言幸愛羣臣則富貴之，非也。	（集部，別集類，南宋建炎至德祐，東萊集，別集卷十五，頁26）

呂祖謙	99	劉敬叔孫通列傳第九十九	考據	敬所談秦之形勢，乃周之形勢也。	（史部，編年類，大事記—大事記解題，卷九，頁11）
呂祖謙	107	魏其武安列傳第一百七	史識	解人之怒者，他人正說彼不是，我方且以爲是，是宜激其怒而趣其禍也。如田蚡正怒灌夫，竇嬰乃言夫勇冠三軍；宣帝正怒蓋寬饒，鄭昌乃言猛虎在山，蓋蕾爲之不採，二人卒不免死。	（子部，儒家類，麗澤論說集錄，卷八，頁20）
呂祖謙	124	游俠列傳第一百二十四	史識	解果以姊子有罪當死，則不問其人可也。今乃使人微知賊處，待其窘自歸遁赦之，則先操而後縱之，使恩威出於己耳。解以居邑不見敬，是吾德不脩，則不問其人可也。今乃問其姓名，脫其踐更，則欲人知其報怨以德之美耳。此二者外，若犯而不校，推其用心，則干世要譽，游俠之大不善，正在此。	（集部，別集類，南宋建炎至德祐，東萊集，別集卷十五，頁7）
呂祖謙	150	通論	史識	文中子曰：「史之失，自遷、固始。」譏其失古史之體則當矣，然遷、固烏可以並言哉？遷之學雖未粹，感憤姍駁，往往有之，然二帝、三王之統紀，周、秦、楚、漢之世變，孔子、孟子之所以異於諸子百家者，於其書猶有考焉。高氣絕識，包舉廣而興寄深，後之爲史者，殆未易窺其涯涘也。固特因遷之規摹，而足成之耳。其竄定遷史諸篇，漢初豪傑之所存，尚未深究，況前於此者乎？	（史部，編年類，大事記—大事記解題，卷十二，頁1百三十四、頁1百三十五）
呂祖謙	150	通論	史識	《史記》十表意義弘深，始學者多不能達。今附見于此，〈三代世表〉以世系爲主，所以觀百世之本支也。〈十二諸侯年表〉以下以地爲主，故年經而國緯，所以觀天下之大勢也。〈高祖功臣侯年表〉以下以時爲主，故國經而年緯，所以觀一時之得失也。〈漢興以來將相名臣年表〉以大事爲主，所以觀君臣之職分也。以百世本支言之，黃帝之初，先列譜系，以祖宗爲經，以子孫爲緯，則五帝、三代皆出於黃帝可知矣。周成王之後，詳列諸侯，以世爲經，以國爲緯，則親疎之相輔可知矣。帝顓頊以下周武王以上，有經而無緯，止列世系而大治亂附焉，則正嫡旁支之繼統，皆可知矣。以天下大勢言之，如高帝五年，韓信王楚，英布王淮南，盧綰王燕，張耳王趙，彭越王梁，韓王信王太原，吳芮王長沙，則天下之勢，異姓強，而同姓未有封者也。如高帝六年，高祖弟交王楚，高祖子肥王齊，英布王淮南，盧綰王燕，張敖王趙，彭越王梁，高祖兄喜王代，吳芮王長沙，則天下之勢，異姓與同姓強弱亦畧相當也。如高祖	（史部，編年類，通代之屬，大事記解題，卷十，頁7、頁8、頁9）

| | | | | 十二年，高祖弟交王楚，高祖子肥王齊，高祖兄子濞王吳，高祖子長王淮南，高祖子建王燕，高祖子如意王趙，高祖子恢王梁，高祖子友王淮陽，高祖子恒王代，吳芮王長沙，則天下之勢，同姓甚強而異姓絕無而僅有也。以當世得失言之，如〈高祖功臣年表〉，高祖功臣侯者一百四十三，至文帝之世，存者一百二十五，至武帝時，存者七十一，則時之守先典待舊勳，孰得孰失，皆可知矣。如〈惠景間侯者表〉，建元之後存者二國，太初以後又皆國除，則時之政事，孰緩孰急，皆可知矣。如〈建元以來侯者表〉，元光侯者四，元朔侯者二十，元狩侯者十三，皆以匈奴封；元鼎侯者十六，以匈奴、南粵封；元封侯者十七，以東越、甌駱、南粵、朝鮮、西域封，則時之用兵，孰多孰少，皆可知矣。〈建元以來王子侯者表〉，元光侯者七，元朔侯者一百二十七，元狩侯者二十五，元鼎侯者三，則時之分封，諸侯子弟施行次第，皆可知矣。以君臣之職分言之，如高帝元年，「大事記」沛公為漢王，之南鄭，還定雍，而「相位」書蕭何守漢中，「御史大夫位」書周苛守滎陽。高帝九年，「大事記」未央宮成，置酒前殿，帝奉玉卮上太上皇壽曰，今臣功孰與仲多，而「相位」書蕭何為相國，「御史大夫位」書周昌為趙丞相，則君臣之職分，或得或失，皆可知矣。彼班氏作漢史，苟欲自出機軸盡變子長之例，分異姓王同姓王為兩表，漢初親疏相錯之意不復見，〈同姓諸侯王表〉廢年經國緯之制，王子侯以下諸表廢國經年緯之制，徒列子孫曾玄世數，是特袞諸家之譜諜耳，天下大勢當世得失斷然莫可考，何名為表哉？太史公諸表，〈秦楚之際月表〉此一時也，〈漢興以來諸侯年表〉此又一時也。至於以節目論之，則〈高祖功臣年表〉與〈惠景間侯者表〉異矣，〈惠景間侯者表〉與〈建元以來侯者表〉異矣。〈建元以來王子侯者表〉斷自建元，其亦有以矣。

（善本：01782：明刊本） | （善本） |
| 呂祖謙 | 150 | 通論 | 考據 | 班固《前漢書・司馬遷傳》云：「十篇缺，有錄無書。」以張晏所列亡篇之目校之《史記》，或其篇具在，或草具而未成，非皆無書也。今各隨其篇辨之：其一曰：〈景紀〉此其篇具在者也。《索隱》信張晏之說，遂謂〈景紀〉後人取班書補之。學者取司馬氏、班氏二紀觀其去取詳略之意，其才識之高下可默喻矣。此紀所載，間有班書所無者，不惟非生班孟堅後者所祗 | （集部，別集類，南宋建炎至德祐，東萊集，別集卷十四，頁5、頁6、頁7） |

| | | | | 補，亦非元、成間褚先生所能知也，況用意高遠，豈他人所能辨乎！其二曰：〈武紀〉，十篇唯此篇亡。衛宏《漢舊儀》注曰：「司馬遷作本紀，極言景帝之短及武帝之過，武帝怒而削去之。」衛宏與班固同時，是時兩紀俱亡，今〈景紀〉所以復出者，武帝特能毀其副在京者耳，藏之名山，固自有它本也。〈武紀〉終不見者，豈非指切尤甚，雖民間亦畏禍而不藏乎？其三曰：〈漢興以來將相年表〉，其書具在，但前闕叙，後自太始元年以下，則褚先生所續耳。其四曰：〈禮書〉，其叙具在，自「禮由人起」以下則草具而未成者也。其五曰：〈樂書〉，其叙具在，自「凡音之起」以下則草具而未成者也。其六曰：〈律書〉，其叙具在，自「書曰七正二十八舍」以下則草具而未成者也。其七曰：〈三王世家〉，其書雖亡，然〈叙傳〉云：「三子之王文辭可觀作〈三王世家〉。」則其所載不過奏請及策書，或如〈五宗世家〉，其首略叙其所自出，亦未可知也。況是時，三王方就國，豈有事績可記耶？「贊」乃眞太史公語也。其八曰：〈傅靳蒯成列傳〉，此其篇具在，而無刊缺者也。張晏乃謂褚先生所補，褚先生論著附見《史記》者甚多，試取一、二條與此傳並觀之，則雅俗工拙自可了矣。其九曰：〈日者列傳〉，自「余志而著之」以上，皆太史公本書。歐陽文忠公每有製作，必取此傳讀數過，然後下筆，其愛之如此！末有褚先生所論數百言，乃張晏所謂言辭鄙陋者也。晏并與其傳疑之，此豈褚先生手筆乎？其十曰：〈龜策列傳〉，其序具在，自「褚先生曰」以下乃其正，如〈古文尚書〉，兩漢諸儒皆未嘗見，至江左始盛行，固不可以其晚出，遂疑以爲僞也。作者關鍵，張晏雖不足以知之，如此傳序存傳亡，使晏稍詳讀之，不應悉以爲非，亦由《史記》高古，習之者少，晏亦未嘗究觀爾。 | |
| 呂祖謙 | 150 | 通論 | 辭章 | 東萊呂氏曰：太史公之書法，豈拘儒曲士所能其說乎？其指意之深遠，寄興之悠長，微而顯，絕而續，正而變，文見於此而起義於彼，有若魚龍之變化，不可得而蹤跡者矣。讀是書者，可不參考互觀，以究其大指之所歸乎？

按：該語引自宋馬端臨《文獻通考》。
（善本：04474；明正德己卯（14 年，1519）建陽劉氏慎獨齋刊本） | （史部，政書類，通制之屬，文獻通考，卷一百九十一，頁 8）

（善本） |

陳傅良《史記》評點表

評家	160	體例篇名	類別	評　點　內　容	備　　註
陳傅良	10	孝文本紀第十	史識	陳傅良曰： 以一女子言，改百年帝王之故典，非甚勇不及此。 按：該語引自宋陳仁子《文選補遺》陳傅良注。 （善本：13675；明·翻刊元茶陵陳氏東山書院本）	（集部，總集類，通代之屬，文選補遺，卷一，頁 17） （善本）
陳傅良	83.5	魯仲連鄒陽列傳第八十三	史識	余嘗惑於太史公以魯仲連、鄒陽并為一傳，其世相去遠，事甚不類，言語文章亦不相侔也。至讀所謂「多其在布衣之位，談說於當世」，蓋釋然有感於二子，而嘆良史之筆，取舍固殊焉！夫秦漢之際，士之遭時致身者不知其幾人，往往無聞。以太史公所身親見，開封侯、桃侯而下卿相數十輩，皆略附名，申屠嘉後，否不立傳。二子特布衣爾，他無所槩見，徒以書一編關於當世之務，相先後百有餘年，行事言語不同，而牽連書之，則古人之不朽，誠有不在彼者。 （善本：10524；明正德元年溫州知府林長繁刊本）	（集部，別集類，宋金元，止齋先生文集，卷四十九，頁 4） （善本）
陳傅良	106	吳王濞列傳第一百六	史識	錯之議曰： 削之亦反，不削亦反。愚則曰：亟削則必反，緩削則可以亡反。濞以壯年受封，至是垂老矣，寬之數年，濞之木拱，則首難無其人，七國雖强，皆可以勢恐之也。錯不忍十年之緩假，欲急其攻，而躑躅為之，身殞國危，取笑天下。俚語曰：貪走者蹶，貪食者噎。其錯之謂耶！ 按：該語引自宋無姓名《十先生奧論註》。	（集部，總集類，十先生奧論註，續集卷十，頁 2）
陳傅良	106	吳王濞列傳第一百六	史識	吳王濞之謀反也，其志蓋萌於太子博局之死，而停蓄含忍於文帝几杖之賜，西向之心，未始不欲逞也。景帝之立，濞之側目京師，猖然而噬者屢矣，而晁錯以削地之策，適犯其怒，而泄其不逞之謀，卒死讒鋒，為言事者戒，錯誠可悲也哉！ 按：該語引自宋無姓名《十先生奧論註》。	（集部，總集類，十先生奧論註，續集卷十，頁 1）

陳傅良	150	通論	史識	《太史公書》又以接《尚書》、《春秋》之統緒，而下逮秦漢，其用功略與《左氏》同，而不敢比假《春秋》，是以變爲紀、傳、世家、書、表耳！何當合併共講其指？讀《史記》甚善，然有猥駁奇恠之疑，何也？獲麟以後，孟、荀推尊孔氏，明禮義之統紀。二子死，百氏益亂眞，老儒如浮丘伯、伏生之徒，區區於秦楚之際，抱經自守，而其力不足以發揮前緒。至漢六七十年間，董大夫始究大業，田何、孔安國、戴聖、戴德、毛莫並出，各有所著，而又未試合群書爲一，削其不合以存其合者，太史談有意矣，然六家之論猶崇老抑儒。遷卒家學，乃盡百家之精而斷以六藝，《易》本田何，《春秋》本董仲舒，《書》本孔安國，《禮》本河間，獨恨不見《毛氏詩》耳！蓋其融液九流，萃爲一篇，罷黜雜論，自〈五帝紀〉以下盛有依據，荀卿之後，僅見此書爾。其論五帝云：「再蒙言黃帝，其文不雅馴，搢紳先生難言之，書缺有間，其軼迺時時見於他說，非好學深思，心知其意，固難爲淺見寡聞者道。」則所得多，而自負亦不薄矣。惜自班固看渠不過，妄有瑕摘，後生沿習，遂成牢談。千五百年之間，此書涇晦，正賴吾黨自開隻眼，不惑於紛紛之論，謹勿容易便生疑薄也。 （善本：10524；明正德元年溫州知府林長繁刊本）	（集部，別集類，宋金元，止齋先生文集，卷三十五，頁14） （善本）
陳傅良	150	通論	史識	孔子作《春秋》，一字無間然者，非獨用功深也，易其心而後語，權衡自平耳。後之秉筆者宜書輒不書，不宜書輒書，是其咎安在？如班孟堅史，視司馬子長加精察，而竟不能過，往往有愧色，亦豈力不足歟！	（集部，別集類，南宋建炎至德祐，止齋集，卷四十一，頁8）
陳傅良	150	通論	其他	《史記》一書，自班氏莫窺其珍，後學祖班，轉爲詿剝，令人扼腕。若能爲發大意，不必若諸家餖飣訓釋，亦千載美事。如《索隱》之類，收拾無害，要只是向下工夫，閑居且一面羅取爲編，何當良覿互相扣擊，痛快後已，及此於邑之至。 （善本：10524；明正德元年溫州知府林長繁刊本）	（集部，別集類，宋金元，止齋先生文集，卷三十七，頁5） （善本）

葉適《史記》評點表

評家	160	體例篇名	類別	評　點　內　容	備　註
葉適	1.5	五帝本紀第一	考據	犧、黃爲文字之始，聖智之先，不獨學者言之，孔子蓋言之矣。至於簡弃鴻荒，斷自堯、舜，則何必孔子？自舜、禹以來固然也。何以知之？方禹、益、皋陶共明治道，祖述旧聞，其時去黃帝、顓頊不遠，所稱道德廣大，皆獨曰堯、舜，未有上及其先者，推群聖賢之心，豈夸襧而輕祖哉？故余以爲神靈不常，非人道始，缺而不論，非掩之也。如遷所見〈五帝德〉、〈帝繫姓〉，雖曰起自黃帝，若夫稽古而陳之，君之堯、舜，臣止禹、皋陶，而羲、農、后、牧之倫不預焉？遷未造古人之深旨，特与百家雜亂之中，耴其雅馴者而著之，然則典謨大訓徒雅而已乎！況黃帝、堯、舜之後，既數千年，長老所言不可信，審矣。不擇義而務廣，亦可爲學之患也。孔子謂顏淵：「行夏之時，乘殷之輅，服周之冕」，蓋爲邦之要略，漢儒之智，未足以及此也，而迁紀夏、商，言「孔子正夏時」，又曰「殷輅車爲善」，近是矣！至「文王三分天下有其二，以服事殷」，周之德其可謂至德也已矣，則迁不能知，故曰：「受命稱王，改法度，制正朔，當以孔子爲正也。」 （善本：07014：萃古齋抄本）	（子部，雜家類，習學記言序目，卷十九，頁1） （善本）
葉適	7.5	項羽本紀第七	史識	古人之於聖賢，皆因事以著其人，未嘗以人載事。項籍既盜奪，然文字以來，以人著事最信而詳，實始於此。「初起時二十四」，「少學書不成，去學劍又不成」，「書足記姓名，劍一人敵不足學，學萬人敵」，「乃教籍兵法，不肯竟學」楚、漢間頗用此例推觀。不知古人之材与後世之材，何以教？何以成就？上世教法盡廢，而亡命草野之人出於雄強。遷欲以此接周孔之統紀，恐未夂也。 （善本：07014：萃古齋抄本）	（子部，雜家類，習學記言序目，卷十九，頁4） （善本）
葉適	7.5	項羽本紀第七	史識	太史公論「羽非有尺寸，乘勢起隴畝之中，三年，將五諸侯滅秦，分裂天下而封王侯，政由羽出，號爲霸王」，近古所無。不知古人之治，未嘗崇長不義之。《左氏》載傻瞞三人皆爲諸侯所誅，蓋是時先王之遺政猶存，負力桀悍者終不得自肆。如項羽，氣力不過長敵，而不幸遭	（子部，雜家類，習學記言序目，卷十九，頁5）

葉適	8.5	高祖本紀第八	史識	世大壞，遂橫行至此。遷以畏異之意，加嗟惜之辭，史法散矣。 （善本：07014：萃古齋抄本）	（善本）
葉適	8.5	高祖本紀第八	史識	益贊于禹以「惟德動天」，伊尹暨湯「咸有一德」，周人稱「文王之德至矣」，有是德也，則有是政也，而太史公乃謂三代之政，忠、敬、文若循環，漢救以忠，爲得天統，是遷於禹、湯、文、武，皆望其藩牆而不即者也。爲治既如彼，而言治復若此，世道所以有汙而無隆欤！哀哉！ （善本：07014：萃古齋抄本）	（子部，雜家類，習學記言序目，卷十九，頁6） （善本）
葉適	28.5	封禪書第二十八	史識	〈封禪〉最無據。舜「二月東巡狩，至于岱宗」，禮其所尊也。「望秩于山川」，無不徧也，至於西、南、北猶是礼也，烏有所謂封禪者乎？周成王盖未有言封禪者，遷殆誣之也。《管子·封禪》篇，游士所爲謂其諫止齊桓，固妄矣，至始封禪，而漢武因之，皆用方士之說，虛引黃帝而推於神仙變詐，是以溢祀黷天也。迁亦知其非，不恥論正，反傅會之，雖微見其意，而所徇已多矣，安恥救乎！	（子部，雜家類，習學記言序目，卷十九，頁10、頁11）
葉適	28.5	封禪書第二十八	史識	（善本：07014：萃古齋抄本）	（善本）
葉適	30.5	平準書以觀事變第三十	史識	〈平準書〉直叙漢事，明載聚斂之罪，比諸書最簡直，然觀迁意，終以爲安寧變故，質文不通，山海輕重，有国之利。按《書》：「懋遷有無化居」，周訊而不征，春秋通商惠工，皆以國家之力恃商賈，流通貨幣，故子産拒韓宣子一環不与，令其詞尚存也。漢高祖始行困辱商人之策，至武帝乃有筭，然告緡之令，塩鐵榷酤之入，極於平準，取天下百貨自屈之。夫四民交致其用，而後治化興，即末後本，非正論也。使其果出於厚本而抑末，雖偏，尚有義。若後世但奪之以自利，則何名爲抑？恐此意遷亦未知也 （善本：07014：萃古齋抄本）	（子部，雜家類，習學記言序目，卷十九，頁11） （善本）
葉適	32.5	齊太公世家第三十二	史識	「陰謀修德以傾商政」，德非傾人之事，豈陰謀所恥爲？信如此，則古之爲德，乃後之所爲暴也。遷併言之，未可与論知德矣。「客寢甚安，殆非就國」，此後世鄙語，而遷以施之周公、師尚父之間，是世無復有聖賢，何取於論載也！遷言「曹沫以匕首刼齊桓公」，「遂与沫三敗所亡地」，此事《公羊》先見。按《楚〔註1〕氏》，	（子部，雜家類，習學記言序目，卷十九，頁12、頁13）

〔註1〕按：楚，四庫文淵閣本作左。是

葉適	33.5	周公世家第三十三	考據	「周公奔楚」，是時楚未有國，公奚之焉？《詩》、《書》以爲居東，而異説以爲南奔，推此類，則亦當時史法不備之故。自遷故爲史，其高者固不盡知，而卑者差勿誤尔。遷言金縢事既錯謬，而繫以「得郊祭文王，有天子礼樂」，有害義。〈金縢〉所謂「自以爲功代武王」，一時事也。辛周公所以造周者，不足以用異礼，而以〈金縢〉故与之，是以天下之明器而爲己之私物，将与逄丑父、紀信一等矣。 （善本：07014：萃古齋抄本）	（子部，雜家類，習學記言序目，卷十九，頁 13、頁 14） （善本）
葉適	34.5	燕世家第三十四	史識	「成王既幼，周公攝政，當国践祚，召公疑之，作〈君奭〉」，不知遷所謂疑者何事？必挾世俗之意。既称伊尹、伊陟，毀諸賢臣，使召公之智不足以知之，則周公一時之語，安能遽説其心？遷論聖賢之際，大抵率易如兒戲耳。 （善本：07014：萃古齋抄本）	（子部，雜家類，習學記言序目，卷十九，頁 14） （善本）
葉適	36.5	陳杞世家第三十六	義理	周人崇尚報應，遷所稱十二人，唐、虞之際，有功德臣，舜後爲陳，田常建國，皆田語也，然武王封先代，盖褒有德。臧文仲嘆瓒陶不祀，謂德義之後不應絶尔。若陳氏篡盜，亦曰舜所致，則是不復論天德，但以利責報也。至孔子始改此論，曰「巍巍乎舜、禹之有天下也，而不与焉！」夫以天下爲不与，則雖尸位銷歇，而道德自存，義理常尊，而利欲退聽矣，此遷所未知也。 （善本：07014：萃古齋抄本）	（子部，雜家類，習學記言序目，卷十九，頁 14） （善本）

（上承前頁表格內容）

魯莊公九〔註 2〕納糾，敗子〔註 3〕乹〔註 4〕時，幾獲，十年有長勺之勝，劌實主之，齊猶未已，与宋次乘丘，公子偃敗宋師十三年，北杏之會，齊将稱霸，其多魯乃會盟於柯。是魯國未嘗失地，三年不交兵，何用要刦？二十三年，曹劌復諫觀社，詳其前後詞語，豈操匕首於壇坫之間者耶？意當時處士，謂劌自鄉人拔起有功業，宗主之不以德而以爲刺，習俗之陋，何獨後世，可哀也已！「齊卿公欲尊王晉景公」，遷以數百年後事開迹數百年前，此等語皆不暇審也。

（善本：07014：萃古齋抄本）

（善本）

〔註 2〕 按：九，四庫文淵閣本作九年。是
〔註 3〕 按：子，四庫文淵閣本作于。是
〔註 4〕 按：乹，四庫文淵閣本作乾。是

葉適	40.5	楚世家第四十	考據	序〈楚世家〉可觀。言其再自王，及隨請尊楚，周、召敗，隨侯意欲疎濶，以管仲對詞考之，周之號令殆不復通於江漢間矣。「弱弓微繳加帰雁之上」，「虎肉臊而兵利人身〔註5〕猶攻之」，二事皆《戰國策》所無，其文無異意，劉向所序，比遷時已有遺落也。 （善本：07014：萃古齋抄本）	（子部，雜家類，習學記言序目，卷十九，頁15） （善本）
葉適	41.5	越王句踐世家第四十一	史識	遷載范蠡，殊不足據。《越語》固言其去矣，而遷之雜說，既言其相齊，又去齊為陶朱公，又子殺人於楚，又行千金書遺莊生，又莊生怒長子，卒敗其事。信如是，則蠡偪側亂者，以狡獪賈豎為業，何異呂不韋之流，何必稱賢也！當遷去蠡時尚近，而不能斷其是非，使蠡蒙羞，惜哉！ （善本：07014：萃古齋抄本）	（子部，雜家類，習學記言序目，卷十九，頁15） （善本）
葉適	47.5	孔子世家第四十七	史識	〈孔子世家〉所取甚雜，然比之載五帝三代周召等事，猶不至於駁異。譬如以相求人，雖非其真，然禹行舜趨，要無跲步履，學者深攷之，亦足以成德也。 （善本：07014：萃古齋抄本）	（子部，雜家類，習學記言序目，卷十九，頁16） （善本）
葉適	53.5	蕭相國世家第五十三	史識	蕭何雖不見古人，然漢非何不興也。遷既不能品第其人，而始但輕之為刀筆吏，終遽与閦、散爭列。伊尹、傅說未嘗無賤微之誚，此固何足論，然又何閦、散之易為乎？漢高之德与力此，非有尺寸，而以何為磐桓，故能建侯；未知老苦、置衛繫獄者，發於襺岩而然耶？抑亦有流言之誤耶？遷殊不能辨，而後世因之，使人廢叅嘆息而已。 （善本：07014：萃古齋抄本）	（子部，雜家類，習學記言序目，卷十九，頁16、頁17）
葉適	60.5	三王世家第六十	其他	〈河間王傳〉：「被服、造次必於儒者，山東諸儒多從之游」，甚得體，恨大畧耳。 （善本：07014：萃古齋抄本）	（子部，雜家類，習學記言序目，卷十九，頁17） （善本）
葉適	61.5	伯夷列傳第六十一	史識	遷本意取高讓不受礼楽者為列傳首是也，然許由、卞隨、務光空寓言，無事寔，學者所共知，遷為是故以六藝正百家之姿，正於其所不必正，一也。按再有問於子貢曰：「夫子為衛君乎？」子貢曰：「諾，吾將問之。」入曰：「伯夷、叔齊何人也？」曰：「古之賢人也。」曰：「怨乎？」	（子部，雜家類，習學記言序目，卷二十，頁1、頁2）

〔註5〕按：人身，四庫文淵閣本作身人。

| | | | | 曰：「求仁而得仁，又何怨！」出曰：「夫子不爲也。」子曰：「見善如不及，見不善如探湯，吾見其人矣，吾聞其語矣；隱居以求其志，行義以達其道，吾聞其語矣，未見其人也。齊景公有馬千駟，死之日民無得而稱焉。伯夷、叔齊餓於首陽之下，民到於今稱之。其斯之謂歟！」論夷、齊之事，無大於此者矣。以子臧、季札考之，未嘗有所怨，則夷、齊何怨焉？謂夷、齊爲怨者，傳遠而說訛尔。遷〔註6〕孔子之言，謂夷、齊之非怨，而又以妄人之詩疑伯夷、叔齊之不餓不怨，既正於其所不必正，復以所不必正者，害其所正，二也，且負芻、吳光皆弒君竊國，子臧、季札尚不恥立於其朝，蓋其待之如糠粃外物，不實非是於心，乃讓國之常節；況武王、周公以至仁大義滅商，夷、齊奚爲惡之？此特浮淺之詞，而遷信之，何哉？孔子謂「餓於首陽」者，言其甘於貧賤而難之也，遷遂以爲不食死，對心〔註7〕而不知命，豈仁人之意乎？三也。盜跖不軌之人，何足与夷、齊、顏子較賢否？聖賢之所未爲者，天之所不餓爲，遷雖稱重輕、清濁各有所在，而寔理蓋未之知，四也。又遷所謂名者，顏子因孔子而彰，則固信矣，若夷、齊則在孔子之前五六百年，孔子所敬者，故曰：「民到於今稱之」，是不待孔子而後彰也。稽古道，續先民，聖人之職當然也，豈以是爲軒輊於其間哉！遷雖定一尊於孔氏，乃其陋若此者，非所以爲尊，五也。余觀孟子論夷、齊，最爲精義，然猶推惡惡之心，有近隘之行，非所謂得仁求志也，必以孔子爲正。
（善本：07014；萃古齋抄本） | （善本） |
| 葉適 | 62.5 | 管晏列傳第六十二 | 史識 | 遷載管仲稱鮑叔事甚鄙，不可以示後世子孫，思所謂信乎友、獲乎上者，豈若是哉？「論畢而易行」此漢初語，非春秋時語也。俗之所欲否，未必是，因而予奪，未必合，福未必福〔註8〕，敗未必餒功，如此等議論，無當於治，乃蠹術浮說，誤後學，不可不審也！且管仲不餓盡由礼，故孔子以三歸、具官、反坫、樹塞門明之，遂謂其「富擬公室」亦非也。
（善本：07014；萃古齋抄本） | （子部，雜家類，習學記言序目，卷二十，頁2）

（善本） |

〔註6〕按：遷，四庫文淵閣本作遷雖以。是
〔註7〕按：對心，四庫文淵閣本作慭。是
〔註8〕按：福，四庫文淵閣本作因禍。是

葉適	68.5	商君列傳第六十八	史識	商鞅变法，大事也，遷不加甄別，淺深無次，而學者亦攷之不詳。所謂「令民爲什伍，而相妝司連坐」者，此变法之本意也。古者爲比、閭、族、黨，使民相保、相爱、相和親，有罪奇衺相及是亦連坐，而非屬民者不相妝司也。孟子敎治滕，則曰：「死徙無出鄉，鄉田同井，出入相友，守望相助，疾病相扶持。」盖治小國，合散民，以親睦爲先，雖有罪奇衺，亦未暇相及也。先王以公天下之法，使民私其私，商鞅以私一國之法，使民公其公，此其所以異也。「不告姦者腰斬，告姦者与斬敵首同賞，匿姦者与降敵同罰。」此因事積習致然，盖有是賞罰者，若遽立爲一成之法，以齊、秦俗，則民之叛秦，不待勝、廣矣。不分異者，漸以倍賦法偪奪之，先王之法雖防民情，如成訟、勿讎、避讐，今民情有所出入。葉公曰：「吾黨有直躬者，其父攘羊，而子證之。」孔子曰：「吾黨之直者異於是，父爲子隱，子爲父隱，直在其中矣。」今鞅使民一切不得私鬪相蔽隱，直情徑達以奉公上，又「事末利及怠而貧者」，先王雖有里布屋粟之罰，而民間轉移，執事不辜而收挐之也。其設法抑民，輕重曲折，事不一端，而遷之所載，謂直若酒之鴆，藥之鳥喙，疾之塞熱，匕首之濡縷立死者，亦未必然也。至如集小鄉爲縣，開井邑爲阡陌之類，則固可遽行矣。盖其禁民巧，察民專，沈鷙果敢，一施於上下而使其便於國，故雖殺其身，卒不能廢其法，數百年而禁制成，秦已亡而猶不可变。凡行於後卋，增損厚薄，微有不同，大抵皆鞅之遺術也，何獨彼之非乎！ （善本：07014：萃古齋抄本）	（子部，雜家類，習學記言序目，卷二十，頁4、頁5） （善本）
葉適	74.5	孟子荀卿列傳第七十四	史識	以孟子、荀卿冠之諸子，雖於大體不差，而有可憾者，如不言利之爲是，而未知所以不言之意，且於騶衍分數終爲多耳。人言武王仁義，伯夷不食周粟，天下惟一理，武王果仁義，則伯夷何名死之？盖傳者姿也。後世謂孔孟絕學，秦漢以後，無人可利〔註9〕，亦非虛耳！ （善本：07014：萃古齋抄本）	（子部，雜家類，習學記言序目，卷二十，頁5） （善本）
葉適	75.5	孟嘗君列傳第七十五	考據	馮驩事与《戰國策》馮驩稍殊，《史記》盖別有所本，其義爲勝也。 （善本：07014：萃古齋抄本）、	（子部，雜家類，習學記言序目，卷二十，頁5） （善本）

〔註9〕按：利，四庫文淵閣本作到。是

葉適	80.5	樂毅列傳第八十	史識	余謂樂毅之詞，変化而飪知本，流放而不失正，故曰「免身立功，以明先王之迹，臣之上計」，雖不得於今君而無子胥、商鞅之慘，君子將有取焉。若夫蒯通、主父偃廢書而泣，何爲於此？遷豈謂二人之好惡，亦足以重輕其間乎？殆毅書因是而傳耳！ （善本：07014：萃古齋抄本）	（子部，雜家類，習學記言序目，卷二十，頁5、頁6） （善本）
葉適	92.5	淮陰侯列傳第九十二	史識	遷貴〔註10〕韓信不學道謙讓，伐功矜飪，至於夷滅，信雖不及以知此，然當受此責矣，何也？當天下發難，与沛公先後起者，各有得鹿之心，固以其力自斃，無恠也。獨蕭何、張良与信，沛公之所須如左右手，然其君臣之分當素定也。若信猶欲自立，則漢誰与立功，是天下終不可得而定矣。信託身於人，而市井之度不改，始則急近以不得不与，終則徼幸於必不可爲，以黥、彭所以自處者，而處周、召、太公之地，欲不亡得乎！ （善本：07014：萃古齋抄本）	（子部，雜家類，習學記言序目，卷二十，頁8、頁9） （善本）
葉適	110.5	匈奴列傳第一百十	史識	遷言：「堯雖賢，興事業不成，得禹而九州寧，且欲興聖統，惟在擇任將帥哉！」蓋嘆衛、霍、公孫弘之事，微其詞也！漢武用姿人，殘民不已，幾亡天下，其不飪興聖統，固宜也，然未知遷所謂「擇人以興」者，人當如何？堯、舜三代之待夷狄，九州之內，無礼義之俗也，故礼義修而夷狄服，不必盛兵力也。若秦、漢以後，中國所以待之者，又烏有定法？可和則和，可征則征，其要在於備守邊陲，固不虛內以事外，使夷狄不能加而已。如以漢武爲「建功未深」，而異人間出，蓋將有功於此者，則余不能知矣。 （善本：07014：萃古齋抄本）	（子部，雜家類，習學記言序目，卷二十，頁11、頁12）
葉適	121.5	儒林列傳第一百二十一	史識	子思之夏〔註11〕，子高、子順、子魯皆守家法，學者祖之。叔孫通本學於子魚，子魚始仕始皇。陳餘儒者与子魚善。陳勝首事，餘荐子魚。餘輕韓信以取敗亡，鮒死陳下，儒孝幾絕。獨通遺種僅存，卒賴以有立。司馬遷、班固曾不飪言其所自來，乃爲〈儒林傳〉自武帝始。楚、漢間辨士說客多妄言，遷、固一切信之，反以陸賈爲優於叔孫通。愚固深嘆漢、隋、唐末之禍，他書盡亡，無以質証，而爲遷、固之信，使學者不復識孔氏本末，然則何此秦火爲害也。 （善本：07014：萃古齋抄本）	（子部，雜家類，習學記言序目，卷十七，頁20） （善本）

〔註10〕按：貴，四庫文淵閣本作責。是
〔註11〕按：夏，四庫文淵閣本作後。

葉適	150	通論	史識	古者吉系、訓典、故志、《春秋》、《詩》、《礼》、《樂》，各自爲書也，皆史官職之，舉以教人，則各爲設官，蓋皆可以懲勸也。孔子之於諸書，擇義精矣，可以爲世教者則用之，如世系之類，於教粗矣，不用也。至左氏爲《春秋》作傳，盡其巧思。包括諸國，綜錯萬端，精粹研極，不可復加矣。遷欲出其上，別立新意而成此書，然無異故，盡耴諸書而合之耳，如刻偶人，形質具而神明不存矣，書完而義鮮，道德性命蓋以散微，學者無所統紀，其勢不淂不從事於無用之空文，然則人材何由而可成？嗚呼，孔子稱「天之未喪斯文」者，蓋謂是耶！ （善本：07014：萃古齋抄本）	（子部，雜家類，習學記言序目，卷二十，頁 18） （善本）
葉適	150	通論	史識	以遷所紀五帝、三代考之，堯、舜以前固絕遠，而夏、商殘缺無可証，雖孔子亦云。獨周享國最長，去漢未久，遷極力收拾，然亦不過《詩》、《書》、《國語》所記而已，他蓋不飪有所增益也，是則古史法止於此矣！及孔子以諸侯之史，時比歲，自加以日月，以存世教，故最爲詳密。左氏目而作傳，羅絡諸國，儵極妙巧，然尚未有變史法之益也。至遷窺見本末，勇不自制，於時然大人先哲爲道古人所以然者，史法遂大變，不復古人之旧，然則豈特天下空盡而爲秦，而斯文至是亦蕩然殊制，可嘆也！ （善本：07014：萃古齋抄本）	（子部，雜家類，習學記言序目，卷十九，頁 1、頁 2） （善本）
葉適	150	通論	史識	遷既以意別爲史，而設諸表存古史法，又頗自損益之，古法之不絶者毫釐耳。義理所在，雖不以改作爲間，然其乖異不合，則學者不可以無攷。 （善本：07014：萃古齋抄本）	（子部，雜家類，習學記言序目，卷十九，頁 6） （善本）
葉適	150	通論	史識	1.（此段文字分二段，此爲第一） 八書體既立，後有國者禮樂政刑皆聚此書，雖載事各從其時，而論治不可一。〈禮〉、〈樂〉、〈律書〉皆已亡，大意猶可見，往往飄忽草略，使後有願治之主無所據依。孔子曰：「行夏之時，乘殷之輅，服周之冕，樂則韶舞，放鄭聲，遠佞人」，此教顏淵以爲邦之目也。遷於〈夏〉、〈殷本紀〉言正夏時，善殷輅，固已得之；至論禮樂，則不能本孔氏，空汎然華説而已。自春秋以来，儒者論禮樂，	（子部，雜家類，雜學之屬，習學記言，卷十九，頁 12）

評家	150	體例篇名	類別	評點內容	備註
				2.（此段文字分二段，此爲第二） 何可勝數，雖無謬於道，而寔知其意可以措之於治者絶少。孔子曰：「安上治民，莫善於礼，移風易俗，莫善於樂」。又曰：「道之以德，齊之以禮」。又曰：「其或継周者，雖百世可知也」。夫民不可以一日無其上，而亦不餝一日以安其上，後世爲上之不餝安也，搖手動足皆歸之於刑。夫民相依以生，而不相依以刑也，刑之而後安，非善治也，故安上治民，齊之以礼，孔子以是爲善治，継周之後，雖遠而猶可知者，此意是也，不獨以其文也。若夫滋鄙暴慢，化導遷改，和親安樂，乆而成性，則雖湯武功成之樂，孔子猶以爲有憾於其間，而況於鄭声乎！此礼樂之寔意，致治之精説，不可以他救也。遷乃謂秦「尊君抑臣，朝廷濟濟」方以太初之礼与典，而「鄭衛之音所從來乆，人情所感，遠俗則懷」，何其雜於道而易於言乎！ （善本：07014：萃古齋抄本）	（子部，雜家類，習學記言序目，卷十九，頁9） （善本）
葉適	150	通論	史識	司馬遷《史記》有耴於《國語》、《戰國策》及他先秦書，皆一切用旧文，無竄定，是則述而已，無作也。不知劉向、揚雄所謂「善叙事理，辨而無華，質而不俚」者安在？其指楚、漢事言之乎？ （善本：07014：萃古齋抄本）	（子部，雜家類，習學記言序目，卷十八，頁11） （善本）
葉適	150	通論	史識	自《詩》、《書》之作皆有叙，所以繋事紀変，明去耴也。司馬遷変古法，惟序己意，既已失之，然包括上古，收拾遺散，操縱在心，猶時有高遠之意，常人所不餝測知者。及班固効之，而淺近復識，往往不過常人之識之所餝及，至其後史官，則又甚矣！是遷之法一傳而壞，曾不足以行遠，非復古史法不可也。 （善本：07014：萃古齋抄本）	（子部，雜家類，習學記言序目，卷二十三，頁14） （善本）

王楙《史記》評點表

評家	160	體例篇名	類別	評　點　內　容	備　註
王楙	150	通論	辭章	或問《新唐書》與《史記》所以異？余告之曰：「不辨可也。」《唐書》如近世許道寧輩畫山水，是眞畫也，太史公如郭忠恕畫天外數峯，略有筆墨，然而使人見而心服者，在筆墨之外也。 （善本：07124：明嘉靖41年（1562）王毅祥刊本）	（子部，雜家類，野客叢書，附録，頁1、頁2） （善本）

評家	150	體例篇名	類別	評　點　內　容	備　　註
王楙	150	通論	辭章	司馬遷遭腐刑，後爲中書令，尊寵任職，其故人任安予書，責以古人推賢進士之義，遷報書情詞幽深，委蛇遜避，使人讀之爲之傷惻，可以想象其當時亡聊之況。蓋抑鬱之氣，隨筆發露，初非矯爲故爾。厥後其甥楊惲以口語坐廢，其友人孫會宗與書，戒以大臣廢退，闔門皇懼之意，惲報書委曲敷敍，其怏怏不平之氣，宛然有外祖風致，蓋其平日讀外祖《太史公記》，故發於詞旨，不期而然。雖人之筆力高下本於其材，然師友淵源，未有不因漸染而成之者。梁江淹獄中一書，情詞悽惋，亦放遷作，惜筆力不能及之。 （善本：07124：明嘉靖 41 年（1562）王穀祥刊本）	（子部，雜家類，野客叢書，卷二，頁 4、頁 5） （善本）

蔡沈《史記》評點表

評家	160	體例篇名	類別	評　點　內　容	備　　註
蔡沈	2	夏本紀第二	考據	謂十二師五長，內而侯牧，外而蕃夷，皆蹈行有功，惟三苗頑慢不率，不肯就工，帝當憂念之也。 按：該語引自明胡廣《書經大全》。	（經部，書類，書經大全，卷二，頁 63）
蔡沈	2	夏本紀第二	考據	言鐵而先於銀者，鐵之利多於銀也。後世蜀之卓氏、程氏，以鐵冶富擬封君，則梁之利尤在於鐵也。織皮者，梁州之地，山林爲多，獸所走，熊、羆、狐、狸四獸之皮，製之可以爲裘，其毳毛織之可以爲罽也。 按：該語引自明胡廣《書經大全》。	（經部，書類，書經大全，卷三，頁 50）
蔡沈	2	夏本紀第二	考據	渭水自鳥鼠而東，灃水南注之、涇水北注之、漆沮東北注之。曰屬、曰從、曰同，皆主渭而言也。 按：該語引自明胡廣《書經大全》。	（經部，書類，書經大全，卷三，頁 55）
蔡沈	2	夏本紀第二	辭章	1.　（此段文字分二段，此爲第一） 舉三山而不言所治者，蒙上既旅之文也。 按：該語引自明胡廣《書經大全》。	（經部，書類，書經大全，卷三，頁 56）

評家	160	體例篇名	類別	評　點　內　容	備　註
蔡沈	2	夏本紀第二	其他	2.（此段文字分二段，此爲第二） 治水成功，自高而下，故先言山，次原隰，次陂澤也。 按：該語引自明胡廣《書經大全》。	（經部，書類，書經大全，卷三，頁56）
蔡沈	4	周本紀第四	史識	此篇嚴肅而溫厚，與湯誓誥相表裏，眞聖人之言也。〈泰誓〉、〈武成〉一篇之中，似非盡出一人之口，豈獨此爲全書乎？ 按：該語引自明胡廣《書經大全》。	（經部，書類，書經大全，卷六，頁26）

倪思《史記》評點表

評家	160	體例篇名	類別	評　點　內　容	備　註
倪思	7	項羽本紀第七	史識	吳中子弟憚籍易，吳中賢士大夫皆出梁下難，此梁所以尤賢也。 （善本：01673；明嘉靖16年（1537）李元陽福建刊本）	（史部，紀傳類，總義之屬，班馬異同，卷一，頁2） （善本）
倪思	7	項羽本紀第七	史識	倪思曰： 梁死立敗，復奪其權他屬，然殺上將軍得上將軍，軍中耳目固自不同，以此沈舟誓眾，非無本末者，後人效爲之非也。	見《評林》頁256
倪思	7	項羽本紀第七	史識	倪思曰： 二世不聞敗，讓章耶者，即趙高也，不得見還走，其意已決不敢出故道，又高。	見《評林》頁257
倪思	7	項羽本紀第七	史識	倪思曰： 增既知爲天子氣，又云急擊勿失，亦愚矣。	見《評林》頁260
倪思	8	高祖本紀第八	史識	倪思曰： 自項梁以來，攻定陶未下，攻外黃，外黃未下，而兵行無忌，怠欲汲汲赴要害，攘虛邑耳，此最兵家要妙，令人不及掩耳，而過閃自保，得敵去爲幸，何暇追襲，此兵家勝籌也，故高祖攻昌邑未拔，過高陽，攻開封未拔，攻潁川，蓋深喻此意。獨宛強大，追敵近，復欲過而西，則前後相應，非他邑比也，故子房憂之，而惟漢事將成，又有陳恢者謀之，非宛計，實漢計也。	見《評林》頁301、頁302
倪思	8	高祖本紀第八	史識	倪思曰： 蕭何在呂公時，以季多大言少成事，及爲沛令，謀則召之，爲身謀則托之，殆呂公之教也。	見《評林》頁294

倪思	8	高祖本紀第八	史識	倪思曰： 以高帝寬大長者，而不免于屠潁川，所謂殺一不辜，而得天下不為非耶。	見《評林》頁301
倪思	8	高祖本紀第八	史識	倪思曰： 兵入人國都，重寶財物滿前，委而去之，還軍霸上，極是難事，此則可謂節制之兵也。	見《評林》頁304
倪思	8	高祖本紀第八	史識	倪思曰： 天下已定數語，此最識時知勢之論，雖蕭何輩，亦不曾念到此。	見《評林》頁308
倪思	8	高祖本紀第八	史識	倪思曰： 以淮陰之勇畧擊齊，雖微蒯通，亦豈肯出食其下，徒手而返哉。 又曰：當此時，彭越將兵居梁地，往來苦楚兵，絕其粮食。此正漢事將成處，子長重出此語，未必無意。	見《評林》頁314
倪思	8	高祖本紀第八	史識	倪思曰： 呂氏以一婦人問國事，時蕭相國無恙，既問及相國死後，又問其次，何其慮深也！	見《評林》頁329
倪思	8	高祖本紀第八	史識	劉辰翁曰： 自項梁以來，攻定陶不下，攻外黃未下，而通行無忌，殆欲汲汲赴要害，攝虛邑耳。此最兵家要妙，令人不及掩耳，得敵去為幸，何暇追襲，此橫行之道也。若每邑頓兵，得寸失尺，畏首畏尾，聲實皆喪，故高祖攻昌邑，未拔，過高陽，攻開封，未拔，攻潁川，蓋深喻此。獨宛強大，追敵近，復過而西，則前後相應，非他邑比也，故子房憂之。 按：該語引自明黃淳耀《陶菴全集》。	（集部，別集類，明洪武至崇禎，陶菴全集，卷四，頁8）
倪思	8	高祖本紀第八	辭章	倪思曰： 此直項世家事，子長欲見羽負入關約，又不用懷王命，故直敘諸將，以見沛公之屈，故特詳如此。	見《評林》頁307
倪思	53	蕭相國世家第五十三	史識	倪思曰： 舉宗數十人皆无聞名，未必皆有能戰功，想見何為吏，宗強力眾，非諸將亡命者比耳。若徒以兄弟諸子，與諸將較智勇，論功數，未必足以屈其心也。	見《評林》頁1607、頁1608
倪思	57	絳侯世家第五十七	史識	倪思曰： 亞夫言論可稱，非不知體者也，此五人侯後不聞來者，來者可盡侯乎！	見《評林》頁1670

倪思	97	酈生陸賈列傳第九十七	辭章	倪思曰： 此數言益見酈生疎落不檢。有志願成，輕死生、外身世之意，《漢書》去之，遂覺索然以終。	見《評林》頁2288
倪思	100	季布欒布列傳第一百	史識	倪思曰： 布明越功罪，無一語不肯綮，足以折帝之氣而服其心，遂不果殺。	見《評林》頁2326
倪思	100	季布欒布列傳第一百	辭章	倪思曰： 進退如此，本難自言，氣勁詞直足戒千古，寫至默黙良久，忽得一語佳處，正在特字，君臣眞態于此可見。	見《評林》頁2323
倪思	101	袁盎晁錯列傳第一百一	辭章	倪思曰： 子長只是借他人，寫出胷次間事。	見《評林》頁2336
倪思	106	吳王濞列傳第一百六	考據	倪思曰： 秦漢以來，多有讖緯之說，故後五十年，東南有亂，葢當時占氣者所說，恐非高帝能前知也！	見《評林》頁2410
倪思	107	魏其武安列傳第一百七	史識	倪思曰： 嬰不顧竇太后，引誼別微，眞忠臣也。	見《評林》頁2427
倪思	108	韓長孺列傳第一百八	其他	倪思曰： 此俚語，引用雖切，然不可訓。	見《評林》頁2448
倪思	110	匈奴列傳第一百十	史識	倪思曰： 子長於世家推本先聖之後，乃言匈奴祖禹，至于有國莫長焉，而使侵中國時有之，豈天將以報抑洪水之功耶？則夷進之久矣，亦莫能泯也。	見《評林》頁2469
倪思	110	匈奴列傳第一百十	史識	倪思曰： 去病封禪，雖屬兒戲，然自平城以來，能犁亭掃穴，則自匈奴患中國，千餘歲一時也。武帝承文帝之後，赫然振古如此，惜賈生不及見耳！	見《評林》頁2497、頁2498
倪思	110	匈奴列傳第一百十	史識	倪思曰： 前見徙關東貧民處所奪虜地，又見渡河置田官，蠶食接境，非將帥武臣力能使致此？使中行說猶存，尚能鈇騎蹂吾稼耶！以此推見，減卒戍半非容易者，第不知後來此地，窮竟何如！	見《評林》頁2498
倪思	110	匈奴列傳第一百十	史識	倪思曰： 漢兩使入匈奴，欲以乖其國，其後左大都尉之謀，未必非弔右賢王之效也。惜其蹉跌，使受降之城與長安之邸俱虛耳！	見《評林》頁2501、頁2502
倪思	110	匈奴列傳第一百十	史識	倪思曰： 中國之兵凡二十四万騎，而粮重不與，則步兵又可知已，前後師出之盛，未有如此者。	見《評林》頁2497

倪思	110	匈奴列傳第一百十	史識	倪思曰：以吾使為欲說也，故書來則先折其辨；又恐其欲刺也，故少年來者，必先折其氣，非為欲刺使者，以折之也。兩語寫虜情最悉，亦以其非中貴人故耳！	見《評林》頁2500、頁2501
倪思	110	匈奴列傳第一百十	辭章	倪思曰：蒙恬死，匈奴得寬文，活動有精神。	見《評林》頁2476
倪思	117	司馬相如列傳第一百一十七	考據	倪思曰：假，格也，謂其祀天有典，猶恐有所闕遺也，其殆以納于大麓，亦封禪者乎！	見《評林》頁2638
倪思	117	司馬相如列傳第一百一十七	考據	倪思曰：旿旿睦睦，謂鳳；故曰葢聞其聲，又曰茲亦於舜，謂舜亦有此祥。	見《評林》頁2637、頁2638
倪思	117	司馬相如列傳第一百一十七	辭章	倪思曰：賦无異直誇多鬪靡，如魚龍曼衍，欲不可極，使人動心駭目，然又不若參差形似，若有若无之為得也。	見《評林》頁2591
倪思	117	司馬相如列傳第一百一十七	辭章	倪思曰：龍鱗語工，丹青赤白，何莫不然，實字虛用。	見《評林》頁2592
倪思	117	司馬相如列傳第一百一十七	辭章	倪思曰：費語不多，而氣槩吞吐巳極。	見《評林》頁2599
倪思	117	司馬相如列傳第一百一十七	辭章	倪思曰：憂愛懇欵，語厚意長，可為奏疏法，一字一句，形容精密，雖有千賦不及此疏也。	見《評林》頁2625
倪思	117	司馬相如列傳第一百一十七	辭章	倪思曰：羣仙以降，曼延淫灑，至載玉女，使人駭且欲悔，而卒歸之正，至西王母數語，使人意消，何神仙之足言，未遠遊卻又似有所未見，未肯以為虛无也，虛无之善者也。	見《評林》頁2631、頁2632
倪思	118	淮南衡山列傳第一百一十八	辭章	倪思曰：謀情委曲難知，太史公摹寫得盡。	見《評林》頁2649
倪思	120	汲鄭列傳第一百二十	考據	倪思曰：放析就功，殆枉以為直，破析苛碎，須要如己意，自為功耳。	見《評林》頁2676
倪思	122	酷吏列傳第一百二十二	史識	倪思曰：太史公語不多而意深厚。法令者治之具，而非制治清濁之源，便得大綱說到，姦偽萌起，上下相遁，即借法為欺，而無情實，故至于不振，及此時非酷吏救止，安能偷少？頃之快語，勢不得不然，非與酷吏也。	見《評林》頁2699

倪思	122	酷吏列傳第一百二十二	史識	倪思曰： 成傳皆无事實，空自形容，欲盡得其爲人。	見《評林》頁2703
倪思	122	酷吏列傳第一百二十二	史識	倪思曰： 取爲小治，奸益不勝，極見酷吏之無益，人必不服。今日小定，明日既不可行此而誅之，亦不勝也。	見《評林》頁2714
倪思	122	酷吏列傳第一百二十二	考據	倪思曰： 自亭疑法，即奏事，所治即上意，即豪、即下戶，截截如老吏。	見《評林》頁2706
倪思	124	游俠列傳第一百二十四	史識	倪思曰： 韓非子由是以學士引次憲爲人所稱，太史公只直謂爲學士亦不免賴游俠，無游俠則如彼，又謂次憲與游俠比，則彼必有所同，又非笑學士拘于咫尺之義，可謂擯詆不遺餘力，亦若儒者之於游俠，然俯仰悲慨得之身世之感，無不怜傷其意。	見《評林》頁2753、頁2754
倪思	124	游俠列傳第一百二十四	辭章	倪思曰： 既說鄉曲之俠，又閭巷之俠，又匹夫之俠，節節不放過，要見難之又難，以此直至捍當世之文罔，與暴豪之徒，反覆而愈明。	見《評林》頁2755
倪思	129	貨殖列傳第一百二十九	史識	倪思曰： 借知鬭則修備，以明時用，則知物，其理甚明，未有欲鬭而徒手者也，知物之爲時用，猶知彼知己所以鬭也；金穰水毀皆大槩之論，非謂必然，下六穰六旱十二年饑亦然，一水一旱，有時作无時備，不畏常稔常旱也。	見《評林》頁2834、頁2835
倪思	129	貨殖列傳第一百二十九	史識	倪思曰： 樂觀時變，與盡地力相遠，雖以此治天下可也，人棄我取，人取我與，亦老子之所未言。	見《評林》頁2837
倪思	129	貨殖列傳第一百二十九	史識	倪思曰： 謂當開邊時，惟長此輩富厚耳！其下故又及吳、楚。	見《評林》頁2852
倪思	129	貨殖列傳第一百二十九	考據	倪思曰： 督道者，倉所在地名耳，猶後傳註漢宮闕琉所稱細柳倉也。	見《評林》頁2852
倪思	129	貨殖列傳第一百二十九	辭章	倪思曰： 此傳特于敘事中著精語。	見《評林》頁2837
倪思	129	貨殖列傳第一百二十九	辭章	倪思曰： 好辭巧說，謂詞賦之類，此復何與于貨殖？直足開談。	見《評林》頁2844

王若虛《史記》評點表

評家	160	體例篇名	類別	評　點　內　容	備　註
王若虛	4.5	周本紀第四	考據	〈周本紀〉云「成王既遷殷遺民，周公以王命告，作〈多士〉〈無逸〉」。〈魯世家〉云「周公恐成王有所滛逸，乃作〈多士〉〈無逸〉」。自今考之，〈多士〉爲殷民而作者也，〈無逸〉爲成王而作者也；在本紀則併〈無逸〉爲告殷民，在世家則併〈多士〉爲戒成王，混淆差互一至于此，蓋不惟牴牾于經，而自相矛盾亦甚矣！至世家雜舉二篇之吉，支離錯亂，不成文理，讀之可以發笑。 （善本：10779；舊鈔本）	（集部，別集類，宋金元，滹南遺老集，卷九，頁 7、頁 8） （善本）
王若虛	7.5	項羽本紀第七	史識	〈項羽傳・贊〉云：「吾聞之周生，舜目蓋重瞳子，又聞項羽亦重瞳子，羽豈其苗裔耶？何興之暴也！」陋哉！此論人之形貌，容有偶相同者，羽出舜後千有餘年，而獨以此事，遂疑其爲苗裔，不亦迂乎？商均，舜之親子，遺體在焉，然不聞其亦重瞳也，而千餘年之遠裔，乃必重瞳耶？周生何人？所據何書？而上知古帝王之形貌，正復有據，亦非學者之所宜講也。夫舜以元德升聞，四岳薦之，帝堯試之，上當天心，下允衆望，然後踐天子之位，其得之固有道矣！豈專以異相之故，而暴興者哉？使舜果由此而興，則羽之成功亦應畧等，奚其不旋踵而剿滅也？遷輕信愛奇，初不知道，故其謬妄每如此！後世狀人君之相者，類以舜瞳爲美談，皆史遷之所啓，而後梁朱友敬自恃重瞳，當爲天子，因作亂伏誅，亦本此之誤也，悲夫！ （善本：10779；舊鈔本）	（集部，別集類，宋金元，滹南遺老集，卷十二，頁 3、頁 4） （善本）
王若虛	11.5	孝景本紀第十一	史識	《大事記》：「《史記・文帝紀》多載詔書，至〈景帝紀〉則皆不載，蓋以爲不足載也，其吉微矣！」予謂：史書實錄也，詔誥一時之大事，縱使帝之所行，不能副其言，豈容悉沒之乎？此自遷之私憤，而呂氏深取之，遂以判班、馬之才識，予未敢知也。 （善本：10779；舊鈔本）	（集部，別集類，宋金元，滹南遺老集，卷十九，頁 14） （善本）
王若虛	25.5	律書第二十五	史識	〈律書〉之首以爲律爲萬事根本，而其于兵械尤重。武五伐紂吹律聽聲，推孟春以至于季冬，殺氣相并而音尚宮。同聲相從乃物之自然，此固可矣，乃復備論帝王以來用兵之事，而終于漢文獻 〔註12〕 兵，百姓樂業，幾七百言，何關	（集部，別集類，宋金元，滹南遺老集，卷十一，頁 5、頁 6）

〔註12〕按：獻，四庫文淵閣本作厭。是

				於律意哉！斯寔無謂之甚！而邵氏極稱之，以爲此其高古雄深，非他人拘窘所能到者。嗚呼，文章必有規矩準繩，雖六經不能廢，顧乃以疎闊爲高深，緻密爲拘窘，何等謬論也！又有謂虵本爲兵書者，若果兵書，復安用許多律呂事？大都皆出于畏遷而不敢議其非，故妄云云耳。 （善本：10779；舊鈔本）	（善本）
王若虛	44.5	魏世家第四十四	史識	〈魏世家・贊〉云：「說者皆曰：『魏以不用信陵君，故國削弱至于亡，余以天方令秦平海內，其業未成，魏雖得阿衡之佐』曷益乎！」此大謬之說也。魏之亡既廹于秦興，而非人謀之所能救，則秦之亡亦廹于漢興，而無可爲者也，而遷于〈本紀〉乃取賈生之論，以不任忠賢罪二世，何哉？夫無忌之徒，固未足以益國，然遷之失言，不得爲罪〔註13〕也。 （善本：10779；舊鈔本）	（集部，別集類，宋金元，滹南遺老集，卷十二，頁2） （善本）
王若虛	46.5	田敬仲完世家第四十六	史識	史氏之評，因人事之善惡而正其是非，以示勸戒，而裨教化，故可貴也。遷之贊田完，徒謂易術幽明，非通人達才莫能注意，此固不必道者，而又云「田乞及常所以比犯二君，專齊國之政，非必事勢之漸然，蓋若遵厭兆祥」，則亂臣賊子皆得以天命自鮮，而無所懲也，豈史氏之所宜言乎？	（集部，別集類，金至元，滹南集，卷十二，頁1）
王若虛	47.5	孔子世家第四十七	史識	〈孔子世家〉總書行事，有云「食于有喪者之側，未嘗飽也」；「是日哭，則不歌，見齊衰、瞽者，雖童子必變」；「三人行，必得我師」；「德之不修，學之不講，聞義不能徙，不善不能改，是吾憂也」。史氏之所記，孔子之所自言，豈可混而不別？遷採經摭傳，大抵皆踳駁，而二帝三王紀，齊魯燕晉宋衛孔子世家，仲尼弟子傳，尤不足觀也。 （善本：10779；舊鈔本）	（集部，別集類，宋金元，滹南遺老集，卷九，頁13） （善本）
王若虛	53.5	蕭相國世家第五十三	史識	司馬遷贊蕭何云「與閎天、散宜生爭烈」，贊韓信則云「可以比周、召、太公之徒」，贊周勃則云「伊尹、周公何以加」。夫史氏擬人，必于其倫，不可不愼也。以何、信等輩而上方三代聖賢，談何容易哉？至論張耳、陳餘則又譏其異于太伯、季子，遷之品藻陋矣！ （善本：10779；舊鈔本）	（集部，別集類，宋金元，滹南遺老集，卷十二，頁4） （善本）

〔註13〕按：罪，四庫文淵閣本作「無罪」。是

王若虛	63.5	老子韓非列傳第六十三	史識	《史記·老子傳》訓誨孔子如門弟子，而孔子嘆其猶龍者，蓋出于莊周寓言，是何足信！而遂以爲寔錄乎？至于成王剪葉以封唐叔，周公吐握以待士，孔子不假蓋于子夏，曾子以蒸梨而出妻，皆委巷之談，戰國諸子之所記，非聖賢之事，而一切信之！予由〔註14〕爲《古史》，遷之妄謬去之殆盡矣，而猶有此等，蓋可恨云。 （善本：10779；舊鈔本）	（集部，別集類，宋金元，滹南遺老集，卷十一，頁2、頁3） （善本）
王若虛	67.5	仲尼弟子列傳第六十七	史識	〈仲尼弟子傳·贊〉云：「學者多稱七十二〔註15〕子之徒，譽者或過其寔，毀者或損其眞，鈞之末覩厥容貌，則論言弟子籍出孔氏古文近是，余以弟子名姓文字悉取《論語》弟子問，并吹〔註16〕爲篇，疑者闕焉。」予謂論人者亦據其行事而已，豈必容貌之覩？以貌取人，孔子或失之，而遷顧以爲準乎？且遷所引雜說、鄙事，有不足信者，又豈皆《論語》之所載也！ （善本：10779；舊鈔本）	（集部，別集類，宋金元，滹南遺老集，卷十二，頁1、頁2） （善本）
王若虛	107.5	魏其武安列傳第一百七	史識	〈竇嬰傳〉云：「景帝欲用嬰，嬰固辭，上曰：『天下方有急，王孫寧可讓耶？』王孫，嬰之字也，班氏著之傳首是矣。今遷不著，讀者何以知之？始既不著，則當云字謂耳，然嬰貴戚大臣，非他附見者，亦不宜用此法也。	（集部，別集類，宋金元，滹南遺老集，卷十一，頁4） （善本）
王若虛	109.5	李將軍列傳第一百九	辭章	李廣「見草中石，以爲虎而射之，中石沒鏃，視之，石也，因復更射，終不能復入石矣」。凡多三「石」字，當云「以爲虎而射之，沒鏃，既知其石，因復更射，終不能入」。或云「嘗見草中有虎，射之，沒鏃，視之，石也」！亦可。又云：「其射，見敵急，非在數十步之內，度不中，不發。」「度不中」三字重叠，若此句存，則上句宜去也。又言：「廣自頸，軍士大夫一軍皆哭。」但云「一軍」足矣，或去此二字亦可。 （善本：10779；舊鈔本）	（集部，別集類，宋金元，滹南遺老集，卷十五，頁11） （善本）
王若虛	120.5	汲鄭列傳第一百二十	史識	〈汲鄭·贊〉無他褒貶，獨嘆其有勢則賓客十倍，無勢則否，至并載翟公署門事，此何足道而著之史評哉？ （善本：10779；舊鈔本）	（集部，別集類，宋金元，滹南遺老集，卷十二，頁5） （善本）

〔註14〕按：予由，四庫文淵閣本作子由。是
〔註15〕按：七十二，四庫文淵閣本作七十。
〔註16〕按：吹，四庫文淵閣本作次。是

王若虛	122.5	酷吏列傳第一百二十二	史識	《史記‧太史公自序》云：「民倍本多巧，姦軌弄法，善人不能化，唯一切嚴削為能齊之，作〈酷吏傳〉」。「夫事人君，能說主耳，自和主顏色，而獲親近，非獨色愛，能亦各有所長，作〈佞倖傳〉」。夫酷吏、佞倖類皆小人，史之立傳，大抵著其罪惡，以為世戒，而遷獨有取於此等，然則是非之謬，豈特〈游俠〉、〈貨殖〉之論哉！ （善本：10779；舊鈔本）	（集部，別集類，宋金元，滹南遺老集，卷十九，頁 12、頁 13） （善本）
王若虛	150	通論	史識	班固譏遷論游俠、述貨殖之非，世稱其當，而秦少游辨之，以為遷被腐刑，家貧不能自贖，而交游莫救，故發憤而云。此誠得其本意，然信史將為法于萬世，非一己之書也，豈所以發其私憤者哉！ （善本：10779；舊鈔本）	（集部，別集類，宋金元，滹南遺老集，卷十九，頁 14） （善本）
王若虛	150	通論	史識	《語》、《孟》之書，本無篇次，而陋者或強論之，已不足取。司馬貞述《史記》，以為十二本紀象歲星之一周，八書法天時之八節，十表放剛柔十日，三十世家比月有三旬，七十列傳取懸車之暮齒，百三十篇象閏餘而成歲，妄意穿鑿，乃敢如此，不已甚乎！ （善本：10779；舊鈔本）	（集部，別集類，宋金元，滹南遺老集，卷三十一，頁 2） （善本）
王若虛	150	通論	史識	遷史之例，惟世家最無謂。顏師古曰：「世家者，子孫為大官不絕也。」諸侯有國稱君，降天子一等耳！雖不可同乎帝紀，亦豈可謂之世家？且既以諸侯為世家，則孔子、陳涉、將相、宗室、外戚等，復何預也？抑又有大不安者，曰紀、曰傳、曰表、曰書，皆篇籍之目也，世家特門第之稱，猶強族大姓云爾，烏得與紀傳字為類也？然古今未有知其非者，亦可怪矣！然則列國宜何稱？曰國志、國語之類何所不可？在識者定之而已。 （善本：10779；舊鈔本）	（集部，別集類，宋金元，滹南遺老集，卷十一，頁 1） （善本）
王若虛	150	通論	史識	史之立傳，自忠義、孝友、循吏、烈女、儒學、文苑，與夫酷吏、佞倖、隱逸、方術之類，或以善惡示勸戒，或以技能備見聞，皆可也。至于滑稽、游俠、刺客之屬，既已幾于無謂矣。若乃貨殖之事，特市井鄙人所為，是何足以污編錄，而遷特記之乎？班固徒譏遷之稱述崇勢利而羞賤貧，然亦不知其傳之不必立也，是故襲而存之。范曄而下皆無此目，得其體矣。 （善本：10779；舊鈔本）	（集部，別集類，宋金元，滹南遺老集，卷十一，頁 6） （善本）

王若虛	150	通論	史識	《史記索隱》謂〈司馬相如傳〉不宜在〈西南夷〉下，〈大宛傳〉不宜在〈酷吏〉、〈游俠〉之間，此論固當，然凡諸夷狄當以類相附，則〈匈奴〉亦豈得在〈李廣〉、〈衛青〉之間乎？〈循吏〉、〈儒林〉而下，一節之人皆居列傳之末，蓋得體矣矣。及至〈刺客〉乃獨第之〈李斯〉之上，〈循吏〉則第之〈汲鄭〉之上，復何意哉？ （善本：10779；舊鈔本）	（集部，別集類，宋金元，滹南遺老集，卷十一，頁6） （善本）
王若虛	150	通論	史識	禹之平水土，箕子之作〈洪範〉，史但言其事目足矣，而全載二書，甚無謂！蓋聖經自傳，不待表出，徒增冗滯耳。劉子玄唯知孟堅〈地理志〉全寫〈禹貢〉之非，而不譏遷史之謬，何耶？ （善本：10779；舊鈔本）	（集部，別集類，宋金元，滹南遺老集，卷十一，頁2） （善本）
王若虛	150	通論	史識	遷采摭異聞、小說，習陋傳，疑無所不有。許由之事既知其非矣，而又惑于箕山之冢，殆是胸中全無一物也。 （善本：10779；舊鈔本）	（集部，別集類，宋金元，滹南遺老集，卷十一，頁2） （善本）
王若虛	150	通論	史識	或謂太史公文，皆不見先秦古書，故其記二帝、三王事，多與《尚書》不同，此愛之者曲為之說也。按武帝嘗詔孔安國作傳，《史記·儒林傳》亦具言孔氏有古文《尚書》，而安國以今文讀之。蓋《尚書》滋多于是，則其書當時已傳矣，縱未列于學官，子長豈得不見？只是採摭不精耳。彼其所取于他書者亦多牴牾而不合，豈皆以不見之故邪？ （善本：10779；舊鈔本）	（集部，別集類，宋金元，滹南遺老集，卷九，頁9） （善本）
王若虛	150	通論	史識	晉張輔論遷、固史云：遷記二千年事而五十萬言，固記二百年事乃八十萬言，繁簡不同，優劣可知。此說大謬。劉子元既辨其大節矣，抑予嘗考之，遷記事疎略而剩語甚多，固記事詳備而刪削精當，然則遷似簡而實繁，固似繁而實簡也，安得以是為優劣哉！ （善本：10779；舊鈔本）	（集部，別集類，宋金元，滹南遺老集，卷十五，頁13） （善本）
王若虛	150	通論	辭章	唐子西云：六經已後，便有司馬遷；三百篇已後，便有杜子美，故作文當學司馬遷，作詩當學杜子美。其論杜子美，吾不敢知，至謂六經已後便有司馬遷，談何容易哉？自古文士過于遷者何限，而獨及此人乎？遷雖氣質近古，以繩準律之，殆百孔千瘡，而謂學者專當取法，過矣！ （善本：10779；舊鈔本）	（集部，別集類，宋金元，滹南遺老集，卷三十四，頁7） （善本）

| 王若盧 | 150 | 通論 | 辭章 | 馬子才〈子長游〉一篇，馳騁放肆，率皆長語耳。自古文士過于遷者爲不少矣，豈必有觀覽之助始盡其妙，而遷之變態亦何至于是哉？使文章之理，果如子才所說，則世之作者其勞亦甚矣！其言弔屈原之寃云：「不知魚腹之骨尚無恙者乎」？讀之令人失笑，雖詩詞詭激，亦不應爾，況可施于文邪？蓋馬氏全集，其浮誇多此類也。

（善本：10779；舊鈔本） | （集部，別集類，宋金元，滹南遺老集，卷三十四，頁7）

（善本） |

真德秀《史記》評點表

評家	160	體例篇名	類別	評　點　內　容	備　註
眞德秀	6	始皇本紀第六	史識	眞德秀曰： 賈生論秦成敗千有餘言，而斷之曰：仁義不施而攻守之勢異也。文字甚妙，但非至當之論，蓋儒者以攻尚譎詐，而守尚仁義故耳。	見《評林》頁234
眞德秀	6	始皇本紀第六	史識	按：誼所謂天下嚚嚚，新主之資，此正孟子飢渴易飲食之說也，然桀、紂之虐，必有如湯、武者代之，然後可以慰斯民之望！若二世者，以始皇爲之父，趙高爲之師，所習見者，非斬刈人則夷人之三族也。誼乃以任忠賢、憂海內望之，何異責盜跖以伯夷之行乎？且國於天地，必有以爲之根本者，根本不搖，然後扶植之功有所措。彼秦皇者，徒以力吞天下，而非有憑藉扶持之素也，天命人心之去也久矣。借使嗣君有庸主之行，欲以區區小善挽而回之，是猶以盃水救輿薪之火耳！焉能大有益哉？昔有謂：太甲苟不能改過，則商必亡；秦能立扶蘇，則秦必祀。先賢非之曰：以成湯之聖德，天必不使太甲終於桐宮；以始皇之暴虐，天必不使扶蘇得嗣守其業。斯言當矣！如誼所云，眞書生之論也，今姑以其文而取之。	（集部，總集類，文章正宗，卷十二，頁49）
眞德秀	8	高祖本紀第八	史識	按：告諭之語，財百餘言，而暴秦之弊，爲之一洗。所謂若時雨降，民大說者也。 （善本：13659；明正德庚辰（15年：1520）馬卿山西刊本）	（集部，總集類，通代之屬，西山先生眞文忠公文章正宗，卷二，頁1） （善本）

眞德秀	8	高祖本紀第八	辭章	按：此率諸侯王擊楚，而曰願從諸侯王；所擊者項羽，而曰楚之殺義帝者。猶有《左氏》辭命遺意。 （善本：13659；明正德庚辰（15年；1520）馬卿山西刊本）	（集部，總集類，通代之屬，西山先生眞文忠公文章正宗，卷二，頁1） （善本）
眞德秀	8	高祖本紀第八	辭章	按祠祭詔及今此令，才數語而事理曲盡。 （善本：13659；明正德庚辰（15年；1520）馬卿山西刊本）	（集部，總集類，通代之屬，西山先生眞文忠公文章正宗，卷二，頁2） （善本）
眞德秀	9	呂太后本紀第九	辭章	爲義帝發喪，告諸侯：天下共立義帝，北面事之。今項羽放殺義帝江南，大逆無道，寡人親爲發喪，兵皆縞素，悉發關中兵收三河士，南浮江漢以下，願從諸侯王擊楚之殺義帝者。 按：明凌稚隆《史記評林》作眞德秀曰：高祖爲義帝發喪，告諸侯曰「願從諸侯王擊楚之殺義帝者」。齊王遺諸侯書，不曰誅諸呂，而曰入誅不當爲王者，其意頗同，猶有古辭命氣象。	（集部，總集類，文章正宗，卷二，頁1）
眞德秀	10	孝文本紀第十	史識	班氏載於〈刑法志〉，而《史記》書之本紀。太史公書於高、景二紀，詔皆不書，獨〈文帝紀〉凡詔皆稱上，曰：以其出於帝之實意故也。不然則山東老癃扶杖聽詔，願見德化之成，其可以空言動邪？ （善本：13659；明正德庚辰（15年；1520）馬卿山西刊本）	（集部，總集類，通代之屬，西山先生眞文忠公文章正宗，卷二，頁4） （善本）
眞德秀	10	孝文本紀第十	義理	文帝過則自歸，福則眾共，古帝王用心也。 （善本：13659；明正德庚辰（15年；1520）馬卿山西刊本）	（集部，總集類，通代之屬，西山先生眞文忠公文章正宗，卷二，頁9） （善本）
眞德秀	10	孝文本紀第十	義理	高帝無遺詔，景、武以後亦不復有。蓋特出帝意而非故事也。觀其辭，非知死生之說者不能，孰謂帝不知學乎！ （善本：13659；明正德庚辰（15年；1520）馬卿山西刊本）	（集部，總集類，通代之屬，西山先生眞文忠公文章正宗，卷二，頁11） （善本）

眞德秀	10	孝文本紀第十	辭章	又曰：文帝除収孥及肉刑，求直言，除誹謗、祠官、勸農等詔，皆爾雅溫厚有典、誥氣象。	見《評林》頁357
眞德秀	10.5	孝文本紀第十	史識	按：文帝元年十月即阼，十二月下此詔，蓋即位後第二詔也，班氏載於〈刑法志〉，而《史記》書之〈本紀〉。〈太史公書〉於高、景二紀，詔皆不書，獨〈文帝紀〉凡詔皆稱「上曰」，以其出於帝之實意故也，不然則山東老癃扶杖聽詔，願見德化之成，其可以空言動邪？ （善本：13659；明正德庚辰（15年；1520）馬卿山西刊本）	（集部，總集類，通代之屬，西山先生眞文忠公文章正宗，卷二，頁4） （善本）
眞德秀	11	孝景本紀第十一	史識	按：七國之事，太史公乃以一言曰：以諸侯太盛而錯爲之不以漸。蓋高帝封國之過制，孝景君臣處置之失，皆見於二言中，詞簡而義備，非後世史筆之所可及也。	（集部，總集類，文章正宗，卷十三，頁52）
眞德秀	42	鄭世家第四十二	史識	子產能知實沈臺駘爲參汾之神，可謂博物矣！然推晉侯之疾，不歸之鬼神，而歸之飲食、哀樂之間，則可謂明理，而非但博物者也。晉侯獨以博物目之，豈知子產者邪！ （善本：13659；明正德庚辰（15年；1520）馬卿山西刊本）	（集部，總集類，通代之屬，西山先生眞文忠公文章正宗，卷五，頁13） （善本）
眞德秀	44	魏世家第四十四	辭章	按：此書於秦之情狀與當時形勢利害，若指諸掌，而文特奇妙，可爲論事之法。	（集部，總集類，文章正宗，卷六，頁50）
眞德秀	46	田敬仲完世家第四十六	史識	愚按：莊生所述諸子：墨翟、禽滑釐，其一也；宋銒、尹文，其二也；彭蒙、田駢、慎到，其三也；關尹、老聃，其四也；莊周，其五也；惠施，其六也。	（子部，儒家類，西山讀書記，卷三十五，頁20）
眞德秀	55	留侯世家第五十五	史識	眞德秀曰： 愚按子房爲漢謀臣，雖未嘗一日居輔相之位，而其功實爲三傑之冠，故高帝首稱之。其人品在伊、呂間，而學則有王、伯之雜，其才如管仲，而氣象高遠則過之。自漢而下，惟諸葛孔明畧相伯仲，若荀彧忘漢附曹，而或者比之子房，既非其類，崔浩何者亦自比焉，可見其不知量也。	見《評林》頁1627
眞德秀	61.5	伯夷列傳第六十一	辭章	太史公列傳七十，獨取〈伯夷〉、〈屈原〉二傳者，以其變體也。	（集部，總集類，文章正宗，卷二十，頁3）

眞德秀	74	孟子荀卿列傳第七十四	辭章	〈孟荀傳〉芴及諸子，而兼乎議論，傳之變體也。	見《評林》頁1923
眞德秀	74.5	孟子荀卿列傳第七十四	辭章	〈孟荀傳〉不正言二子，乃苟及於諸子，此亦變體也。	（集部，總集類，文章正宗，卷二十，頁11）
眞德秀	83	魯仲連鄒陽列傳第八十三	史識	按：魯仲連之語不皆粹，以其反復言帝秦之害，有功於當時，而雄俊明辯，可爲論事之法，故取焉。	（集部，總集類，文章正宗，卷六，頁38）
眞德秀	83	魯仲連鄒陽列傳第八十三	史識	按：燕將堅守聊城，此人臣之節也。魯連子特爲齊計耳，故勸之以休兵歸燕，又勸之以叛燕歸齊，皆非所以爲訓，讀者不可眩於其文而不察也。	（集部，總集類，文章正宗，卷六，頁20）
眞德秀	83	魯仲連鄒陽列傳第八十三	辭章	按：此篇用事大多，而文亦寖趨於偶儷，蓋其病也，然其論讒毀之禍至痛切，可以爲世戒，故取焉。	（集部，總集類，文章正宗，卷十一，頁60）
眞德秀	110	匈奴列傳第一百十	史識	按：此書先責匈奴違約，次諭以事在赦前勿深誅。又云：單于若能明告諸吏，使無負約，然後可和。使單于所言誠耶，固不逆其善意；使所言僞耶，亦不墮其詐謀。抑揚開闔，皆有法焉。至遺之以物，又以其自將苦兵爲辭，非畏而賂之也。即此一書，可見文帝御夷狄之道矣。	（集部，總集類，文章正宗，卷三，頁49）
眞德秀	110	匈奴列傳第一百十	史識	按：此書，皆大哉！王者之言。非後世所及也。 按：該語引自宋陳仁子《文選補遺》宋眞德秀注。 （善本：13675；明·翻刊元茶陵陳氏東山書院本）	（集部，總集類，通代之屬，文選補遺，卷三，頁12） （善本）
眞德秀	150	通論	史識	按仲舒此論，見於《太史公·自叙》，其學粹矣！太史公曰「余聞之董生」，則遷與仲舒蓋嘗遊，從而講論也。〈六家要指〉史談實論之，而遷述焉。其說曰：「太史公仕於建元、元封之間，愍學者之不達其意而師悖，乃論六家之要指」云，然其所論，乃列儒者於陰陽、墨者、名、法、道家之間，是謂儒者特六家之一爾，而不知儒者之道無所不該，五者之所長，儒者皆有之，而其短者，則吾道之所棄也。蓋談之學本於黃老，故其論如此！班固譏之曰：「論大道，則先黃老而後六經」，詎不信夫！	（集部，總集類，文章正宗，卷十二，頁16）

魏了翁《史記》評點表

評家	160	體例篇名	類別	評　點　內　容	備　　註
魏了翁	150	通論	史識	先友羅堅甫曾云：班固去司馬遷未久也，已不知《史記》書法，如〈項羽本紀〉在〈高帝〉前，〈陳涉世家〉在〈孔子〉後，皆有深意，盖遷以秦焚滅典籍，使羲、黃至孔子之道幾於墜地，涉與羽先後倡爲亡秦之謀，可謂大有功於斯道，故叙〈陳涉世家〉云「桀、紂失其道而湯、武作，周失其道而《春秋》作，秦失其政而陳涉發迹，諸侯作難，風起雲蒸，卒亡秦族天下之端自涉發難，作〈陳涉世家〉」；而叙〈項羽本紀〉則云「秦亡其道，豪傑並擾，項梁業之，子羽接之，殺慶救趙，諸侯立之，誅嬰背懷，天下非之，作〈項羽本紀〉」。盖奮於鉏挺以亡秦者，起於陳涉，項羽次之，高祖又次之，故漢初以字行者，惟稱陳涉、項羽、劉季、張子房，此外未有以字行者，皆以滅秦而拯天下於塗炭故也。	（集部，別集類，南宋建炎至德祐，鶴山集，卷一百八，頁 36、頁37）
魏了翁	150	通論	史識	司馬子長網羅放失，紬爲紀傳世家，自成一家之言，念無所總壹以寓其經世之意也，則年表作焉。劉杳識之謂得法於周譜，崔鴻後亦倣其義例，著爲《十六國春秋》，乃自東漢、魏晉、七代以來，史之表俄闕，惟我聖朝，歐陽公修爲唐、五代立表，司馬公光復取宋興以來，百官公卿爲之表，斷自建隆，訖于治平，近世李公燾因文正公之舊而增修之，訖于靖康，二書亦云備矣，而永嘉蔡公又自治平以訖紹熙，不相襲沿，自爲一表，不惟近接文正公之編，亦以遠述太史公之意，其子範出是書，屬敘所以作，予嘗妄謂子長之表，厥義弘遠，而世鮮知之。以劉知幾之博通，猶曰「表以譜列年爵」，則餘人可知。近世惟呂成公獨識此意，其説盖曰：〈三代世表〉以祖宗爲經，子孫爲緯，以見五帝、三代皆出於黃帝也。〈十二諸侯表〉以下詳列諸侯，以世爲經，以國爲緯，以見親疏之相輔也，至於〈高祖功臣侯表〉以下，以國爲經，以年爲緯，則即異姓、同姓始封之多寡、後嗣之興絕，而勳戚之薄厚，又可槩見。姑以惠、景間侯者言之，大小凡九十餘，距建元、太初而後，曾幾何時而始封之裔，率已國除，而以宰相封者一，以邊功封者七十，則勳舊至	（集部，別集類，南宋建炎至德祐，鶴山集，卷五十六，頁 4、頁 5、頁 6）

				是寧復有存？而窮兵黷武之事著，分封子弟之議起矣。〈百官公卿表〉取古策書遺法，大事主於上，而公卿百官之進退附焉，一時君臣之職分，不加一辭，而得失自見。嗚呼！如成公所言，則子長之表也，豈徒以記譜牒、書官名而已哉！身幽道否，有鬱弗袪，託諸空言，不若見諸行事以明理亂得失之實，此子長忠愛之心，而人不及知也。班孟堅亦子長之亞也，其分同異姓三表，已不識漢初並用親賢，與子長陰寓美刺之意。〈同姓侯王〉廢年經國緯之制；〈王子侯〉以下廢國經年緯之制，徒識譜繫，無關世變；〈百官表〉則僅以識沿革拜罷，而人事咸無所考；惟〈外戚恩澤侯表〉稍有微意；至〈古今人表〉則又多舛繆。甚矣！載筆之難也！	
魏了翁	150	通論	史識	班固名陳勝而絳為列傳第一，名項籍而降為列傳第二，是以成敗論，而失史遷功過不相揜之筆多矣。	（集部，別集類，南宋建炎至德祐，鶴山集，卷一百八，頁 38）
魏了翁	150	通論	考據	古人稱字最尊。某嘗因張行甫謂記文不當呼胡子仁仲、張子敬夫、朱子元晦，而告之曰《儀禮》：「子孫於祖禰皆稱字。」孔門弟子皆謂夫子為仲尼，孟子又子思弟子也，亦稱仲尼，漢魏後只稱仲尼，雖今人亦稱之，而不以為恠。	（集部，別集類，南宋建炎至德祐，鶴山集，卷一百八，頁 38、頁 39）

陳振孫《史記》評點表

評家	160	體例篇名	類別	評 點 內 容	備 註
陳振孫	150	通論	史識	竊嘗謂著書立言，述舊易，作古難，六藝之後，有四人焉，摭實而有文采者左氏也，憑虛而有理致者莊子也，屈原變〈國風〉、〈雅〉、〈頌〉而為《離騷》，及子長易編年而為紀傳，皆前未有其比，後可以為法，非豪傑特起之士，其孰能之？	（史部，目錄類，經籍之屬，直齋書錄解題，卷四，頁 2）

李治《史記》評點表

評家	160	體例篇名	類別	評　點　內　容	備　註
李治	150	通論	辭章	今《史記》一書，而所載不同，其意雖若互見，然於文字實爲冗複，此在史筆最關利害，不可不深察也。〈倉公〔註17〕淳于意傳〉，詔召問所爲治病死生驗者幾何？人主名爲誰？又問方伎所長，及所能治病者，有其書無有，皆安受學，受學幾何歲？而《史記》盡具所對。史筆不當如此，正當云：意所對凡數十條，皆詣理，可爲後人法，則足矣，自不必廣錄而備書之。史，經之亞也，煩猥則不足以傳久，且事之有可簡者，猶須簡之，況言乎？其有文賦篇翰之富贍者，亦當載其目而畧其辭，惟有切於天下國家之大利害者，如董仲舒之〈三策〉，賈誼〈政事書〉、〈過秦論〉之比，文雖多，亦不可以不盡錄也。〈屈原傳〉原勸楚懷王殺張儀，其事纖悉備書，然〈楚世家〉載勸殺張儀者乃爲昭睢，而屈原沒不復見。若以爲簡策繁多，要使姓名互著，則在《左氏春秋傳》有之，在遷史故無此例。若以爲昭睢本主此事，原特副之，則《屈原傳》畧無昭睢一言，而原之事跡明白乃爾，兩者皆無所據，何耶？此蓋舊史去取失當，司馬遷筆削時，不暇前後照顧，隨其所載，各自記之，遂使世家與列傳異辭。遷又誤以燕簡公欲盡去諸大夫，而立其寵人作寵姬；又以子我爲宰我，載宰我與田常作亂，以夷其族，而李斯上書二世云，田常因取齊國，殺宰予於庭，是宜蘇子摘遷之妄也。史筆承疑，一時誤錄，容或有之，然〈孔子弟子傳〉與〈李斯傳〉，所繫者大，非若〈游俠〉、〈貨殖〉之比，自可審擇而詳攷之，而於一人之身，既以爲叛臣，又以爲節士，使後人何所取信哉！	（子部，雜家類，雜說之屬，敬齋古今黈，卷三，頁2、頁3、頁4）

〔註17〕案：倉公上原本有太字，今據《史記》刪。

羅大經《史記》評點表

評家	160	體例篇名	類別	評　點　內　容	備　註
羅大經	7	項羽本紀第七	史識	漢高祖謂項羽曰：吾翁即若翁。此語理意甚長。《左氏傳》齊敗于鞌，晉人欲以蕭同叔子為質。齊人曰：蕭同叔子者，非他寡君之母也。若以匹敵，則亦晉君之母也。孟子曰：殺人之父者，人亦殺其父，然則非自殺之一間耳。高祖之語，與此暗合。史稱不修文學而性特達，此類是也。項羽迄不殺太公，有感於斯言矣。乃知鷙猛之人，胷中未嘗無天理，特在於有以發之耳。 （善本：07326：明萬曆七年（1579）及三十六年（1608）修補南京舊刊本）	（子部，類書類，鶴林玉露，卷六，頁15、頁16） （善本）
羅大經	10	孝文本紀第十	史識	漢文帝以七月乙亥崩，乙巳葬，纔七日耳，與窶人之家，斂手足形還葬者，何以異？景帝必不忍以天下儉其親，此殆文帝之顧命也。雖未合中道，見亦卓矣。文帝此等見解，皆自黃、老中來。 （善本：07326：明萬曆七年（1579）及三十六年（1608）修補南京舊刊本）	（子部，類書類，鶴林玉露，卷一，頁19） （善本）
羅大經	12	今上本紀第十二	其他	漢武帝刻意求仙，至以愛女妻方士，可謂顛倒之極。末年廼忽悔悟曰：世豈有仙者！節食服藥，差可少病耳。此論却甚確。近時劉潛夫詩云：但聞方士騰空去，不見童男入海囬；無藥能令炎帝在，有人曾哭老聃來。 （善本：07326：明萬曆七年（1579）及三十六年（1608）修補南京舊刊本）	（子部，類書類，鶴林玉露，卷二，頁4） （善本）
羅大經	12	今上本紀第十二	其他	唐李商隱漢宮詩云：青雀西飛竟未囬，君王猶在集靈臺，侍臣最有相如渴，不賜金莖露一杯。譏武帝求仙也。言青雀杳然不回，神仙無可致之理必矣！而君王未悟，猶徘徊臺上，庶幾見之，且胡不以一物驗其真妄乎？金盤盛露，和以玉屑，服之可以長生，此方士之説也。今侍臣相如正苦消渴，何不以一杯賜之？若服之而愈，則方士之説，猶可信也，不然則其妄明矣。二十八字之間，委蛇曲折，含不盡之意。 （善本：07326：明萬曆七年（1579）及三十六年（1608）修補南京舊刊本）	（子部，類書類，鶴林玉露，卷六，頁14、頁15） （善本）

羅大經	33	周公世家第三十三	史識	歐陽子曰： 隱公非攝也，使隱果攝則春秋不稱公。春秋稱公，則隱公非攝無疑也。此論未然，春秋雖不書隱公居攝，而於書仲子之事，自隱然可見。夫母以子貴，世俗之情也，使桓不將立，則仲子特一生公子之妾耳。周王何為而歸其賵？魯國何為而考其宮？今也歸賵而不嫌瀆亂之譏，考官而加嚴事之禮，徒以桓之將為君也，桓將為君則隱之攝著矣。 （善本：07326；明萬曆七年（1579）及三十六年（1608）修補南京舊刊本）	（子部，類書類，鶴林玉露，卷五，頁12） （善本）
羅大經	33	周公世家第三十三	史識	子家羈不欲昭公與季氏立異，子家羈豈黨季氏者乎？陳平、周勃不與呂氏立異，平、勃豈黨呂氏者乎？狄仁傑不與武氏立異，仁傑豈黨武氏者乎？處事變者，須識此意。雖然夫子三都之墮，王陵庭爭之語，駱賓王舉兵之檄，亦不可少也。聲大義者，張膽而明目；定大策者，潛慮而密謀。 （善本：07326；明萬曆七年（1579）及三十六年（1608）修補南京舊刊本）	（子部，類書類，鶴林玉露，卷十二，頁3、頁4） （善本）
羅大經	39	晉世家第三十九	義理	楊誠齋云： 人皆以饑寒為患，不知所患者，正在於不饑不寒爾。此語殊有味。乞食於野人，晉重耳之所以霸；燎衣破甑而啜豆粥，漢光武之所以興，況下此者，其可不知饑寒之味哉！ （善本：07326；明萬曆七年（1579）及三十六年（1608）修補南京舊刊本）	（子部，類書類，鶴林玉露，卷十五，頁8、頁9） （善本）
羅大經	47	孔子世家第四十七	考據	詩曰：高山仰止，景行行止。景，明也。謂所行之光明也。世俗有景仰、景慕之語，遂失其義，妄以景訓仰，多取前賢名姓，加景字於上以為字。如景周、景顏之類，失之矣。前史王景略、近世范景仁，何嘗以景為仰哉？眞西山舊字景元，後悟其非，乃改為希元云。 （善本：07326；明萬曆七年（1579）及三十六年（1608）修補南京舊刊本）	（子部，類書類，鶴林玉露，卷十一，頁15） （善本）
羅大經	49	外戚世家第四十九	史識	衛青少服役平陽公主家，後為大將軍，貴顯震天下，公主欲離擇配，左右以為無如大將軍，公主曰：此我家馬前奴也，不可！已而遍擇臺臣貴顯無踰大將軍者，迄歸大將軍。丁晉公起甲第，鉅麗無比，軍卒楊㫜宗躬負土之役，勞苦萬狀，後㫜宗以外戚起家，晉公得罪貶海上，朝廷以其第賜㫜宗，居之三十年，世事翻覆如此。古詩云：君不見河陽花，今如泥土昔如霞；又不見武昌	（子部，類書類，鶴林玉露，卷九，頁13、頁14）

				柳，春作青絲秋作帚。人生馬耳射東風，柳色桃花豈長久？秦時東陵千戶侯，華蟲被體腰蒼璆。漢初沛邑刀筆吏，折腰如磬頭搶地。蕭相厥初謁邵平，中庭百拜百不膺，邵平後來謁蕭相，故侯一拜一惆悵。萬事反覆何所無，二子豈是大丈夫？窮通流坎皆偶爾，搏扶未必賢搶榆。 （善本：07326；明萬曆七年（1579）及三十六年（1608）修補南京舊刊本）	（善本）
羅大經	55	留侯世家第五十五	史識	張子房欲為韓報讐，乃捐金募死士，於博浪沙中，以鐵椎狙擊始皇，誤中其副車，始皇大怒，索三日不獲。未逾年，始皇竟死，自此陳勝、吳廣、田儋、項梁之徒，始相尋而起，是禍祖龍之魄，倡群雄之心，皆子房一擊之力也，其關擊豈小哉！ （善本：07326；明萬曆七年（1579）及三十六年（1608）修補南京舊刊本）	（子部，類書類，鶴林玉露，卷九，頁7、頁8） （善本）
羅大經	55	留侯世家第五十五	史識	張子房，蓋俠士之知義、策士之知幾者，要非儒也，故早年頗侶荊軻，晚歲頗侶魯仲連，得老氏不敢為天下先之術，不代大匠斲，故不傷手，善於打乖。荊公詩云：漢業存亡俯仰中，留侯於此每從容，固陵始議韓、彭地，複道方謀雍齒封。蓋因機乘時，與之斡旋，未嘗自我發端，故消弭事變，全不費力。朱文公云：子房只是占便宜，不肯自犯手做，如為韓報秦，攛掇高祖入關，及項羽殺韓王成，又使高祖平項羽。兩次報仇，皆不自做，後來定太子事，他亦自處閒地，又只教四老人出來做，後來誅戮功臣時，更討他不着。邵康節之學，亦與子房相似，康節本是要出來有為之人，又不肯深犯手做，凡事直待可做處，方試為之，纔覺難便抽身退，如《擊壤集》中以道觀道等語，是物各付物之意。蓋自家都不犯手，又凡事只到半中央便止，如看花切勿看離披，是也。 （善本：07326；明萬曆七年（1579）及三十六年（1608）修補南京舊刊本）	（子部，類書類，鶴林玉露，卷四，頁8、頁9） （善本）
羅大經	61	伯夷列傳第六十一	辭章	太史公〈伯夷傳〉，蘇東坡〈赤壁賦〉，文章絕唱也。其機軸畧同〈伯夷傳〉，以求仁得仁又何怨之語設問。謂夫子稱其不怨，而采薇之詩，猶若未免怨，何也？蓋天道無親，常與善人，而達觀古今，操行不軌者，多富樂；公正發憤者，每遇禍，是以不免於怨也。雖然富貴何足求，節操為可尚，其重在此，其輕在彼，況君子疾沒世而名不稱，伯夷、顏子得夫子而名益彰，則所得亦已多矣，又何怨之有？	（子部，類書類，鶴林玉露，卷十六，頁7、頁8）

羅大經	61.5	伯夷列傳第六十一	辭章	（善本：07326：明萬曆七年（1579）及三十六年（1608）修補南京舊刊本） 太史公〈伯夷傳〉、蘇東坡〈赤壁賦〉，文章絕唱也，其機軸畧同。〈伯夷傳〉以「求仁得仁，又何怨」之語設問，謂夫子稱其不怨，而〈采薇〉之詩，猶若未怨，何也？蓋天道無親，常與善人，而達觀古今，操行不軌者多富樂，公正發憤者每遇禍，是以不免於怨也。雖然富貴何足求，節操爲可尚，其重在此，其輕在彼。況君子疾沒世，而名不稱，伯夷、顏子得夫子而名益彰，則所得亦已多矣，又何怨之有？〈赤壁賦〉因客吹簫而有怨慕之聲，以此漫問，謂舉酒相屬，凌萬頃之茫然，可謂至樂，而簫聲乃若哀怨，何也？蓋此乃周郎破曹公之地，以曹公之雄豪亦終歸於安在？況吾與子寄蜉蝣於天地，哀吾生之須臾，宜其託遺響而悲也！雖然自其變者而觀之，雖天地曾不能一瞬，自其不變者而觀之，則物與我皆無盡也，又何必羨長江而哀吾生哉！矧江風山月用之無盡，此天下之至樂，於是洗盞更酌，而向之感慨風休冰釋矣！東坡步驟，太史公者也。 （善本：07326：明萬曆七年（1579）及三十六年（1608）修補南京舊刊本）	（善本） （子部，類書類，鶴林玉露，卷十六，頁7、頁8） （善本）
羅大經	84	屈原賈生列傳第八十四	義理	世降俗薄，貪濁成風，反相與非笑廉者；諛佞成風，反相與非笑直者；軟熟成風，反相與非笑剛者；競進成風，反相與非笑恬退者；侈靡成風，反相與非笑儉約者；傲誕成風，反相與非笑謙默者。賈子云：莫邪爲鈍兮，鉛刀爲銛。東坡云：變丹青於玉瑩兮，乃反謂子爲非智。風俗至於如此，豈不可哀！ （善本：07326：明萬曆七年（1579）及三十六年（1608）修補南京舊刊本）	（子部，類書類，鶴林玉露，卷七，頁5） （善本）
羅大經	85	呂不韋列傳第八十五	史識	巨賈呂不韋見秦子異人質於趙曰：此奇貨可居。遂不吝千金，爲之經營於秦。異人卒有秦國，而不韋爲相，此其事固不足道，而其以予爲取，則亦商賈之權也。漢高帝捐四萬斤金與陳平，不問其出入；裂數千里地封韓、彭，無愛惜心，遂能滅項氏有天下。劉晏造船，合費五百緡者，給千緡，使吏胥工匠皆有贏餘，由是舟船堅好，漕運無虧，是以唐之中興是皆得廉賈之術也。東坡曰：天下之事，成於大度之士，而敗於寒陋之小人。 （善本：07326：明萬曆七年（1579）及三十六年（1608）修補南京舊刊本）	（子部，類書類，鶴林玉露，卷十六，頁3、頁4） （善本）

羅大經	86	刺客列傳第八十六	其他	苗劉之亂，張魏公在秀州議舉勤王之師，一夕獨坐，從者皆寢，忽一人持刃立燭後，公知爲刺客，徐問曰：豈非苗傅劉正彥遣汝來殺我乎？曰：然。公曰：若是則取吾首以去可也。曰：我亦知書，寧肯爲賊用！況公忠義如此，豈忍害公！恐公防閑不嚴，有繼至者，故來相告爾。公問：欲金帛乎？笑曰：殺公何患無財！然則留事我乎？曰：我有老母在河北，未可留也。問其姓名，俛而不答，攝衣躍而登屋，屋瓦無聲，時方月明，去如飛。明日，公命取死囚斬之。曰：夜來獲姦細。公後嘗於河北物色之，不可得，此又賢於鉏麑矣矣。孰謂世間無奇男子乎？殆是唐劍客之流也。 （善本：07326；明萬曆七年（1579）及三十六年（1608）修補南京舊刊本）	（子部，類書類，鶴林玉露，卷十三，頁6） （善本）
羅大經	87	李斯列傳第八十七	史識	觀李斯逐客之書，則秦固以客興；觀齊人松栢之歌，則齊人又以客亡，客何所不有哉？在吾所擇耳，子思、孟子、荀卿、子順亦當時之客也，如時君之不用，何用之？則秦之客，又何足道？ （善本：07326；明萬曆七年（1579）及三十六年（1608）修補南京舊刊本）	（子部，類書類，鶴林玉露，卷十三，頁3） （善本）
羅大經	89	張耳陳餘列傳第八十九	史識	耳之見，過餘遠矣。餘卒敗死泜水上，而耳事漢，富貴壽考，福流子孫，非偶然也。大智、大勇，必能忍小恥、小忿，彼其雲烝龍變，欲有所會，豈與瑣瑣者校乎？ （善本：07326；明萬曆七年（1579）及三十六年（1608）修補南京舊刊本）	（子部，類書類，鶴林玉露，卷十三，頁8） （善本）
羅大經	92	淮陰矦列傳第九十二	史識	韓信未遇時，識之者，惟蕭何及淮陰漂母爾。何之英傑，固足以識信。漂母一市媼，乃亦識之，異哉！故嘗謂子房狙擊祖龍，意氣過於輕銳，故圯上老人抑之；韓信俛出市胯，意氣鄰於消沮，故淮陰漂母揚之。一翁一媼，皆異人也。 （善本：07326；明萬曆七年（1579）及三十六年（1608）修補南京舊刊本）	（子部，類書類，鶴林玉露，卷十六，頁10） （善本）
羅大經	92	淮陰矦列傳第九十二	史識	功蓋天下者不賞，從古有之，韓信請假王，坐不知此，然高帝之忌心，未必緣此而遽萌也。良、平自處以厚，即當說帝以王，鎮多變之齊，以齊王有功之信，帝素樂於納諫，必欣然從之，而信可高枕矣！何乃云漢方不利，寧能禁信之自王乎？斯言出而帝起群疑，雖王信以眞王，而徵兵擊楚，是持太阿而執其柄也。信蓋岌岌矣！然則淮陰誅族之禍，胎於良、平躡附之也哉！	見《評林》頁2215、頁2216

羅大經	97	酈生陸賈列傳第九十七	史識	羅大經曰： 呂太后用事時，欲王諸呂，賈自度不能爭，病免家居。及其後，卒使陳丞相、周太尉，相結以誅諸呂。乃知其始之病免者，非委之不可爲巳也。爲天下大計，深謀遠慮，相時而動，庶有成功，不然徒騁口辨，以躁妄苟且爲之，其必敗天下之事矣，曷取哉！	見《評林》頁2293
羅大經	129	貨殖列傳第一百二十九	史識	廉賈知取予，貪賈知取而不知予也。夫以予爲取，則其獲利也大。富商豪賈，若惡販夫販婦之分其利而靳靳自守，則亦無大利之獲矣。巨賈呂不韋見秦子異人質於趙，曰：此奇貨可居，遂不吝千金，爲之經營於秦異人。卒有秦國，而不韋爲相，此其事固不足道，而其以予爲取，則亦商賈之權也。漢高帝擣四萬斤金與陳平，不問其出入；裂數千里地封韓、彭，無愛惜心，遂能滅項氏有天下。劉晏造船，合費五百緡者，給千緡，使吏胥工匠皆有贏餘，由是舟船堅好，漕運無虧，是以唐之中興，是皆得廉賈之術者也。 （善本：07326；明萬曆七年（1579）及三十六年（1608）修補南京舊刊本）	（子部，類書類，鶴林玉露，卷十六，頁3、頁4） （善本）
羅大經	130	太史公自序第一百三十	史識	班固去司馬遷未久也，已不知《史記》書法。如〈項羽本紀〉在高帝前，〈陳涉世家〉在孔子後，皆有深意。蓋遷以秦焚滅典籍，使羲、黃至孔子之道幾於墜地。涉與羽先後倡爲亡秦之謀，可謂大有功於斯道，故叙〈陳涉世家〉云：桀、紂失其道而湯、武作；周失其道而《春秋》作；秦失其政而陳涉發迹，諸侯作難，風起雲蒸，卒亡秦族。天下之端自涉發難，作〈陳涉世家〉。而叙〈項羽本紀〉則云：秦亡其道，豪傑並擾，項梁業之，子羽接之，殺慶救趙，諸侯立之，誅嬰背懷，天下非之，作〈項羽本紀〉。蓋奮於鉏挺，以亡秦者，起於陳涉，項羽次之，高祖又次之。 按：該語引自宋魏了翁《鶴山集》。	（集部，別集類，南宋建炎至德祐，鶴山集，卷一百八，頁37、頁38）

吳子良《史記》評點表

評家	160	體例篇名	類別	評　點　內　容	備　註
吳子良	63.5	老子韓非列傳第六十三	考據	或謂有二老子，絕滅禮樂之老子，與孔子問禮之老子不同，兼太史公〈老子傳〉多疑詞，既稱莫知其所終，又稱百六十餘歲，或二百餘歲，既稱太史儋即老子，又稱非也，世莫知其然否。	（集部，詩文評類，荊溪林下偶談，卷二，頁10、頁11）

評家	160	體例篇名	類別	評　點　內　容	備　註
				意者有二老子而太史公不能斷邪？余謂老子所答問禮之言，即是道德五千言之旨，其論禮之意則是，其廢禮之文則非耳！太史公雖不能斷，然亦卒斷之曰「老子，隱君子也」，既曰「隱」，則其年莫得詳亦宜矣！且太史公去周近，尚不能斷，後二千餘年將何所據而斷耶？	
吳子良	84.5	屈原賈生列傳第八十四	辭章	曩見曹器遠侍郎稱止齋最愛《史記》諸傳贊，如〈賈誼傳・贊〉尤喜為人誦之。蓋語簡而意含蓄，咀嚼儘有味也。	（集部，詩文評類，荊溪林下偶談，卷四，頁2）
吳子良	119.5	循吏列傳第一百一十九	辭章	太史公〈循吏傳〉，文簡而高，意淡而遠，班孟堅〈循吏傳〉，不及也。	（集部，詩文評類，荊溪林下偶談，卷四，頁2）
吳子良	150	通論	史識	張守節為《史記正義》云：班書與《史記》同者五十餘卷，少加異者，不弱即劣。《史記》五十一萬六千五百言，序二千四百一十三年事，《漢書》八十一萬言，序二百二十五年事，遷引父致意，班書父修而固蔽之。優劣可知矣。余謂此言止論才未論識也。〈堯、舜典〉，當時史官作也，形容堯、舜盛德，發揮堯、舜心術，鋪序堯、舜政教，不過千餘言，而坦然明白，整整有次第，詳悉無纖遺，後世史官曾足窺其藩哉？曾子固謂不特當時史官不可及，凡當時執筆而隨者，意其亦皆聖賢之徒也。要之論後世史才，以遷為勝，然視古已霄壤矣。按班固〈序傳〉稱叔皮惟聖人之道然後盡心焉，尊其父至矣！謂之蔽其父者非也。	（集部，詩文評類，荊溪林下偶談，卷四，頁2、頁3）

胡一桂《史記》評點表

評家	160	體例篇名	類別	評　點　內　容	備　註
胡一桂	4	周本紀第四	史識	稷、契後世，皆王天下數百年，學者喜為之稱述，欲神其事，故務為之說。洪駒父亦云，堯、舜與人同爾血氣之類，父施母生，耳聽目視，是聖智、愚不肖之所同也，何必有詼詭譎誕之事，然後為聖且賢哉？ 按：明程敏政《新安文獻志》。曾引該語。	（集部，總集類，新安文獻志，卷三十五，頁5）

宋無《史記》評點表

評家	160	體例篇名	類別	評　點　內　容	備　　註
宋無	5	秦本紀第五	史識	宋無曰： 鼎，三代寶也。秦有取天下繼正統之心，鼎不入秦，秦之恥也，鼎之入秦，秦之托言也。	見《評林》頁179
宋無	108	韓長孺列傳第一百八	考據	宋無曰： 若郅他是人姓名，為天下名士，何不著見于史，《漢書》作至他是也。	見《評林》頁2452

陳善《史記》評點表

評家	160	體例篇名	類別	評　點　內　容	備　　註
陳善	61.5	伯夷列傳第六十一	史識	司馬遷書〈伯夷傳〉，載伯夷叩馬而諫父死不葬之語，是因孔子有〔註18〕餓于首陽之事而增益之也，〈宰我傳〉載宰我與田常作亂事，是因孔子有「宰予也無三年之愛於父母」之說而妄意之也。遷於著述勤矣，然其為人淺陋不學，疏略而輕信，多愛而不能擇，故其失如此。 （善本：臺北縣板橋鎮：藝文，民55（1966））	（子部 ——雜家類，《捫蝨新話》（儒學警悟），上集卷之三，頁5） （善本）

鮑彪《史記》評點表

評家	160	體例篇名	類別	評　點　內　容	備　　註
鮑彪	5	秦本紀第五	考據	闚、窺，同小視也，周室，洛邑。蓋欲取之，不正言爾。言山川，知其志不止鎬京也。 （善本：02085：明新建李克家校刊本（元吳師道校注））	（史部，雜史類，先秦兩漢之屬，戰國策校注，卷三，頁24） （善本）
鮑彪	34	燕世家第三十四	史識	彪謂： 王噲，七國之愚主也。惑蘇代之淺說，貪堯之名，惡禹之實，自令身死國破，蓋無足筭。齊閔所以請太子者，近於興滅繼絕矣，而天下不以其言信其心。蓋名實者，天下之公器也。豈可以虛稱矯舉而得哉！故齊閔之勝，適足以動天下之兵，而速臨淄之敗也。	（史部，雜史類，先秦兩漢之屬，戰國策校注，卷九，頁15）

〔註18〕按：孔子有，四庫文淵閣本作伯夷。是

				（善本：02085；明新建李克家校刊本（元吳師道校注））	（善本）
鮑彪	34	燕世家第三十四	史識	彪謂：燕昭、郭隗皆三代人也，欲為國雪恥，君臣問對無他言，專欲得賢士而事之，此無競惟人之誼也，欲無興得乎哉！ （善本：02085；明新建李克家校刊本（元吳師道校注））	（史部，雜史類，先秦兩漢之屬，戰國策校注，卷九，頁20） （善本）
鮑彪	40	楚世家第四十	史識	彪謂： 此策，雖其指為齊，亦持勝之善。 （善本：02085；明新建李克家校刊本（元吳師道校注））	（史部，雜史類，先秦兩漢之屬，戰國策校注，卷四，頁20） （善本）
鮑彪	43	趙世家第四十三	史識	如上文，則伐韓非秦所急也，此言實伐者，韓之在秦，掌握中物耳，故不急於伐。恐趙不以為德，故終伐之。其伐之亦欲以吞周，而非愛趙也。正曰，實欲代空虛之韓。 （善本：02085；明新建李克家校刊本（元吳師道校注））	（史部，雜史類，先秦兩漢之屬，戰國策校注，卷六，頁47） （善本）
鮑彪	43	趙世家第四十三	史識	彪謂： 觸讋諒毅皆以從容納說而取成功，與夫強諫於廷，怒罵於坐，髮上衝冠，自待必死者，力少而功倍矣。 （善本：02085；明新建李克家校刊本（元吳師道校注））	（史部，雜史類，先秦兩漢之屬，戰國策校注，卷六，頁58） （善本）
鮑彪	43	趙世家第四十三	史識	彪謂： 拓地開邊，非有國之所先也。不得已而有攘却之事，嚴兵而已。兵嚴而士用命，雖不胡服，其無成功，如其不然，雖易服變古，何救於敗哉？孟子曰：行一不義而得天下，不為也。武靈之志，欲得中山胡地而已，遂舉國而夷，甚矣！其不權於輕重小大之差也？且其所稱反古之說，皆鈞金一輿羽之類，古所謂以辯言亂舊政者也，何足取哉？而史無譏，故備論之。 （善本：02085；明新建李克家校刊本（元吳師道校注））	（史部，雜史類，先秦兩漢之屬，戰國策校注，卷六，頁25） （善本）

鮑彪	43	趙世家第四十三	史識	彪謂： 平陽嫁禍之言，豈不易曉？而孝成怒之，昏於利也。勝禹入而順吉以濟其欲，不幾於一言而喪邦歟！故爲邦者，以遠佞人爲急。 （善本：02085；明新建李克家校刊本（元吳師道校注））	（史部，雜史類，先秦兩漢之屬，戰國策校注，卷六，頁61） （善本）
鮑彪	43	趙世家第四十三	考據	卒世，猶舉世。言舉世無能察此。 （善本：02085；明新建李克家校刊本（元吳師道校注））	（史部，雜史類，先秦兩漢之屬，戰國策校注，卷六，頁19） （善本）
鮑彪	43	趙世家第四十三	考據	舞有苗，不用兵，而舞干羽，欲以服人亦異於俗，而禹祖入裸國，非中國之禮。 按：小字爲註。 （善本：02085；明新建李克家校刊本（元吳師道校注））	（史部，雜史類，先秦兩漢之屬，戰國策校注，卷六，頁19） （善本）
鮑彪	43	趙世家第四十三	考據	以兩臂交錯而立，言無禮容，甌越之民也，即漢東甌、閩、粵。 （善本：02085；明新建李克家校刊本（元吳師道校注））	（史部，雜史類，先秦兩漢之屬，戰國策校注，卷六，頁21） （善本）
鮑彪	44	魏世家第四十四	史識	彪謂： 此馮亭上黨之事也。惠文失之於魏，孝成失之於韓，雖所喪敗，有多寡之差，其貪而不明，眞父子也。 （善本：02085；明新建李克家校刊本（元吳師道校注））	（史部，雜史類，先秦兩漢之屬，戰國策校注，卷七，頁41） （善本）
鮑彪	44	魏世家第四十四	義理	彪謂： 此申生伐皋落之例，晉國之覆轍也。里克之諫，惠王非忘之，而忍爲之，故孟以爲不仁。 （善本：02085；明新建李克家校刊本（元吳師道校注））	（史部，雜史類，先秦兩漢之屬，戰國策校注，卷七，頁10） （善本）

鮑彪	45	韓世家第四十五	史識	彪謂： 二子，皆億中之材也。宣惠訹於甘言，惑於重幣，雖有公仲之謀，固難以入。至於非兄弟非素約，而以虛名救我，此言豈不明著矣乎？如之何弗聽也！	（史部，雜史類，鮑氏戰國策注，卷八，頁 10）
鮑彪	45	韓世家第四十五	考據	先巳所見，後儀之故智，言欲秦之救巳，而不欲其勁韓也。徐注欲以爲儀在之日而云，非也。	（史部，雜史類，鮑氏戰國策注，卷八，頁 29）
鮑彪	46	田敬仲完世家第四十六	史識	彪謂： 此策，自爲智則明，爲人謀則忠，蘇、張之巨擘也。 （善本：02085：明新建李克家校刊本（元吳師道校注））	（史部，雜史類，先秦兩漢之屬，戰國策校注，卷四，頁 46） （善本）
鮑彪	69	蘇秦列傳第六十九	史識	彪謂： 五國之聽蘇子也，革面而已，非能深究橫從之利害也。唯威王雅有難秦之心，念之熟矣，異夫患諸國之不可合，徒稱從命者也。 （善本：02085：明新建李克家校刊本（元吳師道校注））	（史部，雜史類，先秦兩漢之屬，戰國策校注，卷五，頁 9） （善本）
鮑彪	69	蘇秦列傳第六十九	史識	燕昭之舉，實自代發之。	（史部，雜史類，鮑氏戰國策注，卷九，頁 9）
鮑彪	69	蘇秦列傳第六十九	史識	王噲，七國之愚主也。惑蘇代之淺說，貪堯之名，惡禹之實，自令身死國破，蓋無足算。齊閔所以請太子者，近於興滅繼絕矣，而天下不以其言信其心。蓋名實者，天下之公器也。豈可以虛稱矯舉而得哉？故齊閔之勝，適足以動天下之兵，而速臨菑之敗也。	（史部，雜史類，鮑氏戰國策注，卷九，頁 14）
鮑彪	69	蘇秦列傳第六十九	史識	蘇代之於燕、齊，皆嘗隙而復善，其情禮均也，而獨爲燕圖齊之深，何哉？昭王，賢也，雖然糜爛人之民人，以行其說，而奉其所賢，仁者不爲也，獨不念嘗委質於齊乎？	（史部，雜史類，鮑氏戰國策注，卷九，頁 30）
鮑彪	69	蘇秦列傳第六十九	史識	秦之所以正告諸侯，及其用詐，皆愚弄之也，而諸侯莫省。獨一燕昭知之，然亦不久死矣。彪故曰：秦橫之成，天幸也。	（史部，雜史類，鮑氏戰國策注，卷九，頁 34）

鮑彪	69	蘇秦列傳 第六十九	史識	秦之自刺，可謂有志矣，而志在於金玉卿相，故其所成就，適足誇嫂婦耳，而此史極口稱頌之，是亦利祿徒耳。惡睹所謂大丈夫之事哉！ （善本：02085；明新建李克家校刊本（元吳師道校注））	（史部，雜史類，先秦兩漢之屬，戰國策校注，卷三，頁7） （善本）
鮑彪	69	蘇秦列傳 第六十九	考據	彌，猶亘。	（史部，雜史類，鮑氏戰國策注，卷九，頁2）
鮑彪	69	蘇秦列傳 第六十九	考據	陰陽，言事止有兩端，指謂從、橫。 （善本：02085；明新建李克家校刊本（元吳師道校注））	（史部，雜史類，先秦兩漢之屬，戰國策校注，卷六，頁11） （善本）
鮑彪	70	張儀列傳 第七十	史識	魏邇秦而無阻，固凡橫人之辭，若可聽唯魏也，故儀先之，魏一搖而諸國動矣。 （善本：02085；明新建李克家校刊本（元吳師道校注））	（史部，雜史類，先秦兩漢之屬，戰國策校注，卷七，頁28） （善本）
鮑彪	70	張儀列傳 第七十	史識	橫人之辭，真所謂虛喝者，韓之兵信弱，食信寡矣，獨不曰「從合則能以弱為強，以寡為多乎」！惜乎！世主不少察於此也。	（史部，雜史類，鮑氏戰國策注，卷八，頁12）
鮑彪	70	張儀列傳 第七十	史識	據此，則說趙，當在齊前。 （善本：02085；明新建李克家校刊本（元吳師道校注））	（史部，雜史類，先秦兩漢之屬，戰國策校注，卷四，頁29） （善本）
鮑彪	70	張儀列傳 第七十	史識	約從以難秦者，趙也。使秦得諸侯力足以制趙，不告趙也，告之者，是力不足也。此時諸侯惑於橫人之說，皆辭屈貌從，心不與也。使季子可作，則三國橫約可立解，而坐破也。武靈此時血氣未定，而蘇氏兄弟適不在趙，故儀得以售其恐喝之說。加之數年，如議服之時，其必有以折儀矣！	（史部，雜史類，先秦兩漢之屬，戰國策校注，卷六，頁18）

				（善本：02085；明新建李克家校刊本（元吳師道校注））	（善本）
鮑彪	70	張儀列傳第七十	史識	燕昭，賢智主也。非儀此説能震動，且人之性禀，有父子不相肖者，自襄至武靈，七、八傳矣！而欲以其狼戾無親例之，人豈信之哉？然而燕之聴之也早早甚！蓋拊摩新附之民，勢未可以有事，又諸國從之者衆，故爲旱辭以紓其國，是儀之横有天幸也。加之數年，收集繕治有其緒，則若云者，固昭王之所唾而棄者，史言蘇代復重燕，燕使約從如初，此昭王之素所蓄積也。	（史部，雜史類，鮑氏戰國策注，卷九，頁16）
鮑彪	70	張儀列傳第七十	史識	軫之辯類捷給，而其所稱譬，皆當於人心，不詭於正論。周衰辯士，未有若軫之絶倫離羣者也。 （善本：02085；明新建李克家校刊本（元吳師道校注））	（史部，雜史類，先秦兩漢之屬，戰國策校注，卷三，頁13） （善本）
鮑彪	70	張儀列傳第七十	考據	按〈甘茂傳〉云：張儀西并巴蜀。當儀與錯議不同，故紀、表並言錯定蜀，而〈茂傳〉之言如此，何也？《水經》云：秦自石牛道使張儀、司馬錯尋路伐蜀滅之。《華陽國志》云：蜀王伐苴侯，苴侯奔巴，求救於秦，惠文王使張儀、司馬錯伐蜀滅之，是二人同往也。 （善本：02085；明新建李克家校刊本（元吳師道校注））	（史部，雜史類，先秦兩漢之屬，戰國策校注，卷三，頁17） （善本）
鮑彪	73	白起王翦列傳第七十三	史識	起之策秦、楚、三晉，可謂明切，然人臣無以有巳，故孔子不俟駕行矣。長平之敗屬耳，趙何遽能益強？以起之材智，知巳知彼，而得筭多，不幸至於無功極矣，何破國辱軍之有？三請不行，此自抽杜郵之劍也。 （善本：02085；明新建李克家校刊本（元吳師道校注））	（史部，雜史類，先秦兩漢之屬，戰國策校注，卷三，頁68） （善本）
鮑彪	76	平原君虞卿列傳第七十六	史識	虞卿可謂見善明者矣。當趙以四十萬覆於長平之下，凡在趙庭之臣，孰不魄奪氣喪，願講秦以偷須臾之寧？卿獨爲之延慮，却顧折樓緩之口，挫強秦之心，反使秦人先趙而講，於此亦足以見從者天下之勢：七國辯士，策必中、計必得，而不失其正，唯卿與陳軫有焉，賢矣哉！ （善本：02085；明新建李克家校刊本（元吳師道校注））	（史部，雜史類，先秦兩漢之屬，戰國策校注，卷六，頁65、頁66） （善本）

鮑彪	76	平原君虞卿列傳第七十六	史識	平原失計於馮亭，以挑秦禍，幾喪趙國之半，馴致邯鄲之圍，何功之足論哉？然因人成事，亦又桑榆之收，不可忘也。虞卿之請，帝王懋賞之舉；公孫龍之辭，明哲讓功之誼，皆君子之善言也。 （善本：02085；明新建李克家校刊本（元吳師道校注））	（史部，雜史類，先秦兩漢之屬，戰國策校注，頁 72） （善本）
鮑彪	76	平原君虞卿列傳第七十六	史識	趙嘗親秦，而復負之，故秦攻之。今爲講所以解也。	（史部，雜史類，鮑氏戰國策注，卷六，頁 59）
鮑彪	78	春申君列傳第七十八	考據	橋，秦人。守，猶待也。 按：該語引自清徐乾學《御選古文淵鑒》。	（集部，總集類，御選古文淵鑒，卷八，頁 5）
鮑彪	78	春申君列傳第七十八	考據	逸詩：武，足迹。宅，猶居也。言地之居遠者，雖有大足不涉之也。 （善本：02085；明新建李克家校刊本（元吳師道校注））	（史部，雜史類，先秦兩漢之屬，戰國策校注，卷三，頁 45） （善本）
鮑彪	79	范雎蔡澤列傳第七十九	史識	遠交近攻，雎之策當矣。語未卒而復欲親之。既親之，又欲伐之，立談之間，矯亂如此，使人主何適從乎？若曰某策爲上，某次之，其可也。 （善本：02085；明新建李克家校刊本（元吳師道校注））	（史部，雜史類，先秦兩漢之屬，戰國策校注，卷三，頁 54） （善本）
鮑彪	79	范雎蔡澤列傳第七十九	史識	周衰辯士皆矜材角智，趣於利而已，唯澤爲近道德明哲保身之策，故其得位不數月引去，優游於秦，以封君令終，美矣。非苟知之，亦允蹈之，澤之謂乎正！ （善本：02085；明新建李克家校刊本（元吳師道校注））	（史部，雜史類，先秦兩漢之屬，戰國策校注，卷三，頁 86） （善本）
鮑彪	83	魯仲連鄒陽列傳第八十三	史識	不知者，以其抱才死，爲無以自養，不知其非世也。 （善本：02085；明新建李克家校刊本（元吳師道校注））	（史部，雜史類，先秦兩漢之屬，戰國策校注，卷六，頁 67） （善本）

評家	83	體例篇名	類別	評點內容	備註
鮑彪	83	魯仲連鄒陽列傳第八十三	考據	稱諡，非當時語。補曰：追書之辭。 （善本：02085；明新建李克家校刊本（元吳師道校注））	（史部，雜史類，先秦兩漢之屬，戰國策校注，卷六，頁66） （善本）
鮑彪	85	呂不韋列傳第八十五	義理	不韋，賈人也，彼安能知義？欲圖嬴而奪嫡立庶，秦國之不亂敗者幸也！以是得嬴而飲酖於蜀，於是知有天道矣。 （善本：02085；明新建李克家校刊本（元吳師道校注））	（史部，雜史類，先秦兩漢之屬，戰國策校注，卷三，頁88） （善本）
鮑彪	86	刺客列傳第八十六	史識	姊嫈之死，蓋兄弟之義。《策》述其言，以為不愛身，以揚弟之名，而説者徒知論名，而不及義，此皆戰國之習。《史記》云：使政知姊無懨忍之志，不重暴骸之難，必絕險千里，以列其名。姊弟俱僇於韓市者，亦未必敢以身許仲子也。《列女傳》云：嫈仁而有勇，不怯死以滅名。《詩》云：死喪之威，兄弟孔懷云云，此之謂也。愚謂：子長得政之情，子政得嫈之志，然一則曰列其名、一則曰不滅名，猶免世俗之失也。	（史部，雜史類，戰國策校注，卷八，頁6、頁7）
鮑彪	86	刺客列傳第八十六	義理	人之居此，不可不知人，亦不可妄為人知也。遂唯知政，故得行其志。惜乎！遂福褊狷細人耳。政不幸謬為所知，故死於是。使其受知明主賢將相，則其所成就，豈不有萬萬於此者乎？哀哉！	（史部，雜史類，鮑氏戰國策注，卷八，頁4）

沈作喆《史記》評點表

評家	160	體例篇名	類別	評點內容	備註
沈作喆	10.5	孝文本紀第十	史識	讀史者但知〈武紀〉、〈封禪書〉為譏也，不知子長贊文帝漢興四十餘載，德至盛廩廩鄉改正服封禪，謙讓未成於今，而孝武初即位，未有德惠及民，便修鬼神之祀，公卿草巡禪，則為不仁矣，此蓋子長之微意也。	（子部，雜家類，雜說之屬，寓簡，卷三，頁1）
沈作喆	102.5	張釋之馮唐列傳第一百二	史識	作史者務矜於文而違背道理者甚眾。如左氏載季孫行父之言曰：舜有大功二十，以為天子。今行父於舜之功二十之一也，是行父欲積功以求舜之位也，而可以訓乎？司馬遷載張釋之為廷尉，治渭橋犯蹕者曰：「今法如此，而更重之，是法不信於民也，且方其時，上使立誅之則已」，是教人主果於殺戮，寧廢法以快一時之忿，而不使羣臣得以議論、衆決，據法以爭也。此皆為文之過。如此類不可盡舉，讀書者宜詳之。	（子部，雜家類，雜說之屬，寓簡，卷二，頁6）

吳仁傑《史記》評點表

評家	160	體例篇名	類別	評　點　內　容	備　　註
吳仁傑	150	通論	考據	如淳曰：「《漢儀注》：太史公位在丞相上，天下計書，先上太史公，副上丞相。」晉灼曰：「〈百官表〉無太史公在丞相上，衛宏所説多不實。」《刊誤》曰：「周制外史，其位上士，在諸侯之卿上，故云太史在丞相上。」仁傑按：〈張蒼傳〉：「蒼爲秦御史，主柱下方書。」如淳曰：「主四方文書也。」按秦柱下御史本周制，老子嘗爲守藏史，一曰柱下史，蓋即藏室之柱下，以爲官名。《晉志》：「極東有星曰柱下史，以爲古左右史象此。」然則漢太史令之戟，在周爲守藏史，在秦爲柱下史，其官稱異而戟掌則同，故《漢儀注》以天下計書爲太史職掌，然以爲「先上太史，而副上丞相」者，按子長爲太史兼中書令，在禁中主四方文書，其曰「先上太史公」考，蓋所上文書必先由太史檢校，然後奏之天子，非上太史也。観此，則丞相所上止副封，法自應爾，其事本如此，而衛宏不能詳言之，故晉灼不以爲然。《宋景文公筆記》亦曰：「遷自言僕之先人，文史星歷，近乎卜祝之間。若位在丞相上，安得此言耶？」按張蒼以秦時柱史，習天下圖書計籍，又善用算律歷，故以蒼領郡国上計，夫籌律歷領計書，皆太史之任也。当漢之初，未爲史官，蒼豈以此时兼行太史事耶？是时蒼以列侯居相府，故宏謂太史公位在丞相上，亦自有所本，但施于張蒼則可尔。 （善本：01679：舊鈔本）	（史部，紀傳類，總義之屬，兩漢刊誤補遺，卷七） （善本）
吳仁傑	150	通論	考據	「卒述陶唐以來，至于麟止。」張晏曰：「武帝獲麟，遷以爲述事之端，猶《春秋》止獲麟。」師古曰：「晏説是也。」仁傑按：子長〈自序〉「爲太史令五年而當太初元年」，以爲職當載明天子、功臣、賢大夫之德業，于是論次其文，十年而遭李陵之禍，卒述陶唐以來，至于麟止。蓋自太初改元，至太始改元之明年，適盈十年，是歲，更黃金爲麟趾，趾與止通，遷所謂至于麟止者，此也。張晏乃謂遷以獲麟爲述事之端。按：獲白麟在元狩元年，子長嗣父職在元封三年，獲白麟之歲，未爲史官也，安得以爲述事之端？帥古獨是晏説，失之矣。有云遷序事盡太初，按：太初盡四年，又更天漢、太始凡六年，而後至麟止，遺此何耶？蓋不究子長〈自	（史部，紀傳類，總義之屬，兩漢刊誤補遺，卷七）

吳仁傑	150	通論	考據	序〉之文，故麟止之説前後失據，而論序事所止，亦不得其實。 （善本：01679；舊鈔本）	（善本）
吳仁傑	150	通論	考據	《文選》載〈報任少卿書〉云：「太史公牛馬走。」五臣注：「太史公，遷之父。」仁傑謂：使談見爲太史，而遷與人書如此可也。按遷被刑之後，乃有此書，是時談死久矣，安得以父故官爲称耶？則知所謂太史公者，子長自謂也。本傳載報書時爲中書令，顧称太史者疑正爲太史令，而中書特其兼官，故但称本所居官耳。《史記・自序》「太史公曰先人有言」《索隱》曰：「先人謂先代賢人。」意以太史公爲談自称。按遷此書言「僕之先人」，又可爲先代賢人耶？ （善本：01679；舊鈔本）	（史部，紀傳類，總義之屬，兩漢刊誤補遺，卷七，頁6） （善本）
吳仁傑	150	通論	考據	本傳載子長書自「少卿昆下」始，《文選》又官冠以「太史公牛馬走，司馬遷拜言」凡十二字。仁傑曰：此猶劉向上書，而《漢紀》言其自称草莽臣，蓋得其本文如此。五臣注：「走猶僕也，言已爲太史公，掌牛馬之僕。」按「牛」當作「先」字之誤也。《淮南書》曰：「越王句踐，親執戈，爲吳王先馬走。」《國語》亦云：句踐親爲夫差前馬。《周官》：太僕，王出入則前驅。注：如今導引也。子長自謂先馬走者，言以史官中書令在導引之列耳，故又云「幸得奏薄技出入周衞之中」。〈百官表〉有太子先馬，蓋亦前驅之稱，或作「洗馬」，循誤至此。 （善本：01679；舊鈔本）	（史部，紀傳類，總義之屬，兩漢刊誤補遺，卷七，頁6、頁7） （善本）
吳仁傑	150	通論	考據	顏延之言，有三公之公，田舍公之公，家公之公，三公，如周、召，固易見。所謂田舍公者，以其高年耳，〈吳志〉云「程普最年長，時人皆呼程公」是也；所謂家公者，賈誼云「與公併倨」是也。韋昭謂楊惲以外孫称遷爲公，則是皆家公之公。虞喜以爲主天官者皆上公，則是三公之公，然遷〈報任少卿書〉亦以太史公自稱，此豈官屬與外孫尊之耶？ （善本：01679；舊鈔本）	（史部，紀傳類，總義之屬，兩漢刊誤補遺，卷七，頁5） （善本）
吳仁傑	150	通論	考據	遷〈自序〉云「談爲太史公」，謂尊其父可也，下文云「太史公遭李陵之禍」，則遷自謂矣。安有官爲令而自尊曰公者哉？蓋春秋之世，楚邑令皆稱爲公。《漢書音義》曰：「陳涉爲楚王，沛公起應涉，故從楚制稱公。」《史記》有柘公、留公，《索隱》曰：「柘縣、留縣令也，故曹參爲戚令，稱戚公，夏侯嬰爲滕令，稱滕公是也。」	（史部，紀傳類，總義之屬，兩漢刊誤補遺，卷七，頁4、頁5）

| | | | | 按〈茂陵書〉：「談絲太史丞爲太師史令」。本傳言「談卒三歲，而迁爲太史公。」則是迁父子官爲令耳，其稱公者，如柘、留、戚、滕之比，非尊其父而然。
（善本：01679；舊鈔本） | （善本） |

樓昉《史記》評點表

評家	160	體例篇名	類別	評　點　內　容	備　　註
樓昉	80	樂毅列傳第八十	史識	可以見燕昭王、樂毅君臣相與之際，略似蜀昭烈、諸葛武侯，書詞明白，洞見肺腑。	（集部，總集類，崇古文訣，卷一，頁 1）
樓昉	84	屈原賈生列傳第八十四	史識	誼謫長沙，不得意，投書弔屈原，而因以自諭，然譏議時人太分明，其才甚高，其志甚大，而量亦狹矣！	（集部，總集類，崇古文訣，卷三，頁 1）
樓昉	84	屈原賈生列傳第八十四	辭章	其詞汗漫恍惚，蓋皆遺世忘形之說。此太史公讀之，而有同死生、齊物我，令人爽然自失之歎也。誼謫長沙，抑欝不自得，適有鵬入之異，長沙地卑濕，恐壽不得長，故爲此賦，推原死生之理，以自遣也。	（集部，總集類，崇古文訣，卷三，頁 4）
樓昉	87	李斯列傳第八十七	辭章	樓昉曰： 三段一意，反覆而語不相沿，益見精神。	見《評林》頁 2132
樓昉	87	李斯列傳第八十七	辭章	此先秦古書也。中間兩三節，一反一覆、一起一伏，略加轉換數个字，而精神愈出、意思愈明，無限曲折變態。誰謂文章之妙，不在虛字助詞乎！	（集部，總集類，崇古文訣，卷一，頁 3）
樓昉	113	南越列傳第一百一十三	史識	次伐南越之兵，甚中經緯。	見《評林》頁 2563
樓昉	117	司馬相如列傳第一百一十七	史識	武帝事西南夷，豈是好事？其實相如只是強分疏，却又要彊說道理，至以禹治水爲比，可謂牽合矣。使人主觀之，乃所以助成其好大喜功之習，非所以正救其失也，然文字自佳。	（集部，總集類，崇古文訣，卷三，頁 12）
樓昉	117	司馬相如列傳第一百一十七	辭章	一篇之文，全是爲武帝文過飾非，最害人主心術，然文字委曲回護，出脫得不覺又不怯全，然道使者有司不是也，要教百姓當一半不是，最善爲辭，深得告諭之體。	（集部，總集類，崇古文訣，卷三，頁 10）
樓昉	130	太史公自序第一百三十	辭章	家世源流，論著本末，備見於此篇。終自叙處，文字反覆委折，有開闔變化之妙，尤宜玩味。	（集部，總集類，崇古文訣，卷四，頁 1）

陳經《史記》評點表

評家	160	體例篇名	類別	評 點 內 容	備 註
陳經	1	五帝本紀第一	史識	時月正日者，正朔之所自出，律度量衡者，制度之所自始。五禮者，名分上下之所由以正。《中庸》曰：非天子不議禮，不制度，不考文。《公羊春秋》，王正月爲大一統，天無二日，民無二王，家無二主，尊無二上，道無二致，政無二門。言致治者，欲令政事皆出于一而變，禮易樂革制度國異政家殊俗者，流放竄殛貶削之，以刑隨其後，此國政之歸于一也，故舜之巡狩時，月必協之，日必正之。蓋積日而成月，積月而成時，日于時月爲詳，故特言正度者，分寸尺丈量者，龠合升斗衡者，銖兩斤鈞度量衡皆本於律。蓋度起于黃鍾之長，量起于黃鍾之龠，衡起于黃鍾之重也。律度量衡皆欲其同，五禮吉、凶、軍、賓、嘉，因而修之。凡此皆欲制度出于一，則上下無異政，而臣民無二心故也。	（經部，書類，陳氏尚書詳解，卷二，頁8）
陳經	1	五帝本紀第一	史識	陳氏雅言曰： 輯瑞於攝位之初者，將以驗其信否，而盡其詢察之道。班瑞於既覲之後者，所以與之正始，而示夫更新之義也。 按：該語引自明胡廣《書經大全》陳經注。	（經部，書類，書經大全，卷一，頁44）
陳經	4	周本紀第四	史識	陳氏謂文王化行江、漢，自此而南，故八國皆来助，舉其遠則近者可知。 按：該語引自清張英《書經衷論》。	（經部，書類，書經衷論，卷三，頁5）
陳經	33	周公世家第三十三	史識	陳氏經曰： 中宗近生知，高宗學知，祖甲困知者也。 按：該語引自元陳櫟《書集傳纂疏》陳經注。	（經部，書類，書集傳纂疏，卷五，頁37）
陳經	38	宋世家第三十八	義理	陳經曰： 三德之用，莫易于正直、莫難于剛柔。君道主剛，剛之失其過小，柔之失其過大，故又言威福玉食之柄在君，惟恐失之柔而柄下移，如漢元成也。 按：該語引自清朱鶴齡《尚書埤傳》。	（經部，書類，尚書埤傳，卷十，頁26）

朱黼《史記》評點表

評家	160	體例篇名	類別	評　點　內　容	備　註
朱黼	10	孝文本紀第十	史識	凡二十三年之間，其商畧區畫捨農桑外，所深著意者，獨邊事而已，然其卑詞屈已，歲致金繒與犬羊結好者，豈得已哉！帝亦度匈奴桀驁之執，未可以遽服，而瘡痍甫定之民，未可以遽用，故雖外為和親之禮，而實在內未嘗輕弃自治之策，帝於是憤怒激烈，銳志雪恥，屯兵三郡，親御六飛勞軍勒兵，申教令，賜士卒必欲躬自北伐，雖羣臣之諫不聽，豈非仁者之勇哉！使太后不固要之，而帝與六將軍之兵，果得臨敵，當必痛懲而大治之，使之終身創艾矣。 按：宋陳仁子《文選補遺》曾引該語。 （善本：13675；明·翻刊元茶陵陳氏東山書院本）	（集部，總集類，通代之屬，文選補遺，卷一，頁20） （善本）

林駉《史記》評點表

評家	160	體例篇名	類別	評　點　內　容	備　註
林駉	150	通論	史識	嘗攷遷史之紀傳世家矣。子長以事之繫於天下則謂之紀。秦始皇已并六國，事異於前，則始皇可紀也。項羽政由己出，且封漢王，則項羽可紀也。孝惠、高后之時，政出房闥，君道不立，雖紀呂后亦可也。	（子部，類書類，古今源流至論，後集卷九，頁4）
林駉	150	通論	史識	嘗攷遷史之書矣！〈封禪〉一書，固述帝舜以下也，正以著當時求仙之詐。〈平準〉一書，固述歷代也，正以譏當時征利之非。於〈禮書〉則載孫卿〈禮論〉，而不載叔孫通〈綿蕝〉者，以見野儀之失而古禮之得也。於〈歷書〉則載古歷九百四十分之法，而不載太初八十一分之法者，以見太初之疎而古歷之密也。	（子部，類書類，古今源流至論，後集卷九，頁3）
林駉	150	通論	史識	子長以事之有大於列傳，則係之世家。夫子在周則臣道，在後世則師道，故以世家別之。陳涉在夏、商則為湯、武，在秦則為陳涉，故以世家係之。蕭、曹、良、平雖曰通侯，而勳烈冠於羣后，皆社稷之臣，則亦列於世家也。	（子部，類書類，古今源流至論，後集卷九，頁4）
林駉	150	通論	史識	列傳褒貶，尤有深意。以伯夷居於列傳之首，重清節也。以孟、荀冠於淳于之徒，尊吾道也。以莊周附於老子，以申不害附於韓非，別異端也。他如〈佞倖〉、〈酷吏〉、〈日者〉、〈龜策〉、〈滑稽〉、〈貨殖〉、〈游俠〉皆為當世而發，吁，有旨哉！	（子部，類書類，古今源流至論，後集卷九，頁4）

林駉	150	通論	史識	世之好議論者曰：蘇子由《古史》之作，而遷史無直筆，吳縝《糾謬》之出，而歐史無全美。往往以微失細過吹求毛疵，噫，亦苟矣！議遷史者以遷之妄述宰我常從田常，而不知《左氏》所述闞止爭政之由；遷之妄稱子貢一出變易五國，而不知《左氏》所載伐魯伐齊之故，遂以是爲遷史之失。嗚呼，盍亦究史遷傳信之誤乎？蓋遷承秦滅籍之後，《左氏》不立學官，經傳無傳，始誤於游說之辭，若後儒知其闞止爭政，知其伐魯伐齊者，以《左氏》歷歷可據也，遷何尤焉！	（子部，類書類，古今源流至論，後集卷九，頁7、頁8）
林駉	150	通論	史識	嘗攷遷史之表矣！〈三代世表〉所以觀百世之本支，攷黃帝之初，先列譜系，以祖宗爲經，以子孫爲緯，則五帝、三王皆出於黃帝，此帝王授受之正統可見也。〈六國年表〉所以示天下之名分，故齊康公之十九年，爲田和遷居海上，而書「田齊太公卒」，且繫之康公二十年。康公既卒，始書「田齊」，此尊卑逆順之正理可見也。〈十二諸侯年表〉以下，以地爲主，故年經而國緯，所以觀天下之大勢也。〈高祖功臣年表〉以下，以時爲主，故國經而年緯，所以觀一時之得失也。〈秦楚年表〉上尊義帝，而漢居其中，明大義也。〈將相年表〉上繫大事之記，明職分也。	（子部，類書類，古今源流至論，後集卷九，頁1、頁2）

黃履翁《史記》評點表

評家	160	體例篇名	類別	評　點　內　容	備　註
黃履翁	13	三代世表第十三	史識	安敢望子長之風耶！夫表者，興亡理亂之大略，而固之表，則猶譜牒也。書者，制度沿革之大端，而固之志，則猶案牘也。	（子部，類書類，古今源流至論，別集卷五，頁1）
黃履翁	25.5	律書第二十五	考據	世之論律法之善者莫如司馬遷，而論律法之失者亦莫如司馬遷。夫遷世爲太史，最精律法，以律之一龠而推日分，以律之九寸而得甲子，此非善知律者不能也！然攷之〈律書〉其所議論，其所推算，而其失滋甚！且遷之黃鍾九寸，蓋以九分爲寸，以十分之寸約之，得八寸，十分一，而乃謂之七分之，其失一也。遷之鍾分，丑三之下有二，其實位生之法而妄論餘分，其失二也。夫以遷之長於律學，尚不免有異同之疑，況紛紛諸子乎！	（子部，類書類，古今源流至論，別集卷九，頁24、頁25）

黃履翁	74.5	孟子荀卿列傳第七十四	史識	昔太史公讀孟子書，至利國之對，而爲之廢卷太息，流涕而言之。彼蓋有感當時功利之徒，而深信孟子塞原之論也。雖然，遷之學蓋有自來也。董子嘗有「正誼不謀利」之一言，誠得孔、孟之餘論，而遷之《史記》有「予聞之董生」云者，意遷從仲舒游，而得是言歟！	（子部，類書類，古今源流至論，別集卷二，頁7、頁8）
黃履翁	150	通論	史識其他	昔邵氏論班固表志之優劣，謂遷作歷代史，表志當著歷代，固作漢史，表志不當著歷代。嗚呼，固之不及遷者豈止是哉！夫子長負邁世之氣，登龍門，探禹穴，採摭異聞，網羅往史，合三千年事而斷之於五十萬言之下，措辭深，寄興遠抑揚去取自成一家，如天馬駿足，步驟不凡，不肯少就於籠絡。彼孟堅摹規倣矩，甘寄籬下，安敢望子長之風耶！夫表者，興亡理亂之大略，而固之表則猶譜牒也。書者制度沿革之大端，而固之志則猶案牘也，且遷之〈諸侯年表〉以下，以地爲主，故年經而國緯，所以觀天下之大勢。如高帝五年，韓信王楚，英布王淮南，盧綰王燕，張耳王趙，彭越王梁，韓王信王太原，吳芮王長沙，則天下之勢，異姓強而同姓未有封者也。如高帝六年，高祖弟交王楚，高祖子淝王齊，英布王淮南，盧綰王燕，張敖王趙，彭越王梁，高祖兄喜王代，吳芮王長沙，則天下之勢，異姓與同姓強弱亦略相當也。〈高祖功臣年表〉以下，以時爲主，故國經而年緯，所以觀一時之得失。如〈高祖功臣年表〉，高祖功臣侯者，一百四十三，至文帝之世存者一百二十五，至武帝時存者七十一，則時之守先典待舊勳，孰得孰失，皆可知矣。如〈惠景間侯者表〉，建元之後存者二國，太初已後又皆國除，則時之政事，孰緩孰急，皆可知矣。如〈建元以來侯者表〉，元光、元朔、元狩以來，不以匈奴，則以南粵，則知時之用兵，戰功居多矣。如〈建元以來王子侯者表〉，元光侯者七，元朔侯者一百二十七，則知時之分封侯子施行次第矣。〈漢興以來將相名臣年表〉，以大事爲主，所以觀君臣之職分。如高帝元年「大事記」，沛公爲漢王，之南鄭，還定雍，而「相位」書蕭何，守漢中，「御史大夫位」書周苛，守榮陽。高帝九年，「大事記」未央宮成，置酒前殿，帝奉玉卮上太上皇壽曰「今臣功孰與仲多」，而「相位」書蕭何爲相國，「御史大夫位」周昌爲趙丞相，則君臣之職分，或得或失皆歷歷可見矣。彼班氏之表，何如哉？侯表	（子部，類書類，古今源流至論，別集，卷五，頁1、頁2、頁3、頁4）

黃履翁	150	通論	史識	徒列子孫世數之繁，官表徒書公卿拜罷之日，是特聚諸家之譜牒耳，未聞有發明一代之意也，且〈諸侯年表〉曰「異姓王」者，曰「同姓王」者，遷則合而爲一，正以明漢初親疏相錯之旨。固廢年經國緯之制，徒以一己之見，乃以異姓、同姓分而爲二，則天下大勢何觀焉？〈功臣年表〉曰「高祖功臣侯者」，曰「景惠間侯者」，曰「建元以來侯者」，遷則析而爲三，正以明一時行封異同之意。固廢國緯年經之制，徒以卷帙重大之故，乃以「高惠、高后、文帝」、「景、武、昭、宣、元、成」，析而爲二，則當世得失何驗焉？〈建元以來王子侯者表〉斷自建元，蓋是時始行分封之典，遷意正有在也；固則起於高祖，且謂聖祖建業以廣親親，殊失〈王子侯表〉之本旨矣。〈漢興以來將相名臣表〉不載九卿百司，蓋漢興將相權重之故，遷意正有寓也；固則以將相混於列職之中，且不記大事以爲主，殊失〈將相名臣表〉之本旨矣。	
				且〈封禪〉之書，何爲而作也？自武帝有求仙之惑，今日用方士，明日遣祠官，溺心於虛無之境，而不自知，子長欲救其失，其首雖曰「自古帝王何嘗不封禪」，而其〈贊〉乃云「究觀方士、祠官之意」，子長之意婉矣。〈平準〉之書，何爲而作也？自武帝有征利之慾，今日禁鹽鐵，明日置平準，留意於錐刀之利，而不自知，子長欲箴其非，徃徃指言宏羊致利之由，子長之言深矣。其著〈律書〉也，不言律而言兵，不言兵之用，而言兵之偃，觀其論文帝事，浩漫宏博，若不相類，徐而考之，則知文帝之時，偃兵息民，結和通使，民氣歡洽，陰陽協和，天地之氣，亦隨以正，其知造律之本矣。其序〈歷書〉也，不言「太初」而言古歷，不言八十一分之術，而言九百四十分之法。觀其在元豐間議造漢歷，號爲「太初」，其術最驗，遷書置而不取，蓋古歷之失，以其朔餘太強，而至於後天乃改新歷，而後天之失尤甚於古歷，此遷所以不取「太初」日分之法，其知作歷之法矣。書「天官」，則初言春秋星隕，而五伯代興；次言漢初日蝕，而諸呂作亂；又次言元光、元狩，蚩尤旗見而兵師四出，正以警時君修德修政之心。書「河渠」，則初言夏禹治水之源流；次言秦漢治渠之利害，正以知歷代水利之由。於〈禮書〉載〈禮論〉，於〈樂書〉載〈樂記〉，	（子部，類書類，古今源流至論，別集卷五、頁 5、頁 6、頁 7）

			遷非蹈襲舊文也，漢承秦滅學之後，百氏蜂起，天下知有衆說而不知有吾道，知有新制而不知有古典，所謂〈禮論〉、〈樂記〉之書，誰其講之？遷乃取而載之於書，非有高世之識，不能也。	

陳仁子《史記》評點表

評家	160	體例篇名	類別	評　點　內　容	備　註
陳仁子	10	孝文本紀第十	史識	愚曰：文帝令列侯之國，高處有三：一則自代來，知餽餉之苦；二則留京師，孤羇牧之任；三則有緩急生肘腋之禍。至於宴飲賜賞之濫，又其餘者也，深哉！ （善本：13675；明‧翻刊元茶陵陳氏東山書院本）	（集部，總集類，通代之屬，文選補遺，卷一，頁 12） （善本）
陳仁子	10	孝文本紀第十	史識	愚曰：帝之和匈奴，何仁而不悟也！夫夷狄之欲，甚無厭也。可以德柔，可以力屈，不可專以利誘。若一切挾金繒誘之，吾懼利有限，而欲無厭，未可恃此爲固也，且以帝之時較論，戰者凡幾，和者又凡幾。三年匈奴嘗入冠矣，遣灌嬰擊之而走，十四年匈奴又入冠，殺都尉卯矣，遣張相如等擊之而走。後元六年，又入上郡矣，遣周亞夫等禦之而退，是戰未嘗不勝也。六年冒頓死，嘗請和親矣。至十一年而有狄道之冠。後元二年亦和親矣。至六年而有雲中之冠，是和未嘗可恃也。矧帝之時，未嘗無具也，絳灌可將也，南北可軍也，富庶可財而三表五餌可術也。內爲天保以上之規模，外爲杕杜出車之備，且乘隙而用之，孰至以天下之大而畏人者，而帝一切以和親爲常，此固賈誼所以痛哭流涕於斯也，帝何不悟哉！ （善本：13675；明‧翻刊元茶陵陳氏東山書院本）	（集部，總集類，通代之屬，文選補遺，卷一，頁 20） （善本）
陳仁子	10	孝文本紀第十	史識	帝自代郡來，辭讓再三，初無一毫垂涎鼎璽之心，最是卑詞而和匈奴，軟語而諭南粵，視名位直將涗焉。其不有天下之心如此，有司請建太子，而帝曰別擇賢，彼豈爲其私哉！後立景帝，特以身履諸呂之變，不容不早定耳。西漢有帝王氣象，文帝一人而已。 （善本：13675；明‧翻刊元茶陵陳氏東山書院本）	（集部，總集類，通代之屬，文選補遺，卷一，頁 13） （善本）
陳仁子	10	孝文本紀第十	史識	帝在位二十三年，日食者四，甚至孛星、地震、旱、蝗、大水層見疊出。當時，無主權之下移也，無憸人之在朝也。吾意徵應匈奴强而入冠耳，帝猶引躬責過，所以無過也。 （善本：13675；明‧翻刊元茶陵陳氏東山書院本）	（集部，總集類，通代之屬，文選補遺卷一，頁 13） （善本）

陳仁子	10	孝文本紀第十	史識	文帝此詔，非但了死生之事，而愛民惻怛，溢乎言外。 （善本：13675；明・翻刊元茶陵陳氏東山書院本）	（集部，總集類，通代之屬，文選補遺，卷一，頁26） （善本）
陳仁子	10	孝文本紀第十	義理	樂舞之立，乃後人摹寫功德，光昭前烈者也。景帝紀孝文行事，若減刑、恤孤，聞者第讚其爲是；宣帝紀孝武行事，若窮兵、溢祀，聞者第彰其爲非。嗟夫！一時之所爲，不掩萬世之清議，如印印泥若此。 （善本：13675；明・翻刊元茶陵陳氏東山書院本）	（集部，總集類，通代之屬，文選補遺，卷一，頁23） （善本）
陳仁子	15	六國表第十五	史識	六國之興成亦天運耳，故地無常利，推移之者，天也。粵自黃帝邑于涿鹿以來，顓帝邑于龍城，舜耕于歷山。箕子建國朝鮮，王氣在東。千五百年，乃轉而歸于西土。西土者，自文、武都豐鎬以來，秦據咸陽，漢卜長安，王氣在西。又千有一百年，乃轉而河朔。河朔者，自西漢中葉以後，新莽而下，極于隋、唐，河朔富盛，王氣在河朔。又九百年，乃轉而南夏。若南夏者，襄、漢以南達于湖、廣，江湖以南斥于閩海，安史之亂，皆禍所不及，由是東南十一路泰然安堵。歷五季以至宋，民物豐阜，皆古所號荒涼之地也。自南自北，王氣各有攸在，而司馬遷謂起事專在西南，成功專在東北，非的論矣。 （善本：13675；明・翻刊元茶陵陳氏東山書院本）	（集部，總集類，通代之屬，文選補遺，卷二十六，頁1） （善本）
陳仁子	17	漢興已來諸侯年表第十七	史識	漢初宗姓諸王，無戰功而有分土；唐初宗姓諸王，有戰功而無分土。	（集部，總集類，文選補遺，卷二十六，頁4）
陳仁子	20	建元以來侯者年表第二十	史識	建元以來之封爵，與漢初功臣異矣，而太史公紀之曰：七十二國，褚氏補餘四十五國，何邊功之多若是耶？中國一統而馳志如此，是亦不可以已乎！不知費幾萬生靈，能成此諸封爵也，惜哉！ （善本：13675；明・翻刊元茶陵陳氏東山書院本）	（集部，總集類，通代之屬，文選補遺，卷二十六，頁6） （善本）
陳仁子	21	王子侯者年表第二十一	史識	分王子弟，親親之恩也，誼之遺策也。遷之言似頌似諷，讀者可以洞悟。 （善本：13675；明・翻刊元茶陵陳氏東山書院本）	（集部，總集類，通代之屬，文選補遺，卷二十六，頁6） （善本）

陳仁子	34	燕世家第三十四	史識	姬姓後亡，惟燕召公，其醫家所謂尪羸壽考歟？是可觀所養矣，勢固不必強也。	見《評林》頁1202
陳仁子	47	孔子世家第四十七	史識	愚曰： 居今日而贊孔氏，夫何言哉？以六家並論之，史遷似亦溺於流俗者，而能尊孔子於世家，置老子於列傳，其見不卓乎！先黃老後六經，意者固之論，特以時好觀遷史耳！ （善本：13675；明・翻刊元茶陵陳氏東山書院本）	（集部，總集類，通代之屬，文選補遺，卷三十八，頁1） （善本）
陳仁子	49	外戚世家第四十九	史識	愚曰： 敘述歷代，有勸有戒，正論也，而遷終歸之命焉，然則呂后之禍，其殆出於天而非人乎？ （善本：13675；明・翻刊元茶陵陳氏東山書院本）	（集部，總集類，通代之屬，文選補遺，卷二十六，頁7） （善本）
陳仁子	55	留侯世家第五十五	史識	愚曰： 始以天斷，見漢之締紉也不偶；終以貌論，見高帝之用人也不錯。 （善本：13675；明・翻刊元茶陵陳氏東山書院本）	（集部，總集類，通代之屬，文選補遺，卷三十八，頁2） （善本）
陳仁子	59	五宗世家第五十九	史識	景帝之待五宗，削其恩數者乃全之也。於是可見漢初之無制矣。 （善本：13675；明・翻刊元茶陵陳氏東山書院本）	（集部，總集類，通代之屬，文選補遺，卷三十八，頁2） （善本）
陳仁子	60	三王世家第六十	史識	愚曰：《書》載〈誥命〉，所以可傳萬世者，雖以其詞，亦以其人。武帝子凡五，齊懷王、燕剌王、廣陵屬王三子，同日受封。今讀策命詞語，申以風土之宜，教以輔佐之義，語言溫厚，直有成周訓誥風度。班史謂號令文章粲然可述者，此其尤也。惜數子或夭、或自殺，竟無伯禽、康叔之業，三復策書，吾重爲三子愧。 （善本：13675；明・翻刊元茶陵陳氏東山書院本）	（集部，總集類，通代之屬，文選補遺，卷三，頁15） （善本）
陳仁子	63	老子韓非列傳第六十三	史識	論申、韓之慘，而歸之老子，遷之論確矣，而世乃議之曰先黃、老焉，何邪？ （善本：13675；明・翻刊元茶陵陳氏東山書院本）	（集部，總集類，通代之屬，文選補遺，卷三十八，頁3） （善本）
陳仁子	70	張儀列傳第七十	史識	秦已死矣，而儀且暴其短，其不恕也，可畏哉！且史遷直謂當時事之相類者，牽附之秦，未必非儀實爲之。 （善本：13675；明・翻刊元茶陵陳氏東山書院本）	（集部，總集類，通代之屬，文選補遺，卷三十八，頁3） （善本）

陳仁子	72	穰侯列傳第七十二	史識	苟爲人所間，而欲奪其位，國戚羈旅一也，何必范睢之於魏冉乎？ （善本：13675；明‧翻刊元茶陵陳氏東山書院本）	（集部，總集類，通代之屬，文選補遺，卷三十八，頁3） （善本）
陳仁子	74	孟子荀卿列傳第七十四	史識	漢初不知尊孟子，夫孟子接孔氏之正傳，仁義七篇，呆呆行世，豈可與諸子同科？遷也以孟、荀同傳，已不倫矣，而更以騶子、淳于髡等出處實之，何卑孟邪？蓋至揚雄，始以孔、孟並稱，韓愈始以孟氏配禹，何孟子之見知於世若是其晚邪？ （善本：13675；明‧翻刊元茶陵陳氏東山書院本）	（集部，總集類，通代之屬，文選補遺，卷二十六，頁14） （善本）
陳仁子	75	孟嘗君列傳第七十五	史識	客之稱四海一君之世無是也，故在春秋時，百里奚虞人也，而客於秦；苗賁皇楚人也，而客於晉。欒盈之去晉而客也，爲晉之憂；子胥之去楚而客也，爲楚之患。大抵皆客也。浸淫至戰國，談天雕龍，蜂起泉湧，猶空言爾。儀、秦以從橫、爲劍佩，其禍生民何限哉？而四公子之徒，直以取數之多，爭爲雄長，要其所得，不過雞鳴狗盜之輩爾！夫何益於大故乎？誠使當時之客，如孟氏焉，在梁曰仁義，在齊又曰仁義，執吾之正論，以活天下，則四公子之禮遇，不爲虛設，其亦庶乎有補也，而奈之何？其不然也，是以史遷於田文也，斷之曰自喜，夫固斥其爲一已之私好，非天下之公好焉耳！然則客之爲禍，他日浸浸不已，非田文之徒實漲其波而誰哉？至若秦皇之興，以囊括四海，包舉宇宙之志，非戰國角立比也，而猶曰逐客，不知是客也，將何歸乎？是必如晉之范粲寢所乘車，足不履地乃可，良用一慨！ （善本：13675；明‧翻刊元茶陵陳氏東山書院本）	（集部，總集類，通代之屬，文選補遺，卷三十八，頁4） （善本）
陳仁子	80	樂毅列傳第八十	史識	世稱毅曰王佐。以今觀之，毅亦戰國詭詐之士而已。士不貴以　　（闕）　　。夫戰國之習，於周不合，則之魯，於魯不合，則之齊、之宋、之晉、之秦無擇也。毅恃材以驕列國，而不拘節以全大義，知去國不潔其名，獨不知忠臣不事二君乎？若曰避讒，則辨明心迹，舉賢者以自代可也，何乃飄然而去，至使惠王懼其伐國而致書焉？此固中行說之流耳，夏侯玄尚以微子爲論，何哉？	（集部，總集類，文選補遺，卷十三，頁2）

陳仁子	87	李斯列傳第八十七	史識	宦寺以廢立之事持其君者，鮮不爲患。昔豎牛殺嫡立庶，而立叔孫昭子。昭子即位，朝其家衆，數其罪而殺之，仲尼以爲不賞私勞不可能也。若趙高立二世，而卒挾其恩以殺二世，視呂伋逆子釗之事，何如也？夫立君，大事也。不顧命大臣，而聽之宦官，其禍遲而大，二世無昭子殺豎牛之勇，李斯又無呂伋逆子釗之規，反爲所陷焉。佗日，孫程以策立欺順帝，王守澄以策立誤文宗，皆自高始矣。 （善本：13675；明·翻刊元茶陵陳氏東山書院本）	（集部，總集類，通代之屬，文選補遺，卷十三，頁4、頁5） （善本）
陳仁子	100	季布欒布列傳第一百	史識	一則不輕死，一則不顧死，要皆署有見於義者，而遷且謂賤妾感慨自殺，非能勇也。計畫無復之者，乃借以自述其隱忍苟活，以成史書之意。 （善本：13675；明·翻刊元茶陵陳氏東山書院本）	（集部，總集類，通代之屬，文選補遺，卷三十八，頁4） （善本）
陳仁子	109	李將軍列傳第一百九	史識	愚曰： 廣之數奇，而忠信見於身後，夫何憾者！ （善本：13675；明·翻刊元茶陵陳氏東山書院本）	（集部，總集類，通代之屬，文選補遺，卷三十八，頁8） （善本）
陳仁子	110	匈奴列傳第一百十	史識	愚曰： 遷之贊此也，以定、哀之時自比，而獨責將帥焉！夫豈獨責將帥哉？	（集部，總集類，文選補遺，卷三十八，頁6）
陳仁子	111	衛將軍驃騎列傳第一百一十一	史識	愚曰：賓客之害，吾於史遷贊孟嘗，又於第五倫彈竇氏，一再言之矣。特孟嘗之時，天下分裂，猶不足責也。竇氏立清朝，植私黨，大可罪矣！若夫以大將軍之勢，誰能禦之？而能以嬰、蚡之賓客爲懲，亦可謂善處盛強者，然且未也。黯爲揖客，大將軍尤賢之，殆非純以客爲賤者。客固有賢、不賢也，乃若宰相之職，則又不然。要當如狄梁公之藥籠，呂正獻之夾袋，不爲私門植桃李，而爲國家收拾人才，殆又不可以青藉口。	（集部，總集類，文選補遺，卷三十八，頁6、頁7）
陳仁子	112	平津矦列傳第一百一十二	史識	夫帝之心，內多欲而外仁義者也；仁義不勝，故私欲橫生，徐樂於聲色之奉、游獵之娛、俳優侏儒之歡，不直止之，而勸以王道，幾若善而不閉其邪者。使帝誠如樂言，以天下爲務，而游心禹、湯、成、康之事，吾知私欲不待言而自止，深得諷諫之術。吁！樂言雖是，而同時若偃者，一歲四遷，安雖不用，而爲騎馬令。至樂竟不見用，毋乃以樂言爲迂，而不相入邪！ （善本：13675；明·翻刊元茶陵陳氏東山書院本）	（集部，總集類，通代之屬，文選補遺，卷十三，頁27） （善本）

陳仁子	112	平津矦列傳第一百一十二	史識	嚴安上書，與主父偃不同。主父偃皆隨其末而救之，嚴安則探其本而救之，本正則末自正矣。凡安所言曰「薄賦斂」，則箴帝之利心也；曰「省刑罰」，則藥帝之慘心也；曰「省繇役」，則約帝之侈心也。夫帝之欲，不但窮兵一事，大本既立，數者既除，則兵可片言而止。至於「用兵乃人臣之利，非天下之長策」二語，可以關要功生事者之口。噫！一將功成萬骨枯，其言蓋本諸安。 （善本：13675；明・翻刊元茶陵陳氏東山書院本）	（集部，總集類，通代之屬，文選補遺，卷十三，頁21） （善本）
陳仁子	113	南越列傳第一百一十三	史識	圖天下者，貴識天下之大埶。高帝善有天下，蓋識其埶者也。當時吏民新附，叛者九起，故北不刷白登之恥、南不貪百粵之臣，直以一身為天下之埶。虜臧荼，破利幾，執淮陰，繼而貫高反洛陽，陳豨反代，黥布又反淮南，所幸兵力不分，旋起旋定，若窮征遠伐，變不旋踵，恐鞭長不及馬腹，天下匈匈非吾有也。 （善本：13675；明・翻刊元茶陵陳氏東山書院本）	（集部，總集類，通代之屬，文選補遺，卷一，頁9） （善本）
陳仁子	118	淮南衡山列傳第一百一十八	史識	士欲忠愛其主，當執義以力爭，不當遁詞以中變。被論吳、楚之得失，援引秦、漢之興亡，其論甚正，若執此不變，安知淮南之心，不有所忌而不敢發？被乃轉為必不得已之論。既欲詐為丞相、御史書，徙豪傑，以激民怨，又詐為詔獄書，逮諸侯太子及幸臣，以懼諸侯，其遁也而至於譎，與前之說真為二人，被誅宜哉，故著之以為人臣之戒！ （善本：13675；明・翻刊元茶陵陳氏東山書院本）	（集部，總集類，通代之屬，文選補遺，卷十八，頁6） （善本）
陳仁子	124	游俠列傳第一百二十四	史識	游俠之名，蓋起於後之世無道德之士耳。夫游者，行也；俠者，持也。輕生高氣，排難解紛，較諸古者道德之士，不動聲色，消天下之大變者，相去固萬萬，而君子諒之，亦曰其所遭者然耳。律其所為，雖未必盡合於義，然使當時而無斯人，則袖手於焚溺之衝者，滔滔皆是，亦何薄哉！斯固亦孔子所謂殺身成仁者也，遷之傳此，其亦感於蠶室之禍乎？吾於此傳，可以觀人材，可以觀世變。 （善本：13675；明・翻刊元茶陵陳氏東山書院本）	（集部，總集類，通代之屬，文選補遺，卷二十六，頁25） （善本）
陳仁子	126	滑稽列傳第一百二十六	史識	直載其事，談言微中之驗也。 （善本：13675；明・翻刊元茶陵陳氏東山書院本）	（集部，總集類，通代之屬，文選補遺，卷三十八，頁7） （善本）

評家	129	體例篇名	類別	評點內容	備註
陳仁子	129	貨殖列傳第一百二十九	史識	世譏遷：述貨殖則崇執利，過矣。遷之言曰：千乘之王，萬家之侯，百室之君，尚猶患貧，況匹夫編戶之民乎！此其說殆有爲者，非專崇貨利也，故其後也謂烏氏倮、寡婦清，足以動始皇之羨慕。其又後也，極天下之可鄙可賤者，以寫斯民求富之情狀，遷之意其亦重有感。夫班固踵遷史，敘貨殖，雖多襲遷語，然自宣曲任氏而上，皆戰國、秦、漢初人，天漢而後獨無聞焉，豈非告緡権筭之餘，陶朱、倚頓之輩，不能自存乎？議者謂遷史爲謗書，其得固以自逭矣。 （善本：13675；明・翻刊元茶陵陳氏東山書院本）	（集部，總集類，通代之屬，文選補遺，卷二十六，頁8） （善本）

羅泌《史記》評點表

評家	160	體例篇名	類別	評點內容	備註
羅泌	1.5	五帝本紀第一	史識	司馬氏父子世典太史，其作《史記》也，首于黃帝，而繼之以顓帝、帝嚳，又繼之以唐、虞，以爲紀三皇邪？則不及羲、炎；以爲紀五帝邪？則不應黜少昊而首黃帝。學者求之而不得其說，此所以致後世之紛紛，而蘇子之所以紀三皇也。竊觀《太史公記》首黃帝者，特因于《世本》，若《大戴禮・帝繫・五帝德》葢紀其世而非主於三與五之說也。抑以謂後世氏姓無不出黃帝者，故首而宗之。至於羲、炎鮮有聞焉，是以不紀，是太史公之本意也。 （善本：02115；明嘉靖間（1522～1566）錢塘洪楩刊本）	（史部，雜史類，斷代之屬，先秦，路史，卷三十四，頁3） （善本）
羅泌	32.5	齊太公世家第三十二	史識	正道之不明，自戰國之急於功利者滑之，而漢儒不能明，後世不能討也。太公，亞聖之大賢也，其仕於周也亦不苟矣。孟子曰：「太公避紂，居東海之濱，聞文王作興，曰：『盍歸乎來，吾聞西伯善養老者。』」賢者之去就可知矣，而大史公乃以爲漁隱于渭，文王卜，畋于渭之陽，載與俱歸，爰立爲師，且以爲西伯昌囚羑里，尚隱茲泉，其臣閎夭、散宜生、南宮括者，相與學訟于公，四子於是見西伯于羑里，而復相與求美女、文馬、白狐、奇物以獻紂，而脫其囚，歸而與之，陰謀修德以傾商政，其然乎？夫太公之爲人果如是，何邪？其出處之際必有義，而其致君也亦有道矣，何至操切譎詭爲憸人之舉哉！ （善本：02115；明嘉靖間（1522～1566）錢塘洪楩刊本）	（史部，雜史類，斷代之屬，先秦，路史，卷三十三，頁15、頁16） （善本）

南宋金元之間

黃震《史記》評點表

評家	160	體例篇名	類別	評 點 內 容	備 註
黃震	1	五帝本紀第一	史識	遷之紀五帝，自謂擇言之尤雅者著于篇，其存古之意厚矣，然黃帝殺蚩尤，與以雲紀官，纔一二事。若封禪事已不經，至顓頊帝嚳紀，皆稱頌語，非有行事可考。唐虞事雖頗詳，皆不過二典所已載，然則孔子定書斷自唐虞至矣，何求加為？	（子部，儒家類，黃氏日抄，卷四十六，頁1）
黃震	2	夏本紀第二	考據	〈夏紀〉多隳括〈禹謨〉、〈禹貢〉之書；少康中興，書所缺者亦缺。自仲康帝相少康，直以世次相承。若守文無事者，意者少康之事，遷時已無所考歟！	（子部，儒家類，黃氏日抄，卷四十六，頁1）
黃震	2.5	夏本紀第二	考據	〈夏紀〉多隳括〈禹謨〉、〈禹貢〉之書。少康中興，《書》所缺者亦缺。自仲康、帝相、少康，直以世次相承，若守文無事者，意者少康之事，遷時已無所考歟！若禹後於舜者也，謂皆黃帝子孫，舜去帝七世，而禹反四世，又舜帝族也，而側微至此，皆事之不可曉者。	（子部，儒家類，黃氏日抄，卷四十六，頁1）
黃震	3	殷本紀第三	考據	〈殷紀〉亦依彷《書》為之，具載興衰相乘者數四，未嘗不本於賢者之用舍，而載紂取亡之事尤詳，真可為萬世戒。惟〈湯誥〉與《書》本文無一語類及。盤庚話民三篇謂為小辛世殷衰，百姓思盤庚而後作，難考耳。	（子部，儒家類，黃氏日抄，卷四十六，頁2）
黃震	6.5	始皇本紀第六	史識	愚觀秦事，不忍言矣，然穆公以善用人而始興，二世以信讒諛而遂亡，雖以無道劫天下，而國之興亡係乎人，亦斷斷乎不可易也。太史公援賈誼言責子嬰不能守全秦。余始讀之，疑焉！及觀班固永平之對，果關其為誤，然固謂始皇得聖人之威，恐亦身不免于誤耳！始皇果得聖人之威，則何全秦之難守哉！	（子部，儒家類，黃氏日抄，卷四十六，頁2、頁3）
黃震	7	項羽本紀第七	史識	遷以羽嘗宰制天下，而紀之秦、漢之間，疑已過矣，然既君之，而又字之，抑揚之義，豈有在歟！	（子部，儒家類，黃氏日抄，卷四十六，頁3）
黃震	9	呂太后本紀第九	史識	呂后殺其子孫而欲帝母家，使母家無少長皆斬，而身亦死于崇禍。史遷備著之，為萬世女后戒。	（子部，儒家類，黃氏日抄，卷四十六，頁7）

黃震	10	孝文本紀第十	史識	文帝遺詔短喪，議禮者譏焉，然觀文帝惻怛，爲民惟恐妨之，至死彌篤。在帝不失其爲厚。爲景帝者，所宜如禮，不可苟狥其言，自流于薄爾。後世不以爲譏，而反譏文帝，何哉？	（子部，儒家類，黃氏日抄，卷四十六，頁 8）
黃震	10.5	孝文本紀第十	史識	〈文紀〉所載皆恭儉愛民之事，一制詔必具，以其皆由惻怛之言也。〈景帝〉特載其政事之常、災異之變，制詔不錄之矣。至〈武帝〉，則始終備具著方士之欺謾，他不及焉。	（子部，儒家類，黃氏日抄，卷四十六，頁 8）
黃震	28	封禪書第二十八	史識	方士之說，惟以黃帝乘龍上天爲誇，武帝巡行，親行黃帝冢而祭之，方士尙何辭？而從者復遁其說，爲葬衣冠，主暗臣諛一至此，甚悲夫！	（子部，儒家類，黃氏日抄，卷四十六，頁 8，頁 9）
黃震	28.5	封禪書第二十八	史識	封禪之書起于求神仙狂侈之心，遷作〈封禪書〉，反覆纖悉，皆以著求神仙之妄，善矣！而猶牽合郊祀、巡狩，古帝王行事之常，以證封禪，何耶？	（子部，儒家類，黃氏日抄，卷四十六，頁 8）
黃震	29	河渠書第二十九	史識	河決瓠子而南，田蚡食邑鄃居河北利之進說其君，不復事塞者二十年。其後天子親臨，羣臣從官自將軍以下皆負薪寘之，而水復禹迹無後災。近臣之蔽君，與君臣之率作興事，成敗之相反類如此，豈獨水利哉！	（子部，儒家類，黃氏日抄，卷四十六，頁 9）
黃震	29	河渠書第二十九	史識	武帝五十年間，因兵革而財用耗，因財用而刑法酷，沸四海而爲鼎，生民無所措手足。迨至末年，平準之置，則海內蕭然，戶口減半，陰奪于民之禍，於斯爲極，遷備著始終相因之變，特以平準名書，而終之曰：烹弘羊，天乃雨。嗚呼旨哉！	（子部，儒家類，黃氏日抄，卷四十六，頁 10）
黃震	30	平準書第三十	史識	平準者，桑弘羊籠天下貨，官自爲商賈，買賣於京師之名也。葢漢更文、景恭儉，至武帝初，公私之富極矣。自開西南夷、滅朝鮮，至置初郡、自設謀馬邑、挑匈奴、至大將軍驃騎將軍連年出塞，大農耗竭，猶不足以奉戰士，乃賣爵、乃更錢幣、乃算舟車，而事益煩、財益屈，宜天下無可枝梧之術矣。未幾，孔僅東郭咸陽乘傳行天下鹽鐵，楊可告緡徧天下，得民財物以億計，而縣官之用反以饒，而宮室之修於是日麗，鑿無爲有，逢君之惡，小人之術何怪也？然漢自是連兵三歲，費皆仰給大農，宜無復可繼之術矣。又未幾，桑弘羊領大農，置平準，於是天子北至朔方，東至太山，巡海上並北邊以歸，用帛百餘萬疋，錢金以巨萬計，皆取足大農。又一歲之中，太倉、甘泉倉皆滿而邊餘穀，其始愈取而愈不足於用，及今愈用而	（子部，儒家類，黃氏日抄，卷四十六，頁 9，頁 10）

				反愈有餘，小人之術展轉無窮，又何怪之甚也！嗚呼！武帝五十年間，因兵革而財用耗，因財用而刑法酷，沸四海而爲鼎，生民無所措手足。迫至末年，平準之置，則海內蕭然，戶口減半，陰奪于民之禍，於斯爲極。遷備著始終相因之變，特以平準名書，而終之曰：烹弘羊，天乃雨。嗚呼旨哉！	
黃震	32	齊太公世家第三十二	史識	崔杼之禍，晏子仰天不肯盟，可謂疾風勁草者矣。齊太史書崔杼弒莊公，兄死，弟繼者三，至今凜凜生氣，猶足以寒亂臣賊子之膽。	（子部，儒家類，黃氏日抄，卷四十六，頁 12）
黃震	33	周公世家第三十三	史識	季文子相三君，家無衣帛之妾，廄無食粟之馬，君子謂其廉忠，然私室日強，公室日卑自若也。愚謂行父能自毀城郭去兵甲，退安臣子之分，如孔子之所以謀魯，則身爲卿相，雖妾衣帛、馬食粟，未害也。	（子部，儒家類，黃氏日抄，卷四十六，頁 13）
黃震	34	燕世家第三十四	史識	王喜方自救不暇，反用栗腹敗趙以自敗其從，豈必丹軻之謀，而後燕滅哉！	（子部，儒家類，黃氏日抄，卷四十六，頁 14）
黃震	35	管蔡世家第三十五	史識	曹叔鐸之後，共公、成公虜於晉，悼公囚於宋，隱、靖二公更弒迎立，已無以爲國矣。伯陽復好獵，用公孫彊，背晉，干宋，而宋滅之，使國人之夢遂符，叔鐸無所置力於冥冥中矣，悲夫！	（子部，儒家類，黃氏日抄，卷四十六，頁 14）
黃震	36	陳杞世家第三十六	史識	陳，舜後也，國微甚，然敬仲奔齊，子孫卒代齊有國，彊於天下，果符周太史之占，而晉太史趙亦謂：且盛德之後，必百世祀，豈不異哉？近世朱文公則謂太史之占，陳氏子孫設爲之辭以欺世，蓋符命之類也。	（子部，儒家類，黃氏日抄，卷四十六，頁 14、頁 15）
黃震	37	衛世家第三十七	史識	衛君多亂，文公處國家覆亡之後，獨能輕賦平徭，身自勞與百姓同苦，卒以治稱。一國以一人興，信夫！	（子部，儒家類，黃氏日抄，卷四十六，頁 15）
黃震	37	衛世家第三十七	史識	秦置東郡，徙衛野王縣，二世始廢。君角爲庶人，而衛祀絕，然則衛雖微，其亡獨後于諸國，且子孫保首領，愈於戮辱者多矣。	（子部，儒家類，黃氏日抄，卷四十六，頁 15）
黃震	38	宋世家第三十八	史識	世家之首，併叙三仁，明微子歸周之本心者，善矣。宣公舍子與夷而立弟穆公，穆公不敢忘德，將死復立與夷爲殤公。殤公立，十年十一戰而宋始亂，是穆賢而殤不肖，甚明。宣之讓賢也，甚公！亂不始于宣之讓也。史譏宣公廢	（子部，儒家類，黃氏日抄，卷四十六，頁 15、頁 16）

黃震				太子而立弟，國以不寧者十世，春秋之世無寧國，豈皆讓使之然歟？其後襄公讓弟目夷不果，襄公卒以不用目夷之言而敗，向使目夷為之君，宋未可量也，讓豈階亂之舉哉！當是時，人君溺私愛，廢嫡立庶，或以弟弒兄而攘其國，子孫干戈相尋者總總也，史不之譏而譏宋宣之讓，何也？	
黃震	38	宋世家第三十八	史識	襄公初欲讓國目夷不果，則相之，知其賢於己也，而卒不用，知賢而不能用，襄蓋妄人耳！史反多其禮讓，又何歟？	（子部，儒家類，黃氏日抄，卷四十六，頁16）
黃震	38.5	宋世家第三十八	史識	世家之首，併敘三仁，明微子歸周之本心者善矣。宣公舍子與夷，而立弟穆公，穆公不敢忘德，將死，復立與夷為殤公，殤公立十年，十一戰，而宋始亂，是穆賢而殤不肖甚明。宣之讓賢也甚公，亂不始於宣之讓也。史譏「宣公廢太子而立弟，國以不寧者十世」，春秋之世無寧國，豈皆讓使之然歟？其後，襄公讓弟目夷，不果，襄公卒以不用目夷之言而敗，向使目夷為之君，宋未可量也，讓豈階亂之舉哉？當是時，人君溺私愛，廢嫡立庶，或以弟弒兄而攘其國，子孫干戈相尋者總總也，史不之譏，而譏宋宣之讓，何也？且襄公初欲讓國目夷，不果，則相之，知其賢於己也，而卒不用，知賢而不能用，襄蓋妄人耳，史反多其禮讓，又何歟？	（子部，儒家類，黃氏日抄，卷四十六，頁15、頁16）
黃震	39	晉世家第三十九	史識	悼公十四歲得國，一旦轉危為安，功業赫然，漢昭帝流亞也。太史公乃言悼公以後日衰，語焉不詳，悼公稱屈九原矣！	（子部，儒家類，黃氏日抄，卷四十六，頁19）
黃震	39	晉世家第三十九	史識	獻公嬖驪姬，殺適立庶，而荀息乃以身徇之。長君之惡，以成其亂，陷奚齊、卓子於死地，皆息之罪也。史乃許息不負其言，息固不負其言矣，如負國何？夫等死耳，使息能以死諫君，豈不忠且偉歟？	（子部，儒家類，黃氏日抄，卷四十六，頁18、頁19）
黃震	39	晉世家第三十九	考據	晉文侯當周，東遷有功。平王錫文侯，有〈文侯之命〉，此一時也，其後晉文公入，周襄王及獻楚俘，天子使王子虎命晉侯為伯，賜大路弓矢秬鬯，此又一時也。史遷乃取〈文侯命〉，屬之文公之下。義和者，文侯字也，注者又云能以義和我諸侯，誤益誤矣。	（子部，儒家類，黃氏日抄，卷四十六，頁18）
黃震	39.5	晉世家第三十九	考據	晉文侯當周東遷有功，平王錫文侯，有〈文侯之命〉，此一時也。其後，晉文公入周，襄王及獻楚俘，天子使王子虎命晉侯為伯，賜大路弓矢秬鬯，此又一時也。史遷乃取〈文侯命〉屬	（子部，儒家類，黃氏日抄，卷四十六，頁18、頁19）

				之文公之下。義和者，文侯字也，注者又云能以義和戎諸侯，誤益誤矣。黃池之會吳、晉爭長，而史於〈吳世家〉曰：「長晉」於〈晉世家〉曰：『長吳』自相矛盾，未知孰是？獻公嬖驪姬，殺適立庶，而荀息乃以身徇之，長君之惡以成其亂陷，奚齊、卓子於死地皆息之罪也，史乃許息不負其言，息固不負其言矣，如負國何？夫等死耳！使息能以死諫君，豈不忠且偉歟？悼公十四歲得國，一旦轉危爲安，功業赫然，漢昭帝流亞也。太史公乃言「悼公以後日衰」，語焉不詳，悼公稱屈九原矣。	
黃震	42	鄭世家第四十二	史識	鄭小國，介於晉、楚，服晉則楚伐，服楚則晉伐，至簡公世兩親晉、楚。及子產爲卿，國安靜者數十年，賢之有益於人國如此。夫此鄭人哭其死如親戚，而孔子亦泣其爲古之遺愛也。	（子部，儒家類，黃氏日抄，卷四十六，頁21）
黃震	43	趙世家第四十三	史識	簡子夢至帝所，襄子得霍太山朱書，將興之禎祥也；孝成王夢乘龍上而墜，將亡之妖孽也。	（子部，儒家類，黃氏日抄，卷四十六，頁22、頁23）
黃震	43	趙世家第四十三	史識	烈侯好音，欲賜歌者田各萬畝，得牛畜、荀欣、徐越三子，而止歌者田，然則中主寧有常好，而賢者之能變化人主氣質，功亦大矣！顧恐戰國之言多誇爾。	（子部，儒家類，黃氏日抄，卷四十六，頁22）
黃震	46	田敬仲完世家第四十六	史識	田乞及常皆以大斗予、小斗妝，愚齊民以結其心，再世弑逆，專其國政，而陰奪之。蓋不待田和遷康公自立，而太公之齊，已爲田氏有，久矣！	（子部，儒家類，黃氏日抄，卷四十六，頁23、頁24）
黃震	47.5	孔子世家第四十七	史識	《史記》世家爲有社稷人民者作也，孔子布衣，史遷以附諸侯王之後，且贊之曰：「天下君王至於賢人眾矣，當時則榮，歿則已焉。孔子布衣，至今學者宗之」。其意尤抑彼而揚此。嗚呼，吾夫子天而人者也，能模寫其盛者，惟子思《中庸》數語及本朝伊洛、考亭諸儒，若史遷之贊，蓋世俗之見，猶唐人尊以王爵爾，豈知夫子者哉？然漢世重道家學而輕儒，遷之家庭授受，本亦知有道家耳，而猶知尊慕之若此，此孔子之所以爲大歟！	（子部，儒家類，黃氏日抄，卷四十六，頁24、頁25）
黃震	49	外戚世家第四十九	史識	衛青本平陽公主家使令者，青一旦富貴振天下，卒尚公主，然謂非公主失身，不可也。	（子部，儒家類，黃氏日抄，卷四十六，頁25）
黃震	49	外戚世家第四十九	史識	爲武帝生子者，其母無不譴死，褚先生贊其爲聖賢事，雖曰有感之言，亦豈人情也哉！	（子部，儒家類，黃氏日抄，卷四十六，頁26）

黃震	49	外戚世家第四十九	史識	史於呂氏譏以非天命孰能當之！於薄氏稱仁善，於竇氏稱退讓；至王信好酒、田蚡勝貪巧，則武帝母王太后之戚；衛青號大將軍、霍去病號驃騎將軍，則武帝妃衛皇后之戚。勸戒昭然，而外戚之欲肆，亦係於時君矣！	（子部，儒家類，黃氏日抄，卷四十六，頁25）
黃震	51	荊燕世家第五十一	史識	生乃如長安，不見澤，而以計謁高后之所幸張子卿，使王諸呂以張本，而王劉澤於燕，然則田生所干劉澤之畫，即明年所施於張子卿之計，曰弗與云者，弗與我施行所畫，促之之辭爾。澤，劉氏也，而王諸呂，乃出其計，其罪大矣，故太史公之贊曰：劉澤之王，權激呂氏，而釋之者弗察，謂畫爲計畫，謂與爲黨與，夫於干劉澤，不言其所畫，而於干張子卿言之，文法之相爲先後如此，而釋之者弗能察，故夫史遷之文深遠矣！	（子部，儒家類，黃氏日抄，卷四十六，頁26、頁27）
黃震	51.5	荊燕世家第五十一	史識	田生以畫干營陵侯劉澤，澤予生二百金，生歸齊。明年，澤使人謂生曰：「弗與矣」。生乃如長安，不見澤，而以計謁高后之所幸張子卿，使王諸呂以張本，而王劉澤於燕，然則田生所干劉澤之畫，即明年所施於張子卿之計，曰「弗與」云者，弗與我施行所畫，促之之辭爾。澤，劉氏也，而王諸呂，乃出其計，其罪大矣，故太史公之贊曰：「劉澤之王，權激呂氏。」而釋之者弗察，謂畫爲「計畫」，謂與爲「黨與」。夫於干劉澤，不言其所畫，而於干張子卿言之，文法之相爲先後如此，而釋之者弗能察，故夫史遷之文深遠矣。	（子部，儒家類，黃氏日抄，卷四十六，頁26、頁27）
黃震	52	齊悼惠王世家第五十二	史識	趙隱王以鴆死，趙幽王以幽死，趙共王以憤死，燕王建有子亦見殺，惟齊王肥獻城呂氏之女，幸脫虎口，甚矣！呂氏之不仁也。肥子朱虛侯竟能手誅諸呂，復安社稷。嗚呼！眞高皇帝子孫哉！	（子部，儒家類，黃氏日抄，卷四十七，頁10）
黃震	52	齊悼惠王世家第五十二	史識	主父偃求徐甲，欲入其女齊後宮不遂，則讒齊王殺之，亦卒以此坐誅，偃眞小人哉！	（子部，儒家類，黃氏日抄，卷四十六，頁27）
黃震	53	蕭相國世家第五十三	史識	高帝起布衣，得天下，非有分義素服人心，故所與同起者，帝無不疑之至。如關中，天下根本。何每留守而帝自將，帝所任者，莫如何，所疑者亦莫如何也。方帝距京、索間，非用鮑生計，遣子孫詣軍，何幾族。及自將邯鄲，非用召平計，悉家財佐軍，何幾族。其後自將擊黥布，非用說客計，多買田宅自汙，何又幾族，	（子部，儒家類，黃氏日抄，卷四十六，頁27、頁28）

				然則何雖相帝定天下，嘗懷救死之不暇，縱何非刀筆吏，又何暇經綸之事乎？其後爲民請死，稍欲展布而械繫已矣，帝之赦何也，言我不過爲桀、紂，而相國爲明相，是正怒其掠主譽，以得民心也。嗚呼！其亦異於古人所以推誠共治之道哉！	
黃震	54	曹相國世家第五十四	史識	曹參天下甫定，遽相侯國，此所以獨不見疑於高帝也，然又安知非帝有心於遠之耶？	（子部，儒家類，黃氏日抄，卷四十七，頁10）
黃震	54	曹相國世家第五十四	史識	參自高帝起兵，無一戰不預，雖非赫赫功，而未嘗以敗聞。天下既平，猶從擊陳豨、黥布，蓋參與帝，終始兵間而不見疑。相齊，齊治；相漢，漢治，參有大過人者矣，而史論戰功，則謂之當信之滅；論治功，則謂其當秦之後，若有抑揚之意焉！愚謂參明哲保身，雖信不能及，而立法易，守法難，參以人豪，一遵何約束？除吏皆木訥，而深刻者輒斥去，所以養成漢家寬厚之風，雖何無以尚之，參其可少哉！《書》稱斷斷猗無他技，參之謂矣。	（子部，儒家類，黃氏日抄，卷四十六，頁28、頁29）
黃震	55	留侯世家第五十五	史識	利啗秦將，旋破嶢關，漢以是先入關；勸還霸上，固要項伯，漢以是脫鴻門；燒絕棧道，激項攻齊，漢以是得還定三秦。敗於彭城，則勸連布、越；將立六國，則借箸銷印；韓信自王，則躡足就封，此漢所以卒取天下；勸封雍齒，銷變未形；勸都關中，垂安後世；勸迎四皓，卒定太子，又所以維持漢室於天下。既得之後，凡良一謀一畫，無不繫漢得失安危，良又三傑之冠也哉！然董公仁義正大之説，則良不及之。使以良之智，兼董公之識，而爲漢謀，伊、周何尚焉！	（子部，儒家類，黃氏日抄，卷四十六，頁29）
黃震	56	陳丞相世家第五十六	史識	平與太尉勃合謀，卒誅諸呂，然使諸呂逆者，平阿意太后之過也。縱火人之家，而隨以撲滅，言功，功耶？罪耶？	（子部，儒家類，黃氏日抄，卷四十六，頁30）
黃震	56	陳丞相世家第五十六	史識	使單于閼氏，此張儀愚鄭袖之故智也，何奇之云？使平早計，而帝毋窘平城，雖不奇，猶奇矣。	（子部，儒家類，黃氏日抄，卷四十六，頁29、頁30）
黃震	57	絳侯世家第五十七	史識	亞夫之爲人，班、馬雖不明言，然必悻直行行者。方其將屯細柳，祇以備胡，且近在長安數十里間，非若出臨邊塞，與敵對壘，有呼吸不可測知之事。今天子勞軍至，不得入，及遣使持節詔之，始開壁門，又使不得驅馳；以軍禮	（子部，雜家類，容齋五筆，續筆卷六，頁8、頁9）

				見，自言介冑之士，不拜天子，改容稱謝，然後去，是乃王旅萬騎，乘輿黃屋，顧制命於將帥，豈人臣之禮哉！則其傲睨帝尊，習與性成，故賜食不設箸，有不平之意。鞅鞅非少主臣，必已見於辭氣之間，以是隕命，其可惜也。 按：該語出自宋洪邁《容齋五筆‧續筆》，乃洪氏語，明凌稚隆《史記評林》作宋黃震，非。 （善本：07108；明崇禎三年（1630）嘉定馬元調刊本）	（善本）
黃震	58	梁孝王世家第五十八	史識	孝王既僭侈矣，景帝復失言千秋萬歲後，傳於王，入則同輦，出則同車，卒之梁王賊殺袁盎等大臣，幾至變逆者，景帝之失也。	（子部，儒家類，黃氏日抄，卷四十六，頁31）
黃震	58	梁孝王世家第五十八	義理	漢於諸王不教以禮義，而乃大其封邑，適所以禍之。	（子部，儒家類，黃氏日抄，卷四十七，頁3）
黃震	59	五宗世家第五十九	義理	景十三王，惟河間王最賢，其學甚正，雖當時士大夫亦鮮及之，餘率驕恣自滅。大率漢之封建，非特城邑過制，亦失雖有周親，不如仁人之意，故適足以禍之耳。	（子部，儒家類，黃氏日抄，卷四十七，頁6）
黃震	60	三王世家第六十	史識	太史公備述羣臣，奏請皇帝恭讓，始終啓復之辭，以及三王封策之辭，爛然可觀也，而不載其行事。褚先生條釋其後：謂齊王之國，左右維持以禮義，不幸早夭；謂廣陵王，果作威福，謀反自殺；謂燕王，謀爲叛逆，亦自殺，皆如其策指云。愚按：齊王策曰：允執其中，天祿永終。永終者，堯戒舜之反辭云：四海困窮，則天絕其祿，不執中者也。今乃用爲期望之辭，屬之執中之下，誤矣，豈亦王早夭，國絕之先兆耶？	（子部，儒家類，黃氏日抄，卷四十六，頁31、頁32）
黃震	60.5	三王世家第六十	考據	三王者，武帝子齊王閎、燕王旦、廣陵王胥也。太史公備述羣臣奏請皇帝恭讓始終啓復之辭，以及三王封策之辭，爛然可觀也，而不載其行事。褚先生條釋其後，謂齊王之國，左右維持以禮義，不幸早夭；謂廣陵王果作威福，謀反自殺；謂燕王謀爲叛逆，亦自殺；皆如其策指云。愚按〈齊王策〉曰：「允執其中，天祿永終」，永終者，堯戒舜之反辭云四海困窮，則天絕其祿，不執中者也。今乃用爲期望之辭，屬之執中之下，誤矣。豈亦王早夭國絕之先兆耶？	（子部，儒家類，黃氏日抄，卷四十六，頁31、頁32）

黃震	61	伯夷列傳第六十一	辭章	1. （此段文字分二段，此為第一）太史公疑許由非夫子所稱不述，而首述伯夷，且悲其餓死，為舉顏子、盜跖，反覆嗟嘆，卒歸之各從其志，幸伯夷得夫子而名益彰，其趣遠、其文逸，意在言外，詠味無窮，然豈知其心之無怨耶？	（子部，儒家類，黃氏日抄，卷四十六，頁32）
黃震	61	伯夷列傳第六十一	辭章	2. （此段文字分二段，此為第二）太史公載伯夷采薇首陽之歌，為之反覆嗟傷，遺音餘韻，拱挹莫盡，君子謂此太史公託以自傷其不遇，故其情到而辭切，然非伯夷怨是用希之心也，故後世高其文，而非其旨。	（子部，儒家類，黃氏日抄，卷五十一，頁19）
黃震	61.5	伯夷列傳第六十一	考據辭章	太史公疑許由非夫子所稱不述，而首述伯夷，且悲其餓死，為舉顏子、盜跖，反覆嗟嘆，卒歸之各從其志，幸伯夷得夫子而名益彰。其趣遠，其文逸，意在言外，詠味無窮，然豈知其心之無怨耶？堯讓許由，蓋莊周寓言，眇天下為不足道耳。太史公疑箕山上有許由冢，愚意雖無其事，嘗有其人歟！載伯夷父死不葬之語，與武王十一年伐紂事背馳，然漢人舊説，以武王上繼文王，受命之九年為十一年，故云爾。	（子部，儒家類，黃氏日抄，卷四十六，頁32）
黃震	62	管晏列傳第六十二	義理	世之人，見賢而稱其賢，見智而稱其智，未足言知人。惟其人方困窮時，其迹有甚於不賢不智者而已。獨有以察其心，若鮑叔之於管仲，千古一人耳，然愚謂此管仲之為管仲也，君子固窮，窮視其所不為；貧視其所不取，何至蒙不賢不智之迹耶？其令論卑而易行，其政善因禍而為福，太史公此論，固切中其相齊之要領，實則苟於濟事，不暇顧在我之正守，已占於貧賤之時矣！晏平仲功業不及管氏，而相三君，妾不衣帛，則廉節過之。越石父稱詘於不知己，而信於知己，蓋名言也，宜晏子之敬待，然景公欲相孔子，嬰實沮之，石父豈賢於孔子哉？	（子部，儒家類，黃氏日抄，卷四十六，頁33）
黃震	63	老子韓非列傳第六十三	史識	老子、孔子皆布衣也。太史公列孔子世家，贊其為至聖，至老子則傳之管、晏之次，而窮其弊於申、韓，豈不以申、韓刑名之學，又在管、晏功利之下？而老子則申、韓之發源歟？班固謂遷論大道，則先黃老而後六經，或者未之深察也。	（子部，儒家類，黃氏日抄，卷四十六，頁34）
黃震	63	老子韓非列傳第六十三	史識	老子與韓非同傳，論者非之，然余觀太史公之旨意，豈苟然哉？於老子曰，無為自化。於莊子曰，其要本歸於老子之言。於申不害曰，本於黃、老而主刑名。於韓非曰，喜刑名法術之學，而其歸本於黃、老。夫無為自化去刑名，固霄壤也，然聖人所以納天下於善者，政教也，	（子部，儒家類，黃氏日抄，卷四十六，頁33、頁34）

				世非太古矣，無爲安能自化？政教不施，則其弊不得不出於刑名，此太史公自源徂流，詳著之爲後世戒也。	
黃震	63.5	老子韓非列傳第六十三	史識	老子與韓非同傳，論者非之，然余觀太史公旨意，豈苟然哉？於老子，曰無爲自化；於莊子，曰其要本歸於老子之言；於申不害，曰本於黃、老而主刑名；於韓非，曰喜刑名法術之學，而其歸本於黃、老。夫無爲自化，去刑名，固霄壤也，然聖人所以納天下於善者，政教也，世非太古矣，無爲安能自化？政教不施，則其弊不得不出於刑名，此太史公自源徂流，詳著之，爲後世戒也。老子、孔子，皆布衣也，太史公列孔子世家，贊其爲至聖，至老子則傳之管、晏之次，而窮其弊於申、韓，豈不以申、韓刑名之學又在管、晏功利之下，而老子則申、韓之發源歟？班固謂遷論大道則先黃老而後六經，或者未之深察也。	（子部，儒家類，黃氏日抄，卷四十六，頁33、頁34）
黃震	65	孫子吳起列傳第六十五	義理	穰苴之斬莊賈，孫子之斬二姬，盍號令嚴肅，雖素卑賤者可將，雖素不知兵者可使也，太史公譏孫臏策龐涓明矣，然不能蚤救患於被刑。吳起說武侯，以形勢不如德，然行於楚，卒以刻暴亡其軀。嗚呼！不仁而善用兵，亦烏有自全者哉！	（子部，儒家類，黃氏日抄，卷四十六，頁34）
黃震	67	仲尼弟子列傳第六十七	史識	謂賜而爲之，何足爲賜？謂非賜所爲，其辨說之辭，雖儀、秦不之及，何物史臣能僞爲此？是當闕疑。	（子部，儒家類，黃氏日抄，卷五十三，頁14）
黃震	68	商君列傳第六十八	義理	商君之術能彊秦，亦秦之所以亡；能顯其身，亦身之所以滅，然則何益矣？	（子部，儒家類，黃氏日抄，卷四十六，頁36）
黃震	69	蘇秦列傳第六十九	史識	秦約從六國，忠於六國者也，齊、魏首敗從約伐趙，秦以利害忠告，齊、魏不可而去之，則身名始終矣。乃請使燕以報齊，食齊之祿而反誤之，不忠孰甚焉！又豈約從之初意哉？嗚呼！茲其所以及歟？蘇代私於子之，誤燕已甚！復欲爲燕約諸侯，宜其終不逮秦也！	（子部，儒家類，黃氏日抄，卷四十六，頁36）
黃震	70	張儀列傳第七十	史識	蘇秦之說六國，爲六國也；張儀之說六國，非爲六國，爲秦。欺詐諸侯，如侮嬰兒，雖均之押闔，而儀又秦之罪人矣，然儀之入秦，蘇秦實使之，雖欲止秦兵於一時，而卒以伐從約於異日，智者不爲也。夫儀，秦友也。儀始謁蘇秦，以故人求益也。秦不以情告儀，使共謀六國以緩秦兵，而直以權詭，激之入秦，自貽	（子部，儒家類，黃氏日抄，卷四十六，頁36、頁37）

			後患，何耶？將儀之多詐，不可告以情，抑秦自以不及儀，與之共謀六國，慮軋巳耶！夫縱橫之士，固不可以常情槩之也。	
黃震	73	白起王翦列傳第七十三	史識	王翦爲始皇伐楚，迺請美田宅。既行，使使請美田者五輩。後有勸蕭何田宅自汙者，其計無乃出於此歟！ （善本：05539；元後至元三年（1337）慈溪黃氏序刊本）	（子部，儒家類，慈溪黃氏日抄分類，卷四十六，頁32） （善本）
黃震	73	白起王翦列傳第七十三	義理	白起以穰侯薦爲秦將，其斬殺之數多，而載於史者，凡百萬，不以數載者不預焉。長平之後，秦民年十五以上皆詣之，而死者過半，以此類推，秦之死於兵者，又不可以數計也。蘇代說應侯間之，起不復爲秦用，而賜之死，自秦而言，雖殺之，非其罪；自公理而言，一死何以盡其罪哉！ （善本：05539；元後至元三年（1337）慈溪黃氏序刊本）	（子部，儒家類，慈溪黃氏日抄分類，卷四十六，頁32） （善本）
黃震	73.5	白起王翦列傳第七十三	史識	王翦諸人之輔秦，葢凶德之參會，古今之極變，不可復以常事論也。太史公譏翦不能輔秦建德，而偷合取容。嗚呼！是何異責虎狼之不仁耶！	（子部，儒家類，黃氏日抄，卷四十六，頁38、頁39）
黃震	74	孟子荀卿列傳第七十四	史識	太史公之傳（孟子），首舉不言利之對，嘆息以先之，然後爲之傳，而傳自受業子思之外，復無他語，惟詳述一時富國強兵之流，與騶衍迂怪，不可究詰，以取重當世之說，形孟子之守道不變，與仲尼榮色陳、蔡者同科，奇哉遷之文！卓哉遷之識歟！蓋傳申、韓於老、莊之後者，所以譏老、莊，而傳淳于髡諸子於孟、荀之間者，所以表孟、荀也。（荀卿）年五十，始自趙學於齊，三爲齊祭酒，後爲楚蘭陵令，春申君死而卿廢，卒死於蘭陵葬焉。嫉世之濁，而鄙儒小拘，如莊周等，又滑稽亂俗，於是著書數萬言，此亦能守道不變者，故太史公進之與孟子等。 （善本：05539；元後至元三年（1337）慈溪黃氏序刊本）	（子部，儒家類，慈溪黃氏日抄分類，卷四十六，頁32、頁33） （善本）
黃震	75	孟嘗君列傳第七十五	史識	平原君好客，僅得一毛遂；孟嘗君好客，僅得一馮驩，而二君者其始皆不能知之，尚何以好客爲哉？愚謂二君者，不足以知二子，而二子歸之者，以貧無聊，如祿仕於亂世，免死而已。其後因事而顯，殆非二子初心所期也，二君其亦幸而得此二子歟！	（子部，儒家類，慈溪黃氏日抄分類，卷四十六，頁34）

			（善本：05539；元後至元三年（1337）慈溪黃氏序刊本）	（善本）
黃震	76	平原君虞卿列傳第七十六	史識	秦攻長平，虞卿勸趙，附楚、魏以和秦，而後秦可和，趙不聽，故秦卒不和，而趙大敗。其後趙將割六城事秦，虞卿使於齊以謀秦，而秦反和趙。及魏欲與趙約從，則卿亟勸成之，卿無言不效、無謀不忠，大要歸於結和鄰國以自重，而使秦反輕，此至當不易之說也，與一時東西捭闔之士異矣。棄趙卿相，而與故交魏齊俱困大梁，以著《虞氏春秋》，其必有決烈之見，而豈其愚也哉！ （善本：05539；元後至元三年（1337）慈溪黃氏序刊本）	（子部，儒家類，慈溪黃氏日抄分類，卷四十六，頁34、頁35） （善本）
黃震	76	平原君虞卿列傳第七十六	史識	去讒而遠色，固尊賢之道也。平原君以賓客稍引去，乃斬笑躄者美人頭，雖曰人情所難，然已甚矣！邯鄲之急，得毛遂以合楚之從，得李同募死士，以須楚、魏之救，邯鄲之獲全，固平原君力也，然向使不受上黨之嫁禍，則趙必無長平之敗，亦必無邯鄲之圍，平原之功，於是不足贖誤國之罪矣！太史公謂使趙陷長平兵四十餘萬，邯鄲幾亡，非歟！而譙周乃稱長平之陷，易將之咎，何怨平原？吁！何惑也？	（子部，儒家類，黃氏日抄，卷四十六，頁41）
黃震	77	魏公子列傳第七十七	史識	無忌用侯嬴、朱亥之力，竊符矯命，以赴平原之急。其後在趙，用朱公、薛公之諫，趣駕歸魏，以却強秦之圍。此四人者，皆隱於屠沽博徒，無忌獨能察而用之。五國實從，威振天下，雖非正道，而能為國家之重，過平原、孟嘗遠矣！然侯生、朱亥之詐力，又非毛公、薛公之正論比也，安釐王受秦反間用無忌，不終十八歲而魏亡，悲夫！ （善本：05539；元後至元三年（1337）慈溪黃氏序刊本）	（子部，儒家類，慈溪黃氏日抄分類，卷四十六，頁35） （善本）
黃震	78	春申君列傳第七十八	史識	說秦昭王不伐楚，而出身脫楚太子於秦，可謂智能之士矣。一策不謹，而卒死李園之手，與嫪毒同歸。惜夫有朱英之謀，而不能用，何必珠履其客為也？ （善本：05539；元後至元三年（1337）慈溪黃氏序刊本）	（子部，儒家類，慈溪黃氏日抄分類，卷四十六，頁35、頁36） （善本）
黃震	79	范雎蔡澤列傳第七十九	史識	范雎辱於魏齊，賴鄭安平、王稽竊載入秦，離昭王母子、兄弟、舅甥之親，而居相位，以快一己之恩讎，蓋亦勞矣，然卒以任鄭安平、王稽二人，敗事而罷。夫爵祿非酬恩之具也，顧材所堪耳，況竊之君以私所恩耶？	（子部，儒家類，慈溪黃氏日抄分類，卷四十六，頁36）

黃震				（善本：05539：元後至元三年（1337）慈溪黃氏序刊本）	（善本）
黃震	80	樂毅列傳第八十	史識	樂毅爲燕報齊，誠師出有名矣，而盡取寶物祭器輸之燕，仁義之師不爲也。狥齊五歲，下七十餘城，而莒、即墨猶未下者。齊王保於莒，有困獸覆車之勢，齊方發憤，而毅之師已老，彊弩之末，不能穿魯縞，其勢然也。夏侯玄許以湯、武之事，何甚耶？然毅以讒去適趙。趙，父母國也。報燕惠王書稱：忠臣去國，不潔其名，不効戰國反覆，復爲趙而讐燕，去就無歉，傳之子樂閒亦然，故高帝過趙，復封其孫樂叔者於樂鄉，信義之入於人深矣，然則樂毅非戰國之士也。	（子部，儒家類，黃氏日抄，卷四十六，頁43、頁44）
黃震	81	廉頗藺相如列傳第八十一	史識	1.　（此段文字分兩段、此爲第一） 藺相如庭辱強秦之君，而引車避廉頗；廉頗以勇氣聞諸侯，而肉袒謝相如，先公後私，各棄前憾，皆烈丈夫也。勇、怯各得其所矣，然先之者相如也。趙奢治賦，不少貸平原君之家，而平原君因薦之王而用之，君子不多奢之行法自近，而多平原君之以公滅私也。括輕易取敗，無足道；括母言父子異心之狀，可謂得觀人之法；李牧養威持重，戰無不勝，與頗齊名，而頗、牧皆廢於讒人郭開之口，趙之亡忽焉，悲夫！	（子部，儒家類，黃氏日抄，卷四十六，頁44、頁45）
黃震	81	廉頗藺相如列傳第八十一	辭章	2.　（此段文字分兩段、此爲第二） 太史公作廉頗、藺相如傳，而附之趙奢、李牧，趙之興亡著焉。一時烈丈夫英風偉槩，令人千載興起，而史筆之妙，開合變化，又足以曲盡形容，眞奇事哉！古史因之，不敢易一字亦宜矣。	（子部，儒家類，黃氏日抄，卷五十一，頁28）
黃震	82	田單列傳第八十二	史識	田單守即墨，使妻妾編於行伍間，此李同教平原君之故智也。	（子部，儒家類，黃氏日抄，卷四十六，頁45）
黃震	83	魯仲連鄒陽列傳第八十三	史識	魯仲連關新垣衍帝秦之說，引鄒魯不肯納齊湣王之事爲證，可謂深切著明矣，然解邯戰之圍者，平原君力也，非仲連口舌之所能介也。射書聊城，使其將自殺而城見屠，此不過爲田單謀耳。縱當時無仲連書，聊城無救，勢亦必亡，亦非甚有功於田單也，射書何爲哉？使連能説單無屠聊，而射書於城，約其將善降，或說燕無殺其將，而使其將歸燕，以救聊城之命，皆可也。連釋此不爲，射書何爲哉？彼不預吾事而預之，是爲出位，惟不以爵賞自累，而輕世肆志焉，故得優游天下，如飛鳥翔空然，然直以爲天下士則未也。鄒陽自陷縲絏，諄諄求哀，以此得位，不其羞哉！	（子部，儒家類，黃氏日抄，卷四十六，頁45、頁46）

黃震	83	魯仲連鄒陽列傳第八十三	史識	魯仲連闢新垣衍帝秦之說，引鄒魯不肯納齊湣王之事為證，可謂深切著明矣。	（子部，儒家類，黃氏日抄，卷四十六，頁45）
黃震	85	呂不韋列傳第八十五	史識	呂不韋，大賈也。以君之子為奇貨而居之，竊寵利既多，禍敗乃宜。太史公以為此孔子之所謂聞者，誤矣。	（子部，儒家類，黃氏日抄，卷五十一，頁30）
黃震	86	刺客列傳第八十六	史識	太史公傳曹沫、專諸、豫讓、聶政、荊軻五人。謂：介然不欺其志。愚謂惟豫讓為君報仇之志，為可悲，餘皆在愚殺身，非人情也。荊軻所交田光、高漸離之流，多慷慨輕生，至今讀易水之歌，使人悲惋，軻視諸子材氣殆優焉，雖然，果何哉？其所謂志而足稱道哉！	（子部，儒家類，黃氏日抄，卷四十六，頁47）
黃震	89	張耳陳餘列傳第八十九	其他	耳、餘號刎頸交，其為交可知矣，後卒如其說云。	（子部，儒家類，黃氏日抄，卷四十七，頁8）
黃震	90	魏豹彭越列傳第九十	史識	彭越有大功，無反意，既以疑間掩捕論罪，遷蜀青衣矣。呂氏又詐使人告其反，族之，何忍哉！	（子部，儒家類，黃氏日抄，卷四十六，頁49）
黃震	91	黥布列傳第九十一	史識	布起麗山之徒，以兵屬項氏，嘗為軍鋒，得國九江，南面稱孤矣。漢使隨何說之歸漢，遂滅楚垓下，王淮南。及信、越誅，而布大恐，幸姬啟釁，竟以反誅。愚謂：布非反漢，漢非少恩，勢使然耳。夫越於漢，非蕭、曹素臣服者比也。羣起逐鹿，成者帝、敗者族。方雌雄未決，不得已資之，以濟吾事；事濟矣，同起事者猶在，則此心不能一日安，故其勢不盡族之不止也，故夫乘時徼危者，未有不滅其身，惟嬰母之賢，為不可及也已。	（子部，儒家類，黃氏日抄，卷四十六，頁49）
黃震	92	淮陰侯列傳第九十二	史識	信虜魏，破代平趙，下燕定齊南，摧楚兵二十萬，殺龍且，而楚隨滅，漢并天下，皆信力也。武涉、蒯通說信背漢，而信終不忍，自以功多，漢終不奪我齊也。不知功之多者罪之尤。今日破楚，明日襲奪齊王軍，方信為漢取天下，漢之心已未嘗一日不在取信也。高帝平生親信無過蕭何者矣，而且疑之，況信耶？信有必誅之勢，而無人教之以蕭何避禍之策。張良為帝謀臣，使其為之畫善後計，猶庶幾焉，而躡足之諫，召信會兵垓下之策，皆所以甚帝之疑，而置信於死者也。失職怏怏，謀反見誅，雖信之罪，而夷三族，嗚呼甚矣！	（子部，儒家類，黃氏日抄，卷四十六，頁49、頁50）

黃震	93	韓王信盧綰列傳第九十三	史識	信以韓王庶孽從漢，復封韓，既而漢疑之。徙王太原，數被匈奴兵，遣使求和解，漢又責讓之，遂走匈奴，高帝是以有白登之圍，疑之爲患如此。盧綰與帝居同里，生同日，學同師，平生至相得，非有大功而王之燕，帝之於綰厚矣！亦以貳心自成疑懼而走匈奴，此則綰之罪也，然信稱旦暮乞貸，蠻夷僕之，綰亦爲蠻夷所侵，嘗思復歸，二人者皆非有大惡，而疎遂取疑，失身至此，不亦悲夫！此信之子頹當、信之孫嬰，與綰之孫他之，皆脫身匈奴，而復列侯漢廷也。陳豨慕魏公子之爲人，監趙代邊兵，而賓客千餘乘，卒於見疑，而以反誅，此尤庸妄可爲戒矣。	（子部，儒家類，黃氏日抄，卷四十六，頁 50、頁 51）
黃震	95	樊酈滕灌列傳第九十五	史識	灌嬰起自販繒，從高祖，騎射戰功居多，其後不爲諸呂擊齊，而共立文帝，遂致位宰相，蓋武健而有定識云。	（子部，儒家類，黃氏日抄，卷四十六，頁 52）
黃震	96	張丞相列傳第九十六	史識	景帝之世，丞相備位僅存名氏，太史公不復爲傳，而褚先生直取韋賢以下繼之。於魏相稱好武，於邴吉稱有大智，於黃霸稱以禮義爲治，其後韋元成父子相繼，匡衡十年至丞相，皆歸之命，有慨歎不滿之意矣。	（子部，儒家類，黃氏日抄，卷四十六，頁 52）
黃震	97	酈生陸賈列傳第九十七	史識	酈生爲高帝下陳留，高帝賴其兵食，遂以入關，所繫大矣，然以善其令而夜半賊殺之，與之善者，不亦難乎？此戰國傾危之餘習，宜其卒窮於辨也。陸賈兩使尉他，使漢、越無兵爭，天下陰受其賜，多矣。時時稱說《詩》、《書》，一新高帝馬上之習，社稷靈長，終必賴之矣。其後知太后將王諸呂不可爭，廼病免家居，及諸呂將危劉氏，則出爲陳平畫策誅之，動靜合時措之宜，而功烈泯無形之表，漢初儒生未有賈比也，而太史公屈與酈生同傳，豈以其辨說歟？朱建以母死，無以爲喪，而受辟陽侯金，所謂行不苟合者安在？嗚呼！此其所以惡也！	（子部，儒家類，黃氏日抄，卷四十六，頁 53）
黃震	99	劉敬叔孫通列傳第九十九	史識	婁敬脫輓輅、羊裘見天子，曰：衣帛衣帛見、衣褐衣褐見，此其質直，不徇流俗，已可覘其胷中之所挾持者矣。勸都長安，逆覘敵情，皆磊落出人意表，惟結和親約，雖能寬一時之急，未免遺萬世之弊耳。	（子部，儒家類，黃氏日抄，卷四十六，頁 54）
黃震	99	劉敬叔孫通列傳第九十九	史識	叔孫通所事且十主，皆面諛取親貴。既起朝儀，得高帝心，然後出直言，諫易太子，然向使高帝未老，呂后不彊，度如意可攘太子位，又安知其不反其說以阿意耶？隨時上下，委曲取容，名雖爲儒，非婁敬比矣。	（子部，儒家類，黃氏日抄，卷四十六，頁 54）

黃震	100	季布欒布列傳第一百	史識	季布庭斥樊噲橫行之說，使高后不復事兵，然則孝惠、高后之世，海內無事，衣食滋殖，季布力也。布故勇將，不爲技癢，而有老成安靜之言，斯可尚矣。欒布挺身就烹，以雪彭王之冤，所以警悟高帝何如哉！嗚呼！非烈丈夫，其孰能與於此！	（子部，儒家類，黃氏日抄，卷四十六，頁54）
黃震	101	袁盎晁錯列傳第一百一	史識	絳侯，元勳也。淮南王，帝親弟也。盎晚出爲郎，皆斥其驕，既而明絳侯無罪。諫止淮南王遷蜀者亦盎也。盎以故名重朝廷，下趙同之參乘，却夫人之同坐，申屠相稍不爲禮，則折脅之，盎殆以強直自矜者歟！沮梁王之謀，雖以忠見賊，迹其平昔，亦非自全之道矣。	（子部，儒家類，黃氏日抄，卷四十六，頁55）
黃震	103	萬石張叔列傳第一百三	史識	石慶、衛綰，皆所謂忠信之人，特未學耳，以之爲三老，助教化，屬薄俗可也，宰相非其任矣。直不疑之償金，周仁之尿袴類，不近於人情，而仁以密見狎，出入宮禁。殆閹官之靡，又非不疑比也。若張歐雖刑名學，而有仁心，其庶乎！	（子部，儒家類，黃氏日抄，卷四十七，頁3）
黃震	103	萬石張叔列傳第一百三	史識	萬石君家謹厚而已，而父子皆致二千石已過矣。慶備位丞相於孝武多事之世，何哉？	（子部，儒家類，黃氏日抄，卷四十六，頁55、頁56）
黃震	103	萬石張叔列傳第一百三	史識	衛綰車戲士天資偶亦謹厚，而景帝相之，且謂其可輔幼主。夫帝謂亞夫非少主臣，宜綰之見取歟！	（子部，儒家類，黃氏日抄，卷四十六，頁56）
黃震	104	田叔列傳第一百四	史識	叔以死事趙王敖，既仕漢，薦孟舒案梁王，燒其籍，使景帝母子相安；相魯，能格其君之非。叔葢堅忍有用之才，非如萬石輩，徒曰長者而已。	（子部，儒家類，黃氏日抄，卷四十六，頁56）
黃震	104	田叔列傳第一百四	史識	褚先生附載田仁、任安，事衛將軍不見知，而趙禹遴選於一臨問之頃，兩人皆立名天下。夫衛青，后戚家，徒以衣裝取士，而以將百萬衆何哉！	（子部，儒家類，黃氏日抄，卷四十六，頁56）
黃震	108	韓長孺列傳第一百八	史識	韓安國之仕梁也，言於漢，雖爲梁飾非，言於梁，亦能爲梁免禍。賂田蚡得仕漢，其進雖不以正，其辨王恢諫擊匈奴，藥石武帝於尚安，顧不偉甚！越明年，王恢挑禍匈奴，安國默默爲之護軍，雖以不戰歸，而兵端自此大開，安國亦卒困兵間死矣。志在富貴，不知不可則止，惜哉！	（子部，儒家類，黃氏日抄，卷四十六，頁58）
黃震	108	韓長孺列傳第一百八	史識	安國長厚好靖，武帝好大喜功，故帝雖器之而卒困焉。	（子部，儒家類，黃氏日抄，卷四十七，頁6）

黃震	109	李將軍列傳第一百九	史識	廣邊將材，於守右北平見之，使武帝志在息民，專任李廣足矣。	（子部，儒家類，黃氏日抄，卷四十七，頁7）
黃震	109	李將軍列傳第一百九	史識	陵降匈奴，隴西之士皆用為恥，亦可想見其俗之風節矣。	（子部，儒家類，黃氏日抄，卷四十六，頁59）
黃震	109	李將軍列傳第一百九	辭章	看〈衛、霍傳〉，須合〈李廣傳〉。衛、霍深入二千里，聲震夷夏，今看其傳，不直一錢。李廣每戰輒北，困躓終身，今看其傳，英風如在。史氏抑揚予奪之妙，豈常手（闕）＿＿＿＿＿！	（子部，儒家類，黃氏日抄，卷四十七，頁8）
黃震	110	匈奴列傳第一百十	史識	1.（此段文字分二段，此為第一） 傳之叙匈奴詳矣。大抵以其視中國為強弱，夏道衰而狄始大，及周之興，惟命之曰荒服。周道衰，戎狄又世世為患。秦并天下，築長城，頭曼單于遂為之北徙。既而中國兵争，冒頓復興，雖高帝不免白登之圍。非其視中國為強弱哉？然嘗論之，秦漢之待夷狄，不可復以三代比也。三代以天下為公，諸侯各自為守，設不幸有警，方伯連帥以諸侯兵驅之而已，然不常有也。秦漢以天下為私，自京師去匈奴塞上，皆天子所自制。邊塵稍驚，勞民萬里，雖鞭之長不及馬腹，故秦之備邊，不得不出於長城，然此毒民之事，悖謬之舉，適以自斃，不可為也。故漢之求安不得不出於結約，雖妻敬遣公主之說不用。若孝文皇帝賜之書有曰：天不頗覆，地不偏載，使兩國之民若一家，下及魚鼈，上及飛鳥，跂行喙息蠕動之類，莫不就安利而辟危殆。嗚呼，大哉言乎！文帝之心，天地之心也。持之堅，行之久，至孝景世，終無大冦。武帝即位之初，匈奴信漢，自單于以下，往來長城下無忌矣。乃一旦無故自為狙詐於匈奴，兵連禍結，使天下生靈肝腦塗地，然匈奴益驕，亦終不我服。回視文景之世，得失何如哉！	（子部，儒家類，黃氏日抄，卷四十六，頁59、頁60）
黃震	110	匈奴列傳第一百十	史識	2.（此段文字分二段，此為第二） （黃震又曰：） 愚嘗因是而論漢世綏御之方，惟文帝為得，而仲舒之論，未可謂其迂闊也。帝初即位，使告諸侯，四夷從代來，意量時度宜，與匈奴和親，尉佗自帝，亦溫辭以感服之，匈奴或背約入冦，逐之出塞即止。使終漢之世，待四夷皆如帝，何不可者？武帝一信聶翁狙詐之說，兵連禍結，海内蕭然，董生之論，似過於弱，而實足以藥武帝之膏肓，固乃懕懕排闥之，何歟！或	（子部，儒家類，黃氏日抄，卷四十七，頁35）

			謂宣帝以後，欵塞入朝，皆武帝所致，不一勞者，不永佚帝之功居多，此又不思之甚也！五單于爭立癴自內作不得已，而求救漢，何力之有？而勞師費財，賞賜鉅萬，視文帝之費幾倍焉！是亦不得而已乎！	
黃震	111	衛將軍驃騎列傳第一百一十一	史識	1.（此段文字分二段，此爲第一）衛青者，奴隸鄭季之遺孽，而霍去病，其甥也。漢武帝以青之姊曰「子夫」者，爲后，因生事夷狄，而官青曰「大將軍」，官去病曰「驃騎將軍」。公孫敖嘗脫衛青於難，亦官之至將軍。青之長姊，嫁公孫賀，賀爲將軍且至宰相。其餘侯者，非兩將軍親戚，則其門下人也。它日，貳師將軍亦以後宮故，生事大宛，而使之貴。帝平生窮兵黷武，使海內蕭然，觀其所由，往往爲榮宮妾地爾！而曰《春秋》大復讐之義，其誰欺？欺天乎？且受圍與嫚書，未可以讐言也。文、景和親，相安已久，否而嚴守備，則置一李將軍，匈奴不敢入塞矣！何紛紛爲？	（子部，儒家類，黃氏日抄，卷四十六，頁61）
黃震	111	衛將軍驃騎列傳第一百一十一	辭章	2.（此段文字分二段，此爲第二）（黃震又曰：）看〈衛、霍傳〉，須合〈李廣傳〉。衛、霍深入二千里，聲震夷夏。今看其傳，不直一錢。李廣每戰輒北，困躓終身。今看其傳，英風如在。史氏抑揚予奪之妙，豈常手（闕）＿＿＿＿＿！	（子部，儒家類，黃氏日抄，卷四十七，頁8）
黃震	112	平津矦列傳第一百一十二	史識	發十策，弘不得一。弘非不能得也，希旨而僞屈耳，弘亦姦哉！	（子部，儒家類，黃氏日抄，卷四十七，頁12）
黃震	112	平津矦列傳第一百一十二	史識	嚴安一書，言武帝靡敝中國，結怨夷狄，而其後則謂：郡守之權，非特六卿，豈慮根本既耗，或有乘時而起者耶？	（子部，儒家類，黃氏日抄，卷四十七，頁14）
黃震	112	平津矦列傳第一百一十二	史識	主父偃姦險無賴小人，其致身青雲，特自速族滅之禍耳，何足污齒頰哉！惟諫伐匈奴一書，不當以人廢言，然它日勸築朔方，俾襲蒙恬故步者，即今日舉秦事，以諫伐匈奴之偃也何耶？其勸分王諸侯，則掇拾賈生之緒餘也；其勸徙豪民實茂陵，則剽竊婁敬之陳言也，何能爲漢庭決一策耶？而取大臣金、取諸侯金，自謂日暮途遠；自分倒行暴施，以生於齊而刦齊王殺之，以游於燕而陷燕王殺之。召平日昆弟賓客，戒其毋入偃門，以一切踈絕之何哉？偃之爲人也，其自取覆滅也固宜，爲偃之族者，可悲耳。	（子部，儒家類，黃氏日抄，卷四十六，頁61、頁62）

黃震	113	南越列傳第一百一十三	史識	南越稱帝，文帝以德懷之而稱臣。南越既稱臣，武帝以詐召之而輒反，越雖夷狄，人情亦槩可知矣。用樓船十萬師，一旦夷以爲郡，豈不大快？然使五帝、三王處，此亦有文帝之懷柔而已，夷狄在萬里外，而必貪之，何哉？	（子部，儒家類，黃氏日抄，卷四十六，頁62）
黃震	115	朝鮮列傳第一百一十五	史識	朝鮮王右渠者，其祖名滿，本燕人。出塞居秦故空地，本無預中國事也，涉何爲武帝生事其國，漢卒盛兵以滅之？爲眞畨、臨屯、樂浪、玄菟四郡，漢固貪矣，右渠負固，自取滅亡，亦何愚也？	（子部，儒家類，黃氏日抄，卷四十六，頁63）
黃震	117	司馬相如列傳第一百一十七	史識	相如素行不謹，立朝專是逢君之惡，或者猶以其文墨取之，不知〈大人〉等賦、〈封禪〉等書，正其逢君之具也。吁！尙足置齒頰間哉！	（子部，儒家類，黃氏日抄，卷四十七，頁11）
黃震	119	循吏列傳第一百一十九	史識	孫叔敖使民自高其車，得誘民之術也；公儀休不受魚，謹律身之常也。石奢以父殺人，李離以過聽殺人皆自殺，皆難能之節也。	（子部，儒家類，黃氏日抄，卷四十六，頁67）
黃震	120	汲鄭列傳第一百二十	史識	黯以純剛至正之氣，卓出漢庭之右，自天子以下皆嚴憚之。黯言雖不用，漢鼎之增重亦多矣。子曰：根也慾，焉得剛！黯庶幾無慾者與！	（子部，儒家類，黃氏日抄，卷四十七，頁1、頁2）
黃震	120	汲鄭列傳第一百二十	史識	汲黯論帝多欲，勸帝無起兵，諫帝迎渾邪王，切責張湯苛法，而拳拳願出入禁闥補過拾遺，切直忠盡，漢庭第一，帝稍聽之，何至下輪臺之詔耶？鄭莊委曲禮下，雖少鯁諒之風，然內行修潔，沒無餘財，與汲黯等，此太史公以之同傳歟！	（子部，儒家類，黃氏日抄，卷四十六，頁67）
黃震	122	酷吏列傳第一百二十二	史識	郅都公廉而敢諫，守北邊，匈奴遠却，爲治雖尙嚴，首惡之外，未嘗濫誅。班、史顧以之首酷吏，何哉？愚嘗反覆之終篇，而後知古人用意之深，未可輕議也。大抵刑法之酷，未必足以禁姦，而適足以激民之姦。漢自高皇帝，以寬大立國，其將相大臣，又相繼以清淨爲治，涵養休息。至於文、景，其民無不樸畏自重，而都乃獨先之，以嚴行法，不避貴戚，其意若曰不畏強禦而已，而斬斬無餘味，風俗遂爲一變。未幾，甯成以陰刻之資而効之，自甯成、趙、由之後，乘多事之衝而甚之，於是張湯之徒，定律令，王溫舒、尹齊之屬，復以事湯得志，一時相師皆務於酷，而吏民益輕犯法，盜賊滋起，繡衣直指斷斬郡國，亦且無可柰何。推所自來，誰實防之？夫貴戚犯法而避之，固不可，然天下獨無中道乎？凡治道去泰甚者，且矯枉一過其正，其流弊乃爾。愚故謂	（子部，儒家類，黃氏日抄，卷四十七，頁32、頁33）

				郅都非酷吏也，而酷吏實自郅都始也，傳之酷吏之首，庸何辭？	
黃震	122.5	酷吏列傳第一百二十二	史識	太史公於武帝征伐事，先之以文、景和親，匈奴信漢，然後論兩將軍連年出塞，又必隨之以匈奴入塞，殺略若干，於今〈酷吏傳〉，先之以吏治悉悉，民朴畏罪，然後論十酷吏更迭用事，又必隨之以民益犯法，盜賊滋起，然則匈奴、盜賊之變，皆帝窮兵酷罰致之，威刑豈徒無益而已哉！至於禱祠百出，則各隨之以若有應符之言，於求仙無方，則各隨之以終不可得之言。遷之微文見意，往往如此，而武帝之無道昭昭矣。	（子部，儒家類，黃氏日抄，卷四十六，頁 67、頁 68）
黃震	123	大宛列傳第一百二十三	史識	甚矣！小人逢君之惡何甚也？漢欲通西南夷，費多道不通，嘗罷之矣，張騫言可通大夏，天子復欣然為之，是窮民西南之禍，不在漢武而在張騫，然騫從月氏、至大夏，竟不得月氏要領，其後復使烏孫，亦不得其要領。間關萬里，困苦終身，騫果何利於此？自是棄骨肉於萬里外，以妻烏孫；自是沒士馬於萬里外，以取宛馬，天下騷動，耗費鉅萬萬，騫又果何利於漢？嗚呼甚矣！小人逢君之惡者，不可曉也。	（子部，儒家類，黃氏日抄，卷四十六，頁 68、頁 69）
黃震	123	大宛列傳第一百二十三	考據	太史公曰：「〈禹本紀〉言河出崑崙，崑崙其高二千五百餘里，日月所相避隱以為光明，其上有醴泉、瑤池。今自張騫使大夏，窮河源，惡睹〈本紀〉所謂崑崙者乎？」嗚呼，太史公之論善矣！然後世展轉沿襲之妄，又豈止太史公所闕而已哉？蓋自是有譯西域書為中國語者，又因崑崙之說附會之為須彌山，亦謂日月相避隱為光明，而更加張大，謂周須彌之山為世界者，凡四日所至為晝，而去之則為夜，然天下安有是理哉？若果如崑崙、須彌之說，則日月之避隱常相等齊，安從而有晝夜長短之分？日月之避隱常不相見，安從而有晦望交蝕之異？日常滿，月亦當常滿，安從而月有虧盈、進退之不同，出沿山之東，入循山之西？其地皆遠，當僅見日輪之隱約。日之方中居山之腹，其地獨近，當尤見日輪之顯大。今日之出沒，皆見其紅而大；日之方中，獨見其淡而小，何也？豈近反見其小，而遠反見其大耶？日東循山而天下曉，當以地里之遠近漸次而曉；日西轉山而天下昏，當以地里之遠近漸次而昏。營之東日出以寅，則國之西當以午；國之西日沒以酉，則營之東當在晝。今地里不問遠近，出沒皆以寅酉何也？豈避隱不以漸行，或晝夜不係日月耶？夫日月東浮而西沉，日行速而月行遲，朔望有定，寒暑無差，交會剝蝕皆可預計，吾儒歷	（子部，儒家類，黃氏日抄，卷四十六，頁 69、頁 70、頁 71）

				法盡之矣。易曰明出地上，晉又曰明入地中，明夷天體包地日月出沒其間，行黃道赤道而有長至短至，此有目者所共覩皆可稽而信，故日月之說無出於吾儒所置歷象之法矣。彼爲崑崙須彌之說者，何所稽以爲信也？運行之遲速、交蝕之度數，彼亦可得而言之否耶？彼亦果見日月之隱隱遠從空中來，又隱隱遠從空中滅，而於東海西崦，果不相着否耶？蓋異說雖從西域來，實皆譯之者。附會中國非聖之書以張大之，而不復計其事之實也，禹別九州固非能際天所覆，然天地之中氣所聚，而人物生焉者，大抵亦不出此過此以往，則天地四垂之偏荒忽不治，聖人所不言也，驪衍始謬爲大言九之又九。九之又九謂禹之九州不過天地間八十一分之一，而譯者十萬億國土之說緣之興矣。不思周天三百六十五度四分度之一，日月星辰之所經紀皆可計，見陰山之雪以夏而日南之郡北戶，天地間豈無紀極哉？嗚呼！出之譽異端而甘自小者謂吾儒不過，知造化內事而彼所言者造化外事也。自今觀之彼所言造化內且妄矣，況外乎造化，果有外瞿曇氏，當來往空虛中，不假父母陽陰氣以生，又老於寒暑而死矣。然則佛亦厭世俗煩苦而求所謂寂滅耳，說本不若是其誕也，說之誕者譯者，附會之過也，皆中國奸人之言也。故因太史公斥崑崙之說而併及之。	
黃震	124	游俠列傳第一百二十四	史識	朱家周人之急，家無餘財，而終身不自以爲德，太史公慕焉。郭解折節振人，人爲解殺人，解不知而公孫弘族解，太史公尤爲之痛惜。愚謂：朱家誠賢矣，爲人忘己，墨氏之弊，而解之見殺，則亦其平昔嗜殺所致。孔子有言：古之學者爲己。孟子亦謂：窮則獨善其身。士亦何必務名譽出於尋常之外也哉？	（子部，儒家類，黃氏日抄，卷四十六，頁72）
黃震	126	滑稽列傳第一百二十六	史識	太史公傳滑稽者三人皆伎工優郿耳。西門豹古之良吏，東方朔亦漢之名臣，褚氏例取而附之優郿之列，何哉？	（子部，儒家類，黃氏日抄，卷五十一，頁31）
黃震	127	日者列傳第一百二十七	史識	士大夫雖未必皆賢，然必士大夫布列中外。上自朝廷，下達郡縣，上綱下紀，共爲扶植，而後庶民得以生息於其下，所謂代天工者也。若卜之爲伎，不在農工商賈之列，浮浪竊食，又不得與庶民之良者比，顧乃算計利害，自逞得計，反譏士大夫之不肖，何異衣食於祖父，而反笑祖父之無聞知？而宋忠、賈誼反屈於其說哉！愚故曰：未必皆其實也，而乃傳之者，不得志於當世之忿心爾。	（子部，儒家類，黃氏日抄，卷四十六，頁73、頁74）

評家	127	日者列傳第一百二十七	辭章	黃東發曰： 六一公欲作文，先頌〈日者傳〉一遍。	見《評林》頁2787
黃震	130	太史公自序第一百三十	史識	談生遷，能以文章世其家，揚名後世，亦可謂善繼人之志者矣，然談垂死涕泣之屬，惟以不得從封泰山爲恨，而遷述之。豈遷亦不知封禪之爲非耶？	（子部，儒家類，黃氏日抄，卷四十六，頁74、頁75）
黃震	150	通論	史識	遷以邁往不群之氣，無辜受辱，激爲文章，雄視千古。嗚呼，亦壯矣！惜乎其未聞道也，蓋吾夫子病紛紛者之誣民也。討論墳典，斷自唐、虞以下，訖于周。周衰，不足以訓，復約史記以修《春秋》，百王之大法盡在是矣。今遷之所取，皆吾夫子之所已棄，而遷文足以詔世，遂使里巷不經之說，間亦得爲萬世不刊之信史。	（子部，儒家類，黃氏日抄，卷四十七，頁13）

王應麟《史記》評點表

評家	160	體例篇名	類別	評　點　內　容	備　　註
王應麟	2	夏本紀第二	考據	蔡墨曰： 國有豢龍氏、有御龍氏。後漢有侍御史擾龍宗，豈其苗裔歟！ （善本：07143；明初刊本）	（子部，雜家類，困學紀聞，卷六，頁25） （善本）
王應麟	4	周本紀第四	史識	〈五蠹〉曰：周去秦爲從，朞年而舉；衞離魏爲衡，半歲而亡。是周滅於從，衞亡於衡也。 （善本：07143；明初刊本）	（子部，雜家類，困學紀聞，卷十，頁35） （善本）
王應麟	5	秦本紀第五	史識	〈秦本紀〉，晉獻公虜虞君與其大夫百里奚以爲秦穆公夫人媵於秦，百里奚亡秦走宛，楚鄙人執之，穆公以五羖羊皮贖之，范太史曰：〈商鞅傳〉，又載趙良之言曰：五羖大夫，荆之鄙人。自鬻於秦客被褐食牛期年，穆公知之，舉之牛口之下，而加之百姓之上，《史記》所傳，自相矛盾如此！	（子部，雜家類，雜考之屬，困學紀聞，卷十一，頁14）
王應麟	5	秦本紀第五	義理	秦昭王五十一年滅周，是歲漢高祖生於豐沛。天道之倚伏，可畏哉！ （善本：07143；明初刊本）	（子部，雜家類，困學紀聞，卷十一，頁6） （善本）

王應麟	5	秦本紀第五	義理	秦莊襄王元年，滅東周。三年始皇立而柏翳之秦亦滅。二世元年，廢衛君，是歲諸侯之起者五國，三年而秦亡。然則滅人之國，乃所以自滅也。 （善本：07143；明初刊本）	（子部，雜家類，困學紀聞，卷十一，頁6） （善本）
王應麟	6	始皇本紀第六	義理	秦皇欲以一至萬，新莽推三萬六千歲歷紀，宋明帝給三百年期，其愚一也。漢世祖曰：日復一日，安敢遠期十歲乎？眞帝王之言哉！	（子部，雜家類，雜考之屬，困學紀聞，卷十一，頁9）
王應麟	6	始皇本紀第六	義理	箝語燔書，秦欲愚其民，而不能愚陳涉；指鹿束蒲，高欲愚其君，而不能愚子嬰。 （善本：07143；明初刊本）	（子部，雜家類，困學紀聞，卷十一，頁7） （善本）
王應麟	8	高祖本紀第八	義理	漢高祖起布衣，滅秦楚，自後世處之，必誇大功業，以爲軼堯、舜，駕湯、武矣。其赦令曰：兵不得休八年，萬民與苦甚，今天下事畢，其赦天下殊死以下。言甚簡而無自矜之意，此所以詒厥孫子享四百年之祚歟！ （善本：07143；明初刊本）	（子部，雜家類，困學紀聞，卷十二，頁4） （善本）
王應麟	8	高祖本紀第八	辭章	則函谷之内外，淮水之東西，居然可見。 （善本：01747；元慶元路儒學刊玉海坿刻本）	（史部，編年類，通代之屬，通鑑地理通釋，卷二，頁3） （善本）
王應麟	9	呂太后本紀第九	考據	按《儀禮‧鄉射疏》云：凡事無問吉凶皆祖左。是以〈士喪禮〉及〈大射〉皆祖左，唯有受刑祖右，故覲禮乃云右肉祖注云刑宜施於右是也。以此攷之，周勃誅呂氏之計已定，爲呂氏者有刑，故以右祖令之。非以覘人心之從違也。 （善本：07143；明初刊本）	（子部，雜家類，困學紀聞，卷十二，頁5） （善本）
王應麟	22.5	漢興以來將相名臣年表第二十二	史識	史遷既易編年爲紀傳，而〈將相名臣年表〉之作，復以漢興以來大事爲之記，蓋以成《春秋》之法也。上自高祖肇造，下迄天漢。紀年之後，凡闢基紹業則書之：高帝元年春，王漢，秋，定雍；二年，定塞、翟等國，據滎陽；三年，定魏，代趙；四年，定齊及燕；五年，破楚，踐位是也。伐畔除　則書之：若高祖之擊信、布；孝景之擊吳、楚是也。凡定都營國則書之：若都關中，城長安；若長樂、未央之成；太倉，	（子部，類書類，玉海，卷四十八，頁26、頁27）

王應麟				西（市）之立是也。封建朝覲則書之：若高祖王兄仲於代；文帝王諸子於太原等國；景立河間諸王；武立六安諸王；與夫楚元、齊悼之來朝；諸侯王之至長安是也。凡尊親、立廟、冊后、建儲之禮則書之：若高祖之尊上皇；惠、景之立高、文廟，與夫太子之立書於高帝之二年；衛后之立書於元朔之初載是也。凡肆眚除虐、導民興利則書之：若赦復作，除孥律，孝悌力田之置，八銖錢貨之行是也。凡郊祀、正朔、祥瑞、災異則書之：渭陽之祀，雍畤之幸，建元之紀號，太初之正曆，與夫汾陰寶鼎之出；河決地動之異是也。	
王應麟	27	天官書第二十七	考據	王應麟曰： 隨，安步也，吉莫大焉。隋，裂肉也。不祥莫大焉，而妄改之，不學之過也。 按：該語引自明楊慎《轉注古音畧》王應麟注。 （善本：01145；明嘉靖間李元陽校刊本）	（經部，小學類，韵部之屬，轉注古音畧，卷三，頁 14） （善本）
王應麟	28.5	封禪書第二十八	考據	〈封禪書‧皇王大紀〉曰：「自史遷載管仲言上古封禪之君七十有二，後世人主希慕之，以為太平盛典，然登不徧於四岳，封非十有二山，入懷宴安，不行五載一巡守之制，出崇泰侈，無納言計功行賞之實。鑴文告成，明示得意，而非所以教諸侯德也。泥金撿玉，遂其侈心，而非所以教諸侯禮也。心與天道相反，事與聖人相悖，故太平之典方舉，而天災人禍隨至者多矣。」梁許懋曰：「燧人之前，世質民淳，安得泥金檢玉？結繩而治，安得鑴文告成？」是故，攷〈舜典〉，可以知後世封禪之失；稽懋言，可以知史遷著書之謬。 （善本：07143；明初刊本）	（子部，雜家類，困學紀聞，卷十一，頁 29） （善本）
王應麟	31	吳世家第三十一	史識	夫差之報越，其志壯矣。燕昭報齊似之，取其大節，而略其成敗可也。 （善本：07143；明初刊本）	（子部，雜家類，困學紀聞，卷六，頁 39、頁 40） （善本）
王應麟	31	吳世家第三十一	史識	黃池之會，王孫雒曰：必會而先之，吳、晉爭先，雒之謀也，然不能救吳之亡，故《呂氏春秋》曰：吳王夫差染於王孫雒、太宰嚭，然則雒亦嚭之流耳。 （善本：07143；明初刊本）	（子部，雜家類，困學紀聞，卷六，頁 48） （善本）

王應麟	32	齊太公世家第三十二	考據	鬼谷子〈午合篇〉：伊尹五就桀、五就湯，然後合於湯；呂尚三入殷朝，三就文王，然後合於文王。孫子〈用間篇〉當參攷，伊、呂聖人之耦，豈詭遇求獲者？此戰國辯士之誣聖賢也。伊尹三聘而起，太公辟紂海濱，當取信於《孟子》。 按：小字爲註。 （善本：07143；明初刊本）	（子部，雜家類，困學紀聞，卷十，頁39） （善本）
王應麟	32.5	齊太公世家第三十二	義理	〈齊世家〉：「周西伯昌與呂尚，陰謀脩德以傾商政，其事多兵權與奇計，故後世之言兵及周之陰權，皆宗太公爲本謀。」石林葉氏曰：「其說蓋出〈六韜〉。夫太公賢者也，其所用王術也，其所事聖人也，則出處必有義，而致君必有道。自墨翟以太公於文王爲忤合，而孫武謂之用間，且以嘗爲文、武將兵，故尚權詐者多並緣自見。」說齋唐氏曰：「三分有二而猶事商，在眾人必以爲失時，三后協心而後道洽，在常情必以爲無功。二聖人信之篤，守之固，至誠惻怛之心，寬厚和平之政，浹於斯民，固結而不可解，此豈矯拂而僞爲？亦出於自然而已。彼太史公曾不知此，乃曰「周西伯昌囚羑里，歸，與呂尚陰謀脩德以傾商政」。又曰「周公聞伯禽報政遲，乃歎曰：『魯後世其北面事齊矣』。」此特戰國變詐之謀，後世苟簡之說，殆非文王之事、周公之言也。遷不飭辨其是否，又從而筆之於書，使後人懷欲得之心，務速成之功者，藉此以爲口實，其害豈小哉！」 （善本：07143；明初刊本）	（子部，雜家類，困學紀聞，卷十一，頁19） （善本）
王應麟	34	燕世家第三十四	史識	七國齊、魏趙、韓皆大夫簒，楚爲黃，秦爲呂，唯燕爲舊國，召公之澤，遠矣。惠王不用樂毅，太子丹乃用荆軻，其能國乎？ （善本：07143；明初刊本）	（子部，雜家類，困學紀聞，卷十一，頁5、頁6） （善本）
王應麟	39	晉世家第三十九	史識	伯宗好直言，而不容于晉；國武子好盡言，而不容于齊，小人眾而君子獨也。 （善本：07143；明初刊本）	（子部，雜家類，困學紀聞，卷六，頁41） （善本）
王應麟	47	孔子世家第四十七	史識	三桓之無君，與晉之三大夫，齊之田氏一也。三桓終不敢簒魯，夫子之功也。	（史部，史評類，通鑑答問，卷一，頁7、頁8）

王應麟	61	伯夷列傳第六十一	義理	天道之大，安可以一人之故，妄意窺測，如曰顏何爲而殀？跖何爲而壽？皆指一人計較天理，非知天也。 按：該語出自《二程遺書》，乃二程子語，明凌稚隆《史記評林》作宋王應麟，非。	（子部，儒家類，二程遺書，卷十八，頁56）
王應麟	69	蘇秦列傳第六十九	史識	蘇子曰： 蘭以芳自燒，膏以明自炳、翠以羽殃身、蚌以珠致破，蘇秦能爲此言，而不能保其身。 （善本：07143；明初刊本）	（子部，雜家類，困學紀聞，卷十，頁33） （善本）
王應麟	79	范雎蔡澤烈傳第七十九	史識	晉、楚之爭霸在鄭，秦之爭天下在韓、魏。林少穎謂：六國卒并於秦，出於范雎遠交近攻之策，取韓、魏以執天下之樞也。其遠交也，二十年不加兵於楚，四十年不加兵於齊；其近攻也，今年伐韓，明年伐魏，更出迭入無寧歲，韓、魏折而入於秦，四國所以相繼而亡也。秦取六國，謂之蠶食，蓋蠶之食葉，自近及遠。古史云：范雎自爲身謀，未見有益於秦。愚謂此策不爲無益，然韓不用韓玘，魏不廢信陵，則國不亡。 （善本：07143；明初刊本）	（子部，雜家類，困學紀聞，卷十一，頁5） （善本）
王應麟	79	范雎蔡澤烈傳第七十九	史識	王應麟曰： 蔡澤雖以辨智奪范雎之位，然竟免范于難，其有益于范亦大矣！	見《評林》頁2015
王應麟	81	廉頗藺相如列傳第八十一	史識	趙使樂乘代廉頗，頗怒攻樂乘；使趙蔥、顏聚代李牧，牧不受命。此非爲將之法。頗、牧特戰國之將爾。《易》之師曰：行險而順。 （善本：07143；明初刊本）	（子部，雜家類，困學紀聞，卷十二，頁1） （善本）
王應麟	84	屈原賈生列傳第八十四	辭章	賈誼賦：見細德之險微。顏注云：見苟細之人，險阨之證，則微當作徵。見險證而去，色斯舉矣，見幾而作。 （善本：07143；明初刊本）	（子部，雜家類，困學紀聞，卷十二，頁7） （善本）
王應麟	86.5	刺客列傳第八十六	史識	說齋唐氏曰：「諸侯棄甲兵之讎，爲盟會之禮，乃於登壇之後，奮七首而劫國君，賊天下之禮者非沫乎？君臣之義，有死無貳，專諸感公子光之豢養，而親劊刃於王僚，賊天下之義者非諸乎？父母全而生之，子全而歸之，政纔終父母之年，遂殺身以爲仲子，賊天下之仁者非政乎？樊將軍以困窮歸燕丹，軻說取其首，以濟入秦之詐，賊天下之信者，非軻乎？以賊禮、	（子部，雜家類，困學紀聞，卷十一，頁26、頁27）

王應麟				賊義、賊仁、賊信之人並列於傳，又從而嗟歎其志，不亦繆哉！豫子以不忘舊君，殺身而不悔，抗節致忠，行出乎列士，乃引而實諸四子之間，不亦薰蕕之共器乎！ （善本：07143；明初刊本）	（善本）
王應麟	87	李斯列傳第八十七	考據	斷而敢行，鬼神避之。見末而知本，觀指而覩睳，秋霜降者，草花落，水搖動者，萬物作，此戰國諸子之言，而趙高誦之爾，高非能爲此言也。 （善本：07143；明初刊本）	（子部，雜家類，困學紀聞，卷十二，頁3） （善本）
王應麟	101	袁盎晁錯列傳第一百一	史識	以近事爲鑒，則其言易入。申叔豫以子南戒蘧子馮是也。告君亦然，樊噲諫高帝曰「獨不見趙高之事乎」？爰盎諫文帝曰「獨不見人彘乎」？	（子部，雜家類，雜考之屬，困學紀聞，卷六，頁51）
王應麟	112	平津侯列傳第一百一十二	史識	班固叙武帝名臣，李延年、桑弘羊亦與焉。若儒雅，則列董仲舒於公孫弘、倪寬之間。汲黯之直，豈卜式之儔哉！史筆之褒貶，萬世之榮辱，而薰蕕渾殽如此，謂之比良遷、董可乎？ （善本：07143；明初刊本）	（子部，雜家類，困學紀聞，卷十二，頁5） （善本）
王應麟	117	司馬相如列傳第一百一十七	史識	《史通》云：司馬相如始以自叙爲傳，然其所所叙，但記自少及長，立身行事而已。今攷之本傳，未見其爲自叙。又云：相如自叙記其客遊臨邛，以《春秋》所諱，特爲美談，恐未必然，意者相如集載本傳，如賈誼《新書》末篇，故以爲自叙歟！ （善本：07143；明初刊本）	（子部，雜家類，困學紀聞，卷十二，頁9、頁10） （善本）
王應麟	122	酷吏列傳第一百二十二	史識	黯之正直，所謂：仁者有勇，剛毅近仁者也，謂之伎可乎？周陽由蝮鷙之靡爾，其可以與黯並言乎？汲、鄭同傳猶不可，而以由與黯俱是鷙梟接翼也。 （善本：07143；明初刊本）	（子部，雜家類，困學紀聞，卷十二，頁1、頁2） （善本）
王應麟	123	大宛列傳第一百二十三	考據	《三禮義宗》引禹受地記，王逸注《離騷》引禹大傳，豈即太史公所謂〈禹本紀〉者歟？ （善本：07143；明初刊本）	（子部，雜家類，困學紀聞，卷十，頁1） （善本）
王應麟	150	通論	史識	史與經同出而異名，若昔四史肪於黃序，五史建於蒼籙，右言左動，官宿其業。言爲《尙書》，紀謨訓而舉其綱，事爲《春秋》，繫日月而詳其目，紀傳猶未分也。邦國之志掌於小史，百十二國寶書藏於周室，私史猶未作也。自鄭書、	（子部，類書類，玉海，卷四十六，頁45、頁46、頁47）

晉乘、魯史、秦記而國各有史，如南董、左氏
之流，史猶出於一家也。逮漢六葉，有臣曰遷，
罔羅舊聞，終篇麟止，而編年之體始變。班劉
而下，波沿景附，猶未有「正史」之名也。貴
耳賤目，見聞異辭，而史始雜餘分閏位，記注
並作而史始僞惛，玉錯陳，朱紫易混，繇是條
分科別，粹然一出於正者編爲正史，《隋志》所
錄六十七部，三千八十三卷，一代史籍至數十
家，而紀載益詳！《史》、《漢》訓詁，師法相
傳，而義例益明。或書事記言於當時，而勒成
刪定於後代，大策小牘，支蕃葉滋，溫故知新，
聳善抑惡，皆足以昭法式，垂勸戒，豈誇多而
愛奇哉！有唐肇基，襲經補藝，《五代史》成於
貞觀之十禩，兩朝史成於顯慶之初元，然乙部
著錄，尚仍隋書，籤膡紛糾，寖失緒次，號登
開元，名儒建議，乾元麗正，博彙羣書，臣述
臣欽，分部治史，越九年，仲冬丙辰，臣行冲
奏上，四錄卷析二百，臣照刪爲四十卷，凡史
錄五百七十一家，八百五十七部，一萬六千八
百七十四卷，曰編年、曰僞史、雜史、曰起居
注、故事、曰職官、傳記、儀注、曰刑法、目
錄、譜牒、地理，而正史居其首。即篇目考之，
《史記》本於司馬氏，而裴、徐、鄒、許、劉
之《音解》列焉，《漢書》本於班氏，而服、應、
孟、晉、崔、孔、諸葛、夏侯、包、蕭、陰、
項、陸、姚、李、顧、二韋、二劉、二顏、務
靜之《音注論駁》，及高宗銓定名氏，英華附焉；
東漢始於劉珍之記，二謝、薛司馬、劉華、袁
范、張讜其書三劉蕭臧及太子賢韋機釋其義，
以至王沈、陳壽、韋昭纂三國之事，隱預鳳靈
運榮緒寶子雲法盛、玄齡輯二晉之史，宋、齊、
梁、陳則徐、孫、沈王、蕭、劉、謝、顧、傅、
二姚續汗青之緒，元魏、北齊、周、隋則二魏、
王、張、二李、令狐、顏氏擅載筆之美，縹囊
碧軸，淵聚林崒治亂興替之鑒，是非褒貶之論，
袞斧於既往，著蔡於将來，天球河圖，金匱玉
版，成一王法，爲萬世則，緯經綴道，囊括古
今，茲七十家之醇駁雖殊，而廣記備言，不可
以闕遺也；或者猶曰：「史之失，自遷、固始。」
夫敘一時之事，編年爲善；敘一人之事，紀傳
爲優。吉哉！皇甫湜之言曰：「合聖人之經，以
心不以迹，得良史之體，在適不在同，吾有取
焉。」緬稽唐朝簡冊尤備，倣四繫之法，則有
唐歷春秋，總二史之載，則有起居注實錄，書

				政事議論之詳，則有日歷時政，記會要，肇於貞元，玉牒創於開成，惟紀表志傳爲一代鉅典，冠冕史錄，其以是與按六典卷部與《隋志》同，藝文志正史之末附以通史，南北史之屬，五家六部，一千二百二十二卷謂之集史，諸儒立言，日新月益，不著錄之書，若王元感之下，徐、李、陳、韓、司馬、劉、張、竇、裴，皆《史記》之學也。	
王應麟	150	通論	其他	《兩朝志》：國初承唐舊，以《史記》、兩《漢書》爲三史，列於科舉，而患傳寫多誤。雍熙中，始詔三館校定摹印。自是刊改非一，然猶未精。	（子部，類書類，玉海，卷四十九，頁29）
王應麟	150	通論	其他	《史記》於班書微爲古質，故漢、晉名賢未知見重。	（子部，類書類，玉海，卷四十六，頁17）
王應麟	150	通論	其他	《志》乙部，史錄十三類，一曰正史類，七十家，九十部，四千八十五卷，失姓名二家，始於司馬遷《史記》，終於《隋書·志》。司馬氏《史記》有裴駰、徐廣、鄒誕生、許子儒、劉伯莊之《音解》。班氏《漢書》有服虔、應劭、諸葛亮、孟康、晉灼、韋昭、崔浩、孔文祥、劉嗣、夏侯泳、包愷、蕭該、陰景倫、項岱、劉寶、陸澄、韋稜、姚察、顏游、秦僧務靜、李善顧、顏師古之《音注論駁》；及高宗之銓定失姓名正名氏義英華二家；東漢則有劉珍、謝承、薛瑩、司馬彪、劉義慶、華嶠、謝沈、袁山松、范曄、張瑩之書；劉昭、劉熙、蕭該、劉芳、臧兢、太子賢、韋機之《補注音義》；三國有王沈、陳壽、韋昭；晉有王隱、虞預、朱鳳、謝靈運、臧榮緒、干寶、蕭子雲、何法盛及房玄齡等所修；宋有徐爰、孫嚴、沈約、王智深；齊、梁、陳有蕭子顯、劉陟、謝昊、姚察、顧野王、傅縡、姚思廉；元魏、北齊、周、隋有魏收、魏澹、李德林、王劭、張大素、李百藥、令狐德棻、顏師古等，不著錄者，王元感至裴安時，二十三家，一千七百九十卷。《史記》之學，則有王元感、徐堅、李鎮、陳伯宣、韓琬、司馬貞、劉伯莊、張守節、竇羣、裴安時；《漢書》之學則劉伯、莊敬播、元懷景、姚珽、沈遵、李善；晉書音注則徐堅、高希嶠、何超，及齊、梁、陳、周、隋之史，武德、貞觀兩朝史，吳兢等唐書國史至裴安時元魏書終焉。《隋志》：「正史六十七部，三千八十三卷，通亡書合八十部，四千三十卷。古者天子諸侯，	（子部，類書類，玉海，卷四十六，頁43、頁44）

			有國史以紀言行，《春秋》引周志、鄭書，漢始置太史公。自是世有著述，皆擬班、馬，以爲正史，作者尤廣，一代之史至數十家，唯《史》《漢》師法相傳並有解釋。」	

劉辰翁《史記》評點表

評家	160	體例篇名	類別	評　點　內　容	備　註
劉辰翁	3	殷本紀第三	考據	劉辰翁曰： 太甲至太戊六世、太戊至祖乙五世、祖乙至盤庚八世、盤庚至武丁四世，皆衰而復起，孟子曰：由湯至于武丁，賢聖之君六、七作，正謂此也。	見《評林》頁85
劉辰翁	7	項羽本紀第七	史識	劉辰翁曰： 此召平不自了事，乃能作此度外奇事。所以發亡秦之端在此。	見《評林》頁248
劉辰翁	7	項羽本紀第七	史識	劉辰翁曰： 項王爲人不忍，于此可見，此項伯之所以敢諾，范增之所以不敢怒也。	見《評林》頁261、頁262
劉辰翁	7	項羽本紀第七	史識	劉辰翁曰： 一田榮不封，遂生此故，固知立功易，爲宰難也。	見《評林》頁268
劉辰翁	7	項羽本紀第七	史識	子房妙處，在遺項王書，又并遺以齊、梁反書，使羽事齊而不事漢，眞得緩急之上策矣。	（集部，別集類，南宋建炎至德祐，須溪集，卷六，頁53）
劉辰翁	7	項羽本紀第七	辭章	劉辰翁曰： 敍鉅鹿之戰，踴躍振動，極羽平生。	見《評林》頁256
劉辰翁	7	項羽本紀第七	辭章	劉辰翁曰： 敍漢、楚會鴻門事，歷歷如目覩，無毫髮滲漉，非十分筆力，模寫不出。	見《評林》頁261
劉辰翁	7	項羽本紀第七	辭章	劉辰翁曰： 一傳伯力已極，獨從重瞳著異聞，贊自佚宕。	見《評林》頁285
劉辰翁	7	項羽本紀第七	辭章	劉辰翁曰： 過矣！謬哉！文相喚應，《漢書》改過失陋矣。	見《評林》頁285

劉辰翁	8	高祖本紀第八	史識	劉辰翁曰： 還軍霸上，本非初意，然謀臣之謀，是基帝王之業，息奸雄之心者，獨藉此耳。	見《評林》頁304
劉辰翁	8	高祖本紀第八	史識	劉辰翁曰： 以泗上亭長，捐四萬金如糞土，委之一夫不疑，其志氣吞羽百倍。	見《評林》頁312
劉辰翁	8	高祖本紀第八	史識	劉辰翁曰： 傷胸要害，倉卒捫足，極未易矯，毋令楚乘勝于漢，語極有力，汲汲入關，置酒留飲四日，父老安心，蓋懼傳聞之訛也。	見《評林》頁317
劉辰翁	8	高祖本紀第八	史識	劉辰翁曰： 高祖始終得關中之力，關中人心所以不忘者，秋毫無犯，約法三章之效也。	見《評林》頁317
劉辰翁	8	高祖本紀第八	史識	劉辰翁曰： 安得猛士兮守四方，古人以爲伯心之存，恐非也。自漢滅楚後，信、越、布及同時諸將誅死殆盡，于是四顧寂寥有傷心者矣，語雖壯而意悲，自是亦道病矣，或者其悔心之萌乎！	見《評林》頁327
劉辰翁	8	高祖本紀第八	考據	劉辰翁曰： 姓劉、母劉固舛，母媼又禿甚！或隨俗所稱，以見其初，則曰劉媼耳。	見《評林》頁288
劉辰翁	8	高祖本紀第八	考據	劉辰翁曰： 王媼、武負疑爲二人，故又曰武負王媼以別之，又言此兩家，愈明高帝于羹頡矦報矣，不知此婦猶無恙否。	見《評林》頁289
劉辰翁	8	高祖本紀第八	辭章	劉辰翁曰： 兩言大破之，又言遂破之，文如破竹。	見《評林》頁303
劉辰翁	8	高祖本紀第八	辭章	劉辰翁曰： 此用兩九江王布、鄭重有精彩。	見《評林》頁311
劉辰翁	8	高祖本紀第八	辭章	劉辰翁曰： 後之爲史者，但曰還沛置酒，召故人樂飲極歡足矣，看他發沛中兒教歌，至酒酣，擊筑歌呼起舞，展轉泣下，縷縷不絕，俯仰具至，直到空縣出獻，已去復留，諸母故人道舊又佳，對父老說豐恨事又佳，古今文字淋漓盡興，言笑有情，少可及此。	見《評林》頁328
劉辰翁	45	韓世家第四十五	其他	劉辰翁曰： 獨重韓，厥是也，韓有土乃厥起之。	見《評林》頁1482

劉辰翁	54	曹相國世家第五十四	史識	劉辰翁曰： 本攻城野戰材也，及爲相國，獨遵用蓋公語，遂能養漢初氣脉，在亡秦之後，文景之前，此漢之所以爲漢也。	見《評林》頁1624
劉辰翁	54	曹相國世家第五十四	辭章	劉辰翁曰： 小結先後至滎陽，皆極分曉。	見《評林》頁1619
劉辰翁	54	曹相國世家第五十四	辭章	劉辰翁曰： 參平生惟七十創最著，傳功最外，本無可言。若无蓋公事，安所用子長哉！從蓋公以來，縱主吏歌呼，又笪窑只是一箇，糊塗寫出許多，然不可厭，以其語不一種也。	見《評林》頁1622
劉辰翁	55	留侯世家第五十五	史識	劉辰翁曰： 從倉海君得力士已怪，百二十斤椎舉于曠野之中，而正中副車，雖架砲不能也。大索甚急，良非獨自免，幷隱力士，此大怪事。卒歸之圯上老父，又極從容，此皆不可意測，不可語解。	見《評林》頁1628
劉辰翁	55	留侯世家第五十五	史識	劉辰翁曰： 良爲劫，則此四人者良飾之，而其言良教之也，故太史公言，本招此四人之力，諱之也，不然何不著此四人姓名，而對上亦有不自稱名者耶？	見《評林》頁1642
劉辰翁	55	留侯世家第五十五	考據	劉辰翁曰： 借箸，謂能不能每下一箸。	見《評林》頁1634
劉辰翁	55	留侯世家第五十五	辭章	劉辰翁曰： 欲易太子，留矦畫策招四皓一段，敘事明整，讀之歷歷如目擊。	見《評林》頁1640
劉辰翁	55	留侯世家第五十五	辭章	劉辰翁曰： 此傳從倉海君、力士、圯上父老以至四皓，豈必有名姓哉！殆以天人助興漢業，故屢見不爲怪，未著子房之欲輕舉與黃石俱葬，首尾奇事。	見《評林》頁1643
劉辰翁	55	留侯世家第五十五	辭章	劉辰翁曰： 將極言有鬼神，却從无鬼神說，滿傳奇怪，亦不得不爾！引而歸之正，及論其形貌，亦爽然自失，言笑有情。	見《評林》頁1644
劉辰翁	56	陳丞相世家第五十六	史識	劉辰翁曰： 平已前謝其兄伯徃事魏，此語本不足書，用見古人文字原委處，然終平之傳不復見，戶牖曲逆于伯何與哉！	見《評林》頁1646、頁1647

劉辰翁	56	陳丞相世家第五十六	史識	劉辰翁曰： 平言高帝恣侮人，不能得廉節之士語，意謂項王諸臣招之不可，獨有間耳，且廉節之士，一為人所疑，即潔身而走，故可間，廉節語精。	見《評林》頁1649
劉辰翁	56	陳丞相世家第五十六	史識	劉辰翁曰： 只曲逆戶數，見劉、項之消亡，存者六之一耳，可畏哉！	見《評林》頁1653
劉辰翁	56	陳丞相世家第五十六	史識	劉辰翁曰： 為壇以節召噲，非詔語，平所謂謀此易耳，使上自誅之，非平不能，雖不知帝崩，而料事不失，謂其遺憂于後者，好事議論之口也。	見《評林》頁1653、頁1654
劉辰翁	56	陳丞相世家第五十六	史識	劉辰翁曰： 因王陵相乃傳陵，又傳審食其，皆傳體當然，《漢書》析之，徒使首尾不全耳。	見《評林》頁1654
劉辰翁	56	陳丞相世家第五十六	考據	劉辰翁曰： 隨以行，謂即日行，使其不測。	見《評林》頁1651
劉辰翁	56	陳丞相世家第五十六	其他	劉辰翁曰： 此語亦今人所不敢道。	見《評林》頁1648
劉辰翁	56	陳丞相世家第五十六	辭章	劉辰翁曰： 此女子軍窘甚，正要重夜字。	見《評林》頁1650
劉辰翁	57	絳侯世家第五十七	史識	劉辰翁曰： 以梁委之，絕其粮道，自是兩事，妙在弃梁，然難為，梁甚宜怨。	見《評林》頁1668
劉辰翁	57	絳侯世家第五十七	史識	劉辰翁曰： 不封王信對是，今尚席取櫅，則近暴主之失。	見《評林》頁1670
劉辰翁	57	絳侯世家第五十七	史識	劉辰翁曰： 反者，貪富貴耳！地下何富貴之有？小人語取給類耳。	見《評林》頁1671
劉辰翁	69	蘇秦列傳第六十九	史識	劉辰翁曰： 當時山東之國，惟齊、楚之強，可與秦抗衡，而齊不近秦患，楚則近秦患，故言其強不當事秦雖同，而楚則以勢不兩立者激之，此其異也。	見《評林》頁1843
劉辰翁	86	刺客列傳第八十六	辭章	劉辰翁曰： 聞人有刺韓相四句，語甚纏綿詳悉。末乃用嚴仲子知吾弟一句斷之，斬截之甚。又繼以立起如韓之市，而死者果政也，緩急起伏，宛然當時氣象。	見《評林》頁2111

劉辰翁	89	張耳陳餘列傳第八十九	考據	劉辰翁曰： 「豈顧問哉」謂豈待回顧通問哉！	見《評林》頁2180
劉辰翁	90	魏豹彭越列傳第九十	史識	劉辰翁曰： 方亂時，乃有讓千乘却齊、趙，繼絕世如周市者，惜其福智不及，不然，豈不高視籍輩哉！	見《評林》頁2183
劉辰翁	90	魏豹彭越列傳第九十	考據	劉辰翁曰： 喋血乘勝，日有聞矣！不可解，看上語意謂其喋血乘勝日則有聞，身已為王，彼時不反，此時乃反，如此下語，最是用力處。意日字句讀，聞字誤。	見《評林》頁2188
劉辰翁	91	黥布列傳第九十一	辭章	劉辰翁曰： 日布嘗冠軍；日常為軍鋒；日楚兵常勝，功冠諸侯，以布數以少敗眾也。皆于敘事中，提掇其功。	見《評林》頁2192
劉辰翁	92	淮陰侯列傳第九十二	史識	劉辰翁曰： 滕公盛德，乃具眼人也。在蕭何前，魏無知上。	見《評林》頁2204
劉辰翁	92	淮陰侯列傳第九十二	辭章	劉辰翁曰： 文字之祖。	見《評林》頁2219
劉辰翁	92	淮陰侯列傳第九十二	辭章	劉辰翁曰： 揣摩親切，發越慷慨。	見《評林》頁2220
劉辰翁	92	淮陰侯列傳第九十二	辭章	劉辰翁曰： 取譬反覆，極人情所難言，此文在漢初第一。	見《評林》頁2220
劉辰翁	92	淮陰侯列傳第九十二	辭章	劉辰翁曰： 文字有急辭不可緩者，問信死亦何言，是也；有緩詞不可急者，蒯通陳秦綱，是也。《漢書》雖剪之使勁，然出之者迫，則聽之者不移。此傳極似先秦，刪即為漢，不得已寧踈輪勿密，《史》《漢》之分也。	見《評林》頁2224、頁2225
劉辰翁	94	田儋列傳第九十四	考據	劉辰翁曰： 安期生神仙家多傳之，大抵英雄不得志，而自放志耳，豈必羽化飛空哉！	見《評林》頁2245
劉辰翁	95	樊酈滕灌列傳第九十五	史識	劉辰翁曰： 雍輕車騎于雍南，必是當時先有漢軍待噲來蹙作一處，以此見漢初功狀甚明，無毫髮失實。	見《評林》頁2250

劉辰翁	95	樊酈滕灌列傳第九十五	史識	劉辰翁曰： 兩常從，亦見當時獨親厚噲，不特戰時爲然。	見《評林》頁2248
劉辰翁	95	樊酈滕灌列傳第九十五	考據	劉辰翁曰： 賜所奪邑，恐是嬰以他故奪邑，至是復賜之耳。《漢書》註亦有是說。	見《評林》頁2259
劉辰翁	95	樊酈滕灌列傳第九十五	辭章	劉辰翁曰： 肩字妙，若《漢書》作屏字，則項氏君臣疑伯矣！政以且舞且蔽，獨以肩爲舞態，圖畫彷彿所不能陳，特在此字。	見《評林》頁2249
劉辰翁	95	樊酈滕灌列傳第九十五	辭章	劉辰翁曰： 降定、擊破、破得、皆傳內史文，似羨而非羨。	見《評林》頁2252
劉辰翁	96	張丞相列傳第九十六	史識	劉辰翁曰： 趙堯小吏，獨能測知帝意，因時進言亦奇矣！然其爲趙王謀，則速之斃也。	見《評林》頁2270
劉辰翁	97	酈生陸賈列傳第九十七	其他	劉辰翁曰： 左右呼万歲，幸其同心向道也。今人豈復有此！	見《評林》頁2291
劉辰翁	97	酈生陸賈列傳第九十七	辭章	劉辰翁曰： 賈比他說士，最情實溫厚。	見《評林》頁2289
劉辰翁	98	傅靳蒯成列傳第九十八	辭章	劉辰翁曰： 以傷心語著愛，不得不混褒之。	見《評林》頁2306
劉辰翁	99	劉敬叔孫通列傳第九十九	史識	劉辰翁曰： 此與美人習兵法無異。	見《評林》頁2315
劉辰翁	99	劉敬叔孫通列傳第九十九	史識	劉辰翁曰： 新破少民，與百萬可具，又自相忤，故知說士不足憑。	見《評林》頁2311、頁2312
劉辰翁	100	季布欒布列傳第一百	辭章	劉辰翁曰： 此周氏奇甚，在朱家上，是能用朱家者，而其後朱家獨聞。	見《評林》頁2321
劉辰翁	100	季布欒布列傳第一百	辭章	劉辰翁曰： 此語感動千古，眞能言也！	見《評林》頁2326
劉辰翁	101	袁盎晁錯列傳第一百一	史識	劉辰翁曰： 有從史，又有不忍刺之客，何奇士之多也！惜史逸其名。	見《評林》頁2335

劉辰翁	101	袁盎晁錯列傳第一百一	史識	劉辰翁曰： 削地非始錯議也！自賈生痛哭，袁盎諫淮南，意者漢廷諸臣，无不知當削，特畏禍及己，偷安且夕耳！錯爲文帝家令時，即以爲言，至是請削之。蓋忠臣用心，舍是無大者。錯父雖愚亦知安劉，不得不爾則其子忠也，非誤劉氏也。	見《評林》頁2338
劉辰翁	101	袁盎晁錯列傳第一百一	辭章	劉辰翁曰： 皆《史記》草創之妙，又增劇孟，無故生問荅，甚高。	見《評林》頁2336
劉辰翁	102	張釋之馮唐列傳第一百二	辭章	劉辰翁曰： 與余善三字，他人所不必者，孰知其切于傳聞與紀載哉！	見《評林》頁2349
劉辰翁	102	張釋之馮唐列傳第一百二	辭章	劉辰翁曰： 此一段文如畫。	見《評林》頁2343
劉辰翁	102	張釋之馮唐列傳第一百二	辭章	劉辰翁曰： 獨無間處乎？不惜寫到此，正是妙意。	見《評林》頁2347
劉辰翁	106	吳王濞列傳第一百六	考據	劉辰翁曰： 而日以下數語，是諸王策，其間有不從者，故先言後日所處，以說之耳。《漢書》去之謬甚。	見《評林》頁2415
劉辰翁	106	吳王濞列傳第一百六	辭章	劉辰翁曰： 誂字甚佳，《漢書》改作口說，則下無文書口報字，贅矣！又曰：宿夕兩字便深切，謂以夜繼之也。	見《評林》頁2413
劉辰翁	106	吳王濞列傳第一百六	辭章	劉辰翁曰： 此辨士極知深淺變化，語皆醞藉可觀。	見《評林》頁2414
劉辰翁	106	吳王濞列傳第一百六	辭章	劉辰翁曰： 來得悲壯，古語如此自妙。	見《評林》頁2415
劉辰翁	106	吳王濞列傳第一百六	辭章	劉辰翁曰： 此篇語意傾人，亦非後來所有，後人修史，此必不錄，但日反書聞，止矣！	見《評林》頁2417
劉辰翁	106	吳王濞列傳第一百六	辭章	劉辰翁曰： 少將名言，天下之大計也。一傳三奇，田祿伯奇，周丘奇，然皆不能及此。	見《評林》頁2420
劉辰翁	106	吳王濞列傳第一百六	辭章	劉辰翁曰： 贊有惜錯意，又有快盎意。	見《評林》頁2425

劉辰翁	107	魏其武安列傳第一百七	考據	劉辰翁曰： 相提二字雖不可曉，意者亦對客不能忘言之意。	見《評林》頁2428、頁2429
劉辰翁	108	韓長孺列傳第一百八	史識	劉辰翁曰： 安有三十餘萬作伏兵者，謀亦拙矣！	見《評林》頁2450
劉辰翁	108	韓長孺列傳第一百八	考據	劉辰翁曰： 管子書目匈奴爲騎寇，謂其負戎馬之足也。	見《評林》頁2449
劉辰翁	109	李將軍列傳第一百九	辭章	劉辰翁曰： 太史公極意言李將軍不幸，故引弟蔡首末僥倖至列侯三公，正是恨處。又取望氣者備廣胷懷口語，如慨而歎，縷縷可傷處，止在而字然字耳，且固命也，能使墮淚。	見《評林》頁2461、頁2462
劉辰翁	110	匈奴列傳第一百十	史識	劉辰翁曰： 罔褒，謂不得不褒，則有可諱矣！遷亦欲爲微隱者，然已著大意不滿，當時以爲順從君之欲，所謂席中國廣大氣奮，深得體要，建功不深，又似惜其志之未盡成者。何前後之異也？則其中有難言者矣！	見《評林》頁2506
劉辰翁	110	匈奴列傳第一百十	考據	劉辰翁曰： 詩人有薄伐之辭，儒者遂以不極之塞外爲美，不知秦襄公救周，而不能不東徙，極其所至，亦不過岐山之下，是古公故鄉，又惡得爲境外哉！	見《評林》頁2472
劉辰翁	110	匈奴列傳第一百十	考據	劉辰翁曰： 只「漢過不先」四字，見得負約常在單于。	見《評林》頁2490
劉辰翁	110	匈奴列傳第一百十	考據	劉辰翁曰： 斗辟語奇，什字即斗字之誤。	見《評林》頁2493
劉辰翁	110	匈奴列傳第一百十	辭章	劉辰翁曰： 兒能騎羊，引弓射鳥鼠，雖其俗常事，寫出如畫。	見《評林》頁2470
劉辰翁	110	匈奴列傳第一百十	辭章	劉辰翁曰： 精神在兩千里馬。	見《評林》頁2477
劉辰翁	117	司馬相如列傳第一百一十七	辭章	劉辰翁曰： 本是一段小說，子長以奇著之，如聞如見，乃并與其精神意氣，隱微曲折畫就，益至俚褻而尤可觀。	見《評林》頁2588

劉辰翁	117	司馬相如列傳第一百一十七	辭章	劉辰翁曰： 此數語折難說言主意。	見《評林》頁2622
劉辰翁	117	司馬相如列傳第一百一十七	辭章	劉辰翁曰： 頌當分爲六章：首章言甘露時雨佳穀之瑞；二章言德澤流而物懷思，以興太山之望幸；三章、四章、五章言騶虞麟龍之瑞臻，所以覺悟于人，以著受命之符；六章以上符瑞上帝依類託寓，而論天子使封禪也；末數語所以言天符不可違，而王道不可缺也。	見《評林》頁2637
劉辰翁	118	淮南衡山列傳第一百一十八	史識	劉辰翁曰： 屬王生不知母，長而不忘仇恨，身危犯法以擴其憤。使无驕忿自禍，此志豈不與天壤相磨，可稱諷誦哉！文帝傷其志是已。	見《評林》頁2642
劉辰翁	118	淮南衡山列傳第一百一十八	辭章	劉辰翁曰： 淮南王以下二十七字，備其大者，《漢書》雖列其才能風流，然入怨望，猝不能得。	見《評林》頁2648
劉辰翁	120	汲鄭列傳第一百二十	史識	劉辰翁曰： 因黯故生安，因安故又及段宏，可謂展轉甚不切者，及言衛人，然後一時出處有可嘆者，又與傳第一語有寵于古之衛君者相發云。	見《評林》頁2679、頁2680
劉辰翁	120	汲鄭列傳第一百二十	辭章	劉辰翁曰： 皆子長極意發明，其人善灌夫、鄭當時，亦借以明之，皆傳中品目也。	見《評林》頁2674
劉辰翁	122	酷吏列傳第一百二十二	史識	劉辰翁曰： 亦其天資偏得之，非學力可至，使无功業，則劾鼠而已。	見《評林》頁2704、頁2705
劉辰翁	122	酷吏列傳第一百二十二	史識	劉辰翁曰： 酷吏十人、都斬、成髠鉗、由縱棄市、湯自殺，溫舒五族，尹齊亡去，減宣自殺，惟杜周有子孫、趙禹壽。酷吏首尾只似一傳，故趙禹卒于張湯、溫舒始于義縱，義縱亦卒于楊僕，尹齊甚于甯成，杜周甚于溫舒，皆橫行逆見，而心術形勢，時事勝敗，民俗情僞，無不可以一日而得，若禹自禹、湯自湯，誰不能者？	見《評林》頁2720、頁2721
劉辰翁	122	酷吏列傳第一百二十二	其他	劉辰翁曰： 昔之猾民，今畏縱之嚴，反爲吏耳目，助治公務以自效。	見《評林》頁2713
劉辰翁	124	游俠列傳第一百二十四	史識	劉辰翁曰： 韓非子刻薄，欲箝制人心術，使必不得騁，而獨取俠客之義，如其〈說難〉與〈孤憤〉，至緩	見《評林》頁2752、頁2753

				急者，人之所時有也，更自藹然叩其意，本不取季次、原憲等，蓋言其有何功業，而志之不倦，却借他說游俠之所爲有過之者，而不見稱，特其語厚而意深也。	
劉辰翁	124	游俠列傳第一百二十四	史識	劉辰翁曰：以誠自歸故去之，若杯酒之過，自不可至殺也，其矯情好名若此。	見《評林》頁2756
劉辰翁	124	游俠列傳第一百二十四	史識	劉辰翁曰：在文帝爲英明，在公孫弘爲已甚，吾嘗謂公孫弘深刻，此語其一也。	見《評林》頁2758、頁2759
劉辰翁	125	佞幸列傳第一百二十五	辭章	劉辰翁曰：四「嘻」字，相應心懟，由此怨通矣。句洒絕。	見《評林》頁2763
劉辰翁	126	滑稽列傳第一百二十六	辭章	劉辰翁曰：滑稽者，至鄙褻。乃直從六藝莊語說來，此卽太史公之滑稽也。	見《評林》頁2767
劉辰翁	127	日者列傳第一百二十七	辭章	劉辰翁曰：張守節謂〈日者傳〉非太史公所作，觀其辨肆淺深，亦豈褚生所能？	見《評林》頁2787
劉辰翁	127	日者列傳第一百二十七	辭章	劉辰翁曰：「導惑教愚」四字，似古語有味。	見《評林》頁2792
劉辰翁	129	貨殖列傳第一百二十九	史識	劉辰翁曰：貴之徵，賤易見，賤之徵，貴難知，當下里无用之時，一日而急，則珠爲不足弃穀粟，猶是也。	見《評林》頁2833
劉辰翁	129	貨殖列傳第一百二十九	史識	劉辰翁曰：借陶朱公形巳意，故時時自言，與時逐而不責于人，善治生者，能擇人而任時，皆是也，非陶朱公語也。	見《評林》頁2836
劉辰翁	129	貨殖列傳第一百二十九	史識	劉辰翁曰：夫天下物所鮮所多，人民謠俗猶具題目，其說見下。	見《評林》頁2844、頁2845
劉辰翁	129	貨殖列傳第一百二十九	史識	劉辰翁曰：鄒魯以曹邴，故去文學而趨利，此即前甚于周人之語，足使人慚。	見《評林》頁2851
劉辰翁	129	貨殖列傳第一百二十九	考據	劉辰翁曰：《索隱》注：陳椽猶經營繆，當是楊姓陳姓，因緣其間得所欲耳，椽、緣通。	見《評林》頁2840

周密《史記》評點表

評家	160	體例篇名	類別	評 點 內 容	備 註
周密	117	司馬相如列傳第一百一十七	考據	周密曰： 〈司馬相如傳‧贊〉，乃班固所自為，而《史記》乃全載其語，而作「太史公曰」何邪？又遷在武帝時，雄生漢末，安得爲揚雄以爲靡麗之賦，勸百而諷一哉！《史記》注釋皆不及之，又〈公孫弘傳〉在平帝元始中，詔賜弘子孫爵。徐廣注謂：後人寫此以續卷後，然則相如之贊，亦後人勦入，而誤以爲太史公無疑。	見《評林》頁2639

金履祥《史記》評點表

評家	160	體例篇名	類別	評 點 內 容	備 註
金履祥	2	夏本紀第二	考據	小正者，其紀候之書。謂之小，則固非其大者也。豈亦夏時之一端與？聖人得之，以說夏禮，則必有大於此者。單子曰：夏令曰，九月除道，十月成梁，其時儆曰，收而場功，偫而畚梮，營室之中，土功其始，火之初見，期於司里，然則舉一端而推，所謂夏時者，當必有制度教條之詳，不可得而聞矣。	（史部，編年類，資治通鑑前編，卷三，頁7）
金履祥	3	殷本紀第三	考據	履祥按： 兄死弟及，自太庚始，謂爲殷禮非也。伊尹曰：七世之廟，可以觀德。父子相傳爲一世，若兄弟則昭穆紊矣。沃丁及見伊尹之典刑，死而傳弟，當必有故，而典籍無所考，後世循襲，諸弟子或爭立，遂啓亂源，是以聖人立法，不立異以爲高。	（史部，編年類，資治通鑑前編，卷四，頁36）
金履祥	3	殷本紀第三	考據	履祥按： 書〈序〉，前乎〈湯誓〉，有帝告釐沃之書、有湯征汝鳩、汝方之書，今皆亡矣。《史記》載湯征之辭而不類，蓋非湯征之舊也。《孟子》引亳衆往耕之事，疑出此書，而五就湯桀之事，意者於鳩方之書得之也，其詳不可得而聞矣。	（史部，編年類，資治通鑑前編，卷三，頁35）
金履祥	3.5	殷本紀第三	考據	履祥按： 《書‧序》前乎〈湯誓〉，有〈帝告〉、〈釐沃〉之書，有〈湯征〉、〈汝鳩〉、〈汝方〉之書，今皆亡矣。《史記》載〈湯征〉之辭而不類，蓋非〈湯征〉之舊也。《孟子》引亳衆往耕之事，疑出此書，而五就湯桀之事，意者於〈鳩方〉之書得之也，其詳不可得而聞矣。	（史部，編年類，資治通鑑前編，卷三，頁35）

金履祥	4	周本紀第四	史識	履祥按： 五霸桓公為盛，而周室戎狄之禍自若。王子帶以戎伐周，天下之大罪也。桓公不能討，而平戎于王，豈以受王子帶之奔，為此姑息耶？桓公身不能容子糾，而為王容叔帶，固將曲全襄王兄弟之愛，未免卒釀王室異日之禍云！	（史部，編年類，資治通鑑前編，卷十一，頁 26）
金履祥	5	秦本紀第五	考據	履祥按： 伐滅西戎，益國十二，此非一時，蓋《史記》總叙於此年之下，以見天子賜賚之由。	（史部，史評類，御批資治通鑑綱目前編，卷十二，頁 28）
金履祥	31	吳世家第三十一	史識	履祥按： 僚稱國以弒，《春秋》不以光為賊也，吳諸樊兄弟相傳，凡以為季子爾！季子不立，則國固諸樊之子之國也，僚恃餘祭，以結國人而立，固已非矣。《春秋》不以弒罪歸光，則季子亦難以弒罪讐光也，然季子遜國，而光弒君，為季子者終于上國，不亦可乎？復命哭墓，復位而待，亦幾于過矣！	（史部，編年類，資治通鑑前編，卷十六，頁 38）
金履祥	31	吳世家第三十一	史識	履祥按： 季子此時，義可以立矣，而不立，則當告之國人，命諸樊之子光，而立之，庶無異日之亂矣，然觀狐庸及《史記》所言，則餘昧為賢，而其子僚亦為國人所屬，當時事勢，雖欲立光，亦恐未可也！不然，則季子之義為未盡矣。	（史部，編年類，資治通鑑前編，卷十六，頁 24）
金履祥	33	周公世家第三十三	史識	1.（此段文字分二段，此為第一） 履祥按： 鄭以祊田易許田，其請久矣，故嘗先歸祊，隱公受之，已入祊矣，而許田則未與也。隱公豈以朝宿之邑，重予鄭耶？或者廣狹肥确之非鈞也，桓弒隱而立，立即脩好於鄭，而鄭要之以許，為垂之會，且加璧焉。於是卒與許田矣。蓋鄭以貪易許，而桓以餂賂鄭也。 （善本：01834；明宜興路氏刊本）	（史部，編年類，斷代之屬，先秦，增定資治通鑑前編，卷十，頁 19） （善本）
金履祥	33	周公世家第三十三	義理	2.（此段文字分二段，此為第二） 履祥按： 魯桓與翬弒隱而為君相，歸許于鄭，會齊、鄭、陳以成宋亂，成昏于齊，桓親會而翬為之逆桓，又親為會以受之君相之間，所以求寵於諸侯。求援於大國者，為謀亦至，為禮亦恭矣，而桓之所以自隕者，卒以姜氏，人力不可以勝天如此夫！ （善本：01834；明宜興路氏刊本）	（史部，編年類，斷代之屬，先秦，增定資治通鑑前編，卷十，頁 22） （善本）

金履祥	33	周公世家第三十三	史識	不薨于其位，猶道死也。雖謂之不没于魯亦可也。經世書，三桓作難，弑其君哀公，蓋除心之法，不弑而實弑也。	（史部，編年類，資治通鑑前編，卷十八，頁22）
金履祥	33	周公世家第三十三	史識	履祥按： 弑君爭國之禍，自是始，而昭王不能討，失政甚矣。史稱昭王之時，王道微缺，朱子亦謂周綱陵夷，自昭王始，有以也夫！	（史部，編年類，資治通鑑前編，卷九，頁1）
金履祥	33	周公世家第三十三	義理	履祥按： 魯自隱公將予其弟桓，而桓公殺之以立，卒爲文姜所謀，見殺于齊。其子莊公制于母而忘其父，又婚于齊，哀姜卒與叔牙、慶父亂，殺般弑閔，叔牙、慶父皆不良死，禍猶未己，而叔孫、孟孫、季孫三家者，自是立其後，魯自是分而桓公子孫卒不自相容也。不弟、不忠、不孝之報，其禍如此夫。	（史部，編年類，資治通鑑前編，卷十一，頁13）
金履祥	38	宋世家第三十八	考據	此言《洛書》所爲出之意也。鯀、禹相繼治水，《洛書》必待禹而後出者，蓋天不愛道，地不愛寶，必得其人然後畁。鯀陻洪水逆水之性，所以五行皆汩亂其常，此帝之所以不畁鯀，而彝倫之所以不明也。禹則不然，故帝乃錫之書，出于洛，而禹得之遂推其類，以爲〈洪範〉九疇，彝倫之所以叙也。	（史部，編年類，資治通鑑前編，卷六，頁35）
金履祥	38	宋世家第三十八	考據	愚按：《書》十有三祀，知箕子之不臣于武王，《書》訪于箕子，則知武王之不臣箕子。	（史部，編年類，資治通鑑前編，卷六，頁34）
金履祥	39	晉世家第三十九	史識	按師服初意，蓋防奪嫡之漸耳。仇即文侯，異日受平王秬鬯圭瓚之命，兄固未遑替也。其後曲沃之封在昭侯之世，師服之言防微慮漸，始切事實，而曲沃終至奪宗，故後人服其先見，併記其初，命名之言云。	（史部，編年類，資治通鑑前編，卷九，頁39）
金履祥	39	晉世家第三十九	史識	履祥按： 惠公之殺里克，以掩奪國之嫌，後以防重耳之入，里克雖爲社稷立賢之計，拳拳于重耳，然與其弑二君而成重耳，孰若全申生以弭後患？因優施一言之誘，遂爲中立之謀，坐視申生之死于前，而卒蹈弑逆之名于後，惜哉！	（史部，編年類，資治通鑑前編，卷十一，頁25）
金履祥	39	晉世家第三十九	考據	履祥按： 左氏引孔子曰：董狐古之良史也，書法不隱；趙宣子古之良大夫也，爲法受惡，惜哉！越竟乃免。此非夫子之言也。方靈公欲殺趙盾，至	（史部，編年類，資治通鑑前編，卷十三，頁12）

				于伏甲攻之，盾力鬭而出，于是出亡，而趙穿攻靈公于後，穿何怨于公而爲此？是必有所受命矣。盾非果奔也，故未出山，實使穿也，故不討賊，夫子書法因董狐之舊，豈又爲是言乎？而反爲趙盾謀也，且盾成弑君之故矣。縱使越竟，又可免于弑逆之罪乎？以是知決非夫子之言也。	
金履祥	39	晉世家第三十九	義理	履祥按： 晉自曲沃桓叔、莊伯奪宗，故其子孫亦忌宗族之。偪聚而殺之，桓莊之支無子遺矣，是亦可爲世鑒哉！	（史部，編年類，資治通鑑前編，卷十一，頁9）
金履祥	39	晉世家第三十九	義理	履祥按： 晉獻公方滅耿、滅霍、滅魏，同姓之國，而還卒殺其子趙魏之封，即種分晉之根，天理報應亦微而速也哉！	（史部，編年類，資治通鑑前編，卷十一，頁14）
金履祥	40	楚世家第四十	史識	履祥按： 《史記》所載，當是蓮章求成之辭爾。春秋之世，馮陵諸夏，惟楚爲甚，然觀熊通蓮章所言，則諸夏固有以自取也。	（史部，編年類，資治通鑑前編，卷十，頁16）
金履祥	40	楚世家第四十	史識	履祥按： 春秋之中，凡篡弑之人必求列于諸侯之會盟，以定其位，或賂王室而請命焉。楚之不王久矣，熊惲弑其君兄而自立，故修好諸侯，入獻天子以自文也。其後十有五年，齊桓責苞茅之不入，則位定之後，跋扈如故可知矣。	（史部，編年類，資治通鑑前編，卷十一，頁8）
金履祥	40	楚世家第四十	考據	履祥按： 諸家多謂禹鑄九鼎，然於經無所考，史亦不言九鼎之始。觀方有德之辭似非指禹，當從墨子之說，然象物神姦之說，滿益設辭以神之。古之鐘鼎，猶今之碑碣，皆所以載事也，九州圖籍之說近是。	（史部，編年類，資治通鑑前編，卷三，頁12）
金履祥	40	楚世家第四十	考據	又按：傳稱夏啓有鈞臺之享，而書史不言其年歲。鈞臺在河南陽翟嶧水之東南，歷大陵西連山，亦曰啓筮亭，謂啓享諸神於大陵之上，或曰陽翟。夏始封之地，或曰禹都焉，然河南天下中，或者啓卽位之後，羣后四朝，大會同於此與！	（史部，史評類，御批資治通鑑綱目前編，卷三，頁16）
金履祥	42	鄭世家第四十二	史識	履祥按： 周之東遷，晉、鄭焉依？而王奪鄭伯政，又嘗助曲沃伐翼，此所以失諸侯也。鄭伯不朝，固有罪；今其來朝，與其進可也。	（史部，編年類，資治通鑑前編，卷十，頁8）

評家	47	孔子世家第四十七	史識	履祥按： 晏嬰，賢者也。夫子亦每賢之。今景公將封孔子，而晏子不可，其必有意。《史記》載其沮止之語；後夾谷之會，《史記》亦謂晏子與有謀焉，朱子皆削不取，或疑晏子心雖正，而其學墨，固自有不相爲謀者與！然論晏子者，惟當以夫子之言爲正，他書未可盡信也。	（史部，編年類，資治通鑑前編，卷十六，頁 36）
金履祥	70	張儀列傳第七十	史識	金履祥曰： 六國畏秦，衡成則易，從合則難。秦爲其難者，儀爲其易者，優劣辨矣！且儀入秦，囿於秦之術，中而不悟，秦何自謂不及張儀，以予論殆過之矣！	見《評林》頁 1862
金履祥	86	刺客列傳第八十六	史識	智伯雖滅亡無後，然知開知寬，尚據邑未下也。以豫子之勇，相與殊死，豈不足以興復智氏哉！而顧死于刺客之靡邪？邵子有言：死天下之事易，成天下之事難。既能成之，何憚于死乎？豫子可謂能死事而已。	（史部，編年類，資治通鑑前編，卷十八，頁 26）
金履祥	121	儒林列傳第一百二十一	辭章史識	金履祥曰： 首以讀功令，廣屬學官之路而發嘆，蓋嘆六藝之廢而興之難也。六藝興于孔子，至秦而廢。漢興之初，尚未能復，至武帝尚儒學，招文學之士，而公孫弘能承輔以興之，于是備戴其請著功令，所以廣屬學官之路者，于末應篇首發揮，文字有照應。	見《評林》頁 2685、頁 2686

吳師道《史記》評點表

評家	160	體例篇名	類別	評　點　內　容	備　註
吳師道	40	楚世家第四十	史識	張儀商於之欺，雖豎子猶能知之。以陳軫之智，固不爲難也，儀之肆志而無忌者，知懷王之愚而軫之言必不入也，不然，他日楚之請儀，將懼其甘心焉，而儀請自往，卒不能害，豈非中其所料也哉？ 按：該語引自宋鮑彪《戰國策校注》；元吳師道重校識語。 （善本：02085：明新建李克家校刊本（元吳師道校注））	（史部，雜史類，先秦兩漢之屬，戰國策校注，卷三，頁 19） （善本）

吳師道	46	田敬仲完世家第四十六	史識	秦遠交齊而善之，故齊事秦謹，不悟其計也。與諸侯信，此恐未然。史稱齊亦東邊海上，秦日夜攻三晉、燕、楚，五國各自救，以故四十餘年不受兵，此實錄也。齊與諸侯信，則安得不助五國乎？ 按：該語引自宋鮑彪《戰國策校注》；元吳師道重校識語。 （善本：02085：明新建李克家校刊本（元吳師道校注））	（史部，雜史類，先秦兩漢之屬，戰國策校注，卷四，頁75） （善本）
吳師道	70	張儀列傳第七十	史識	秦爲無道，魯仲連不肯帝，孔子順義不入，彼誠豪傑之士已。軫往來其間，其居秦也，又與張儀爭寵，鄙哉！雖其爲楚謀也多，而終不能以善楚也，之楚之對辨給，不詭於正，猶爲彼善於此耳！ 按：該語引自宋鮑彪《戰國策校注》；元吳師道重校識語。 （善本：02085：明新建李克家校刊本（元吳師道校注））	（史部，雜史類，先秦兩漢之屬，戰國策校注，卷三，頁13） （善本）
吳師道	70	張儀列傳第七十	史識	軫爲楚媾於秦，而勸秦收齊、楚之敝，豈所以忠爲主哉？或疑史作韓、魏者是。考秦惠時，唯十三年，韓舉趙護帥師與魏戰，敗績，去楚絕齊時遠甚，他不見韓、魏相攻事，且策言甚明，竊意楚已遣人解齊，軫之媾秦，欲其不助齊耳，當識其意，不司泥於辭也。 按：該語引自宋鮑彪《戰國策校注》；元吳師道重校識語。 （善本：02085：明新建李克家校刊本（元吳師道校注））	（史部，雜史類，先秦兩漢之屬，戰國策校注，卷三，頁21） （善本）
吳師道	83	魯仲連鄒陽列傳第八十三	史識	補曰： 秦將聞仲連之言，爲却軍五十里。說者以爲辯士夸辭，愚竊以爲信。蓋仲連毅然不肯帝秦，則魏救必至，聲天下之大義，以作三軍之氣，不戰而自倍矣。是時公子無忌且至，連之智足以知其事之克濟，不然，則且有俶儻非常之畫，以佐趙之急。彼秦將者，必聞其言，而憚其謀故爾，不然，豈爲虛言却哉！ 按：該語引自宋鮑彪《戰國策校注》；元吳師道重校識語。 （善本：02085：明新建李克家校刊本（元吳師道校注））	（史部，雜史類，先秦兩漢之屬，戰國策校注，卷六，頁70） （善本）

| 吳師道 | 83 | 魯仲連鄒陽列傳第八十三 | 史識 | 史遷論仲連，謂指意不合大義，固未當。鮑以爲孔子所謂逸民，連雖貧賤肆志，然時出而救時，亦非逸也。《大事記》引蘇氏曰：辯過儀、秦，氣凌髡、衍，從橫之利不入於口；因事放言，切中機會，排難解紛，不終日而成功。逃避爵賞，脫屣而去，戰國一人而已。斯言茂以加矣。愚謂仲連事皆可稱，而不肯帝秦一節尤偉，戰國之士，皆以勢爲強弱，而連獨以義爲重輕，此其所以異耳！

按：該語引自宋鮑彪《戰國策校注》；元吳師道重校識語。
（善本：02085：明新建李克家校刊本（元吳師道校注）） | （史部，雜史類，先秦兩漢之屬，戰國策校注，卷六，頁71）

（善本） |

費袞《史記》評點表

評家	160	體例篇名	類別	評　點　內　容	備　　註
費袞	2	夏本紀第二	辭章	〈禹貢〉自導河積石而下，至九州攸同一段纔二百餘字，而用東至北至者，凡三十餘，皆連屬重複，讀之初不覺其煩。政如崇山峭壁，先後崛立，愈險愈奇，班固蓋法此。 （善本：07313：明刊本）	（子部，類書類，梁溪漫志，卷五，頁17） （善本）
費袞	68	商君列傳第六十八	史識	溫公論魏惠王：有一商鞅而不能用，使還爲國害，喪地七百里，竄身大梁。予竊謂：商鞅刻薄之術，始能帝秦，卒能亡秦。使用之於魏，其術猶是也。孟子不遠千里而來，惠王猶不能聽其言，其妄庸可知矣！溫公不責惠王以不聽孟子仁義之言，而乃責其不用商鞅功利之說，何耶？公於此必有深意，特予未之曉爾。	（子部，雜家類，雜說之屬，梁谿漫志，卷五，頁6）
費袞	100	季布欒布列傳第一百	史識	季布峻折廷爭，欲斬樊噲，殿上皆恐。呂后罷朝，遂不復議擊匈奴，其剛直可知矣。曹丘生數招權，顧金錢，事貴人趙談等，與竇長君善。布以書諫長君，使勿與通，其始固亦善矣。及曹丘來見，初無他說止，進諂辭以悅之，謂其得聲梁、楚間，欲游揚其名於天下。其姦佞取媚，亦猶所以待趙談、竇長君耳。爲布者，當罵而弗與通，如袁盎之絕富人可也。顧乃大悅，引爲上客，布至此何謬邪！ （善本：07313：明刊本）	（子部，類書類，梁溪漫志，卷五，論季布，頁18、頁19） （善本）

| 費袞 | 111 | 衛將軍驃騎列傳第一百一十一 | 考據 | 西漢極有好語，患在讀者亂其句讀，如〈衛青傳〉云：人奴之，生得無笞罵足矣，安得封侯事乎？「人奴之」爲一句，「生得無笞罵足矣」，爲一句。生讀如生，乃與噲等爲伍之生，謂：人方奴我，平生得無笞罵已足矣！安敢望封侯事？則語有意味，而句法雄健。今人或以「人奴之生」爲一句，只移一字在上句，便凡近矣。 | （子部，雜家類，雜説之屬，梁谿漫志，卷五，頁9） |

李塗《史記》評點表

評家	160	體例篇名	類別	評 點 內 容	備 註
李塗	2	夏本紀第二	辭章	〈禹貢〉簡而盡，山水田土，貢賦草木，金革物產，叙得皆盡，後叙山脉一段，水脉一段，五服一段，更有條而不紊。 按：小字爲註。	（集部，詩文評類，文章精義，文章精義，頁8）
李塗	6	秦始皇本紀第六	辭章	文字有終篇不見主意，結句見主意者：賈誼〈過秦論〉「仁義不施，而攻守之勢異也」，韓退之「守戒在得人」之類，是也。	（集部，詩文評類，文章精義，文章精義，頁10）
李塗	7	項羽本紀第七	辭章	史遷〈項籍傳〉最好，立義帝以後，一日氣魄一日；殺義帝以後，一日衰颯一日，是一篇大綱領。至其筆力馳驟處，有喑嗚叱咤之風。	（集部，詩文評類，文章精義，文章精義，頁9）
李塗	61	伯夷列傳第六十一	辭章	傳體，前叙事、後議論，獨坊者〈王承福傳〉，叙事、論議相間，頗有太史公〈伯夷傳〉之風。	（集部，詩文評類，文章精義，文章精義，頁4）
李塗	87	李斯列傳第八十七	辭章	李斯上秦始皇書，論逐客起句，即見事實寃妙。中間論物不出扵秦而秦用之，獨人才不出扵秦而秦不用，反覆議論痛快，深得作文之法，未易以人廢言也。	（集部，詩文評類，文章精義，文章精義，頁1）

陳子樫《史記》評點表

評家	160	體例篇名	類別	評 點 內 容	備 註
陳子樫	1	五帝本紀第一	考據	分北之者，分其民順化者與違命者，猶後世部分夷狄，爲生户、熟户也。 按：該語出自宋金履祥《資治通鑑前編》，乃金氏語，明凌稚隆《史記評林》作陳子樫，非。	（史部，編年類，資治通鑑前編，卷二，頁18）〈陳子樫生平資料闕〉

陳子桱	3	殷本紀第三	考據	孔氏曰：贊，告也。愚謂如益贊于禹之贊，言佐其所未及也。 按：該語出自宋金履祥《資治通鑑前編》，乃金氏語，明凌稚隆《史記評林》作陳子桱，非。	（史部，編年類，資治通鑑前編，卷四，頁 36）〈陳子桱生平資料闕〉
陳子桱	4	周本紀第四	史識	愚按微子、箕子、比干諸賢尚在，猶足維繫人心。迨微子奔，比干殺，箕子囚，民望既絕，無復可異矣，故伐之。 按：該語出自宋金履祥《資治通鑑前編》，乃金氏語，明凌稚隆《史記評林》作陳子桱，非。	（史部，編年類，資治通鑑前編，卷五，頁 40）〈陳子桱生平資料闕〉

第三節　評家史評探析

一、諸評家探析，依評點內容取向，概分五點如下：

　　1、評論《史記》五體各篇，何體為主。

　　2、評點內容概分，何類居多。

　　3、議論史公文字，褒貶如何。

　　4、班馬異同之處，軒輊為何。

　　5、各家史評綜述，以知大略。

二、各家分述

北宋評家

王禹偁（共 1 則）

　　（1）依《史記》五體計：列傳 1 則。

　　（2）依評點內容分類計：義理 1 則。

　　（3）議論史公：無

　　（4）比較班馬：無

　　（5）綜合結論：王禹偁所評，雖僅一見，亦可略窺其識見。

范仲淹（共 1 則）

　　（1）依《史記》五體計：列傳 1 則。

　　（2）依評點內容分類計：義理 1 則。

　　（3）議論史公：無

（4）比較班馬：無

（5）綜合結論：范仲淹云：孔門弟子，所操持者，有越乎富貴窮通之外也。

孫復（共 1 則）

（1）依《史記》五體計：本紀 1 則。

（2）依評點內容分類計：史識 1 則。

（3）議論史公：無

（4）比較班馬：無

（5）綜合結論：評〈五帝本紀〉中，論堯傳舜之苦心孤詣。

宋祁（共 3 則）

（1）依《史記》五體計：世家 1 則，列傳 1 則，通論 1 則。

（2）依評點內容分類計：義理 1 則，考據 1 則，史識 1 則。

（3）議論史公：無

（4）比較班馬：無

（5）綜合結論：宋祁以為，史遷之文章疏蕩，頗有奇氣，文如其人也。

歐陽修（共 5 則）

（1）依《史記》五體計：本紀 2 則，通論 3 則。

（2）依評點內容分類計：辭章 1 則，考據 3 則，史識 1 則。

（3）議論史公：褒 1 則，貶 2 則。

（4）比較班馬：無

（5）綜合結論：歐陽修謂遷乃「博學好奇之士，務多聞以為勝」，然「無聖人以為質，而不自知其取捨真偽」。至於其文章則謂「遷特雄文，善壯其說」

蘇洵（共 6 則）

（1）依《史記》五體計：本紀 2 則，列傳 1 則，通論 3 則。

（2）依評點內容分類計：史識 5 則，其他 1 則。

（3）議論史公：褒 2 則，貶 1 則。

（4）比較班馬：班馬皆揚 1 則、班馬皆抑 1 則

（5）綜合結論：蘇洵之抑遷，謂「襲取六經傳記，雜而不善。」揚遷之處則云：功十而過一者，於其過則本傳晦之而他傳發

　之，有與人爲善之意。

　其合論班馬，謂二史有四得：一、隱而章，二、直而寬，三、簡而明，四、微而切，並總結之曰：時得仲尼遺意。

劉敞（共 1 則）

（1）依《史記》五體計：列傳 1 則。

（2）依評點內容分類計：史識 1 則。

（3）議論史公：無

（4）比較班馬：無

（5）綜合結論：劉敞之評，一見於史識類。

曾鞏（共 4 則）

（1）依《史記》五體計：本紀 2 則，通論 2 則。

（2）依評點內容分類計：考據 2 則，史識 1 則，其他 1 則。

（3）議論史公：褒 1 則，褒貶互見 1 則。

（4）比較班馬：無

（5）綜合結論：曾鞏論史公之得失，謂「自三代以後爲史者，如遷之文亦不可不謂雋偉拔出之材，非常之士也」…然「聖賢之高致，遷固有不能純達其情而見之於後矣。」又曾氏常對學文者謂：「要當且置它書，熟讀《史記》三兩年。」

司馬光（共 13 則）

（1）依《史記》五體計：本紀 4 則，世家 5 則，列傳 4 則。

（2）依評點內容分類計：義理 4 則，考據 2 則，史識 7 則。

（3）議論史公：貶 1 則。

（4）比較班馬：無

（5）綜合結論：司馬光之評，以史識、義理類爲主。史識類多就宏觀角度評史事之發展關鍵，而義理類之評論要歸於聖賢之道。

王安石（共 9 則）

（1）依《史記》五體計：本紀 2 則，世家 2 則，列傳 5 則。

（2）依評點內容分類計：義理 2 則，史識 7 則。

（3）議論史公：貶 3 則。

（4）比較班馬：無

（5）綜合結論：安石之評，以史識義理爲主，所評多有自出機杼，發前
人所未發者。而於辭章考據則未之見也。

其抑馬之論，謂〈孔子世家〉自亂體例，〈仲尼弟子列
傳〉取材不精。

劉攽（共 4 則）

（1）依《史記》五體計：本紀 1 則，列傳 2 則，通論 1 則。

（2）依評點內容分類計：辭章 1 則，考據 3 則。

（3）議論史公：無

（4）比較班馬：無

（5）綜合結論：劉攽之評，皆爲考據。

沈括（共 3 則）

（1）依《史記》五體計：表 1 則，書 1 則，通論 1 則。

（2）依評點內容分類計：考據 2 則，史識 1 則。

（3）議論史公：無

（4）比較班馬：抑班揚馬 1 則。

（5）綜合結論：沈括云：班固譏遷「是非頗謬於聖賢」，實不識史遷之
微意也。

劉恕（共 1 則）

（1）依《史記》五體計：列傳 1 則。

（2）依評點內容分類計：史識 1 則。

（3）議論史公：貶 1 則。

（4）比較班馬：無

（5）綜合結論：劉恕引子貢事，而謂遷之言，華而少實。

程頤、程顥（共 3 則。其中 1 則，《史記評林》誤作王應麟）

（1）依《史記》五體計：列傳 2 則，通論 1 則。

（2）依評點內容分類計：義理 2 則，史識 1 則。

（3）議論史公：貶 1 則。

（4）比較班馬：無

（5）綜合結論：二程以爲，史遷引用《尙書》「其間有曉不得意，有錯
用處」，其於爲項羽立紀，則持反對立場。

蘇軾（共 21 則）

(1) 依《史記》五體計：本紀 1 則，書 1 則，世家 9 則，列傳 9 則，通論 1 則。

(2) 依評點內容分類計：義理 2 則，考據 1 則，史識 18 則。

(3) 議論史公：貶 1 則。

(4) 比較班馬：無

(5) 綜合結論：蘇軾之評《史記》，大抵約史識而評。其內容多就史事之隱微處抉剔之，常有精采獨到處。

其貶史遷之論則謂遷之大罪有二，在於論商鞅、桑弘羊之功也。

蘇轍（共 78 則，其中 1 則，《史記評林》誤作蘇軾）

(1) 依《史記》五體計：本紀 8 則，世家 22 則，列傳 45 則，通論 3 則。

(2) 依評點內容分類計：義理 26 則，辭章 2 則，考據 3 則，史識 46 則，其他 1 則。

(3) 議論史公：褒 1 則，貶 3 則，褒貶互見 1 則。

(4) 比較班馬：無

(5) 綜合結論：蘇轍評《史記》用力甚勤，大多見於《古史》，其於義理、史識之評，語多可采。

其揚太史公之文筆云：其文疎蕩，頗有奇氣；論其史識則謂：太史公始易編年之法，爲本紀、世家、列傳，記五帝三王以來，後世莫能易之。

其抑遷之詞謂「不務推本詩書春秋，而以世俗雜說亂之，記戰國多斷缺不完」乃至評其「爲人淺近而不學，疏略而輕信」此說後人多有辨駁。

黃庭堅（共 1 則）

(1) 依《史記》五體計：通論 1 則。

(2) 依評點內容分類計：辭章 1 則。

(3) 議論史公：無

(4) 比較班馬：無

(5) 綜合結論：黃庭堅謂：凡爲文須熟讀司馬子長、韓退之文。

趙頊（共 1 則）

    （1）依《史記》五體計：通論 1 則。

    （2）依評點內容分類計：史識 1 則。

    （3）議論史公：褒 1 則。

    （4）比較班馬：無

    （5）綜合結論：趙頊極讚《史記》之體例，謂「後之述者，不能易此體
                  也」並稱揚史公「是非不謬於聖人，褒貶出於至當，則
                  良史之才矣。」

秦觀（共 3 則）

    （1）依《史記》五體計：列傳 2 則，通論 1 則。

    （2）依評點內容分類計：史識 3 則。

    （3）議論史公：貶 1 則。

    （4）比較班馬：抑班揚馬 1 則。

    （5）綜合結論：秦觀以為班固評史遷「是非頗謬於聖人」乃不達其意所
                  致，並以為史公實「有見而發，有激而云耳」。後世晁
                  公武仍其說。
                  而其貶遷之處則謂：「多愛不忍」，「夫惟所愛不主於義
                  而主於奇，則遷不為無過」。

晁補之（共 1 則）

    （1）依《史記》五體計：通論 1 則。

    （2）依評點內容分類計：辭章 1 則。

    （3）議論史公：無

    （4）比較班馬：無

    （5）綜合結論：晁補之論太史公之文章疏蕩，頗有奇氣。

張耒（共 3 則）

    （1）依《史記》五體計：列傳 1 則，通論 2 則。

    （2）依評點內容分類計：史識 3 則。

    （3）議論史公：無

    （4）比較班馬：無

    （5）綜合結論：張耒之抑子長，於〈伯夷傳〉、〈管晏傳〉則評曰：「不

知其失而惑夫道之是非，何哉？至怨時人之不援己于
禍，而拳拳于晏子，遷亦淺矣，遷亦淺矣。」又評史遷
曰：「尚氣好俠，事投其所好，故不知其言之不足信，
而忘其事之爲不足錄也。」

李廌（共 1 則）

（1）依《史記》五體計：通論 1 則。

（2）依評點內容分類計：辭章 1 則。

（3）議論史公：褒 1 則。

（4）比較班馬：無

（5）綜合結論：李廌謂史公：「其意深遠，則其言愈緩；其事繁碎，則
　　　　　　　　其言愈簡。」

唐庚（共 3 則）

（1）依《史記》五體計：列傳 1 則，通論 2 則

（2）依評點內容分類計：義理 1 則，辭章 1 則，其他 1 則。

（3）議論史公：無

（4）比較班馬：抑班揚馬 1 則。

（5）綜合結論：唐庚以爲「六經以後便有司馬遷」，「文當學司馬遷」。
　　　　　　　　且謂「司馬遷敢亂道卻好，班固不敢亂道卻不好。」

王觀國（共 2 則）

（1）依《史記》五體計：書 1 則，通論 1 則。

（2）依評點內容分類計：考據 2 則。

（3）議論史公：無

（4）比較班馬：無

（5）綜合結論：王觀國所評兩則皆屬考據，且以爲史遷爲文好異而有害
　　　　　　　　於義也。

舒雅（共 3 則）

（1）依《史記》五體計：本紀 1 則，世家 1 則，列傳 1 則。

（2）依評點內容分類計：義理 1 則，史識 2 則。

（3）議論史公：無

（4）比較班馬：無

（5）綜合結論：舒雅於〈管晏列傳〉，評曰：「太史公願爲晏子執鞭，乃自傷不遇斯人，而過激仰羨之詞耳。」

馬存（共 1 則）

（1）依《史記》五體計：通論 1 則。

（2）依評點內容分類計：辭章 1 則。

（3）議論史公：褒 1 則。

（4）比較班馬：無

（5）綜合結論：馬存極稱太史公之辭章曰：其文奔放而浩漫，停蓄而淵深，妍媚而蔚紆，感憤而傷激，雄勇猛健使人心悸而膽栗，斬絕峻拔而不肯攀躋，典重溫雅有似乎正人君子之容貌，變化出沒如萬家供四時而無窮。要之，皆由於子長喜壯遊，盡天下之大觀以助其氣也。

黃朝英（共 1 則）

（1）依《史記》五體計：通論 1 則。

（2）依評點內容分類計：考據 1 則。

（3）議論史公：無

（4）比較班馬：無

（5）綜合結論：黃朝英考據「太史公」之稱。

北宋南宋間評家

楊時（共 1 則。經查應屬朱熹，《史記評林》誤作楊時）

（1）依《史記》五體計：世家 1 則。

（2）依評點內容分類計：義理 1 則。

（3）議論史公：無

（4）比較班馬：無

（5）綜合結論：楊時所論，乃就義理評騭人物。

洪興祖（共 2 則）

（1）依《史記》五體計：列傳 2 則。

（2）依評點內容分類計：辭章 1 則，考據 1 則。

（3）議論史公：無

（4）比較班馬：無

（5）綜合結論：洪興祖之評，皆見於〈屈原賈生列傳〉，因其用力於楚辭也。

朱翌（共 12 則）

（1）依《史記》五體計：本紀 2 則，世家 3 則，列傳 7 則。

（2）依評點內容分類計：義理 2 則，辭章 1 則，史識 9 則。

（3）議論史公：貶 1 則。

（4）比較班馬：無

（5）綜合結論：朱翌之評，史識類居多，且大半為疏解史事之疑義。

胡寅（共 2 則）

（1）依《史記》五體計：本紀 1 則，通論 1 則。

（2）依評點內容分類計：史識 2 則。

（3）議論史公：褒 1 則，貶 1 則。

（4）比較班馬：無

（5）綜合結論：胡寅之貶史公，謂其〈五帝本紀〉「置仲尼而取儒者所不傳，及它說為據，未有能臻其當也。」而褒史公者見於通論，謂其記陰陽家立論可取。

劉子翬（共 10 則）

（1）依《史記》五體計：本紀 1 則，世家 2 則，列傳 6 則，通論 1 則。

（2）依評點內容分類計：史識 10 則。

（3）議論史公：貶 1 則。

（4）比較班馬：無

（5）綜合結論：劉子翬之評，皆屬史識類，且多就史識之關鍵處抒發己見。又其論史遷之〈自序〉，謂其於儒家之評，乃以跡論儒，未識通儒之義也。

范浚（共 1 則）

（1）依《史記》五體計：本紀 1 則。

（2）依評點內容分類計：史識 1 則。

（3）議論史公：無

（4）比較班馬：無

（5）綜合結論：范俊以孔子定《書》爲準，而非史遷之〈五帝本紀〉。

鄭樵（共 10 則）

（1）依《史記》五體計：本紀 4 則，通論 6 則。

（2）依評點內容分類計：考據 1 則，史識 9 則。

（3）議論史公：褒 2 則，貶 3 則。

（4）比較班馬：抑班揚馬 3 則。

（5）綜合結論：鄭樵極讚太史公之作，謂「百代而下，史官不能易其法，學者不能舍其書，六經之後，惟有此作。」然亦評《史記》於博於雅，皆嫌不足。

又於〈呂后紀〉，謂此紀不立，則八年正朔於系何朝，然亦評之曰：遷遺惠而紀呂，無亦獎盜。

其於班馬之軒輊，則抑班而揚馬。謂班固失遷會通之旨，且《史記》一書，功在十表，而固彊立古今人物差等，甚爲無稽，乃至評曰：「遷之於固，如龍之於豬」。

晁公武（共 1 則）

（1）依《史記》五體計：通論 1 則。

（2）依評點內容分類計：史識 1 則。

（3）議論史公：無

（4）比較班馬：無

（5）綜合結論：晁公武云：班固譏遷之處，乃遷特感當世之所失，憤其身之所遭，寓之於書，有所激而爲此言耳，非其心所謂誠然也，固不察其心而驟譏之，非也。

陳長方（共 2 則）

（1）依《史記》五體計：本紀 1 則，列傳 1 則。

（2）依評點內容分類計：辭章 2 則。

（3）議論史公：無

（4）比較班馬：無

（5）綜合結論：長方之評二則，屬辭章類。

林之奇（共 5 則）

（1）依《史記》五體計：本紀 3 則，世家 2 則。

（2）依評點內容分類計：義理 1 則，考據 3 則，史識 1 則。

（3）議論史公：無

（4）比較班馬：無

（5）綜合結論：林之奇所評雖不多見，然頗有可取之處。

洪邁（共 14 則。其中 1 則，《史記評林》誤作黃震）

（1）依《史記》五體計 ：本紀 2 則，世家 4 則，列傳 6 則，通論 2 則。

（2）依評點內容分類計：義理 1 則，辭章 4 則，史識 9 則。

（3）議論史公：褒 1 則，其他 1 則。

（4）比較班馬：無

（5）綜合結論：洪邁於〈平原君虞卿列傳〉中，說史公文勢，「正如風行水上，煥然有文。」而對於蘇轍評太史公淺近而不學，則表不以爲然，並於〈絳侯世家〉之評中，舉出《漢書》之識見不及史遷。

陸游（共 1 則）

（1）依《史記》五體計：通論 1 則。

（2）依評點內容分類計：辭章 1 則。

（3）議論史公：無

（4）比較班馬：無

（5）綜合結論：陸游舉一例而評《史記》之文，有冗贅之辭。

南宋評家

朱熹（共 25 則）

（1）依《史記》五體計：本紀 11 則，書 1 則，世家 4 則，列傳 3 則，通論 6 則。

（2）依評點內容分類計：義理 6 則，辭章 1 則，考據 9 則，史識 9 則。

（3）議論史公：褒 2 則，貶 3 則。

（4）比較班馬：抑班揚馬 1 則。

（5）綜合結論：朱熹之評點以考據爲多，史識次之。其以爲司馬遷才高識亦高，但麄率。比較班馬則曰：太史公書疎爽，班固書密塞。且評班固作《漢書》「不合要添改《史記》字，

　　　　行文亦有不識當時意思。」

唐仲友（共 1 則）

　　（1）依《史記》五體計：列傳 1 則。

　　（2）依評點內容分類計：史識 1 則。

　　（3）議論史公：褒 1 則。

　　（4）比較班馬：無

　　（5）綜合結論：仲友之評，藉王蠋之附〈田單傳〉，論附傳之體例與價
　　　　　　　　　　值。

呂祖謙（共 27 則）

　　（1）依《史記》五體計：本紀 9 則，世家 9 則，列傳 5 則，通論 4 則。

　　（2）依評點內容分類計：義理 8 則，辭章 1 則，考據 5 則，史識 13 則。

　　（3）議論史公：褒 1 則。

　　（4）比較班馬：抑班揚馬 2 則。

　　（5）綜合結論：呂祖謙之評，史識類多就史事之關鍵處加以發揮。另有
　　　　　　　　　　十表之要義，精到可采。義理類頗有獨到之論。考據類
　　　　　　　　　　中，辨析班固謂《史記》十篇有錄無書之誤，頗有價值。
　　　　　　　　　　（其中並引黃震：六一公欲作文，先頌〈日者傳〉一遍。）

陳傅良（共 7 則）

　　（1）依《史記》五體計：本紀 1 則，列傳 3 則，通論 3 則。

　　（2）依評點內容分類計：史識 6 則，其他 1 則。

　　（3）議論史公：褒 2 則。

　　（4）比較班馬：抑班揚馬 1 則。

　　（5）綜合結論：陳傅良於魯仲連、鄒陽之合傳，極嘆良史之筆，取捨固
　　　　　　　　　　殊。又剔出史公尊孔之意而駁班氏之非，並謂千百年之
　　　　　　　　　　間，《史記》湮晦，正賴吾黨自開隻眼，不惑於紛紛之
　　　　　　　　　　論。

葉適（共 30 則）

　　（1）依《史記》五體計：本紀 4 則，書 2 則，世家 9 則，列傳 9 則，通
　　　　　　　　　　　　　論 6 則。

　　（2）依評點內容分類計：義理 1 則，考據 4 則，史識 24 則，其他 1 則。

（3）議論史公：貶 13 則。

（4）比較班馬：抑班略揚馬 1 則。

（5）綜合結論：葉適頗有貶抑史公之詞，要之不外評其：史法散失、史
　　　　　　　　識不精、史材無據。而論班馬則謂：「自《詩》、《書》
　　　　　　　　之作皆有敘，所以繫事紀變，明去取也。司馬遷變古法，
　　　　　　　　惟敘己意，既已失之，然包括上古，收拾遺散，操縱在
　　　　　　　　心，猶時有備遠之意，常人所不能測知者。及班固效之，
　　　　　　　　而淺近復識，往往不過常人之識所能及。至其後史官，
　　　　　　　　則又甚矣。是遷之法，一傳而壞，曾不足以行遠。」

王楙（共 2 則）

（1）依《史記》五體計：通論 2 則。

（2）依評點內容分類計：辭章 2 則。

（3）議論史公：褒 1 則。

（4）比較班馬：無

（5）綜合結論：王楙二則，通就太史公辭章文筆而評，其以為史遷之文
　　　　　　　　如「畫天外數峰，略有筆墨，然而使人見而心服者，在
　　　　　　　　筆墨之外也。」

蔡沈（共 8 則。其中 2 則，1 則，《史記評林》誤作蘇軾；另 1 則，誤作朱熹）

（1）依《史記》五體計：本紀 8 則。

（2）依評點內容分類計：辭章 1 則，考據 5 則，史識 1 則，其他 1 則。

（3）議論史公：無

（4）比較班馬：無

（5）綜合結論：蔡沈之評，見於〈夏、周本紀〉，而以考據類居多，辭
　　　　　　　　章次之。

倪思（共 50 則）

（1）依《史記》五體計：本紀 13 則，世家 2 則，列傳 35 則。

（2）依評點內容分類計：辭章 14 則，考據 6 則，史識 29 則，其他 1 則。

（3）議論史公：無

（4）比較班馬：無

（5）綜合結論：倪思評史公之辭章，頗能剔抉文筆精妙處，史識之評亦

頗有可取。

又《四庫總目提要》謂倪思、劉辰翁之評點，出於《班馬異同評》一書，然遍經搜求，所能見者，唯《班馬異同》原文，

評點則概未之見，蓋亡佚乎？如此則益顯《史記評林》於保留文獻之價值也。

王若虛（共 25 則）

(1) 依《史記》五體計：本紀 3 則，書 1 則，世家 4 則，列傳 6 則，通論 11 則。

(2) 依評點內容分類計：辭章 3 則，考據 1 則，史識 21 則。

(3) 議論史公：貶 16 則

(4) 比較班馬：揚班抑馬 2 則。

(5) 綜合結論：若虛評太史公，多貶抑之詞，其於史遷之辭章，反對唐子西之說，（唐子西云：「六經以後，便有司馬遷…故作文當學司馬遷」）而評曰：「遷雖氣質近古，以繩準律之，殆百孔千瘡」。

又於史識方面之批判歸納如下

遷採經摭傳，大抵皆踳駁。

遷引雜說鄙事，多不足信。

遷於信史之作，發其私憤。

遷於人之品藻，頗為疏漏。

關於班馬優劣，則以為「遷記疏略而語憤多，固記事詳備而刪削精當，然則遷似簡而實繁，固似繁而實簡也。」

真德秀（共 25 則）

(1) 依《史記》五體計：本紀 12 則，世家 4 則，列傳 8 則，通論 1 則。

(2) 依評點內容分類計：義理 2 則，辭章 9 則，史識 14 則。

(3) 議論史公：褒 3 則，貶 1 則。

(4) 比較班馬：無

(5) 綜合結論：真德秀之評，以史識為多，而於辭章亦有所析評，其謂太史公之文「特奇妙可為論事之法」，又云「詞簡而義

備，非後世史筆之所可及也」。

魏了翁（共 4 則）

（1）依《史記》五體計：通論 4 則。

（2）依評點內容分類計：考據 1 則，史識 3 則。

（3）議論史公：無

（4）比較班馬：抑班揚馬 3 則。

（5）綜合結論：魏了翁抑班揚馬，謂「班固去司馬遷未久也，已不知《史
記》書法」，且云固所作表，不知史遷深意，又舉〈陳
勝、項籍列傳〉「是以成敗論，而失史遷功過不相揜之
筆」。

陳振孫（共 1 則）

（1）依《史記》五體計：通論 1 則。

（2）依評點內容分類計：史識 1 則。

（3）議論史公：褒 1 則。

（4）比較班馬：無

（5）綜合結論：論史公易編年而為紀傳，前未有其比，後可以為法。乃
豪傑特起之士。

李治（共 1 則）

（1）依《史記》五體計：通論 1 則。

（2）依評點內容分類計：辭章 1 則。

（3）議論史公：貶 1 則

（4）比較班馬：無

（5）綜合結論：李治以為史遷之文字「實為冗複」且舉例以明之。

羅大經（共 23 則）

（1）依《史記》五體計：本紀 4 則，世家 7 則，列傳 12 則。

（2）依評點內容分類計：義理 2 則，辭章 2 則，考據 1 則，史識 15 則
其他 3 則。

（3）議論史公：無

（4）比較班馬：抑班揚馬 1 則

（5）綜合結論：羅大經評《史紀》，史識類居多，頗有發明。辭章類云：

蘇東坡〈赤壁賦〉與太史公〈伯夷傳〉機軸略同。至於
班馬之軒輊，則於〈項羽紀〉、〈陳涉傳〉評曰：「班固
去司馬遷未久也，已不知《史記》書法。」

吳子良（共 4 則）

（1）依《史記》五體計：列傳 3 則，通論 1 則。

（2）依評點內容分類計：辭章 2 則，考據 1 則，史識 1 則。

（3）議論史公：無

（4）比較班馬：抑班揚馬 1 則。

（5）綜合結論：吳子良評〈屈原賈生列傳〉，謂言簡而意含蓄，咀嚼盡
有味。而於〈循吏列傳〉中比較班馬曰：「文簡而義高，
意淡而遠，班孟堅〈循吏傳〉不及也。」

胡一桂（共 1 則）

（1）依《史記》五體計：本紀 1 則。

（2）依評點內容分類計：史識 1 則。

（3）議論史公：無

（4）比較班馬：無

（5）綜合結論：胡一桂以為，傳說多有附會，何必有詼詭譎誕之事，然
後為聖且賢哉。

宋無（共 2 則）

（1）依《史記》五體計：本紀 1 則，列傳 1 則。

（2）依評點內容分類計：史識 1 則，考據 1 則。

（3）議論史公：無

（4）比較班馬：無

（5）綜合結論：宋無之評，二見於《史記評林》。

陳善（共 1 則）

（1）依《史記》五體計：列傳 1 則。

（2）依評點內容分類計：史識 1 則。

（3）議論史公：貶 1 則。

（4）比較班馬：無

（5）綜合結論：陳善評史遷曰：「遷於著書勤矣，然其為人淺陋不學，

疏略而輕信，多愛而不能擇。」

鮑彪（共 44 則）

（1）依《史記》五體計：本紀 1 則，世家 15 則，列傳 28 則。

（2）依評點內容分類計：義理 3 則，考據 11 則，史識 30 則。

（3）議論史公：無

（4）比較班馬：無

（5）綜合結論：鮑彪之評，多摭拾史事，抒發心得。考據類亦爲其評之
特色。

沈作喆（共 2 則）

（1）依《史記》五體計：本紀 1 則，列傳 1 則。

（2）依評點內容分類計：史識 2 則。

（3）議論史公：貶 1 則。

（4）比較班馬：無

（5）綜合結論：沈作喆評史遷「務矜於文而違背道理者甚眾。」

吳仁傑（共 6 則）

（1）依《史記》五體計：通論 6 則。

（2）依評點內容分類計：考據 6 則。

（3）議論史公：無

（4）比較班馬：無

（5）綜合結論：吳仁傑六則皆就考據評點，其中多有糾謬之處。

樓昉（共 9 則）

（1）依《史記》五體計：列傳 9 則。

（2）依評點內容分類計：辭章 5 則，史識 4 則。

（3）議論史公：無

（4）比較班馬：無

（5）綜合結論：樓昉之評，以辭章居多，史識次之。

陳經（共 5 則）

（1）依《史記》五體計：本紀 3 則，世家 2 則。

（2）依評點內容分類計：義理 1 則，史識 4 則。

（3）議論史公：無

（4）比較班馬：無

（5）綜合結論：陳經之評，多就史事之大處著眼。

朱黼（共 1 則）

（1）依《史記》五體計：本紀 1 則。

（2）依評點內容分類計：史識 1 則。

（3）議論史公：無

（4）比較班馬：無

（5）綜合結論：唯見其評〈孝文本紀〉一則，歸入史識類。

林駉（共 6 則）

（1）依《史記》五體計：通論 6 則。

（2）依評點內容分類計：史識 6 則。

（3）議論史公：褒 6 則。

（4）比較班馬：無

（5）綜合結論：林駉於《史記》或點出史遷之深意或疏通後世之質疑，
要皆揚贊之辭也。
其於體例之說，尤為可取，列舉於下
（1）子長以事之繫於天下則謂之紀（政由其出）。
（2）子長以事之有大於列傳者，則繫之世家。

黃履翁（共 5 則）

（1）依《史記》五體計：表 1 則，書 1 則，列傳 1 則，通論 2 則。

（2）依評點內容分類計：考據 1 則，史識 4 則。

（3）議論史公：褒 1 則。

（4）比較班馬：抑班揚馬 2 則。

（5）綜合結論：黃履翁之讚史公，於析論《史記》之封禪諸書後，結云：
非有高世之識不能也。其軒輊班馬，則謂班固「安敢望
子長之風」、「固之表猶譜諜」、「固之志猶案牘」。

陳仁子（共 34 則）

（1）依《史記》五體計：本紀 6 則，表 4 則，世家 6 則，列傳 18 則。

（2）依評點內容分類計：義理 1 則，史識 33 則。

（3）議論史公：褒 3 則，貶 3 則。

（4）比較班馬：抑班揚馬 2 則。

（5）綜合結論：陳仁子評《史記》，史識類居多，大抵就史事之關鍵，加以評述，而議論史公則褒貶互見。貶者，謂史遷不知尊孟子及不知賓客之害而贊孟嘗。褒者，特舉〈孔子世家〉及〈老子韓非列傳〉爲先黃老後六經之說辯解。而於班馬軒輊則主抑班揚馬之說。

羅泌（共 2 則）

（1）依《史記》五體計：本紀 1 則，世家 1 則。

（2）依評點內容分類計：史識 2 則。

（3）議論史公：貶 1 則。

（4）比較班馬：無

（5）綜合結論：羅泌釋太史公首紀黃帝乃因《大戴禮》，且以爲後世氏姓無不出黃帝者。

宋元之間評家

黃震（共 126 則）

（1）依《史記》五體計：本紀 9 則，書 5 則，世家 37 則，列傳 74 則，通論 1 則。

（2）依評點內容分類計：義理 6 則，辭章 6 則，考據 8 則，史識 105 則，其他 1 則。

（3）議論史公：褒 7 則，貶 8 則，褒貶互見 2 則。

（4）比較班馬：揚班抑馬 1 則，抑班揚馬 1 則。

（5）綜合結論：黃震於《史記》之評，用力甚勤，集之幾可爲評《史記》之專著，而於列傳之品藻人物尤見功力。縱觀其評，於史遷可謂褒貶互見，而於班馬，則採持平之說。

其抑遷者或就取材之不精，或就考據之不同，或就立意之不善，或就見識之不確加以評述。

其揚遷者，見於〈老子、韓非〉，及〈孟子、荀卿傳〉，皆論其識見獨到。於太史公之辭章則有「史筆之妙，開

合變化，曲盡形容」、「抑揚予奪之妙，非常手可望」之
評。

又於通論類有如下之評述：「遷以邁往不群之氣，無辜
受辱，激爲文章，雄視千古，嗚呼亦壯矣！惜其未聞道
也，蓋吾夫子病紛紛者之誣民也…今遷之所取，皆吾夫
子之所已棄，而遷文足以詔世，遂以里巷不經之說，間
亦得爲萬世不刊之信史。」

王應麟（共 36 則）

（1）依《史記》五體計：本紀 10 則，表 1 則，書 2 則，世家 7 則，列傳 12 則，通論 4 則。

（2）依評點內容分類計：義理 6 則，辭章 2 則，考據 7 則，史識 18 則，其他 3 則。

（3）議論史公：貶 4 則。

（4）比較班馬：抑班揚馬 1 則。

（5）綜合結論：王應麟之評，涵蓋面廣（各類皆有，體例完備），且多有精采獨到之見解。其於史遷之貶詞，多於考據上糾其錯謬。而於班馬之軒輊則以爲：《史記》於班書微爲古質，故漢晉名賢未之見重。

劉辰翁（共 110 則）

（1）依《史記》五體計：本紀 19 則，世家 21 則，列傳 70 則。

（2）依評點內容分類計：辭章 47 則，考據 16 則，史識 43 則，其他 4則。

（3）議論史公：無

（4）比較班馬：抑班揚馬 6 則。

（5）綜合結論：劉辰翁之評，頗致力於《史記》之辭章，故爲數最多，其抑班揚馬亦多就辭章論之。而於史識類之評多摭史事以抒發己見。

尤可注意者，《四庫全書總目提要》謂《班馬異同》一書，有劉辰翁之評點，然遍查《班馬異同》之書，則劉氏之評未之見也，殆亡逸乎？果若如此，則《史記評林》

所集百一十則劉氏之評，不啻大有功於輯佚乎？

周密（共 1 則）

（1）依《史記》五體計：列傳 1 則。

（2）依評點內容分類計：考據 1 則。

（3）議論史公：無

（4）比較班馬：無

（5）綜合結論：周密考據《史記》數處文字爲後人誤植。

金履祥（共 32 則。其中 3 則，《史記評林》誤作陳子桱）

（1）依《史記》五體計：本紀 9 則，世家 20 則，列傳 3 則。

（2）依評點內容分類計：義理 4 則，辭章 1 則，考據 12 則，史識 15 則。

（3）議論史公：無

（4）比較班馬：無

（5）綜合結論：金履祥之評史事，多由關鍵處討論，讀之頗足啓發，而
　　　　　　　於義理類之評，爲數雖不多，然發明大道因果之義，見
　　　　　　　解獨到。

吳師道（共 6 則）

（1）依《史記》五體計：世家 2 則，列傳 4 則。

（2）依評點內容分類計：史識 6 則。

（3）議論史公：貶 1 則。

（4）比較班馬：無

（5）綜合結論：吳師道之評，以史識類爲主，其中多爲疏解史事之疑意
　　　　　　　者。

費袞（共 4 則）

（1）依《史記》五體計：本紀 1 則，列傳 3 則。

（2）依評點內容分類計：辭章 1 則，考據 1 則，史識 2 則。

（3）議論史公：無

（4）比較班馬：無

（5）綜合結論：費袞評史公之〈夏本紀〉，連屬重複三十餘，讀之初不
　　　　　　　覺其煩，正如崇山峭壁，先後崛立，愈險愈奇，而謂班
　　　　　　　固蓋法此。

李塗（共 5 則）

    （1）依《史記》五體計：本紀 3 則，列傳 2 則。

    （2）依評點內容分類計：辭章 5 則。

    （3）議論史公：無

    （4）比較班馬：無

    （5）綜合結論：李塗之評，主於辭章，且多就文章結構以論。

陳子樫（共 3 則。經查應屬金履祥，《史記評林》誤作陳子樫）

    （1）依《史記》五體計：本紀 3 則。

    （2）依評點內容分類計：考據 2 則，史識 1 則。

    （3）議論史公：無

    （4）比較班馬：無

    （5）綜合結論：陳子樫三則皆評本紀。言及商周之際賢人尚在，猶足維
             繫人心，迨民望既絕，則武王伐紂矣。

第四節　小　結

    綜合以上各節所述，試用分析、統計、綜合之法，結論如下：

一、依數量分析

1、依評點《史記》五體統計

    （1）本論文所收評點總計＿905＿則

    （2）其中本紀有：＿170＿則，佔＿18·8＿%

         表　有：＿＿7＿則，佔＿0·8＿%

         書　有：＿15＿則，佔＿1·7＿%

         世家有：＿201＿則，佔＿22·2＿%

         列傳有：＿413＿則，佔＿45·6＿%

         通論有：＿99＿則，佔＿10·9＿%

    （3）小　結

        兩宋評家以評點列傳最多，其次為世家，再次為本紀。

2、依各家評點數目統計

    （1）評點數量最多之五家

黃　震有：＿＿126＿＿則，佔＿13・9＿％

劉辰翁有：＿＿110＿＿則，佔＿12・2＿％

蘇　轍有：＿＿78＿＿則，佔＿＿8・6＿％

倪　思有：＿＿50＿＿則，佔＿＿5・5＿％

鮑　彪有：＿＿44＿＿則，佔＿＿4・9＿％

（2）小　結

　　　　黃震之評，多見於《黃氏日鈔》，集之幾可以為評史記之專著。
劉辰翁、倪思之評，今或亡失，幸有《史記評林》之引用，可收輯佚
之功。蘇轍之評已有《古史》之專著，鮑彪之評則由《鮑氏戰國策注》
中錄出。

二、依評點內容分析

（1）依評點內容分類統計：

義理類有：＿＿85＿＿則，佔＿＿9・4＿％

辭章類有：＿＿121＿＿則，佔＿13・4＿％

考據類有：＿＿122＿＿則，佔＿13・5＿％

史識類有：＿＿558＿＿則，佔＿61・6＿％

其他類有：＿＿19＿＿則，佔＿＿2・1＿％

（2）小　結

　　　　兩宋評點以史識類居多，辭章、考據、義理三類大約呈平均分配
之狀況。

三、依對史公之議論分析

1、依評點則數分析

評論史公者合計有：＿＿104＿＿則

其中北宋

褒揚者有：＿＿7＿＿則

貶抑者有：＿＿14＿＿則

其　他有：＿＿3＿＿則

北宋南宋間

褒揚者有：＿＿5＿＿則

貶抑者有：＿＿6＿＿則

其　他有：　　1　　則
【合計】
　　褒揚者有：　　12　　則
　　貶抑者有：　　20　　則
　　其　他有：　　4　　則
南宋
　　褒揚者有：　　22　　則
　　貶抑者有：　　24　　則
　　其　他有：　　0　　則
宋元間
　　褒揚者有：　　7　　則
　　貶抑者有：　　13　　則
　　其　他有：　　2　　則
【合計】
　　褒揚者有：　　29　　則
　　貶抑者有：　　37　　則
　　其　他有：　　2　　則
兩宋總計
　　褒揚者有：　　41　　則，佔　39‧4　％
　　貶抑者有：　　57　　則，佔　54‧8　％
　　其　他有：　　6　　則，佔　5‧8　％
兩宋評點，抑者多於揚，殆如程子所謂：「後人議前人，固甚易」乎？

2、依評點家數分析

北宋及兩宋之間
　　褒揚者有：　　3　　家
　　貶抑者有：　　7　　家
　　互具者有：　　6　　家
　　其　他有：　　1　　家
南宋及宋元之間
　　褒揚者有：　　7　　家
　　貶抑者有：　　7　　家

　　　　　<u>互具者有</u>：　6　家

　　　　　<u>其　他有</u>：　4　家

　　又由原始資料顯示，南宋評家之褒貶互見者，以褒爲多。

　　由此可見，北宋間批判史記之風，至於南宋，則轉爲肯定馬遷。

3、總　結

　　（1）北宋諸家，對史記之評，傾向貶抑。其中尤以蘇轍爲代表。

　　（2）至於南宋，史記之地位，顯然提高。故褒讚史公之評，頗有增加。
　　　　　其中抑遷者，以葉適（貶 13 則）、王若虛（貶 16 則）爲代表。姑
　　　　　若置此二家弗論，則南宋之評點，以褒者爲多也。

四、就班馬比較分析

　　（1）依評點則數分析

　　　　　<u>抑班揚馬有</u>：　20　則

　　　　　<u>揚班抑馬有</u>：　1　則

　　（2）小　結

　　　　　兩宋評點，軒輊史漢，多揚馬而抑班。縱有貶馬之評家，論及班
　　　馬之優劣，仍主於太史公也。其中，鄭樵所云：「遷之於固，如龍之
　　　於豬。」黃履翁謂：班固安敢望子長之風，「固之表猶譜諜」，「固之
　　　志猶案牘」，尤爲推極之說。

五、綜合結論

　　誠如王應麟所云：《史記》「於班書微爲古質，故漢晉名賢，未之見重。」
顧漢唐以來，文風所趨〔註 19〕，多稱孟堅。暨韓、柳起而倡古文〔註 20〕，史

〔註19〕駢文在中國文壇流行近數百年而不衰，發展至末流，卻變成重視技巧雕琢而
　　　　內容空洞的形式主義作品。班書重偶對儷句，初唐以上文勢所趨，皆以之爲
　　　　正統。證之劉知幾《史通》論辭采，多左袒之言可知。

〔註20〕就唐代而言，「古文」和「駢文」乃對立之觀念。韓愈與其同時期的作家，把
　　　　先秦、兩漢時期用散文形式寫的文章稱爲古文，目的是和當時稱爲「時文」
　　　　的駢文區別出來，利用散行、單句、不拘格式，有別於駢文講究排偶、辭藻、
　　　　音律和典故，古文多是兩漢或其之前的文章，而推動以散文取代駢文的文學
　　　　運動，即稱「古文運動」。其中韓愈主張：形式方面要排除六朝以來駢儷文體，
　　　　恢復三代兩漢時代自然、質樸的文風，故力倡復古，藉以矯正當時文壇那種
　　　　內容空洞、華而不實的風尚。強調文章不須講究字數的齊足、對仗的工整與
　　　　用典是否恰當及聲律是否諧協，反之論句式應以達意自然爲主，不應拘守對

遷之書，論之漸夥。入於兩宋〔註 21〕，蘇老泉合論班馬，秦少游較比遷固。其踵之者，紛紛揚史公而抑蘭臺矣〔註 22〕。考諸流變，證諸統計，（明）胡應麟之說〔註 23〕，信不誣也。

偶、平仄的規限。柳宗元則主張革新文體，建立新的文學語言，重視革新和創造，反對模擬抄襲前人文字的不良風氣。故云：「不務爲炳炳琅琅之辭、務彩色、誇聲音之辭」（〈答韋中立論師道書〉）、「雖其文鄙野，足備於用。」（〈楊評事文集後序〉）而力求淺易，不避口語、俗語，只要是創新的言詞，也不妨採用，實是古文運動的一大特點。當中著重強調宜本源五經，旁參子史，廣泛學習古代文化遺產。

〔註21〕 中唐古文運動雖然氣勢強勁，但在韓愈過世之後，其友人、門生並無法再創新局，不久之後，四六駢文再度復甦，唯美形式主義，立即又席捲文壇，韓愈苦心所提倡之古文運動，因此胎死腹中。受到唯美之風影響，北宋初年的文壇，於是有「西崑體」興起。特重文章駢儷、雕琢的技巧，完全漠視文學的內容和情感，此況越演越烈，最後使文章變成一種雕琢字句的遊戲。因此，在歐陽修上承韓愈，再度發起古文運動之前，北宋此風仍盛，故而綜觀北宋評家貶史公之論，多傾向辭章、取材與體例之評議，可知乃時代風尚所致。又宋人好辨證與疑古，對太史公引證古籍，往往疑其旁出錯簡，實皆文字較析之論，非關褒貶，且宋代王朝在與少數民族的長期衝突中，始終處於劣勢。關懷民族屈辱，抒發愛國情感與尊君思想，更是宋代學術貫穿下的重要主題。因此貶抑史公，亦於此氛圍中形成，若以〈高祖本紀〉較析〈項羽本紀〉可知史公巧用紀元，互見參引，顯則未達人臣之道，隱則崇禮尊君，唯歷來評家具超方眼目者，幾希？！明乎此，對照於北宋以來，諸評家之所以抑多於揚（貶勝於褒）自可了然。

〔註22〕 兩宋之古文運動較之中唐，能以達到更伸入且更普遍性的成就。經過宋代的古文運動之後，自韓柳以來，古文運動家在文和道之間的關係、語言形式、作家修養等各方面均提出主張，確立完整的理論，令文章擺脫了形式格律的束縛，恢復了傳情達意的功用，且內容充實、質樸平易的古文也真正取代了駢文的主導地位。於本論文中證之班馬較析，則《史》《漢》地位之升降可見一斑。（參考注3 宋人之辨證疑古與尊君思想部分，前者非關褒貶，後者須深體太史公微意方知。）

〔註23〕 見本論文第一章緒論，頁 3。

第六章　兩宋《史記》評點對後世之影響

　　漢朝太史公撰《史記》，於文終之後，每每出以「太史公曰」，加以論列評斷，肇成規製，且波及後世，至深至鉅。例如《漢書》、《新唐書》、《宋史》、《遼史》、《金史》、《明史》的「贊曰」；《後漢書》、《南史》、《北史》、《元史》的「論曰」；《三國志》的「評曰」；《魏書》、《宋書》、《梁書》、《陳書》、《周書》、《隋書》、《舊五代史》的「史臣曰」；《晉書》、《南齊書》、《北齊書》、《舊唐書》的「史臣曰」與「贊曰」，都是踵武史公〔註 1〕，可見《史記》評點正肇端於《史記》，而《史記》論贊亦是後代《史記》評點之濫觴。

　　李唐之時，評點風氣之醞釀約已完成。例如：訓詁學已相當發達，注解前人著作早成風氣，司馬貞的《史記索隱》、張守節的《史記正義》等，都是非常有名且相當有成績的；其次是史學發達，太宗因見南北朝長期分割之局和隋王朝的迅速滅亡，爲取鑒於歷史教訓，登基後，乃命大臣修史。在中國的二十四史中，唐以前的史書有十五種，其中有八種，也就是一半以上都是由唐人撰寫的：《晉書》由房玄齡等撰寫，《梁書》、《陳書》由姚思廉撰寫，《北齊書》由李百藥撰寫，《周書》由令狐德棻等撰寫，《隋書》由魏徵等撰寫，《南史》、《北史》由李延壽撰寫，這些史書中都有史評。此種對歷史進行評議之風盛行，隨著時間的推移，必定影響後代。

　　宋代文人的精神風貌與唐代文人相比有了很大變化。宋代王朝採取重文抑武的用人政策，提高文人的政治地位和經濟待遇；又教育的普及化及擴大科舉錄取人數，拓展了文人學士讀書入仕的道路，因而文人與政治的關係更爲密切。北宋大作家歐陽修、王安石等都是重要的政治人物，都利用其政治地位引導了文壇風氣的變化。如歐陽修曾以主考官的身份，排斥號稱「太學體」的時文，提倡平實樸素的文風，宋代科舉注重策論，也直接影響到宋人

〔註 1〕 參考引用業師　蔡教授信發先生《話說史記‧《史記》贊語對韓國漢文小說的影響》（台北：萬卷樓圖書有限公司，民國 84 年 10 月初版。）頁 227～228。

多作策論文章，及兩宋文章長於議論的特點，尤其古文運動之後，重視兩漢文章〔註2〕，尤使《史記》研究大大超越前代；其次，北宋朝廷內部因政見不合，長期存在著朋黨鬥爭，許多文人捲入黨爭，經歷了升沈不定的仕宦風波。因此以史爲鑑，融合儒、釋、道三家學說，尋求出入自得的處世態度，成爲文人普遍關注的人生課題；加以宋代文人繼承了前人更多的文化遺產。由於印刷術的進步，使書籍得以大量印行和收藏，由茲擴大了文人學者的知識視野與提高其著書立說的興趣〔註3〕，因此，評點文章增多與收藏名家評點本亦漸成潮流。再其次是評點本的增多，從對《史記》評點的考察情況來看，無論唐宋，最早總是出現在一些文選的選本之中〔註4〕。例如：宋代呂祖謙的《古

〔註2〕 唐初文風，沿南朝駢儷之習。陳子昂出，提倡「漢魏風骨」，第一個用古文創作，對轉變文風發出先聲。天寶以後，蕭穎士等人繼起，復古的思潮才進一步高漲起來。他們研究經典，以儒家思想爲依歸，眞正成爲韓、柳古文運動的先驅。蕭穎士與李華齊名，他們主張文章必須「宗經」、「載道」、「尚簡」。韓會和柳冕先後提出了文章教化作用的問題，要求文章以儒家的道德去教育人們。韓會認爲文章必須合於「聖人之情」，才能「助教化」；柳冕也認爲「文章本於教化」。獨孤及則提出了文章應師法兩漢，以賈誼、司馬遷的文章作爲創作古文所應遵循的榜樣。至於梁肅，則經常指點人們「敦古風，閱傳記」。元結主張寫作文章，應以「救時勸俗」爲目的，並且在創作實踐上取得較高的成就。繼而韓愈爲古文運動領袖，是「唐宋八大家」之首，蘇東坡譽爲「文起八代之衰」其主張：取法先秦兩漢之文。（韓愈主張形式方面，要排除六朝以來駢儷文體，恢復三代兩漢時代自然、質樸的文體，故力倡復古；嘗云：「愈之志在古道，又甚好其言辭。」又說：「然愈之所志於古者，不唯其辭之好，好其道焉爾。」）柳宗元要求吸收從《五經》到《孟子》、《莊子》、《荀子》、《國語》、《離騷》、《史記》等各種典範作品的不同特色和長處，加以融會貫通，自成一家的風格。歐陽修：欲作文，先誦〈日者傳〉一遍，乃至曾鞏：「自三代以後爲史者，如遷之文亦不可不謂儁偉拔出之材，非常之士也。」學文則主：「要當且置它書，熟讀《史記》三兩年。」其他如：黃庭堅：凡爲文須熟讀司馬子長、韓退之文。唐庚：「六經以後便有司馬遷」、「文當學司馬遷」者，更是不勝枚舉。風氣非一日可成，足見《隋書經籍志》肇列《史記》爲正史之首，可謂洞燭機先。

〔註3〕 宋代文人大都讀書很多，學問廣博，且多才多藝，富有文雅風流的生活情趣。如歐陽修自稱「吾家藏書一萬卷，集錄三代以來金石遺文一千卷，有琴一張，有碁一局，而常置酒一壺，……以吾一翁，老於此五物之間」，因號「六一居士」。尤其蘇軾更稱才華橫溢，詩、詞、文、賦、書法、繪畫無一不精，且著作等身。

〔註4〕 宋初，官學甚少，學者紛紛創辦書院，著名者有白鹿洞、應天府、岳麓、嵩陽等四大書院。仁宗後，州縣官學盛行，書院趨於低潮。南宋時，書院復興。孝宗後，各地官員競相創建書院，幾乎遍佈全國。宋代書院多爲民辦學館，掌教者稱山長、洞主。書院設有學規，聘請學者講學，學生分齋習讀，以自

文關鍵》、謝枋得的《文章軌範》、眞德秀的《文章正宗》、樓昉的《崇古文訣》
等便都是散文選本；此外加以宋元《史記》評點的發展，正因出現了像呂祖
謙、樓昉、眞德秀、謝枋得、黃震、劉辰翁、王禹偁、晁補之、鄭樵、王應
麟、曾鞏、楊時、劉子翬、范仲淹、歐陽修、司馬光、王安石、黃庭堅、秦
觀、王楙、倪思、蘇轍、羅大經、陳傅良、蔡沉、劉恕、蘇軾、蘇洵、陸游、
朱熹、魏了翁、鮑彪、陳仁子、金履祥、費袞、陳善、宋祁、唐庚、陳祥道、
李廌、司馬光、朱黼、程顥、程頤、范浚、李治、陳振孫、劉敞、張耒、劉
攽、趙頊、馬存、陳經、黃履翁、胡一桂、黃朝英、孫復、王觀國、呂本中、
胡宏、唐仲友、林之奇、王若虛、吳仁傑、白珽、沈作喆、朱翌、陳長方、
葉適、吳師道、胡寅、洪興祖、洪邁、晁公武、林駉等一批優秀的評點家，
故能形成《史記》評點學上的一個重要里程，因茲促成明代《史記》評點的
全面繁榮。推究有明《史記》評點大盛之標幟，可從以下幾點作檢驗：一、
評點人數的空前壯大；二、注評、選評與集評本的大量刊刻；三、評點合刻
本的紛紛問世。

一、評家人數的空前壯大

　　明代正德、嘉靖、隆慶以至萬曆初，曾出現過一批傑出的評點家，如楊
愼、顧璘、徐獻忠、敖英、李開先、歸有光、唐順之、王愼中、茅坤、胡纘
宗、桂天祥、陳沂、何孟春、陸深、王鏊等，乃至從萬曆中期至明末，幾乎
所有具知名度的作家都有評點方面的著作，即使一些不知名的作家或身居要
位的顯赫人物，也熱衷此道，其中頗負盛名者如：楊濱尹、焦竑、陳仁錫、
陳深、朱之蕃、顧起元、何喬遠、顧鄰初、王永啓、白雪齋、文震孟、凌約
言、梅士享、張榜等皆是散文方面的評點名家，而陸時雍、程元初、徐武子、
邢昉、唐汝洵、李沂、葉羲昂、郭濬、周敬、周珽、王嗣奭、陳子龍，戴明
說等是詩方面的評點家，又如孫鑛、陳繼儒、徐渭、鍾惺、譚元春、沈際飛、
李廷機，翁正春、楊肇祉、屠隆、郝敬、凌稚隆、馮梦龍、凌蒙初、鄭子龍、
方疑、朱長春、林兆珂、徐昭慶、蔣如奇、劉士鏻、王穉登、穆文熙、胡震

學爲主，書院供給宿舍、几案和廩膳，採用積分制考核成績。宋代的一些書
院往往是著名學者的講學之地，但大多數書院則是準備科舉應試的場所。因
此許多散文選本皆是用以課授學子之用，其中談文章寫作、賞析、方法與原
理原則，必然涉及評議與圈點，因此推論其爲兩宋散文評點成就助緣之一。

－655－

亨、顧錫疇等，也都名重一時。其它如：鄭維岳、項應祥、阮宗孔、魏浣初、袁了凡、沈璟、董其昌、蒙愼、沈一貫、王永啓、徐用吾、黃克纘、衛一風、徐宗夔、陳樹聲、郭正域、王錫爵、汪道昆、王鳳生、趙如源、李鳴春、金堡、張榜、郎兆玉、范方、祝世祿、楊起元、李雲翔、陳懿典、廖文炳，鄧以纘、張鼎等，不勝其數，即以《史記》評點而言，據約略統計，當時有相當名氣和影響的史學評點家，至少在百人以上，例如：宋濂、楊維禎、楊士奇、夏寅、丘濬、錢福、陸釴、李夢陽、王瑋、胡廣、胡儼、周洪謨、吳寬、程敏政、李應禎、楊循吉、方孝儒、王直、王懋、楊守陳、謝鐸、邵寶、李東陽、呂柟、王九思、王守仁、董圯、張邦奇、邵銳、鄒守益、陳霆、廖道南、顧璘、林希元、田汝成、柯維騏、閔如霖、康海、崔銑、徐禎卿、胡纘宗、霍韜、黃佐、朱應登、袁裒、許應元、何景明、王廷陳、王韋、許相卿、馬汝驥、邵經邦、陸粲、羅洪先、黃省曾、王維楨、茅瓚、董份、汪道崑、薛應旂、歸有光、吳鼎、葉盛、劉鳳、高儀、茅坤、張之象、何良俊、尤瑛、李攀龍、蔡汝楠、余有丁、王世貞、宗臣、高岱、陳文燭、吳國倫、盧舜治、李廷機、徐中行、黃洪憲、袁黃、趙汸、何喬新、鄭瑗、王畿、胡應麟、陳仁錫、黃淳耀、朱鶴齡、王鏊、何孟春、焦竑、陳懿典、楊愼、陸深、陳沂、敖英、王愼中、凌約言、李贄等，不勝枚舉，風氣之盛，可見一斑。在《史記》評點精神的激勵下，不僅可以顯示一己之卓見與才志，甚且更能表現個人之史學新思想、新觀念與新精神。因此，史學點評不僅是一種有效與史學作品密切相連的方法，且是表現個人史學觀念和思想的獨特方式〔註5〕。

二、注選集評本大量刊刻

明代自楊愼、歸有光、唐順之、王愼中等人之後，評點在社會上引起巨大的反響，評點人數越來越壯大，也由於這些評點者頗富盛名，對讀者很有

〔註5〕 另一方面有些書商爲了贏利，就故意把一些作品署上一些名人批點或編輯的字樣，致使後人眞假難分。由於李贄、鍾惺、袁宏道、王世貞、楊顯祖等人的聲譽隆盛，因此僞稱其人評點的書特別多，如《李卓吾先生批評三國志》、《鍾伯敬先生批評忠義水滸傳》等，都令人難以置信；此外，另有一些書也不可靠，如題爲宋陸遊評的《呂氏春秋》二十六卷（明萬曆刊本），題爲王世貞評釋的《孫子評釋》一卷（明天啓刊本）等，此等作品雖不至影響評點家的聲譽，卻多少引起學界渾淆，所幸的是史學評點的著作仍不斷問世，參與評點的人數仍在不斷壯大中。

吸引力，當時出版又處於一個前所未有的飛騰時期，書商爲了牟利，認爲在評點上可大做文章，於是在出版一部作品時，不論是小說、散文、詩歌，就故意把一些名家的評語彙集起來，成爲一種彙評本或集評本，當時人又往往稱之爲「評林」以此來招徠讀者，獲取其利；同時，有些學者也認爲出版彙評本或集評本不僅可以清楚地看到各家各派對於一部小說、一篇散文或一首詩詞的不同看法，且有助於人們，特別是那些啓蒙讀者對作品的理解。因此，不僅各種單行本的評點著作，如大江決堤，洶湧而來，就是各種各樣的評注、匯評本或集評本也如雨後春筍，遍地生長〔註6〕。茲謹就其可夜者之注評、選評與集評本略錄如下：

注評〔註7〕刊本一覽表

書　　　　名	作　　者	備　　註
《史記集解索隱》一百三十卷	裴駰、司馬貞	明天順間豐城游明刊本
《史記集解索隱正義》一百三十卷	裴駰、司馬貞、張守節	明正德十二年廖鎧刊本

〔註 6〕以散文彙評言之，有題爲楊濱尹編撰的《歷子品粹》、題歸有光選評的《諸子匯函》、題徐應琛蒐輯、徐大儀評閱的《二刻諸子匯函》，題焦竑校正，翁正春參閱，朱之蕃圈點的《二十九子品匯釋評》、題金堡輯評的《金衛公彙選》、題盧復輯評的《諸名家評點莊子輯注》、題顧錫疇所輯的《先秦鴻文》、題鍾惺選評的《周文歸》、題焦竑編撰的《太上老子道德經注解評林》、題沈汝紳集評的《南華經集評》、題王宇集評的《鶡冠子集評》、題黃甫龍彙評的《呂氏春秋匯評》、題王鳳生輯的《國語彙評》、題焦竑集評的《新刊百家評林國語天梯》、題穆文熙所輯的《春秋左傳評林》、題焦竑批選，翁正春校正，朱之蕃匯評的《戰國策玉壺氷》、題爲凌稚隆所輯的《史記評林》、題徐宗夔評選，屠隆批釋的《古今曠世文淵評林》、題爲陸可教，李廷機集評的《新刊諸子玄言評苑》、題焦竑纂注，陸懿典評閱的《諸子折衷匯錦》……此外，尚有無名氏編撰的《合諸名家批點諸子全書》、《十三子全書》、《老子讀法評林》、《莊子讀法評林》、《莊子南華經集評》、《韓非子評林》等。其中有關先秦諸子及秦諸子及秦漢散文的彙評本居多。另則由於歸有光、唐順之、王愼、茅坤等提倡唐宋散文，故有關唐宋散文，尤其是唐宋八大家散文的彙評本也不少，如陳繼儒選評的《唐宋文歸》、茅坤編選的《唐宋八大家文抄》等在此一段時間內被多次刊刻。(有關文學評點部份，詳參孫琴安《中國評點文學史》(上海社科院出版，1999 年 6 月第一版。)下同)

〔註 7〕注本往往兼具評本之功，例如：《史記》三家注中，考證「紂囚西伯羑里」(殷本紀第三)《呂覽》以爲「因文王之嘆」，《淮南子》主張「崇侯之譖」。注家即對〈周紀〉專採《淮南子》之說，發表評議，以爲扞格不入，並引梁玉繩《史記志疑》等證之。故本論文將注本一併計入評點書目之中，其理即此。

《史記集解索隱》一百三十卷	裴駰、司馬貞	明正德十三年建寧令邵宗周刊，十六年劉氏慎獨齋校訂本
《史記集解索隱》一百三十卷	裴駰、司馬貞	明正德十六年劉洪刊本
《史記集解》一百三十卷	裴駰、司馬貞	明正德間白鹿書院刊本
《史記集解索隱正義》一百三十卷	裴駰、司馬貞、張守節	明嘉靖四年金臺汪諒刊莆田柯維熊校本
《史記集解索隱正義》一百三十卷	裴駰、司馬貞、張守節	明嘉靖四年震澤王延喆刊本
《史記集解索隱正義》一百三十卷	裴駰、司馬貞、張守節	明嘉靖六年（丁亥）震澤王延喆覆宋刊本
《史記集解索隱正義》一百三十卷	裴駰、司馬貞、張守節	明嘉靖七年南監張邦奇江汝璧刊本
《史記集解索隱正義》一百三十卷	裴駰、司馬貞、張守節	明嘉靖八至九年南京國子監刊本
《史記集解索隱正義》一百三十卷	裴駰、司馬貞、張守節	明嘉靖十三年秦藩刊本
《史記集解索隱正義》一百三十卷	裴駰、司馬貞、張守節	明嘉靖十三年秦藩朱維焯刊二十九年修補本
《史記》一百三十卷		明隆慶吳勉學刊本
《史記集解索隱正義》一百三十卷	裴駰、司馬貞、張守節	明萬曆三年南監祭酒余有丁，司業周子義刊本
《史記集解索隱正義》一百三十卷	裴駰、司馬貞、張守節	明萬曆二十四年南監祭酒馮夢禎，司業周汝良刊本
《史記集解索隱正義》一百三十卷	裴駰、司馬貞、張守節	明萬曆二十四年北監刊本
《史記集解索隱正義》一百三十卷	裴駰、司馬貞、張守節	明萬曆二十六年北監祭酒劉應秋，司業楊道賓校刊
《史記集解索隱正義》一百三十卷	裴駰、司馬貞、張守節	明崇禎間程正揆刊本
《史記集解索隱正義》一百三十卷	裴駰、司馬貞、張守節	明萬曆間張守約刊本
《史記集解》一百三十卷	裴駰	明崇禎十四年，常熟毛晉汲古閣刊本
《史記》一百三十卷		明崇禎十三年鄒德沛世古齋刊袖珍本
《史記測義》一百三十卷	明陳子龍、徐孚遠撰	崇禎十三年聚錦堂原刊本
《史記鈎玄》		明錫山錢氏刊本

《史記》一百三十卷	明鍾伯敬評	天啓五年刊本
《史記統》五卷	明童養正	
《史記短長說》	明凌稚隆	海山仙館叢書本
《孫月峯先生批點史記》一百三十卷	明孫鑛評	明崇禎九年源元仲校刊本
《史記》一百三十卷	明葛鼎、金蟠評	崇禎間金閶葛氏刊本
《史記評林》一百三十卷	明陳仁錫評	崇禎元年刊本
《史記評論》一卷	明黃淳耀	黃陶庵先生全集本
《班馬異同評》三十五卷	宋倪思撰、劉辰翁評	明嘉靖十年（1531）李元陽福建刊本〔註8〕
《史漢異同補評》存三十三卷	宋倪思撰、劉辰翁評	明凌稚隆訂補本。明萬曆間吳興凌氏刊本缺卷三十四至三十五。中央圖書館藏
《補訂班馬異同》十二卷	宋倪思撰、劉辰翁評	中央圖書館藏

有關《史記》考證刊本表

書　　名	作　者	備　　　注
《陳明卿史記考》	明陳仁錫	日本寬文十二年（1697）刊本日本內閣大庫藏
《史記瑣瑣》二卷	明郝敬	明刊山草堂集本
《史詮》五卷	明程一枝	刊本
《史記考要》十卷	明柯維騏	明刊本

有關《史記》通論表

書　　　名	作　者	備　　註
《井觀瑣言》卷上、卷中	鄭瑗	
《讀史漫錄》	于愼行	
《史說史記》	楊愼	
《丹鉛雜錄》卷三、卷四、卷七	楊愼	
《焦氏筆乘》	焦竑	
《震澤長語》卷下	王鏊	
《少室山房筆叢》卷十三	胡應麟	（史書佔畢一）

〔註8〕　中央研究院傅斯年圖書館藏。中央圖書館有四部，其中有一部爲明天啓甲子（四年）（1624）開起特刊本，又一本爲晚明刊本，於今則無法於全國圖書目錄中顯示，下一本亦同。

選評刊本一覽表

書　　名	作　　者	備　註
《十七史評節》	宋呂祖謙編	
《荊川先生精選批點史記》十二卷	明唐順之批選	
《茅鹿門先生批評史記鈔》六十五卷	明茅坤輯選	
《史記鈔》九十一卷	明茅坤評選	
《史記鈔》九十一卷	明茅坤選、閔振業輯評	
《楊升庵先生批選史記市言》八卷	明楊慎	
《史懷》卷五至卷九	明鍾伯敬	
《史記纂》二十四卷	明凌稚隆評選	
《史記拔奇》二卷	明詹惟修選	
《批吳史記節略》十二卷	明穆文熙編	
《史概》	明俞思學選	
《史記奇鈔》十四卷	明陳仁錫	
《靜觀室增補史記纂》六卷	明李廷機增補，蘇濟訂評	
《梅太史訂選史記神駒》四卷	明梅之煥	
《新刻霍林湯先生評選史記玉壺氷》八卷	明湯賓尹	
《鼎鐫金凌三元合選評註史記狐白》	明湯賓尹精選，朱之藩評註，龔三益擷評，林世編彙	
《新鍥鄭孩如支李精選史記旁訓句解》八卷	明鄭惟嶽撰	
《讀史記》	明趙維寰節	
《讀史選》		明上谷書院刊本
《古照登第三才子史記》四十一卷		不著評著人

集評刊本一覽表

書　　名	作　　者	備　　註
《史記評鈔》		轉錄明凌氏《史記評林》
《史記評林》一百三十卷	凌稚隆輯評、溫凌李光縉增補	明萬曆四年吳興凌稚隆輯校本
《史記題評》一百三十卷	明楊慎、李元陽輯	嘉靖十六年胡有恆、胡瑞敦刊本
《史記賽寶》	明陶望齡輯	明萬曆刻本
《史記集評善本》一百三十卷	明朱東觀輯	崇禎間錢塘朱氏家刊本

《史記輯評》一百三十卷	明鍾仁傑輯評	明末葉錢塘鍾氏原刊本
《史記鈔》九十一卷	明茅坤選、閔振葉輯評	
《史記綜芬評林》三卷	明焦竑、李廷機注、李光縉評	明萬曆間刊本、日本內閣大庫藏
《史記輯評》二十四卷	明鄧以讚	明刊本、日本內閣大庫藏、美普林斯敦大學藏明萬曆四十六年（1618）刊本僅十二卷
《百大家評註史記》十卷	明朱子藩	上海錦章書局印本
《史記鈎玄》		明錫山錢氏刊本
《史記評林》一百三十卷	明陳仁錫評	崇禎元年刊本
《史記》一百三十卷	明葛鼎、金蟠評	崇禎間金閶葛氏刊本

涉及《史記》評點之刊本一覽表

書　　　名	作　者	備　　　註
《夷其十辨》	王直	《皇明文衡》，四部叢刊本
《遜志齋集》	方孝孺	四部叢刊本
《水東日記》	葉盛	六世孫重華刻本
《震澤長語》	王鏊	叢書集成本
《日格子學史》	邵寶	嘉靖三十三年秦氏刻本
《四友齋刊說》	何良俊	中華書局 1959 年 4 月版
《井觀瑣言》	鄭瑗	叢書集成本、又寶顏堂秘籍本
《何文肅公文集》	何喬新	康熙三十三年重刻本
《讀貨殖傳》	趙汸	《皇明文衡》，四部叢刊本
《餘冬敘錄》	何孟春	明嘉靖七年柳州學塾自刻本
《史記評抄》	何孟春	轉錄凌氏《史記評林》
《唐對山先生文集》	康海	清乾隆二十六年武功縣重刻本
《史記題評》	楊慎	明嘉靖十六年胡有恆刻本
《總纂升庵合集》	楊慎	清光緒八年刻本
《楊升庵文集》	楊慎	明萬曆刻本
《丹鉛雜錄》	楊慎	叢書集成本
《丹鉛續錄》	楊慎	寶顏堂秘籍本
《史記評抄》	陳沂	轉錄明凌氏《史記評林》
《庸言》	黃佐	
《史記考要》	柯維騏	明嘉靖二十年刻本
《唐順之先生文集》	唐順之	清光緒三十年江南書局刻本
《荊州先生精選批點史記》	唐順之	明萬曆五年浙人雙泉童子刻本

《史記鈔》	茅坤	明西吳閔氏刻本，又明泰昌間刻本
《茅鹿門集》	茅坤	清康熙間張汝湖夏仲甫選本
《歸震川評點史記》	歸有光	清光緒二年武昌張氏校刻本
《史記》一百三十卷	陳仁錫	明刻本
《龍溪先生全集》	王畿	清光緒八年刊本
《少室山房筆叢》	胡應麟	中華書局上海編輯所 1958 年出版
《史記評鈔》	王維楨	轉錄凌氏《史記評林》
《史記評鈔》	王慎中	轉錄凌氏《史記評林》
《史記評林序》	徐中行	凌氏《史記評林》
《史記評鈔》	董份	轉錄凌氏《史記評林》
《二酉園文集》	陳文燭	湖北先正遺書本
《史記評鈔》	茅瓚	轉錄凌氏《史記評林》
《監本史記》	余有丁	轉錄凌氏《史記評林》
	凌約言	轉錄凌氏《史記評林》
	李廷機	轉錄陶望齡輯《史記賽寶》，明萬曆刻本
《史記評論》一卷	黃淳耀	明黃陶庵先生全集本，清乾隆二十二年寶山縣學刊本
《史記論略》	黃淳耀	清光緒辛巳陶庵集重刊本
《愚庵小集》	朱鶴齡	燕京大學圖書館排印本
《史記測義》	陳子龍	聚錦堂刻本
《史記測義》	徐孚遠	聚錦堂刻本
《史記評林序》	王世貞	凌氏《史記評林》
《弇州山人四部稿》	王世貞	明萬曆世經堂刻本
《文部・諸史辨體》	王世貞	
《藏書》	李贄	中華書局 1974 年版
《續藏書》	李贄	中華書局 1974 年 8 月版
《焚書》	李贄	中華書局 1975 年 1 月版
《焦氏筆乘》	焦竑	叢書集成本
《史記新序》	李維楨	錄自明黃嘉惠刻本《史記》
《水東日記》四十卷	葉盛	記錄彙編本
《棗林雜俎》	談遷	
《讀書後》卷一	王世貞	〈書司馬穰苴孫武傳後〉、〈書五子胥傳後〉、〈書蔡澤傳後〉、〈書樂毅傳後〉、〈書呂不韋黃歇傳後〉，乾隆二十一年（1756）顧朝泰刊本。
《胡敬齋集》卷二	胡居仁	〈跋孟嘗君傳〉，正誼堂全書本，同治五年（1866）福州正誼書院刊。

《弇州山人四部稿》卷一百十二	王世貞	〈讀衛霍傳〉，萬曆中世經堂刊本。
《崔文敏公洹詞》卷十一	崔銑	〈日者傳跋〉，乾隆三十七年（1772）重刊本。
《新刻史記定本序》	陳繼儒	《陳太史評閱史記》，明黃嘉惠刻本。
《史漢愚按》	郝敬	明崇禎間郝氏刻山草堂集本
《讀史漫錄》	于慎行	明萬曆四十二年于氏原刻本
《田亭草》	黃鳳翔	明萬曆中刻本
《史記輯評》	鄧以讚	明萬曆間刻本
《史記評林》	凌稚隆	明萬曆間李戳堂刊本
《鍾伯敬評史記》	鍾惺	明天啓五年刊本

有關《史記》通論表

書　　　名	作　者	備　　註
《井觀瑣言》卷上、卷中	鄭瑗	
《讀史漫錄》	于慎行	
《史說史記》	楊慎	
《丹鉛雜錄》卷三、卷四、卷七	楊慎	
《焦氏筆乘》	焦竑	
《震澤長語》卷下	王鏊	
《少室山房筆叢》卷十三	胡應麟	（史書佔畢一）

有關議論《史記》文章表

書　　　名	作　者	備　　註
《評司馬子長諸家文》	明茅坤	茅鹿門先生文集卷三十，萬曆刊本
《太史華句》	明凌迪知	融經館叢書本，光緒八年（1882）會稽徐氏八杉齋刊本
《史漢方駕》三十五卷	明許相卿	明刊本

有關《史記》序跋表

篇　　　名	作　者	備　　註
〈史記序〉	明康　海	康對山先生文集卷四。乾隆二十六年（1761）武功縣重刊本
〈刻史記鈔引〉	明茅　坤	茅鹿門先生文集卷三十一。萬曆中刊本
〈史記定本序〉	明陳繼儒	白石樵眞稿卷一。崇禎中刊本

〈精選史記漢書序〉	明王畿	龍谿王先生全集卷十三。萬曆四十七年（1619）刊本
〈史記癖嗜〉	明鄭維嶽	新鐫評釋六史癖嗜四卷本。日本尊經閣文庫藏

有關司馬遷傳記表

篇　　名	作　者	備　　　　註
〈司馬遷列傳〉	明李贄	李氏藏書卷三十二。萬曆十七年（1589）刊本
〈太史公世系考〉	明張士佩	韓城縣志卷十二
〈司馬談傳〉	明李贄	李氏藏書卷三十二。萬曆十七年（1589）刊本
〈重修司馬公詞記〉	明郭宗傅	韓城縣志卷十一

明人筆記中有關評點《史記》之條目一覽表

篇　　目	作者與書名	備　　　　註
【五帝本紀】	明楊慎《術藝雜錄》	「旁羅」條（升菴合集本）
【殷本紀】	明楊慎《史說》	「殷本紀湯歸至於泰卷陶……」條
【周本紀】	明于慎行《讀史漫錄》卷一	「本紀曰周武王為天子……」條（明刊本）、又：「武王伐商至紂死所…」條、又：「史記周共王游於涇上…」條、又：「周考王之時封其弟於河南…」條
【周本紀】	明楊慎《史說》	「周后稷世」條、又：「衛康叔布茲」條
【周本紀】	明楊慎《丹鉛雜錄》卷七	「夷羊蜚鴻」條
【周本紀】	明胡應麟《少室山房筆叢》卷二十六，藝林學山八	「夷羊」條（廣雅本）
【秦本紀】	明于慎行《讀史漫錄》卷一	「史記秦記晉獻公以百里奚為秦穆公夫人媵於秦…」條
【秦始皇本紀】	明楊慎《史說》	「秦紀史記始皇本紀后有低兩字一段…」條
【高祖本紀】	明楊慎《史說》	「嗥歸」條
【孝文本記】	明焦竑《焦氏筆乘》卷二	「徐廣注誤」條（叢書集成本）
【禮書】	明楊慎《史說》	「禮書」條
【樂書】	明楊慎《史說》	「樂書」條
【樂書】	明張萱《疑耀》卷五	「司馬遷論五音」條（叢書集成本）
【律書】	明焦竑《焦氏筆乘續集》卷三	「黃帝合而不死」條
【律書】	明楊慎《史說》	「律書」條、又：「律書注」條

【齊世家】	明楊慎《史說》	「史記尊王事誤」條
【燕世家】	明王志堅《讀史商語》卷一	「史記載燕太子丹…」條（明刊本）
【宋世家】	明楊慎《丹鉛雜錄》卷一	「微子面縛」條
【晉世家】	明張煊《疑耀》卷六	「龍蛇歌」條（張萱與張煊或同）
【楚世家】	明祁駿佳《遯翁隨筆》卷上	「史記吳世家則云…」條（仰視一千百二十九鶴齋叢書本）
【越世家】	明張萱《疑耀》卷三	「習流」條
【趙世家】	明周嬰《厄林》卷二	「惠后」條（叢書集成本）
【趙世家】	明焦竑《焦氏筆乘續集》卷五	「左氏史記之異」條
【趙世家】	明文林《瑯琊漫鈔》	「世以史記趙氏孤兒作雜劇…」（學海類編本）
【孔子世家】	明焦竑《焦氏筆乘》卷二	「年月牴牾」條
【孔子世家】	又續集卷五	「子見南子」條
【孔子世家】	明張燧《千百年眼》卷三	「南子是南蒯」條（清刊本）
【孔子世家】	明陳恂《餘菴雜錄》卷中	「孔子生卒年月傳記所載不同…」（學海類編本）
【陳涉世家】	明張萱《疑耀》卷二	「顓頤沈沈字義」條
【陳涉世家】	又卷六	「張楚」條
【蕭相國世家】	明焦竑《焦氏筆乘》卷二	「酇侯」條
【蕭相國世家】	明楊慎《史記》	「蕭何封…」條
【留侯世家】	明于慎行《讀史漫錄》卷三	「溫公通鑑不載四皓事…」條
【留侯世家】	明楊慎《史說》	「胡苑」條
【絳侯世家】	明王志堅《讀史商語》卷一	「吳王濞傳言…」條（明刊本）
【伯夷列傳】	明胡應麟《少室山房筆叢》卷十五（史書佔畢三）	「仲尼曰…」條（廣雅本）
【伯夷列傳】	明張燧《千百年眼》卷一	「夷夷辨」條
【老子列傳】	明周嬰《厄林》卷二	「史儋」條
【老子列傳】	明于慎行《讀史漫錄》卷一	「太史公書多所牴牾…」條
【孫武傳】	明張燧《千百年眼》卷三	「孫武入郢之舉疑偽」條
【吳起傳】	明焦竑《焦氏筆乘續集》卷五	「史記呂氏春秋之異」條
【仲尼弟子列傳】	明焦竑《焦氏筆乘》卷一	「申棖」條
【仲尼弟子列傳】	明楊慎《史說》	「仲尼弟子世家」條
【仲尼弟子列傳】	明鄭瑗《井觀瑣言》卷下	「…史記顏回少孔子三十歲…」條（學海類編本）
【仲尼弟子列傳】	明陳繼儒《群碎錄》	「闞止宰我與田常作亂…」條（學海類編本）、又：「申棖史記作申黨…」

【商君傳】	明焦竑《焦氏筆乘》卷一	「開塞書」條
【商君傳】	明胡應麟《少室山房筆叢》卷二十六，藝林學山八	「小司馬索隱注誤」條
【孟軻傳】	明張燧《千百年眼》卷五	「史遷文章賓主」條
【樂毅傳】	明周嬰《卮林》卷二	「望諸澤天柱山」條
【屈原傳】	明于慎行《讀史漫錄》卷二	「史記屈原傳…」條
【賈誼傳】	明楊慎《丹鉛雜錄》卷十	
【賈誼傳】	明陳懿典《讀史漫筆》	「賈誼晁錯」條
【呂不韋傳】	明胡應麟《少室山房筆叢》卷二十七，九流，緒論上	「呂氏春秋太史以遷蜀後作者…」條
【刺客列傳】	明張燧《千百年眼》卷五	「太史公權衡」條
【刺客列傳】	明陳懿典《讀史漫筆》	「豫讓心事最苦…」條
【淮陰侯傳】	明于慎行《讀史漫錄》卷三	「韓信伐趙…」條
【張蒼傳】	明王鏊《震澤長語》卷下	「史記張蒼傳……」條（清刊本）
【陸賈傳】	明于慎行《讀史漫錄》卷三	「陸賈傳…」條
【陸賈傳】	明楊慎《史說》	「數見不鮮」條
【季布傳】	明于慎行《讀史漫錄》卷三	「季布傳…」
【馮唐傳】	明焦竑《焦氏筆乘》續集卷五	「孟舒魏尚」條
【田蚡傳】	明鄭瑗《井觀瑣言》卷上	「魏其武安等傳…」條
【匈奴傳】	明焦竑《焦氏筆乘》卷二	「匈奴傳贊」條
【衛青傳】	明王志堅《讀史商語》卷一	「衛青戰略」條（明刊本）
【衛青傳】	明于慎行《讀史漫錄》卷三	「衛霍傳…」條
【霍去病傳】	明陳懿典《讀史漫筆》	「太史公極不滿驃騎…」條
【司馬相如傳】	明張燧《千百年眼》卷五	「史遷不解作賦」條
【儒林傳】	明王鏊《震澤長語》卷下	「史記董仲舒傳不載天人三策…」條
【酷吏傳】	明焦竑《焦氏筆乘》續集卷三	「馮商」條
【大宛傳】	明陳恂《餘菴雜錄》卷下	「史記不與張騫立傳…」條
【大宛傳】	明王鏊《震澤長語》卷下	「史記不與張騫立傳…」條
【游俠傳】	明鄭瑗《井觀瑣言》卷上	「史記游俠傳曰…」條
【游俠傳】	明于慎行《讀史漫錄》卷三	「史記侯之門仁義存…」條
【龜策傳】	明周嬰《卮林》卷二	「季歷」條
【龜策傳】	明楊慎《史說》	「龜策」條
【太史公自序】	明于慎行《讀史漫錄》卷三	「漢儀注太史公位在丞相上…」條

由上所述，可見繼兩宋評《史》遺風之後，有明一代，評點《史記》之盛況與蓬勃發展之一斑。

三、評點合刻本紛紛問世

明代評點學的繁榮，不僅可以從龐大的評點人數和大量注評、選評、隨筆節選本等刊行看出，而且可以從大量的評點合刻本問世來加以佐證。所謂評點合刻本，便是將一評點過的作品合刻在一起，用我們今天的話來說，即是將該評點家的評點著作組成一個系列，成套出版，以此來吸引廣大讀者。由於許多評點專家不僅評詩，也評文，或者退一步說，就是評散文，也不止一家，往往從先秦至六朝，從唐宋至元明，接連評批，令人目不暇接。這些評點家的著作在開始時總是以單行本發行，一種、二種乃至三種、四種，即使出版，也顯得很分散，很難瞭解某一評家之總體面貌。因此，商賈掌握讀者的心理，再加上學界亦感到評點者的評點著作也有成套出版的必要，一則，可以對評家觀點有綜合認識，再則，可以推動明代批評學的發展，於是社會上便出現許多評點家的評點合刻本。如孫鑛是當時一位著名的詩、文評點家，評點的作品如《韓非子批點》等，多為單行本，有人覺得不方便，就將他評《老子》、《莊子》、《列子》等人的著作一起合刻，題為《孫月峰批點合刻九種全書》，又有人將他評《老子》等人的著作合刻為《孫月峰三子評》；又如鍾惺也是當時的評點名家，詩、文都批，於是又有人將他評點《老子》、《莊子》、《楊子》、《韓非子》的著作一起合刻，題為《諸子文歸》，凡二十二卷，又有人將他評點《老子》等著作的作品一起合刻，題為《諸子娜嬛》，凡六卷。由於孫鑛、鍾惺都是評點名家，又有人將他倆對諸子散文評點的著作一起合刻，題為《孫鍾二先生評六子全書》。諸如此類，為數至多，即此亦可知評點層面拓及經、史、子〔註9〕、集〔註10〕，不僅面廣而且量多，僅舉經部《春秋》

〔註 9〕 又如子部之《楞伽經精解評林》，明焦竑纂（大藏會閱冊二，頁 596；卍字續藏冊九一）、《維摩經評注》，明揚起元纂（大藏會閱冊二，頁 604；卍字續藏冊三十）、《楞嚴經精解評林》，明焦竑纂（大藏會閱冊二，頁 713；卍字續藏冊九十）、《法華經精解評林》，明焦竑纂（大藏會閱冊二，頁 968；卍字續藏冊九三）等

〔註10〕 以詩歌的彙評本來說，由於明前後七子提倡「詩必盛唐」故有關唐詩的彙評本也特別多，如題李維楨所撰的《新鑴名公批評分門釋類唐詩雋》、題梅鼎祚編選，屠隆集評的《李杜二家詩抄評林》、徐克編撰的《評注百家唐詩彙選》、楊肇祉的《唐詩豔逸品》、徐用吾的《唐詩分類繩尺》、黃克纘與衛一鳳合撰的《全唐風雅》、沈子來的《唐詩三集合編》、郭浚的《增定評注唐詩正聲》、李沂的《唐詩援》、凌云《唐詩絕句類選》、周珽《唐詩選脈會通評林》、凌宏憲《唐詩廣選》等，此外，像王維、孟浩然、李賀、杜牧等一些唐代大家、名家的詩集，在此時期也都有彙評本在民間流傳；至於詞曲，雖在詩、文之

三《傳》之節錄、評點、賞析及今注爲例佐證，例如《春秋左傳節文註略》
十五卷，明汪道昆撰，周光鎬注、《左傳杜林合注》五十卷，明王道焜、趙如
源同編、《春秋左傳杜林合註》五十卷，明閔夢得、閔光得編、《點評春秋左
傳》十五卷，明孫鑛、《春秋詞命》三卷，明王鏊撰、《春秋左傳節文》十五
卷，明汪道昆撰、《春秋左傳今注》四十卷，明龔持憲撰、《春秋賞析》二卷，
明楊時偉撰、《春秋經傳集解》三十卷，明穆文熙校、《左傳抄評殘本》二卷，
明穆文熙批輯、《春秋左傳評苑》三十卷，明穆文熙編纂、《陳太史訂閱春秋
旁訓》四卷，明陳仁錫重訂、《鍾評左傳》三十卷，明鍾惺撰、《鍾伯敬評公
羊穀梁二傳》二十四卷，明鍾惺評、《春秋胡氏傳標注》，明張宣撰、《春秋經
傳集解》三十卷，明錢陸燦批、《公羊傳》十二卷，明孫鑛、張榜評、《穀梁
傳》十二卷，明孫鑛、張榜評、《春秋左傳詳節句解》三十五卷，明孫鑛批點、
顧梧芳較正、余元長重訂、《左傳評林》，明劉堯誨撰、《左傳文苑》八卷，明
張鼐評選、陳繼儒註釋、《名公註釋左傳評林》三十卷，明歐陽東鳳批評、李
茂識編次、《春秋左傳標釋》三十卷，明戴文光撰、《左概增刪》十二卷，明
戴文光撰、《春秋左傳詳節句解》三十五卷，宋朱申撰、明顧梧芳校、《春秋
左傳分類旁註評選》十四卷首一卷，明龔而安撰、《左傳綱目定注》三十卷，
明李廷機撰、《春秋左傳評林選要》三卷首一卷，明李廷機撰、《左概》六卷，
明李事道、行可甫輯、《左選》四卷，明朱睦（木挈）撰、《春秋左傳節文》
六卷，明吳炯撰、《左傳偶評》，明金鏡撰、《左傳評鈔》，明馬之驥撰、《左選》
八卷，明栗應麟撰、《左傳經世鈔》二十三卷，明魏禧評點、清彭家屏參訂、
《春秋左傳句解》六卷，明張溥等句解、《陳太史訂閱春秋旁訓》四卷，明陳
仁錫重訂、《春秋傳語編註》，明蘇炎撰、《春秋節錄》二卷，明朱安期撰、《張

下，不爲封建士大夫所重，但在此時也出現了一些彙評本或集評本，如題爲
李廷機所撰的《新刻注釋草堂詩餘評林》，題吳從先編，袁宏道增訂、李攀龍
評注的《草堂詩餘雋》，題楊慎所輯的《百琲明珠》，題卓人月彙選、徐士俊
參評的《詩餘廣選》題爲湯顯祖、李贄、徐渭所評的《三先生合評元本北西
廂》……；至於小說是在明代全面繁榮和興盛起來的，不僅深得民衆喜愛，
就連李贄、湯顯祖、袁宏道、馮梵龍、凌濛初、屠隆、陳繼儒等著名作家也
都重視小說，因此有關小說的彙評或集評本也大量出現，如《京本增補校正
全像忠義水滸志傳評林》、《新刊校正演義全像三國志傳評林》等。此各種各
樣，形形色色的彙評本或集評本，或用朱筆批上，或用朱墨套印，或全用黑
字，或加丹黃；或擠於眉端，或題於篇首，或批於尾部；或點於字旁，各呈
樣式，成爲明代評點文學的一大特色。

賓王刪補左傳神駒》六卷，明張榜刪補、錢謙益評註等。至於有關《史記》方面，則如：《史記評鈔》（轉錄明凌氏《史記評林》）、《史記評林》一百三十卷（凌稚隆輯評，溫凌李光縉增補。明萬曆四年吳興凌稚隆輯校本）、《史記題評》一百三十卷（明楊慎、李元陽輯。嘉靖十六年胡有恆、胡瑞敦刊本）、《史記賽寶》（明陶望齡輯。明萬曆刻本）、《史記集評善本》一百三十卷（明朱東觀輯。崇禎間錢塘朱氏家刊本）、《史記輯評》一百三十卷（明鍾仁傑輯評。明末葉錢塘鍾氏原刊本）、《史記》一百三十卷（明葛鼎、金蟠評。崇禎間金閶葛氏刊本）、《史記鈔》九十一卷（明茅坤選、閔振葉輯評）、《史記綜芬評林》三卷（明焦竑，李廷機注，李光縉評。明萬曆間刊本，日本內閣大庫藏）、《史記輯評》二十四卷（明鄧以讚明刊本。日本內閣大庫藏。又美普林斯敦大學藏明萬曆四十六年（1618）刊本僅十二卷）、《百大家評註史記》十卷（明朱子藩。上海錦章書局印本）、《班馬異同評》三十五卷（宋倪思撰劉辰翁評。明嘉靖十年（1531）李元陽福建刊本）、《史漢異同補評》存三十三卷（宋倪思撰、劉辰翁評明凌稚隆訂補本。明萬曆間吳興凌氏刊本缺卷三十四至三十五）等，皆是合各評點家之作而成書。

綜覽上述，由於一、評點人數的空前壯大；二、注評、選評與集評本的大量刊刻；三、評點合刻本的紛紛問世可知明代以後《史記》評點風潮，受到兩宋《史記》評點的影響，應是非常明顯的。

第七章　結　論

　　綜合本文之研究，對於兩宋《史記》評點之重點與得失，當有相當程度之認識。就研究進路而言，首以《史記評林》之勘誤為主軸，進行考學者，察出處，核文獻，校異同乃至補闕漏，而補闕漏尤為撰寫重點；次及兩宋對《史記》之評點文字，就義理、辭章、考據、史識與其他等條目，分家並分類加以條陳纂析，並給予統計歸納，論議其得失。冀即此觀兩宋《史記》評點之風尚，併其對後世之影響概況等，文末併附以篇名、評家等三種索引，藉便需者檢索之用。茲將其主要成果與結論歸納如下五部分：

第一是評家生平考察：

　　關於集評彙評之作，自有明一代開始，不斷大量刊刻。例如：《史記評鈔》（轉錄明凌氏《史記評林》）、《史記評林》一百三十卷（凌稚隆輯評，溫凌李光縉增補。明萬曆四年吳興凌稚隆輯校本。）、《史記題評》一百三十卷（明楊慎、李元陽輯。嘉靖十六年胡有恆、胡瑞敦刊本）、《史記賽寶》（明陶望齡輯。明萬曆刻本）、《史記集評善本》一百三十卷（明朱東觀輯。崇禎間錢塘朱氏家刊本）、《史記輯評》一百三十卷（明鍾仁傑輯評，明末葉錢塘鍾氏原刊本）、《史記》一百三十卷（明葛鼎、金蟠評。崇禎間金閶葛氏刊本）、《史記鈔》九十一卷（明茅坤選、閔振業輯評）、《史記綜芬評林》三卷（明焦竑、李廷機注、李光縉評。明萬曆間刊本，日本內閣大庫藏）、《史記輯評》二十四卷（明鄧以讚明刊本）、《百大家評註史記》十卷（明朱子藩。上海錦章書局印本）、《班馬異同評》三十五卷（宋倪思撰劉辰翁評。明嘉靖十年（1531）李元陽福建刊本）、《史漢異同補評》存三十三卷（宋倪思撰、劉辰翁評、明

凌稚隆訂補本。明萬曆間吳興凌氏刊本缺卷三十四至三十五）等，皆是合各
評點家之作而成書。乃至清朝《四庫》雖則以「或至鑿空生義，僻謬不情，……
故瑕類叢生，亦惟此一類爲甚。……」採錄者寡，卻仍不乏名家撰著如：吳
見思：《史記論文》、丁晏：《史記餘論》、吳孟堅：《讀史漫筆》、李晚芳：《讀
史管見》、湯諧：《史記半解》、牛運震：《史記評注》及《讀史糾謬》、邵泰衢：
《史記疑問》、邱逢年：《史記闡要》、邵晉涵：《史記輯評》、袁文典：《讀史
記》、程餘慶：《史記集說》、李景星：《史記評議》等，然以明凌稚隆氏之《史
記評林》蒐羅之詳備，卻仍未及評家之小傳，致捧讀之際無法了解評者之身
世背景，引爲一憾，故於本文，作一增補，以彌其闕。略分五點考之：

1、姓氏居里部分：歷代名人同其姓名者夥，必以朝代、姓氏、字號、居
里別之，故詳其稱謂。

2、仕宦經歷部分：往往影響其史觀與評議，故概述之，不以巨細靡遺爲
尚，然凡德行足以稱道者，不惜輾轉引述，藉以管窺其行誼。

3、學術特色部分：主在論其學術成就。

4、各類著作部分：探舉舉大者，不以湊全爲能事。

5、評《史記》部份：以今日蒐採者爲限，僅列其書名，爲便來者深造探
索，不以曩括其著作中所有史評爲訴求。

第二是《史記評林》評點校勘：

所得結論是：1. 《評林》刪節（1）有大段刪節者，此又分兩類：甲. 無
妨於論旨，而刪節者。乙. 刪節而文意辨析不足者（2）有刪節字句者；2. 《評
林》增句（1）評家補足文意者（2）《評林》保存文獻者；3. 《評林》易字：
（1）改字（2）異形字（3）錯別字；4. 《評林》以出處不同之文扭合於一處，
而不標注者；5. 《評林》但取原典大意，不逐字引用者；6. 《評林》與原典
無異者。7. 其他（1）句讀異同者（2）位置調換者（3）改寫字句者。綜上所
述，可知校勘《史記評林》一書，可以達到的效果如下：

1、註明資料之完整與出處，以符學術嚴謹之要求。除兩宋評家之評議文
字外，對於評家稱引之資料，能尋其根源，註明出處，不僅有利學者
之稱引，並可進一步提供探索，增益《評林》之應用範圍。

2、還原《評林》之增減，以利學者之探擇。《評林》與原典全同者，其
數可數，可知輯錄之議論，多半經編者更動，因此無論其爲刪節、增

益、摘取大意或用字之改易、對調、異形乃至錯別，皆已非撰者原貌，故作爲現今之文字工作者，無論引據發論，乃至印刷出版，皆不可不知。此本章重要旨趣所歸。

3、提示學者正式引文之含義，避免誤解。對於扭合數段評議文字爲一文與僅摘取原典大意而改寫部分，更是後人引用《評林》一書所應注意者，否則往往誤其出處，乃至誤解原著用意而不自知，故於校勘過程中，不厭繁瑣，一一覈校，希學者對《評林》一書之運用，更能取其利而去其弊。

4、比對字形之異同，以知用字之趨向。異形字之使用，牽涉版本與時代因素，僅將五體異形之字核出（詳見第三章《史記評林》評點校勘第二節至第五節勘誤表中，逐條之備註欄內【《評林》某字原典作某】）此成果或可供來日作文字流變研究者參考，也可供版本學者尋思。

5、增益《史記評林》一書之使用性。雖則歷來對《史記評林》不乏非議與垢病，然就學術乃公器之論點衡之，《評林》仍有其不可磨滅之價值，例如：在索引上，它蒐集歷代各評家之作，就今日學術眼光而論，便是極佳之引得，不僅便於參閱，更可以之爲線索，在此基礎上，加深加廣地研究，此其一；在較量上，補其出處之漏失，與引文型式上之缺憾，不僅令學者能更精確使用這項資料，也能參考編輯者與評論者，在取擇觀點上的差異性，藉此達到對比參照的效益，此其二；在評點文字上，不僅可見一代評論之風氣與精神，更可見文字使用之型態，這不但是時代意識之反映，更是文字流變研究之素材，此其三；又原典（含宋、元、明、清刊本）或有訛字，或刊刻磨損處，依《評林》彙輯次序，多版互讎，可減其失誤率，此其四；輯評之作，或對原典增減字句，或改動字句，其中對照原典，亦多有助益解讀之處，此於校勘稿中一目了然，亦可視爲校勘《評林》之效益，此其五。

第三是補兩宋評家之闕：

概分兩點爲之，一者，明凌秩隆氏之《史記評林》採兩宋評家約四十餘家，即於是書既有之作者中，增補其條目（依太史公百三十篇之次序排列）；二者，除《史記評林》既有之評家下，增其評點條目外，且增《史記評林》所未收之評家及其評點。

1、增補《評林》既有兩宋評家評論條目之不足。凌氏編輯歷代評《史記》之文字，採隨文編列於天頭之方式，因此，在天頭有限的情況下，或只能選其篇幅長短較適合者，對於篇幅較長者，恐不得不割愛；或以摘要之方式擇取，因此，以綜覽兩宋評點衡之，不免遺珠之憾，故本章謹將《評林》既有兩宋評家評論條目之不足處，給予增補，冀於增益《評林》一書之便宜適用。

2、增補《評林》所未收之評家及其評點據《評林》一書所載之引用書目而言，兩宋評家約四十六家，其中不含元朝之金履祥與吳澄，然就歷代輯評之作視之，所收兩宋評家未爲完備，因此，其不收者，或多有佳評乃至頗富參考價值者，故本章欲求兩宋評家之齊整，凡論點相同者，補其早出之作，藉還原貌；論點相左者，增其異論之篇，以供參稽，職此增補《評林》所未收之評家及其評點。

第四是兩宋評家史評分析：

運用分析、統計、綜合之法，所得結論如下：

1、依數量分析：本論文所收兩宋評點總計九一○則，其中評點列傳最多，其次爲世家，再次爲本紀。若依各家評點數目統計，兩宋評點數目最多之五評家分別爲黃震、劉辰翁、蘇轍、倪思、鮑彪。黃震之評，多散見於《黃氏日鈔》，匯集之，可以成爲評《史記》之專著。劉辰翁、倪思之評，《四庫總目提要》有云，見於《班馬異同評》一書，然遍查之而不可得，或已亡失矣。幸有《史記評林》之引用，將此寶貴資料保存下來，可成爲輯佚之著作。蘇轍之評，見於《古史》之專著，其史事之去取，雖與史遷有所出入，然亦多有相互發明之處。鮑彪之評則由《鮑氏戰國策注》中錄出。

2、依類別分析：先將評點概分爲四類：（1）義理類，重在明是非；（2）考據類，重在詳訓詁；（3）辭章類，重在審美巧；（4）史識類，重在辨得失。縱論兩宋評點，以史識類居多，辭章、考據、義理三類大約呈平均分配之狀況。史識類中，尤多就史事之關鍵處發明一已之見解，及就一人之平生事跡加以品藻。

3、依對史公之議論分析：兩宋評家之褒貶史公，可就以下三點討論。

（1）依評點則數分析：可知兩宋評點，抑者多於揚，殆如程子所謂：「後

人議前人，固甚易」乎？然其評未必皆趨穩妥，要在具眼目者，知所抉擇耳。若分南北宋而觀，北宋一般傾向於抑馬，至於南宋，則有較多揚遷之論出現。

(2) 依評點家數分析：北宋以貶爲多，南宋則均平。由此可見，北宋間承襲前人批判《史記》之風，至於南宋，漸轉爲肯定馬遷。《史記》之地位，逐漸提昇。

總之，北宋諸家，對《史記》之評，傾向貶抑。其中尤以蘇轍爲代表。至於南宋，抑遷者，以葉適、王若虛爲代表，然褒讚史公之評，頗有增加。

4、就班馬比較而論：茲兩宋於班馬之抑揚狀況統計之，廿一評中，抑馬揚班者僅一見，由此可知，兩宋評點，軒輊史漢，多揚馬而抑班。縱有貶馬之評家，論及班馬之優劣，仍主於讚揚太史公也。其中最具代性者，當如鄭樵所云：「遷之於固，如龍之於豬。」及黃履翁所謂：「班固安敢望子長之風」，「固之表猶譜諜」，「固之志猶案牘」。

5、由史評學發展之立場言之：自漢至魏晉，文尚駢儷，評者多稱揚班固。至於唐朝，韓、柳提倡古文，史遷之書，研者日多。入於兩宋，抑班揚馬幾成定論，逮至明清，少有異說。由此觀之，宋之評家，實居軒輊班馬之轉折關鍵。

第五是兩宋《史記》評點之影響：

從對《史記》評點的考察看來，無論唐宋，最早總是出現在一些文選的選本之中。例如：宋代呂祖謙的《古文關鍵》、謝枋得的《文章軌範》、眞德秀的《文章正宗》、樓昉的《崇古文訣》等便都是散文選本，加之宋元《史記》評點的發展，正因出現了像呂祖謙、樓昉、眞德秀、謝枋得、黃震、劉辰翁、王禹偁、晁補之、鄭樵、王應麟、曾鞏、楊時、劉子翬、范仲淹、歐陽修、司馬光、王安石、黃庭堅、秦觀、王楙、倪思、蘇轍、羅大經、陳傅良、蔡沈、劉恕、蘇軾、蘇洵、陸游、朱熹、魏了翁、鮑彪、陳仁子、金履祥、費袞、陳善、宋祁、唐庚、陳祥道、李廌、司馬光、朱黼、程顥、程頤、范浚、李治、陳振孫、劉敞、張耒、劉攽、趙頊、馬存、陳經、黃履翁、胡一桂、黃朝英、孫復、王觀國、呂本中、胡宏、唐仲友、林之奇、王若虛、吳仁傑、白珽、沈作喆、朱翌、陳長方、葉適、吳師道、胡寅、洪興祖、洪邁、晁公武、林駉等一批優秀的評點家，故能形成《史記》評點學上的一個重要里程，

乃至促成明代《史記》評點的全面繁榮。至於其標幟，可就以下三種現象檢
驗得知：

　　1、明代評點人數的空前壯大。

　　2、明代注評、選評與集評本的大量刊刻。

　　3、明代評點合刻本的紛紛問世。

　　可知明代以後《史記》評點風潮，受到兩宋《史記》評點的影響，應是
非常明顯的。

　　兩宋《史記》評點研究，可以管窺古籍保存不易之一斑與整理刊刻之必
要，在唐以前承訓詁經傳與歷史論贊之遺風，衍爲兩宋之發煌與明代之熾盛，
然至有清被譽爲百科大全之《四庫全書》出，史評一類採錄已寡，甚至凌氏
《史記評林》一書已不見收，可知改朝換代之間，亡失刊落者不知凡幾。因
此，來日有撰中國史學評點史者（或中國《史記》評點史者），相信對於兩宋
《史記》評點風潮當能給予史評史上適當之地位。

重要參考書目

本文參考書目，分《史記》評點校輯本、兩宋評點《史記》書目、評家常用史按書目、《史記》相關研究書目、關係時代背景書目、相關論文篇目、《史記》相關四部書目，共計七類，依次分列如下。

一、《史記》評點校輯本（依著者朝代先後排序；同朝代者依姓氏筆劃排序）

1. 〔宋〕倪思：《班馬異同》，臺北：商務印書館（四庫全書本），1983 年。
2. 〔宋〕倪思撰、劉辰翁評：《班馬異同評》，臺南：莊嚴文化事業有限公司（四庫全書本），1996 年。
3. 〔宋〕婁機撰、李曾伯補遺：《班馬字類》，北京：中華書局（叢書集成初編），1985 年。
4. 〔明〕成孺（蓉鏡）：《史漢駢枝》，北京：中華書局（叢書集成初編），1991 年。
5. 〔明〕凌稚隆訂補：《史漢異同補評》，明萬曆年間吳興凌氏刊本，1573～1619 年。
6. 〔明〕凌稚隆輯校、李光縉增補、〔日〕有井範平補標：《史記評林》，日本明治十六年六月刊本，臺北：地球出版社，民國 81 年 3 月第一版。
7. 〔明〕唐順之：《兩漢疑解》，臺南：莊嚴文化事業有限公司（四庫全書本），1996 年。
8. 〔明〕許相卿：《史漢方駕》，臺南：莊嚴文化事業有限公司（四庫全書本），1996 年。
9. 〔明〕童養正：《史漢文統》，臺南：莊嚴文化事業有限公司（四庫全書本），1997 年。

10. 〔明〕穆文熙輯:《四史鴻裁》,臺北:商務印書館(四庫全書本),1983 年。

11. 〔清〕吳汝綸:《史記集評》,臺北:臺灣中華書局,民國 59 年 5 月臺一版。

12. 〔清〕吳見思:《史記論文》,臺北:臺灣中華書局,民國 76 年 10 月臺二版。

13. 〔清〕姚祖恩:《史記菁華錄》,臺北:聯經出版事業公司,民國 79 年 9 月初版。

14. 〔清〕崔適:《史記探源》,臺北:廣文書局,民國 66 年 7 月再版。

15. 〔清〕梁玉繩:《史記志疑》,收於鼎文書局之《四史辨疑》,臺北:鼎文書局,民國 66 年 12 月初版。

16. 〔清〕梁玉繩等:《史記漢書諸表訂補十種》,北京:中華書局,1982 年。

17. 〔清〕郭嵩燾:《史記札記》,臺北:世界書局,民國 63 年 8 月三版。

18. 〔清〕章詒燕:《史漢諍言》,光緒壬辰年五月七日鈔成,1892 年。

19. 〔日〕瀧川龜太郎:《史記會注考證》,臺北:宏業書局,民國 76 年 7 月再版。

20. 王民信:《史記研究之資料與論文索引》,臺北:學海出版社印行,民國 65 年初版。

21. 王叔岷:《史記斠證》,臺北:中研院史語所,民國 72 年 10 月。

22. 王駿圖、王駿觀,《史記舊注平義》,臺北:正中書局,民國 68 年 10 月臺二版。

23. 朱東潤:《史記考索》,臺北:臺灣開明書店,民國 76 年 1 月臺四版。

24. 吳福助:《史漢關係》,臺北:文史哲出版社,1987 年。

25. 李景星:《史記評議》,長春市:東北師範大學出版社,1986 年第一版。

26. 李景星:《四史評議》,長沙:岳麓書社,1986 年。

27. 汪惠敏:《史記政治人物述評》,臺北:師大書苑,民國 80 年 4 月初版。

28. 季洛生:《史漢文辭異同斠釋》,臺北:弘道文化事業有限公司,1975 年。

29. 徐文珊:《史記評介》,臺北:維新書局,民國 69 年 8 月再版。

30. 徐朔方:《史漢論稿》,南京:江蘇古籍出版社,1984 年。

31. 張高評:《史記研究粹編》,高雄:臺灣復文圖書出版社,民國 81 年 4 月初版。

32. 郭雙成:《史記人物傳記論稿》,河南:中州古籍出版社,1985 年 3 月第一版。

33. 陳直:《史記新證》,臺北:學海出版社,民國 69 年 9 月初版。

34. 陳志輝：《民族精神譜──《史記》人物述評》，北京：北京師範大學出版社，1992 年 8 月第一版。

35. 黃沛榮編：《史記論文選集》，臺北：長安出版社，民國 73 年 5 月再版。

36. 楊家駱：《史記今釋》，臺北：正中書局，民國 77 年 10 月臺初版。

37. 楊燕起等：《歷代名家評史記》，臺北：博遠出版有限公司，民國 79 年 2 月初版。

38. 劉咸炘：《四史知意》，臺北：鼎文書局，1976 年。

39. 潘椿重：《史漢初學辨體》，臺北：文海出版社，1974 年。

40. 蔡信發：《話說史記》，臺北：萬卷樓圖書公司，民國 84 年 10 月初版。

41. 鄭鶴聲：《史漢研究》，上海：商務印書館，1933 年。

42. 賴漢屏：《史記評賞》，臺北：三民書局，民國 87 年 1 月初版。

43. 韓兆琦：《史記博議》，臺北：文津出版社，民國 84 年 11 月初版。

44. 韓兆琦：《史記賞析集》，四川：巴蜀書社，1988 年 8 月一版。

45. 韓兆琦：《史記選注匯評》，臺北：文津出版社，民國 82 年 4 月初版。

46. 嚴一萍：《史記會注考證斠訂》，臺北：藝文印書館，民國 65 年 10 月初版。

二、宋人評點《史記》書目（依著者姓氏筆劃排序）

1. 〔漢〕班固：《前漢書》，清四庫全書文淵閣本。

2. 〔宋〕不著傳人：《歷代名賢確論》，明弘治間（1488～1505）錫山錢孟濬刊本（05220 史部，史評類，史論之屬）。

3. 〔宋〕方回：《續古今攷》，清四庫全書文淵閣本。

4. 〔宋〕王楙：《野客叢書》，明嘉靖四十一年（1562）王穀祥刊本（07124 子部，雜家類）。

5. 〔宋〕王楙：《野客叢書》，清四庫全書文淵閣本。

6. 〔宋〕王正德：《餘師錄》，清四庫全書文淵閣本。

7. 〔宋〕王安石：《臨川文集》，清四庫全書文淵閣本。

8. 〔宋〕王安石：《臨川先生文集》，明嘉靖丙午（25 年）臨川知縣應雲鷟刊本（10153 集部，別集類，宋金元）。

9. 〔宋〕王禹偁：《小畜集》，傳錄苕西倪氏經鉏堂影宋鈔本（09948 集部，別集類，宋金元）。

10. 〔宋〕王禹稱：《小畜集》，清四庫全書文淵閣本。

11. 〔宋〕王若虛：《滹南集》，清四庫全書文淵閣本。

12. 〔宋〕王霆震：《古文集成》，清四庫全書文淵閣本。

13. 〔宋〕王應麟：《玉海》，清四庫全書文淵閣本。

14. 〔宋〕王應麟：《困學紀聞》，明初刊本（07143 子部，雜家類）。

15. 〔宋〕王應麟：《困學紀聞》，清四庫全書文淵閣本。

16. 〔宋〕王應麟：《通鑑地理通釋》，清四庫全書文淵閣本。

17. 〔宋〕王應麟：《通鑑答問》，清四庫全書文淵閣本。

18. 〔宋〕王應麟：《漢藝文志考證》，清四庫全書文淵閣本。

19. 〔宋〕王觀國：《學林》，清四庫全書文淵閣本。

20. 〔宋〕司馬光：《司馬太師溫國文正公傳家集》，明刊黑口十行本（10010 集部，別集類，宋金元）。

21. 〔宋〕司馬光：《司馬溫公稽古錄》，明范氏天一閣刊本（01752 史部，編年類，通代之屬）。

22. 〔宋〕司馬光：《傳家集》，清四庫全書文淵閣本。

23. 〔宋〕司馬光：《資治通鑑》，明嘉靖二十四年孔天胤等刊本（01720 史部，編年類，通代之屬）。

24. 〔宋〕司馬光：《資治通鑑》，清四庫全書文淵閣本。

25. 〔宋〕司馬光：《稽古錄》，清四庫全書文淵閣本。

26. 〔宋〕朱翌：《猗覺寮雜記》，清四庫全書文淵閣本。

27. 〔宋〕朱翌：《猗覺寮雜記》，鈔本（07092 子部，雜家類）。

28. 〔宋〕朱熹：《二程遺書》，清四庫全書文淵閣本。

29. 〔宋〕朱熹：《御批資治通鑑綱目》，清四庫全書文淵閣本。

30. 〔宋〕朱熹：《晦庵集》，清四庫全書文淵閣本。

31. 〔宋〕朱熹：《楚辭集注》，清四庫全書文淵閣本。

32. 〔宋〕朱熹：《楚辭集註》，元天曆庚午（三年即至順元年）陳忠甫宅刊本（09308 集部，楚辭類）。

33. 〔宋〕吳子良：《荊溪林下偶談》，清四庫全書文淵閣本。

34. 〔宋〕吳仁傑：《兩漢刊誤補遺》，清四庫全書文淵閣本。

35. 〔宋〕吳仁傑：《兩漢刊誤補遺》，舊鈔本（01679 史部，紀傳類，總義之屬）。

36. 〔宋〕呂祖謙：《大事記——大事記解題》，清四庫全書文淵閣本。

37. 〔宋〕呂祖謙：《大事記解題》，明刊本（01782 史部，編年類，通代之屬）。

38. 〔宋〕呂祖謙：《東萊集》，清四庫全書文淵閣本。

39. 〔宋〕呂祖謙：《增修東萊書說》，清四庫全書文淵閣本。

40. 〔宋〕呂祖謙：《麗澤論說集錄》，清四庫全書文淵閣本。

41.〔宋〕宋祁:《宋景文筆記》,清四庫全書文淵閣本。

42.〔宋〕李耆卿:《文章精義》,清四庫全書文淵閣本。

43.〔宋〕沈括:《夢溪筆談——補筆談》,清四庫全書文淵閣本。

44.〔宋〕沈括:《夢溪筆談》,明崇禎四年(1631)嘉定馬元調刊本(07271子部,類書類)。

45.〔宋〕沈括:《夢溪筆談》,清四庫全書文淵閣本。

46.〔宋〕沈作喆:《寓簡》,清四庫全書文淵閣本。

47.〔宋〕林駧:《古今源流至論》,清四庫全書文淵閣本。

48.〔宋〕林之奇:《尚書全解》,清四庫全書文淵閣本。

49.〔宋〕金履祥:《御批資治通鑑綱目前編》,清四庫全書文淵閣本。

50.〔宋〕金履祥:《資治通鑑前編》,清四庫全書文淵閣本。

51.〔宋〕金履祥:《增定資治通鑑前編》,明宜興路氏刊本(01834史部,編年類,斷代之屬,先秦)。

52.〔宋〕洪邁:《容齋五筆》,明崇禎三年(1630)嘉定馬元調刊本(07108子部,雜家類)。

53.〔宋〕洪邁:《容齋隨筆》,清四庫全書文淵閣本。

54.〔宋〕洪興祖:《楚辭補注》,清四庫全書文淵閣本。

55.〔宋〕胡寅:《斐然集》,清四庫全書文淵閣本。

56.〔宋〕范浚:《香溪集》,清四庫全書文淵閣本。

57.〔宋〕范仲淹:《范文正集》,清四庫全書文淵閣本。

58.〔宋〕倪思:《班馬異同》,清四庫全書文淵閣本。

59.〔宋〕唐庚:《山堂肆考》,明萬曆乙未(23年,1595)維揚彭氏刊己未(47年,1619)修補本(08114子部,類書類)。

60.〔宋〕唐庚:《山堂肆考》,清四庫全書文淵閣本。

61.〔宋〕唐庚:《眉山集——眉山文集》,清四庫全書文淵閣本。

62.〔宋〕唐仲友:《悅齋文鈔》,(金華唐氏遺書)民國61年(1972)藝文印書館四部分類叢書集成三編影印永康胡氏夢選慶刊本(集部——別集類——隋唐五代之屬——唐)。

63.〔宋〕夏僎:《夏氏尚書詳解》,清四庫全書文淵閣本。

64.〔宋〕晁公武:《郡齋讀書志》,清四庫全書文淵閣本。

65.〔宋〕眞德秀:《文章正宗》,清四庫全書文淵閣本。

66.〔宋〕眞德秀:《西山先生眞文忠公文章正宗》,明正德庚辰(15年;1520)馬卿山西刊本(13659集部,總集類,通代之屬)。

67.〔宋〕眞德秀:《西山讀書記》,清四庫全書文淵閣本。

68.〔宋〕秦觀：《淮海集》，明嘉靖乙巳（24 年）高郵知州胡民表刊本（10298 集部，別集類，宋金元）。

69.〔宋〕秦觀：《淮海集》，清四庫全書文淵閣本。

70.〔宋〕馬端臨：《文獻通考》，清四庫全書文淵閣本。

71.〔宋〕張耒：《柯山集》，清四庫全書文淵閣本。

72.〔宋〕陳善：《捫蝨新話》，（儒學警悟）臺北縣板橋鎮：藝文，民 55[1966]（子部——雜家類）。

73.〔宋〕陳經：《陳氏尚書詳解》，清四庫全書文淵閣本。

74.〔宋〕陳仁子：《文選補遺》，明‧翻刊元茶陵陳氏東山書院本（13675 集部，總集類，通代之屬）。

75.〔宋〕陳仁子：《文選補遺》，清四庫全書文淵閣本。

76.〔宋〕陳長方：《步里客談》，清四庫全書文淵閣本。

77.〔宋〕陳長方：《步里客談》，鈔本（08339 子部，小說家類，筆記雜事）。

78.〔宋〕陳振孫：《直齋書錄解題》，清四庫全書文淵閣本。

79.〔宋〕陳傅良：《止齋先生文集》，明正德元年溫州知府林長繁刊本（10524 集部，別集類，宋金元）。

80.〔宋〕陳博良：《止齋集》，清四庫全書文淵閣本。

81.〔宋〕曾肇：《元豐類藁》，清四庫全書文淵閣本。

82.〔宋〕無姓名：《十先生奧論註》，清四庫全書文淵閣本。

83.〔宋〕無姓名：《歷代名賢確論》，清四庫全書文淵閣本。

84.〔宋〕程頤、程灝：《二程外書》，清四庫全書文淵閣本。

85.〔宋〕費袞：《梁溪漫志》，明刊本（07313 子部，類書類）。

86.〔宋〕費袞：《梁谿漫志》，清四庫全書文淵閣本。

87.〔宋〕黃震：《黃氏日抄》，清四庫全書文淵閣本。

88.〔宋〕黃震：《慈溪黃氏日抄分類》，元後至元三年（1337）慈溪黃氏序刊本（05539 子部，儒家類）。

89.〔宋〕黃朝英：《靖康緗素雜記》，鈔本（07090 子部，雜家類）。

90.〔宋〕黃朝英：《靖康緗素雜記》，清四庫全書文淵閣本。

91.〔宋〕黃履翁：《古今源流至論別集》，清四庫全書文淵閣本。

92.〔宋〕葉適：《習學記言》，清四庫全書文淵閣本。

93.〔宋〕葉適：《習學記言序目》，萃古齋抄本（07014 子部，雜家類）。

94.〔宋〕劉恕：《通鑑外紀》，明末刊本（01830 史部，編年類，斷代之屬，先秦）。

95. 〔宋〕劉恕：《資治通鑑外紀》，清四庫全書文淵閣本。

96. 〔宋〕劉敞：《公是集》，清四庫全書文淵閣本。

97. 〔宋〕劉子翬：《屏山集》，明弘治十七年建寧刊本（10421 集部，別集類，宋金元）。

98. 〔宋〕劉子翬：《屏山集》，清四庫全書文淵閣本。

99. 〔宋〕劉辰翁：《須溪集》，清四庫全書文淵閣本。

100. 〔宋〕樓昉：《崇古文訣》，清四庫全書文淵閣本。

101. 〔宋〕歐陽修：《文忠集》，清四庫全書文淵閣本。

102. 〔宋〕歐陽修：《歐陽文忠公全集》，明天順辛巳（5年）吉安知府程宗刊弘治壬子（5年）顧天錫修補本（10105 集部，別集類，宋金元）。

103. 〔宋〕鄭樵：《通志》，清四庫全書文淵閣本。

104. 〔宋〕鄭樵：《通志二十略》，明嘉靖庚戌（29 年，1550）福建監察御史陳宗夔刊本（04464 史部，政書類，通制之屬）（史部，紀傳類，通代之屬）。

105. 〔宋〕黎靖德：《朱子語類》，明成化九年（1473）江西藩司覆刊宋咸淳六年（1270）導江黎氏本（05478 子部，儒家類）。

106. 〔宋〕黎靖德：《朱子語類》，清四庫全書文淵閣本。

107. 〔宋〕黎靖德：《朱子語類》，清四庫全書文淵閣本。

108. 〔宋〕鮑彪：《戰國策校注》，明新建李克家校刊本（元吳師道校注）（02085 史部，雜史類，先秦兩漢之屬）。

109. 〔宋〕鮑彪：《戰國策校注》，清四庫全書文淵閣本。

110. 〔宋〕鮑彪：《鮑氏戰國策注》，清四庫全書文淵閣本。

111. 〔宋〕魏了翁：《鶴山集》，清四庫全書文淵閣本。

112. 〔宋〕羅泌：《路史》，明嘉靖間（1522～1566）錢塘洪楩刊本（02115 史部，雜史類，斷代之屬，先秦）。

113. 〔宋〕羅泌：《路史》，清四庫全書文淵閣本。

114. 〔宋〕羅大經：《鶴林玉露》，明萬曆七年（1579）及三十六年（1608）修補南京舊刊本（07326 子部，類書類）。

115. 〔宋〕羅大經：《鶴林玉露》，清四庫全書文淵閣本。

116. 〔宋〕蘇洵：《重編嘉祐集》，明崇禎 10 年仁和黃氏賁堂刊本（10148 集部，別集類，宋金元）。

117. 〔宋〕蘇洵：《嘉祐集》，清四庫全書文淵閣本。

118. 〔宋〕蘇軾：《東坡先生志林》，明刊朱墨套印本（07277 子部，類書類）。

119. 〔宋〕蘇軾：《東坡全集》，明刊本（10188 集部，別集類，宋金元）。

120.〔宋〕蘇軾：《東坡全集》，清四庫全書文淵閣本。

121.〔宋〕蘇軾：《東坡志林》，清四庫全書文淵閣本。

122.〔宋〕蘇軾：《東坡詩集註》，清四庫全書文淵閣本。

123.〔宋〕蘇軾：《書傳》，清四庫全書文淵閣本。

124.〔宋〕蘇轍：《古史》，明萬曆三十九年（1611）豫章刊本（01355 史部，紀傳類，先秦兩漢之屬，先秦）。

125.〔宋〕蘇轍：《古史》，清四庫全書文淵閣本。

126.〔宋〕蘇轍：《史記考證》，清四庫全書文淵閣本。

127.〔宋〕蘇轍：《欒城集》，明東吳王執禮清夢軒刊本（10240 集部，別集類，宋金元）。

128.〔宋〕蘇轍：《欒城集》，清四庫全書文淵閣本。

129.（金）王若虛：《滹南遺老集》，舊鈔本（10779 集部，別集類，宋金元）。

130.〔元〕李冶：《敬齋古今黈》，清四庫全書文淵閣本。

131.〔元〕馬端臨：《文獻通考》，明正德己卯（14 年，1519）建陽劉氏慎獨齋刊本（04474 史部，政書類，通制之屬）。

132.〔元〕陳櫟：《書集傳纂疏》，清四庫全書文淵閣本。

133.〔元〕富大用：《古今事文類聚__古今事文類聚新集》，清四庫全書文淵閣本。

134.〔元〕黃鎮成：《尚書通考》，清四庫全書文淵閣本。

135.〔明〕王樵：《尚書日記》，清四庫全書文淵閣本。

136.〔明〕胡廣：《書經大全》，清四庫全書文淵閣本。

137.〔明〕胡廣：《禮記大全》，清四庫全書文淵閣本。

138.〔明〕凌稚隆：《漢書評林》，明萬曆辛巳（9 年，1581）吳興凌氏刊本（01383 史部，紀傳類，先秦兩漢之屬，西漢）。

139.〔明〕唐順之：《稗編》，清四庫全書文淵閣本。

140.〔明〕夏良勝：《中庸衍義》，清四庫全書文淵閣本。

141.〔明〕陶宗儀：《說郛》，清四庫全書文淵閣本。

142.〔明〕程敏政：《新安文獻志》，清四庫全書文淵閣本。

143.〔明〕黃淳耀：《陶菴全集》，清四庫全書文淵閣本。

144.〔明〕楊慎：《升菴集》，清四庫全書文淵閣本。

145.〔明〕楊慎：《轉注古音略》，清四庫全書文淵閣本。

146.〔明〕楊慎：《轉注古音署》，明嘉靖間李元陽校刊本（01145 經部，小學類，韵部之屬）。

147.〔清〕朱鶴齡：《尚書埤傳》，清四庫全書文淵閣本。

148.〔清〕胡渭：《洪範正論》，清四庫全書文淵閣本。

149.〔清〕徐乾學：《御選古文淵鑒》，清四庫全書文淵閣本。

150.〔清〕張英：《書經衷論》，清四庫全書文淵閣本。

151.〔清〕葉方藹等編：《御定孝經衍義》，清四庫全書文淵閣本。

三、評家常用史按書目（依著者朝代先後排序；同朝代者依姓氏筆劃排序）

1.〔周〕列禦寇原著：《列子》，臺灣古籍出版 1996 年。

2.〔周〕晏嬰：《晏子春秋》，百部叢書集成：28／第一函經訓堂叢書／臺北縣板橋市／藝文／1965 年。。

3.〔漢〕王充：《論衡集解》，三十卷，附錄一卷，後記一卷世界 1962 年。

4.〔漢〕宋衷注：《世本》，中華 1985 年。

5.〔漢〕桓寬：《鹽鐵論》，臺北：商務印書館 1965 年。

6.〔漢〕班固：《前漢書》，臺灣中華 1966 年。

7.〔漢〕班固等：《白虎通》，臺北：商務印書館 1965 年。

8.〔漢〕袁康：《越絕書》，上海古籍出版社 1985 年

9.〔漢〕趙曄：《吳越春秋》，百部叢書集成：9／第三函，古今逸史；初版，臺北縣板橋市／藝文／1967 年。

10.〔漢〕劉向原著：《新序》，臺灣古籍出版：眾文總經銷 1997 年。

11.〔漢〕劉向：《列女傳》，遼寧教育 1998 年。

12.〔漢〕應劭：《風俗通》，貴州人民 1998 年。

13.（魏）王肅注：《孔子家語附扎記》，中華 1968 年。

14.〔晉〕張華、張華注：《博物志》，臺灣中華 1966 年。

15.〔晉〕郭璞：《山海經》，上海古籍出版社 1989 年。

16.〔南朝梁〕沈約註：《竹書紀年》，商務印書館 1956 年。

17.〔唐〕杜佑：《通典》，岳麓書社 1995 年。

18.〔宋〕司馬光：《通鑑論》，華聯 1968 年。

19.〔宋〕朱熹：《朱熹全集》，文集一百卷，續集十一卷別集十一卷。

20.〔宋〕李昉等編纂：《文苑英華》，新文豐 1979 年。

21.〔宋〕樓昉編：《崇古文訣》，臺北：商務印書館 1974 年。

22.〔宋〕鄭樵：《通志略》，里仁 1982 年。

23.〔元〕馬端臨：《文獻通考》，新文豐 1986 年。

24.〔明〕王逢原：《十七史蒙求》，新興 1960 年。

25. 〔明〕吳訥、〔明〕徐師曾：《文體序說》，三種大安 1998 年。

26. 〔明〕李攀龍：《滄溟集》，商務印書館。

27. 〔明〕邵寶：《學史》，臺北：商務印書館。

28. 〔明〕唐順之編：《文編》，商務印書館。

29. 〔明〕焦竑輯：《焦氏筆乘》，廣文 1968 年。

30. 〔清〕王鳴盛撰：《十七史商榷》，中華 1985 年。

31. 〔清〕段玉裁註：《說文解字註》，藝文 1966 年。

32. 〔清〕葛洪撰：《抱朴子內外篇》，臺北：商務印書館 1965 年。

33. 中國叢書編輯委員會：《兩漢文》，莊嚴 1984 年。

34. 王雲五主持：《兩漢筆記》，商務印書館 1959 年。

35. 王雲五編：《焦氏筆乘物理小識》，臺北：商務印書館 1968 年。

36. 高明總編纂：《兩漢三國文彙》，中華叢書編審委員會。

37. 曹順慶主編：《兩漢文論譯注》，北京 1988 年。

38. 陶叔獻編：《兩漢策要》，十二卷聯經。

39. 楊侃編：《兩漢博聞》，中華。

40. 阮元輯：《孔叢子注》，臺北：商務印書館 1981 年。

41. 不著撰人：《爾雅》，五種出版者：藝文 1988 年

四、《史記》相關研究書目（依著者朝代先後排序；同朝代者依姓氏筆劃排序）

1. 〔清〕孫德謙：《太史公書義法》，臺北：臺灣中華書局，民國 74 年 10 月臺三版。

2. 王國維等：《司馬遷其人及其書》，臺北：長安出版社，民國 76 年 9 月再版。

3. 吉春：《司馬遷年譜新編》，西安：三秦出版社，1989 年 4 月第一版。

4. 朴宰雨：《史記漢書比較研究》，北京：國學出版社，1994 年。

5. 何世華：《史記美學論》，臺北：水牛出版社，民國 82 年 11 月初版二刷。

6. 吳福助：《史記解題》，臺北：河洛出版社，民國 68 年 4 月臺排印初版。

7. 吳福助：《漢書採錄西漢文章探討》，臺北：文津出版社，1988 年。

8. 李長之：《司馬遷之人格與風格》，臺北：臺灣開明書店，民國 71 年 4 月臺十三版。

9. 周先民：《司馬遷的史傳文學世界》，臺北：文津出版社，民國 84 年 10 月初版。

10. 周虎林：《司馬遷與其史學》，臺北：文史哲出版社，民國 76 年 7 月三版。

11. 金德建：《司馬遷所見書考》，上海：上海人民出版社，1963 年 2 月第一版。

12. 施人豪：《史記論贊研究》，臺北：文史哲出版社，民國 68 年。

13. 胡佩韋：《司馬遷和史記》，臺北：國文天地，民國 81 年 7 月初版二刷。

14. 范文芳：《司馬遷的創作意識與寫作技巧》，臺北：文史哲出版社，民國 76 年 5 月初版。

15. 張大可：《史記文獻研究》，北京：民族出版社，1999 年 12 月第一版。

16. 張大可：《史記論贊輯釋》，西安：陝西人民出版社，1986 年 8 月第一版。

17. 張新科、前樟華：《史記研究史略》，西安：三秦出版社，1989 年 11 月第一版。

18. 張維嶽編：《司馬遷與史記新探》，臺北：崧高書社，民國 74 年 11 月。

19. 陳桐生：《中國史官文化與史記》，臺北：文津出版社，民國 82 年 11 月初版。

20. 游信利：《史記方法論》，臺北：文史哲出版社，民國 77 年 10 月初版。

21. 黃福鑾：《史記索引》，臺北：大通書局，民國 75 年 3 月初版。

22. 劉光義：《司馬遷與老莊思想》，臺北：商務印書館，民國 81 年 9 月二版。

23. 劉咸炘：《太史公書知意》，收於鼎文書局之《四史知意》，臺北：鼎文書局，民國 65 年 2 月初版。

24. 劉偉民：《司馬遷研究》，臺北：文景書局，民國 64 年 2 月。

25. 劉操南：《史記春秋十二諸侯史事輯證》，天津：天津古籍出版社，1992 年 8 月第一版。

26. 鄭樑生編譯：《司馬遷的世界》，臺北：志文出版社，1993 年 11 月再版。

27. 賴明德：《司馬遷之學術思想》，臺北：洪氏出版社，民國 72 年 2 月。

五、關係時代背景書目（依著者朝代先後排序；同朝代者依姓氏筆劃排序）

【有關兩宋背景】

1. 王瑞明著：《宋代政治史概要》，北京市：華中師範大學，1989 年。

2. 吳怀祺著：《宋代史學思想史》，黃山書社（合肥），1992 年。

3. 汪惠敏著：《宋代經學之研究》，臺北市：師大書苑出版，1989 年。

4. 林瑞翰著：《宋代政治史》，臺北市：正中書局印行，1989 年。

5. 金中樞著：《宋代學術思想研究》，臺北市：幼獅，1989 年。

6. 姚瀛艇編：《宋代文化史》，臺北市：雲龍出版，1995 年。

7. 張毅著：《宋代文學思想史》，北京市：中華書局出版，1995 年。

8. 漆俠著：《宋代經濟史》，上海：人民，1987 年。（中國古代經濟史斷代研究，5）

【有關《史記》背景】

1. 四川師大歷史系編：《秦漢史論叢》，成都：巴蜀書社，1981 年。

2. 安作璋：《漢史初探》，上海：學習出版社，1955 年。

3. 李源澄：《秦漢史》，上海：商務印書館，1947 年。

4. 邢義田：《秦漢史論稿》，臺北：東大圖書公司，1987 年。

5. 施之勉：《漢史辨疑》，臺北：中央文物供應社，1954 年。

6. 徐復觀：《兩漢思想史》，臺北：學生書局 1989 年。

7. 高敏：《秦漢史論集》，鄭州：中州書畫社，1982 年。

8. 廖吉郎：《兩漢史籍研究》，臺北：廣東出版社，1981 年。

9. 韓復智：《漢史論集》，臺北：文史哲出版社，1980 年。

【有關評家生平書目】

1. 〔宋〕王珪：《華陽集》，清道光戊子（八年：1828）福建重刊（見國圖善本書庫）。

2. 〔宋〕王稱：《東都事略》，覆刊宋眉山程舍人宅本（見國圖善本書庫）。

3. 〔宋〕李俊甫：《莆陽比事》，上海：商務印書館（見國圖善本書庫）。

4. 〔宋〕杜大珪：《名臣碑傳琬琰集》，臺北縣：文海 1969 年。

5. 〔宋〕林之奇：《拙齋文集》，舊鈔本（見國圖善本書庫）。

6. 〔宋〕范浚：《香溪集》，清光緒元年（1875）永康胡氏退補齋刊本（見國圖善本書庫）。

7. 〔宋〕真德秀編：《真文忠公續文章正宗》，宋咸淳二年（1266）刊（見國圖善本書庫）。

8. 〔宋〕張耒：《柯山集》，清道光戊子（八年：1828）福建重刊（見國圖善本書庫）。

9. 〔宋〕梁克家：《淳熙三山志》，明晉安謝氏小草齋鈔本（見國圖善本書庫）。

10. 〔宋〕陳長方：《唯室集》，上海：商務印書館（見國圖善本書庫）。

11. 〔宋〕陳傅良：《止齋先生文集》，明正德元年溫州知府林長繁刊本（見國圖善本書庫）。

12. 〔宋〕曾鞏：《元豐類稿》，清漢南葉氏藍格鈔本（見國圖善本書庫）。

13. 〔宋〕黃庭堅：《豫章黃先生文集》，明嘉靖丁亥（六年）寧州知州喬遷刊本（見國圖善本書庫）。

14. 〔宋〕黃震:《慈溪黃氏日抄分類》,元後至元三年(1337)慈溪黃氏刊本。

15. 〔宋〕楊時:《龜山集》,明弘治壬戌(15 年)將樂縣刊本(見國圖善本書庫)。

16. 〔宋〕劉克莊:《後村先生大全集》,舊鈔本(見國圖善本書庫)。

17. 〔宋〕歐陽修:《歐陽文忠公集》,南宋刊本(見國圖善本書庫)。

18. 〔宋〕鄧椿:《畫繼》,明鄖陽原刊畫苑本(見國圖善本書庫)。

19. 〔宋〕謝枋得:《疊山集》,明嘉靖十六年古姚黃氏刊本(見國圖善本書庫)。

20. 〔宋〕羅濬等:《寶慶四明志》,臺北市:成文 1983 年。

21. 〔宋〕蘇軾:《東坡集》,明嘉靖十三年江西布政司重刊蘇文忠公全集(見國圖善本書庫)。

22. 〔宋〕蘇轍:《欒城集》,明嘉靖二十年蜀藩刊本(見國圖善本書庫)。

23. 〔宋〕不著撰者:《京口耆舊傳》,清光緒元年(1875)刊本(見國圖善本書庫)。

24. 〔元〕袁桷:《延祐四明志》,舊鈔本(見國圖善本書庫)。

25. 〔元〕脫脫等:《宋史》,臺北市:鼎文 1978 年。

26. 〔元〕脫脫等:《金史》,明嘉靖八年(1529)南京國子監刊本(見國圖善本書庫)。

27. 〔元〕蘇天爵:《元朝名臣事略》,清乾隆甲午(39 年)武英殿聚珍本(見國圖善本書庫)。

28. 〔明〕宋濂:《宋文憲公全集》,清嘉慶十四年(1809)吳縣嚴榮編刊本(見國圖善本書庫)。

29. 〔明〕宋濂等:《元史》,明洪武三年刊本(見國圖善本書庫)。

30. 〔明〕凌迪知:《萬姓統譜》,臺北市:新興 1971 年。

31. 〔明〕袁忠徹:《忠義錄》,明正統五年(1440)四明袁氏家刊本。

32. 〔明〕張某:《吳中人物志》,明隆慶間長洲張鳳翼等校刊本(見國圖善本書庫)。

33. 〔明〕鄭柏:《金華賢達傳》,民國 13 年(1924)永康胡氏夢選樓刊本(見國圖善本書庫)。

34. 〔明〕錢穀輯:《吳都文粹續集》,上海商務印書館景印文淵閣本(見國圖善本書庫)。

35. 〔清〕牛兆濂輯:《二程全書》,清光緒壬辰(18 年,1892)刊本(見國圖善本書庫)。

36. 〔清〕王梓材等:《宋元學案補遺》,臺北市:世界 1962 年。

37. 〔清〕紀昀等:《四庫全書總目》,臺北市:臺灣商務 1983 年。

38. 〔清〕莊仲方編:《南宋文範》,清道光間(1821~1850)活字本(見國圖善本書庫)。

39. 〔清〕陸心源:《宋詩紀事小傳補正》,清末歸安陸氏刊本(見國圖善本書庫)。

40. 〔清〕陸心源輯:《宋史翼》,臺北縣:文海 1967 年。

41. 〔清〕黃宗羲:《宋元學案》,清光緒五年(1879)長沙王梓材刊本(見國圖善本書庫)。

42. 〔清〕厲鶚:《宋詩紀事》,清乾隆間(1736~1795)錢塘厲氏家刊本(見國圖善本書庫)。

43. 〔清〕錢大昕編:《洪文敏公年譜》,清光緒十年(1884)長沙龍氏家塾重刊(見國圖善本書庫)。

44. 〔清〕錢大昕編:《陸放翁先生年譜》,清光緒十年(1884)長沙龍氏家塾重刊本(見國圖善本書庫)。

45. 〔清〕李清馥:《閩中理學淵源考》。

46. 余嘉錫:《四庫提要辨證》,臺北市:藝文 1957 年。

六、相關論文篇目(依論文發表時間先後排序)

(一)學位論文

1. 阮芝生:《司馬遷的史學方法與歷史思想》,臺大歷史研究所博士論文,民國 62 年。

2. 夏長樸:《兩漢儒學研究》,臺北:國立臺灣大學中國文學研究所碩士論文,1974 年。

3. 張添丁:《司馬遷春秋學》,政大中文研究所博士論文,民國 74 年。

4. 李志文:《司馬遷班固對先秦諸子之評價》,香港:私立珠海大學中國歷史學研究所博士論文,1986 年。

5. 金苑:《史記列傳義法研究》,政大中文研究所博士論文,民國 78 年 6 月。

6. 李寅浩:《史記文學價值與文章新探》,臺灣師大國文研究所博士論文,民國 80 年 5 月。

7. 郭瓊瑜:《史記的褒貶義法》,文化大學中文研究所碩士論文,民國 84 年 6 月。

8. 簡松興:《西漢天人思想研究——以《淮南子》,《春秋繁露》,《史記》為中心》,輔仁大學中文研究所博士論文,民國 87 年 6 月。

(二)期刊論文

1. 李奎耀:〈史記決疑〉,清華學報第四卷第一期,清華大學,民國 16 年 6
   月。

2. 高步瀛:〈史記太史公自序箋證〉,女師大學術季刊第一期,1930 年 3 月。

3. 雷海宗:〈司馬遷的史學〉,清華學報第十三卷第二期,清華大學,民國
   30 年 10 月。

4. 盧南喬:〈論司馬遷及其歷史編纂學〉,山東大學:文史哲 1955 年第十一
   期。

5. 梁若容:〈司馬遷傳與史記研究〉,師大學報第一期,國立臺灣師範大學,
   民國 45 年 6 月。

6. 盧南喬:〈司馬遷在祖國文化遺產上的偉大貢獻與成就〉,山東大學:文
   史哲 1956 年第一期。

7. 衛仲珀:〈司馬遷的諷刺語言的藝術〉,山東大學:文史哲 1958 年第二期。

8. 潘重規:〈史記導讀〉,新亞書院學術年刊第二期,香港:新亞書院,1960
   年 9 月。

9. 文崇一:〈論司馬遷的思想〉,大陸雜誌第二十四卷第十、十一期,民國
   51 年 5、6 月。

10. 杜松柏:〈史記所顯示的群經大義〉,中華文化復興月刊三卷七期,民國
    59 年 7 月。

11. 李崇遠:〈史記篇例考述〉,中華學苑第九期,國立政治大學中研所,民
    國 61 年 3 月。

12. 徐文珊:〈試為司馬遷史記撰擬史例〉,中國歷史學會史學集刊第五期,
    民國 62 年 5 月。

13. 黃介瑞:〈史記與司馬遷〉,中華文化復興月刊第六卷第六期,民國 62 年
    6 月。

14. 阮芝生:〈太史公怎樣搜集和處理資料〉,書目季刊七卷四期,民國 63 年
    3 月。

15. 阮芝生:〈司馬遷的心〉,臺大文史哲學報二十三期,國立臺灣大學,民
    國 63 年 10 月。

16. 洪安全:〈孔子之春秋與司馬遷之史記〉,孔孟學報第三十四期,中華民
    國孔孟學會,民國 66 年 9 月。

17. 朱一清:〈略論《史記》人物的心理刻劃〉,安徽大學學報(社會科學版)
    1977 年第三期。

18. 徐復觀:〈論史記〉,大陸雜誌第五十五卷第五、六期,民國 66 年 11、12
    月。

19. 徐復觀:〈史漢比較研究之一例〉,臺北:大陸雜誌第五十七卷第四期,

民國 67 年 10 月。

20. 黃慶萱：〈「管晏列傳」新探取自《中國文學鑑賞舉隅》，〉，臺北：東大圖書公司，民國 68 年 4 月初版。

21. 尤信雄：〈宏揚儒學的功臣司馬遷〉，孔孟月刊第十八卷第一期，中華民國孔孟學會，民國 68 年 9 月。

22. 阮芝生：〈論史記五體及「太史公曰」的述與作〉，國立臺灣大學歷史學系學報第六期，民國 68 年 12 月。

23. 阮芝生：〈論史記五體的體系關聯〉，國立臺灣大學歷史學系學報第七期，民國 69 年 12 月。

24. 張維華：〈論司馬遷的通古今之變究天人之際〉，文史哲 1980 年第五期。

25. 蔡信發：〈太史公思想之蠡測〉，孔孟月刊第十八卷第六期，中華民國孔孟學會，民國 69 年 2 月。

26. 阮芝生：〈伯夷列傳析論〉，臺北：大陸雜誌第六十二卷第三期，民國 70 年 3 月。阮芝生：〈論留侯與三略〉，臺北：食貨月刊復刊十一卷二、三期，民國 70 年 5 月、6 月。

27. 李毓善：〈《史記》「太史公曰」探析〉，輔仁學誌文學院之部第十期，民國 70 年 6 月輔仁大學。

28. 晁福林：〈司馬遷與陳涉世家〉，北京：北京師範大學學報 1981 年第三期。

29. 賴明德：〈司馬遷與班固史學之比較〉，中國學術年刊第四期，國立臺灣師大國文研究所，民國 71 年 6 月。

30. 尤信雄：〈司馬遷及其成就〉，師大國文學報第十二期，國立臺灣師大國文系，民國 72 年 6 月。

31. 阮芝生：〈試論司馬遷所說的「究天人之際」〉，史學評論第六期，臺北：華世出版社，民國 72 年 9 月。

32. 張大可：〈試論司馬遷的一家之言〉，西北師院學報 1983 年第三期。

33. 程金造：〈釋太史公自敘成一家之言〉，人文雜誌 1983 年第四期，陝西人民出版社。

34. 楊燕起：〈司馬遷關於于「勢」的思想〉，人文雜誌 1983 年第五期，陝西人民出版社。

35. 白壽：〈說「成一家之言」〉，歷史研究 1984 年第一期。

36. 吳汝煜：〈司馬遷儒道思想辨析〉，人文雜誌 1984 年第三期，陝西人民出版社。

37. 吳匡忠：〈司馬遷「成一家之言」說〉，人文雜誌 1984 年第四期，陝西人民出版社。

38. 阮芝生：〈試論司馬遷所說的「通古今之變」〉，中國史學史論文選集三，

臺北：華世出版社，民國 74 年 2 月。

39. 沈新林、孫應杰：〈司馬遷的生死觀〉，人文雜誌 1984 年第五期，陝西人民出版社。

40. 趙生群：〈《史記》體例與褒貶〉，人文雜誌 1985 年第三期，陝西人民出版社。

41. 呂錫生：〈略論司馬遷的榮辱觀〉，人文雜誌 1985 年第一期，陝西人民出版社。

42. 張大可：〈崇高的人格〉，人文雜誌 1985 年第一期，陝西人民出版社。

43. 江惜美：〈史記中的互見筆法〉，臺北：孔孟月刊第二十三卷第十期，民國 74 年 6 月。

44. 宋紋緯：〈《史記·天官書》，論略〉，人文雜誌 1985 年第五期，陝西人民出版社。

45. 阮芝生：〈伯夷列傳發微〉，臺大文史哲學報第三十四期，民國 74 年 12 月。

46. 林聰舜：〈現實世界之外的人物——天才將領李廣〉，臺北：國文天地第二卷第六期，民國 75 年 11 月。

47. 林聰舜：〈褒貶紛紜的漢家儒宗叔孫通〉，臺北：國文天地第二卷第七期，民國 75 年 12 月。

48. 林聰舜：〈曠世英雄韓信的小市民性格〉，臺北：國文天地第二卷第八期，民國 76 年 1 月。

49. 林聰舜：〈虛矯的豪傑與怙勢凌人的權臣——魏其武安兩外戚〉，臺北：國文天地第二卷第九期，民國 76 年 2 月。

50. 林聰舜：〈恩恩相報的溫馨世界——信陵君和他的門下客〉，臺北：國文天地第二卷第十期，民國 76 年 3 月。

51. 林聰舜：〈伯夷叔齊怨邪非邪？——天道的破產與正義法則的追尋〉，臺北：國文天地第二卷第十一期，民國 76 年 4 月。

52. 林聰舜：〈布衣卿相背後的辛酸——游士范雎的悲劇〉，臺北：國文天地第三卷第一期，民國 76 年 6 月。

53. 林聰舜：〈酷吏群相——「緣飾以儒術」的眞相〉，臺北：國文天地三卷四期，民國 76 年 9 月。

54. 蔡信發：〈史記中的相人〉，東方雜誌復刊第二十一卷第四期，民國 76 年 10 月。

55. 顏天佑：〈生命的輝映——司馬遷和孔子〉，臺北：國文天地第三卷第四期，民國 76 年 9 月。

56. 楊樹增：〈《史記》語言的藝術特徵〉，長春：東北師大學報（哲學社會學

版），1988 年第五期。

57. 楊樹增：〈《史記》藝術略論〉，長春：東北師大學報（哲學社會科學版）1989 年第五期。

58. 萬國政：〈《史》《漢》繁簡之我見：司馬遷、班固語言風格比較〉，《承德師專學報》，1988 年一期

59. 章明壽：〈載筆敢言宗《史》《漢》：《史記》《漢書》筆法之異〉，《淮陽師專學報》，1988 年二期。

60. 杜升雲：〈司馬遷筆下的星漢世界〉，臺北：國文天地四卷八期，民國 78 年 1 月。

61. 王文顏：〈司馬遷筆下的高祖形象〉，臺北：孔孟月刊第二十七卷第十二期，民國 78 年 8 月。

62. 李毓善：〈史記中的夢〉，輔仁學誌文學院之部第十九期，民國 79 年 6 月。

63. 阮芝生：〈《史記·河渠書》，析論〉，國立臺灣大學歷史學報，第十五期，民國 79 年 12 月。

64. 江國貞：〈兵家之仙——韓信他真的謀反了嗎？〉，臺北：國文天地四卷七期，民國 79 年 12 月。

65. 逯耀東：〈漢武帝封禪與《史記·封禪書》，〉，第三屆史學史國際研討會論文集（國立中興大學歷史學系主編），民國 80 年 2 月。

66. 汪惠敏：〈史記中創業型的帝王〉，輔仁國文學報第七集，民國 80 年 6 月。

67. 黃湘陽：〈大風歌與高祖心態〉，輔仁國文學報第七集，民國 80 年 6 月。

68. 洪淑苓：〈論《史記》的兩篇合傳——〈魏其武安侯列傳〉與〈衛將軍驃騎列傳〉〉，臺北：國立編譯館館刊第二一卷第一期，民國 81 年 6 月。

69. 杜水封：〈史記汲鄭列傳探義〉，興大中文學報第五期，民國 81 年 6 月。

70. 顏天佑：〈〈伯夷列傳〉為《史記》列傳總序說之略探〉，中華學苑（國立政治大學中研所）第四十三期，民國 82 年 3 月。

71. 王令樾：〈史記老莊申韓列傳解讀〉，輔仁學誌文學院之部第廿二期，民國 82 年 6 月。

72. 戴晉新：〈司馬遷繼《春秋》，辨〉，輔仁歷史學報第五期，國 82 年 12 月。

73. 阮芝生：〈論吳太伯與季札讓國＝〈再論禪讓與讓國〉之貳〉，國立臺灣大學歷史學報十八期，國 82 年 12 月。

74. 逯耀東：〈司馬遷「通古今之變」的「今」之開端〉，輔仁歷史學報第五期，國 82 年 12 月。

75. 張大可：〈司馬遷一家之界說〉，陝西歷史博物館館刊 1994 年第一輯。

76. 顏天佑：〈《史記·游俠列傳》，解讀〉，中華學苑第四四期，民國 83 年 4 月，國立政治大學中研所印行。

77. 劉崇義：〈賞析國中古典詩歌散文之淺見〉，臺北：孔孟月刊第三二卷第八、九、十、十一、十二期，民國 83 年 4、5、6、7、8 月。

78. 吳玉燕：〈《史記‧游俠列傳》，析論〉，輔大中研所學刊第三集，民國 83 年 6 月。

79. 蔡信發：〈史漢平議〉，《國立中央大學人文學報》，1994 年 6 月。

80. 簡繡鈺：〈從〈馮諼客孟嘗君〉一文看馮諼與孟嘗君〉，臺北：國文天地第一○卷一期，民國 83 年 6 月。

81. 王初慶等著：《兩漢文學學術研討論文集》，臺北：華嚴，民國 84 年

82. 陳儷文：〈《史記‧酷吏列傳》，初探〉，輔大中研所學刊第五期，民國 84 年 9 月。

83. 郭慧娟：〈由《酷吏列傳》，看太史公的吏治觀〉，輔大中研所學刊第五期，民國 84 年 9 月。

84. 田博元：〈史記的思想性及其藝術特色〉，人文學報第二卷第十九期，中華民國人文科學研究會印行，民國 84 年 10 月 31 日。

85. 蔡信發：〈漢高祖是政權奪取與穩固的奇才〉，臺北：國文天地十一卷十二期，民國 85 年 5 月。

86. 魏聰祺：〈析論項羽「略知其意，又不肯竟學」〉，臺中師院學報第十期，民國 85 年 6 月。

87. 魏聰祺：〈評孟嘗君之養士〉，臺中師院進修學訊第二期，民國 85 年 6 月。

88. 阮芝生：〈貨殖與禮義 ——《史記‧貨殖列傳》，析論〉，臺大歷史學報十九期，民國 85 年 6 月。

89. 侍芳玲：〈論司馬遷究天人之際的承繼與突破〉，輔大中研所學刊第六期，民國 85 年 6 月。

90. 魏聰祺：〈評信陵君之養士〉，中師語文第六期，民國 85 年 6 月。

91. 趙生群：〈《史記》標題論〉，大陸雜誌第九十三卷第一期，民國 85 年 7 月。

92. 逯耀東：〈《史記》列傳及其與本紀的關係〉，國立臺灣大學歷史學報二十期，民國 85 年 11 月。

93. 阮芝生：〈滑稽與六藝 ——《史記‧滑稽列傳》，析論〉，臺大歷史學報二十期，民國 85 年 11 月。

94. 阮芝生：〈三司馬與漢武帝封禪〉，臺大歷史學報二十期，民國 85 年 11 月。

95. 傅正玲：〈從〈馮諼客孟嘗君〉一文看戰國之士〉，臺北：中國語文四七三期，民國 85 年 11 月。

96. 李栖：〈《史記‧滑稽列傳》，的寫作手法〉，臺北：國文天地十二卷九期，

民國 86 年 2 月。

97. 魏聰祺：〈史記老子列傳所呈現的老子形象〉，國教輔導第三十六卷第五期，民國 86 年 6 月。

98. 蔣宜芳：〈《史記、梁孝王世家》，初探〉，輔大中研所學刊第七期，民國 86 年 7 月。

99. 李黛顰：〈《史記・伯夷列傳》，典型形象探討〉，輔大中研所學刊第七期，民國 86 年 7 月。

100. 王保頂：〈立言與弘道：董仲舒和司馬遷關係論〉，孔孟月刊第三十五卷第十二期，民國 86 年 8 月。

101. 林于弘：〈《史記・管晏列傳》，中的對比技巧〉，臺北：中國語文四八八期，民國 87 年 2 月。

102. 吳儀鳳：〈《史記・平準書》，書法初探〉，臺北：孔孟月刊第三十七卷第一期，民國 87 年 9 月。

103. 李美慧：〈史漢貨殖傳較析〉，輔大中研所學刊第八期，民國 87 年 9 月。

104. 梁淑媛：〈《史記、外戚世家》，命觀研析〉，輔仁國文學報第十五期，民國 88 年 5 月。

105. 黃坤堯：〈讀淮陰侯列傳〉，臺北：國文天地十五卷一期，民國 88 年 6 月。

106. 魏聰祺：〈劉敬叔孫通列傳析評〉，中師語文第九期，民國 88 年 6 月。

107. 陳遼：〈"評點"文化的繼承与新發展——讀沈伯俊評校本《三國演義》，〉，社會科學研究，1996 年 3 月。

108. 雷戈：〈史學評論學論綱〉，史學理論研究，1997 年 3 月。

109. 陳新：〈史學批評還是歷史批評——与雷戈先生商榷〉，史學理論研究，1998 年 1 月。

110. 江連山：〈關於評價歷史人物功績問題爭議〉，史學理論研究，1998 年 1 月。

111. 邵東方：〈經義求真与古史考信——崔述經史考辨之詮釋學分析〉，史學理論研究，1998 年 1 月。

112. 李幼蒸：〈中國歷史話語的結構和歷史真實性的問題〉，史學理論研究，1998 年 2 月。

113. 于立君、王安节：〈中國詩文諸種體裁評點及其興衰〉，松遼學刊（社會科學版）1999 年第一期。

114. 林璧屬：〈歷史人物評價兩難題〉，史學理論研究，1999 年 2 月。

115. 史文：〈創典制通史匯治國良謨——史家篆下的史家和政治家〉，史學理論研究，1999 年 3 月。

116. 羅炳良：〈18 世紀中國史家的史學批評方法論〉，史學理論研究，1999 年

3 月。

117. 鄧鴻光:〈史學評論的內容〉,史學理論研究,2000 年 2 月。

118. 傅允生:〈試論歷史功能——關於歷史與現實關係的思考〉,史學理論研究,2000 年 2 月。

119. 陳新:〈論歷史敍述中的理解與解釋〉,史學理論研究,2000 年 2 月。

120. 施丁:〈司馬遷寫西漢官場風氣〉,史學史研究,2001 年第一期。

121. 葛志毅:〈史獻書與史鑒思想考源〉,史學集刊,2001 年 4 月第二期。

122. 李衛華:〈試論評點法與語文教學〉,新鄉師範高等專科學校學報第十六卷第一期,2002 年 2 月。

123. 朱万曙:〈評點的形式要素與文學批評功能——以明代戲曲評點爲例〉,中國文化研究,2002 年夏之卷。

七、《史記》相關四部書目（依著者朝代先後排序;同朝代者依姓氏筆劃排序）

【經部】

1. 〔漢〕毛亨傳、（漢）鄭玄箋、（唐）孔穎達疏:《毛詩正義》,臺北:藝文印書館,景印阮元刻十三經注疏本,民國 70 年 1 月 8 月。

2. 〔漢〕許慎著、（清）段玉裁注:《說文解字注》,臺北:藝文印書館,民國 68 年 6 月五版。

3. 〔漢〕鄭玄:《尚書鄭注》,臺北縣板橋市:藝文,1965 年。

4. 〔漢〕鄭玄注、〔唐〕孔穎達疏:《禮記注疏》,:臺北:藝文印書館,景印阮元刻十三經注疏本,民國 70 年 1 月八版。

5. 〔漢〕鄭玄注、〔唐〕賈公彥疏:《周禮注疏》,臺北:藝文印書館,景印阮元刻十三經注疏,民國 10 年 1 月八版。

6. 〔宋〕朱熹:《四書集註》,臺北:臺灣中華書局,四部備要本,民國 70 年 6 月豪華一版。

7. 〔宋〕朱熹:《詩集傳》,臺北:商務印書館,四部叢刊續編冊五,民國 65 年 6 月臺二版。

8. 〔清〕王聘珍:《大戴禮記解詁》,臺北:漢京文化事業公司,民國 76 年 10 月初版。

9. 楊家駱:《春秋三傳》,臺北:世界書局,民國 70 年 11 月三版。

【史部】

1. 〔周〕左丘明撰、〔晉〕韋昭注:《國語》,臺北:臺灣中華書局,四部備

要本，民國 70 年 6 月豪華一版。

2. 〔漢〕班固：《漢書》，臺北：臺灣中華書局，四部備要本，民國 70 年 6 月豪華一版。

3. 〔漢〕劉向：《戰國策》，臺北：臺灣中華書局，四部備要本，民國 70 年 6 月豪華一版。

4. 〔晉〕范曄：《後漢書》，臺北：臺灣中華書局，四部備要本，民國 70 年 6 月豪華一版。

5. 〔唐〕姚思廉：《梁書》，臺北：臺灣中華書局，四部備要本，民國 70 年 6 月豪華一版。

6. 〔唐〕劉知幾著、〔清〕浦起龍釋：《史通通釋》，臺北：臺灣中華書局，四部備要本，民國 70 年 6 月豪華一版。

7. 〔唐〕劉知幾著、〔清〕浦起龍釋：《史通釋評》，臺北：世華出版社，民國 70 年 11 月新版一刷。

8. 〔唐〕魏徵：《隋書》，臺北：臺灣中華書局，四部備要本，民國 70 年 6 月豪華一版。

9. 〔宋〕司馬光、胡三省：《資治通鑑》，臺北：啓明書局，1960 年。

10. 〔宋〕蘇轍：《古史》，臺北：商務印書館，景印文淵閣四庫全書第三七一冊，民國 75 年 7 月初版。

11. 〔清〕王夫之：《讀通鑑論》，（與《宋論合刊》，），臺北：里仁書局，1985 年。

12. 〔清〕王先謙：《漢書補注》，臺北：商務印書館，國學基本叢書四百種，民國 57 年 12 月臺一版。

13. 〔清〕王鳴盛：《十七史商榷》，臺北：收於鼎文書局《王鳴盛讀書筆記十七種》，民國 68 年 9 月初版。

14. 〔清〕全祖望：《經史問答十卷》，臺北：廣文書局，1971 年。

15. 〔清〕沈家本：《讀史瑣言》，北京：書目文獻出版社，1996 年。

16. 〔清〕阮元輯：《致史堂讀史管見》，上海：上海書店（叢書集成續編），1994 年。

17. 〔清〕張熷：《讀史舉正八卷》，臺北：藝文印書館（百部叢書集成七二），1965 年。

18. 〔清〕章學誠：《文史通義》，臺北：臺灣中華書局，四部備要本，民國 70 年 6 月豪華一版。

19. 〔清〕章學誠：《校讎通義》，臺北：臺灣中華書局，四部備要本，民國 70 年 6 月豪華一版。

20. 〔清〕章學誠：葉瑛校注，《文史通義校注》，臺北：里仁書局，1984 年。

21. 〔清〕趙翼:《廿二史箚記》,臺北:臺灣中華書局,四部備要本,民國70年6月豪華一版。

22. 〔清〕趙翼:《廿二史箚記及補編》,臺北:鼎文書局,1992年。

23. 〔清〕劉咸炘:《推十書》,四川:成都古籍書店影印,1996年11月第一版第一次印刷。

24. 〔清〕錢大昕:《廿二史考異一百卷》,臺北:鼎文書局,1979年。

25. 羅根澤:《古史辨》,臺北:明倫書局,民國59年。

【子部】

1. 〔周〕老聃:《老子》,臺北:臺灣中華書局,四部備要本,民國70年6月豪華一版。

2. 〔周〕荀況:《荀子》,臺北:臺灣中華書局,四部備要本,民國70年6月豪華一版。

3. 〔周〕莊周:《莊子》,臺北:臺灣中華書局,四部備要本,民國70年6月豪華一版。

4. 〔周〕墨翟:《墨子》,臺北:臺灣中華書局,四部備要本,民國70年6月豪華一版。

5. 〔周〕韓非:《韓非子》,臺北:臺灣中華書局,四部備要本,民國70年6月豪華一版。

6. 〔秦〕呂不韋:《呂氏春秋》,臺北:臺灣中華書局,四部備要本,民國70年6月豪華一版。

7. 〔漢〕桓寬:《鹽鐵論校注札記》,臺北:臺灣中華書局,四部備要本,民國70年6月豪華一版。

8. 〔漢〕揚雄:《法言》,臺北:臺灣中華書局,四部備要本,民國76年8月臺六版。

9. 〔漢〕董仲舒:《春秋繁露》,臺北:商務印書館,四部叢刊初編縮本,民國54年8月臺一版。

10. 〔漢〕賈誼:《新書》,臺北:臺灣中華書局,四部備要本,民國72年12月臺四版。

11. 〔漢〕劉安:《淮南子》,臺北:臺灣中華書局,四部備要本,民國76年8月臺六版。

12. 〔清〕顧炎武:《日知錄集釋》,臺北:臺灣中華書局,四部備要本,民國70年6月豪華一成。

【集部】

1. 〔梁〕蕭統編、〔唐〕李善注:《昭明文選》,臺北:藝文印書館,民國68

年 3 月九版。

2. 〔宋〕程灝、程頤：《二程全書》，臺北：臺灣中華書局，四部備要本，民國 72 年 12 月臺四版。

3. 〔宋〕蘇洵：《嘉祐集》，臺北：商務印書館，景印文淵閣四庫全書第一一〇四冊，民國 75 年 7 月初版。

4. 〔明〕方孝儒：《遜志齋集》，臺北：臺灣中華書局，四部備要本，民國 70 年 6 月豪華一版。

5. 〔明〕王世貞：《弇州四部稿》，臺北：商務印書館，景印文淵閣四庫全書第一二八〇冊，民國 75 年 7 月初版。

6. 〔明〕楊慎：《升菴集》，臺北：商務印書館，景印文淵閣四庫全書第一二七〇冊，民國 75 年 7 月初版。

7. 〔清〕方苞：《方望溪先生全集》，臺北：商務印書館，四部叢刊初編縮本，民國 54 年 8 月臺一版。

8. 〔清〕朱鶴齡：《愚菴小集》，臺北：商務印書館，景印文淵閣四庫全書第一三一九冊，民國 75 年 7 月初版。

9. 〔清〕何焯：《義門讀書記》，臺北：商務印書館，景印文淵閣四庫全書第八六〇冊，民國 75 年 7 月初版。

10. 〔清〕錢大昕：《潛研堂文集》，臺北：商務印書館，四部叢刊初編本，民國 54 年 8 月臺一版。

11. 孫琴安：《中國評點文學史》，上海社科院出版，1999 年 6 月第一版。

附錄一：《史記》各篇宋代評點索引

體 例 篇 名	160	評家	類別	評 點 內 容	備註
三皇本紀	0	蘇 洵	史識	參見本論文頁 446	4
五帝本紀第一	1	王安石	史識	參見本論文頁 452	
五帝本紀第一	1	王安石	史識	參見本論文頁 523	
五帝本紀第一	1	朱 熹	考據	參見本論文頁 509	4
五帝本紀第一	1	朱 熹	考據	參見本論文頁 604	2
五帝本紀第一	1	林之奇	考據	參見本論文頁 504	2
五帝本紀第一	1	孫 復	史識	參見本論文頁 443	1
五帝本紀第一	1	陳子經	考據	參見本論文頁 626	1
五帝本紀第一	1	陳 經	史識	參見本論文頁 568	2
五帝本紀第一	1	陳 經	史識	參見本論文頁 688	
五帝本紀第一	1	黃 震	史識	參見本論文頁 580	4
五帝本紀第一	1	歐陽修	考據	參見本論文頁 444	2
五帝本紀第一	1	蘇 轍	史識	參見本論文頁 462	1
五帝本紀第一	1.5	司馬光	考據	參見本論文頁 449	13
五帝本紀第一	1.5	胡 寅	史識	參見本論文頁 497	2
五帝本紀第一	1.5	范 浚	史識	參見本論文頁 501	1
五帝本紀第一	1.5	葉 適	考據	參見本論文頁 523	30
五帝本紀第一	1.5	羅 泌	史識	參見本論文頁 579	2
五帝本紀第一	1.5	蘇 轍	史識	參見本論文頁 463	77
夏本紀第二	2	王應麟	考據	參見本論文頁 601	37
夏本紀第二	2	朱 熹	考據	參見本論文頁 509	25
夏本紀第二	2	李 塗	辭章	參見本論文頁 626	5
夏本紀第二	2	林之奇	考據	參見本論文頁 504	5
夏本紀第二	2	金履祥	考據	參見本論文頁 619	29
夏本紀第二	2	曾 鞏	考據	參見本論文頁 448	1
夏本紀第二	2	曾 鞏	考據	參見本論文頁 449	3

夏本紀第二	2	費 袞	辭章	參見本論文頁 625	4
夏本紀第二	2	黃 震	考據	參見本論文頁 580	127
夏本紀第二	2	蔡 沈	考據	參見本論文頁 532	3
夏本紀第二	2	蔡 沈	其他	參見本論文頁 533	2
夏本紀第二	2	蔡 沈	辭章	參見本論文頁 532	4
夏本紀第二	2	蘇 軾	考據	參見本論文頁 458	2
夏本紀第二	2	蘇 轍	義理	參見本論文頁 463	77
夏本紀第二	2.5	黃 震	考據	參見本論文頁 580	127
殷本紀第三	3	金履祥	考據	參見本論文頁 763	
殷本紀第三	3	金履祥	考據	參見本論文頁 619	29
殷本紀第三	3	陳子樫	考據	參見本論文頁 627	3
殷本紀第三	3	黃 震	考據	參見本論文頁 580	127
殷本紀第三	3	劉辰翁	考據	參見本論文頁 609	110
殷本紀第三	3	蘇 轍	義理	參見本論文頁 464	127
周本紀第四	4	王應麟	史識	參見本論文頁 601	37
周本紀第四	4	呂祖謙	史識	參見本論文頁 515	27
周本紀第四	4	呂祖謙	義理	參見本論文頁 515	27
周本紀第四	4	金履祥	史識	參見本論文頁 620	29
周本紀第四	4	胡一桂	史識	參見本論文頁 556	1
周本紀第四	4	陳子樫	史識	參見本論文頁 627	3
周本紀第四	4	陳 經	史識	參見本論文頁 568	5
周本紀第四	4	蔡 沈	史識	參見本論文頁 533	6
周本紀第四	4	蘇 轍	義理	參見本論文頁 465	77
周本紀第四	4.5	王若虛	考據	參見本論文頁 538	25
周本紀第四	4.5	朱 熹	史識	參見本論文頁 510	25
周本紀第四	4.5	歐陽修	考據	參見本論文頁 444	2
秦本紀第五	5	王應麟	史識	參見本論文頁 601	37
秦本紀第五	5	王應麟	義理	參見本論文頁 601	37
秦本紀第五	5	王應麟	義理	參見本論文頁 602	37
秦本紀第五	5	宋 無	史識	參見本論文頁 557	2
秦本紀第五	5	金履祥	考據	參見本論文頁 620	29
秦本紀第五	5	洪 邁	史識	參見本論文頁 505	13
秦本紀第五	5	鮑 彪	考據	參見本論文頁 557	44
秦本紀第五	5	蘇 轍	史識	參見本論文頁 466	77
秦本紀第五	5	蘇 轍	義理	參見本論文頁 466	77
秦本紀第五	5.5	司馬光	史識	參見本論文頁 450	13

始皇本紀第六	6	王應麟	義理	參見本論文頁 602	37
始皇本紀第六	6	司馬光	考據	參見本論文頁 450	13
始皇本紀第六	6	呂祖謙	考據	參見本論文頁 515	27
秦始皇本紀第六	6	李　塗	辭章	參見本論文頁 626	5
始皇本紀第六	6	眞德秀	史識	參見本論文頁 543	25
始皇本紀第六	6	舒　雅	其他	參見本論文頁 492	3
始皇本紀第六	6	蘇　轍	義理	參見本論文頁 467	77
始皇本紀第六	6.5	黃　震	史識	參見本論文頁 580	127
始皇本紀第六	6.5	鄭　樵	考據	參見本論文頁 501	10
項羽本紀第七	7	李　塗	辭章	參見本論文頁 626	5
項羽本紀第七	7	洪　邁	史識	參見本論文頁 505	13
項羽本紀第七	7	倪　思	史識	參見本論文頁 533	50
項羽本紀第七	7	黃　震	史識	參見本論文頁 580	127
項羽本紀第七	7	劉子翬	史識	參見本論文頁 497	10
項羽本紀第七	7	劉辰翁	史識	參見本論文頁 609	110
項羽本紀第七	7	劉辰翁	辭章	參見本論文頁 609	110
項羽本紀第七	7	羅大經	史識	參見本論文頁 550	23
項羽本紀第七	7.5	王若虛	史識	參見本論文頁 538	25
項羽本紀第七	7.5	葉　適	史識	參見本論文頁 523	30
高祖本紀第八	8	王應麟	義理	參見本論文頁 602	37
高祖本紀第八	8	王應麟	辭章	參見本論文頁 602	37
高祖本紀第八	8	朱　翌	義理	參見本論文頁 495	12
高祖本紀第八	8	朱　熹	史識	參見本論文頁 511	25
高祖本紀第八	8	呂祖謙	史識	參見本論文頁 515	27
高祖本紀第八	8	呂祖謙	考據	參見本論文頁 515	27
高祖本紀第八	8	倪　思	史識	參見本論文頁 533	50
高祖本紀第八	8	倪　思	史識	參見本論文頁 534	50
高祖本紀第八	8	倪　思	辭章	參見本論文頁 534	50
高祖本紀第八	8	眞德秀	史識	參見本論文頁 543	25
高祖本紀第八	8	眞德秀	辭章	參見本論文頁 544	25
高祖本記第八	8	陳長方	辭章	參見本論文頁 503	2
高祖本紀第八	8	劉辰翁	史識	參見本論文頁 610	110
高祖本紀第八	8	劉辰翁	考據	參見本論文頁 610	110
高祖本紀第八	8	劉辰翁	辭章	參見本論文頁 610	110
高祖本紀第八	8	劉　攽	考據	參見本論文頁 455	4
高祖本紀第八	8	蘇　洵	史識	參見本論文頁 446	4

高祖本紀第八	8.5	朱　熹	史識	參見本論文頁 511	25
高祖本紀第八	8.5	呂祖謙	史識	參見本論文頁 516	27
高祖本紀第八	8.5	葉　適	史識	參見本論文頁 524	30
高祖本紀第八	8.5	鄭　樵	史識	參見本論文頁 501	10
呂太后本紀第九	9	王應麟	考據	參見本論文頁 602	37
呂太后本紀第九	9	司馬光	義理	參見本論文頁 450	13
呂太后本紀第九	9	朱　翌	史識	參見本論文頁 495	12
呂太后本紀第九	9	眞德秀	辭章	參見本論文頁 544	25
呂太后本紀第九	9	黃　震	史識	參見本論文頁 580	127
呂太后本紀第九	9	鄭　樵	史識	參見本論文頁 501	10
呂太后本紀第九	9.5	鄭　樵	史識	參見本論文頁 502	10
孝文本紀第十	10	朱　黼	史識	參見本論文頁 569	1
孝文本紀第十	10	呂祖謙	史識	參見本論文頁 516	27
孝文本紀第十	10	林之奇	史識	參見本論文頁 504	5
孝文本紀第十	10	眞德秀	史識	參見本論文頁 544	25
孝文本紀第十	10	眞德秀	義理	參見本論文頁 544	25
孝文本紀第十	10	眞德秀	義理	參見本論文頁 655	
孝文本紀第十	10	眞德秀	辭章	參見本論文頁 545	25
孝文本紀第十	10	陳仁子	史識	參見本論文頁 573	34
孝文本紀第十	10	陳仁子	史識	參見本論文頁 574	34
孝文本紀第十	10	陳仁子	義理	參見本論文頁 574	7
孝文本紀第十	10	陳傅良	史識	參見本論文頁 521	127
孝文本紀第十	10	黃　震	史識	參見本論文頁 581	23
孝文本紀第十	10	羅大經	史識	參見本論文頁 550	2
孝文本紀第十	10.5	沈作喆	史識	參見本論文頁 564	25
孝文本紀第十	10.5	眞德秀	史識	參見本論文頁 545	127
孝文本紀第十	10.5	黃　震	史識	參見本論文頁 581	25
孝景本紀第十一	11	眞德秀	史識	參見本論文頁 545	25
孝景本紀第十一	11.5	王若虛	史識	參見本論文頁 538	25
今上本紀第十二	12	羅大經	其他	參見本論文頁 550	23
三代世表第十三	13	黃履翁	史識	參見本論文頁 570	5
十二諸侯年表第十四	14.5	沈　括	考據	參見本論文頁 456	3
六國表第十五	15	陳仁子	史識	參見本論文頁 574	34
漢興已來諸侯年表第十七	17	陳仁子	史識	參見本論文頁 574	34
建元以來侯者年表第二十	20	陳仁子	史識	參見本論文頁 574	34
王子侯者年表第二十一	21	陳仁子	史識	參見本論文頁 574	34

漢興以來將相名臣年表第二十二	22.5	王應麟	史識	參見本論文頁 602	37
樂書第二十四	24	朱熹	義理	參見本論文頁 511	25
律書第二十五	25.5	王若虛	史識	參見本論文頁 538	25
律書第二十五	25.5	沈括	考據	參見本論文頁 456	3
律書第二十五	25.5	黃履翁	考據	參見本論文頁 570	5
天官書第二十七	27	王應麟	考據	參見本論文頁 603	37
封禪書第二十八	28	黃震	史識	參見本論文頁 581	127
封禪書第二十八	28	蘇軾	史識	參見本論文頁 458	23
封禪書第二十八	28.5	王應麟	考據	參見本論文頁 603	37
封禪書第二十八	28.5	王觀國	考據	參見本論文頁 491	2
封禪書第二十八	28.5	黃震	史識	參見本論文頁 581	127
封禪書第二十八	28.5	葉適	史識	參見本論文頁 524	30
河渠書第二十九	29	黃震	史識	參見本論文頁 581	127
平準書以觀事變第三十	30	黃震	史識	參見本論文頁 581	127
平準書以觀事變第三十	30.5	葉適	史識	參見本論文頁 524	30
吳世家第三十一	31	王應麟	史識	參見本論文頁 603	37
吳世家第三十一	31	金履祥	史識	參見本論文頁 620	29
吳世家第三十一	31	蘇軾	史識	參見本論文頁 458	23
吳世家第三十一	31	蘇轍	史識	參見本論文頁 468	77
吳世家第三十一	31	蘇轍	義理	參見本論文頁 468	77
齊太公世家第三十二	32	王應麟	考據	參見本論文頁 604	37
齊太公世家第三十二	32	黃震	史識	參見本論文頁 582	127
齊太公世家第三十二	32	蘇軾	史識	參見本論文頁 458	23
齊太公世家第三十二	32	蘇轍	史識	參見本論文頁 468	77
齊太公世家第三十二	32	蘇轍	義理	參見本論文頁 468	77
齊太公世家第三十二	32.5	王應麟	義理	參見本論文頁 604	37
齊太公世家第三十二	32.5	葉適	史識	參見本論文頁 524	30
齊太公世家第三十二	32.5	羅泌	史識	參見本論文頁 579	2
周公世家第三十三	33	呂祖謙	史識	參見本論文頁 516	27
周公世家第三十三	33	呂祖謙	義理	參見本論文頁 516	27
周公世家第三十三	33	金履祥	史識	參見本論文頁 620	29
周公世家第三十三	33	金履祥	史識	參見本論文頁 621	29
周公世家第三十三	33	金履祥	義理	參見本論文頁 621	29
周公世家第三十三	33	金履祥	義理	參見本論文頁 766	
周公世家第三十三	33	陳經	史識	參見本論文頁 568	5
周公世家第三十三	33	舒雅	史識	參見本論文頁 492	3

周公世家第三十三	33	黃 震	史識	參見本論文頁 582	127
周公世家第三十三	33	羅大經	史識	參見本論文頁 551	23
周公世家第三十三	33	蘇 轍	義理	參見本論文頁 469	77
周公世家第三十三	33.5	葉 適	考據	參見本論文頁 525	30
燕世家第三十四	34	王應麟	史識	參見本論文頁 604	37
燕世家第三十四	34	司馬光	義理	參見本論文頁 450	13
燕世家第三十四	34	陳仁子	史識	參見本論文頁 575	34
燕世家第三十四	34	黃 震	史識	參見本論文頁 582	127
燕世家第三十四	34	鮑 彪	史識	參見本論文頁 557	44
燕世家第三十四	34	蘇 轍	史識	參見本論文頁 470	77
燕世家第三十四	34.5	葉 適	史識	參見本論文頁 525	30
管蔡世家第三十五	35	黃 震	史識	參見本論文頁 582	127
管蔡世家第三十五	35	蘇 轍	義理	參見本論文頁 470	77
陳杞世家第三十六	36	黃 震	史識	參見本論文頁 582	127
陳杞世家第三十六	36	蘇 轍	考據	參見本論文頁 470	77
陳杞世家第三十六	36.5	葉 適	義理	參見本論文頁 525	30
衛世家第三十七	37	黃 震	史識	參見本論文頁 582	127
衛世家第三十七	37	蘇 轍	義理	參見本論文頁 470	77
宋世家第三十八	38	朱 熹	義理	參見本論文頁 511	25
宋世家第三十八	38	呂祖謙	義理	參見本論文頁 516	27
宋世家第三十八	38	呂祖謙	義理	參見本論文頁 517	27
宋世家第三十八	38	林之奇	考據	參見本論文頁 505	5
宋世家第三十八	38	林之奇	義理	參見本論文頁 504	5
宋世家第三十八	38	金履祥	考據	參見本論文頁 621	29
宋世家第三十八	38	金履祥	考據	參見本論文頁 767	
宋世家第三十八	38	陳 經	義理	參見本論文頁 568	5
宋世家第三十八	38	黃 震	史識	參見本論文頁 582	127
宋世家第三十八	38	黃 震	史識	參見本論文頁 583	127
宋世家第三十八	38	蘇 轍	史識	參見本論文頁 471	77
宋世家第三十八	38.5	黃 震	史識	參見本論文頁 583	127
晉世家第三十九	39	王應麟	史識	參見本論文頁 604	37
晉世家第三十九	39	金履祥	史識	參見本論文頁 621	29
晉世家第三十九	39	金履祥	考據	參見本論文頁 621	29
晉世家第三十九	39	金履祥	義理	參見本論文頁 622	29
晉世家第三十九	39	金履祥	義理	參見本論文頁 768	
晉世家第三十九	39	黃 震	史識	參見本論文頁 710	

晉世家第三十九	39	黃　震	史識	參見本論文頁583	127
晉世家第三十九	39	黃　震	考據	參見本論文頁583	127
晉世家第三十九	39	羅大經	義理	參見本論文頁551	23
晉世家第三十九	39	蘇　轍	史識	參見本論文頁571	77
晉世家第三十九	39.5	黃　震	考據	參見本論文頁583	127
楚世家第四十	40	司馬光	史識	參見本論文頁451	13
楚世家第四十	40	吳師道	史識	參見本論文頁623	6
楚世家第四十	40	金履祥	史識	參見本論文頁622	29
楚世家第四十	40	金履祥	考據	參見本論文頁622	29
楚世家第四十	40	鮑　彪	史識	參見本論文頁558	44
楚世家第四十	40	蘇　轍	義理	參見本論文頁472	77
楚世家第四十	40.5	葉　適	考據	參見本論文頁526	30
越王勾踐世家第四十一	41	蘇　軾	史識	參見本論文頁459	23
越王勾踐世家第四十一	41	蘇　轍	史識	參見本論文頁472	77
越王句踐世家第四十一	41.5	葉　適	史識	參見本論文頁526	30
鄭世家第四十二	42	金履祥	史識	參見本論文頁622	29
鄭世家第四十二	42	眞德秀	史識	參見本論文頁545	25
鄭世家第四十二	42	黃　震	史識	參見本論文頁584	127
鄭世家第四十二	42	蘇　轍	史識	參見本論文頁472	77
趙世家第四十三	43	洪　邁	史識	參見本論文頁505	13
趙世家第四十三	43	黃　震	史識	參見本論文頁584	44
趙世家第四十三	43	鮑　彪	史識	參見本論文頁558	44
趙世家第四十三	43	鮑　彪	史識	參見本論文頁559	44
趙世家第四十三	43	鮑　彪	考據	參見本論文頁674	
趙世家第四十三	43	鮑　彪	考據	參見本論文頁559	44
趙世家第四十三	43	蘇　軾	史識	參見本論文頁459	23
趙世家第四十三	43	蘇　轍	史識	參見本論文頁473	77
魏世家第四十四	44	呂祖謙	史識	參見本論文頁517	27
魏世家第四十四	44	呂祖謙	考據	參見本論文頁517	27
魏世家第四十四	44	眞德秀	辭章	參見本論文頁545	25
魏世家第四十四	44	鮑　彪	史識	參見本論文頁559	44
魏世家第四十四	44	鮑　彪	義理	參見本論文頁559	44
魏世家第四十四	44	蘇　轍	史識	參見本論文頁473	77
魏世家第四十四	44.5	王若虛	史識	參見本論文頁539	25
韓世家第四十五	45	司馬光	義理	參見本論文頁451	13
韓世家第四十五	45	劉辰翁	其他	參見本論文頁610	110

韓世家第四十五	45	鮑 彪	史識	參見本論文頁560	44
韓世家第四十五	45	鮑 彪	考據	參見本論文頁560	44
韓世家第四十五	45	蘇 轍	義理	參見本論文頁473	77
田敬仲完世家第四十六	46	司馬光	史識	參見本論文頁451	13
田敬仲完世家第四十六	46	吳師道	史識	參見本論文頁624	6
田敬仲完世家第四十六	46	眞德秀	史識	參見本論文頁545	25
田敬仲完世家第四十六	46	黃 震	史識	參見本論文頁584	127
田敬仲完世家第四十六	46	鮑 彪	史識	參見本論文頁560	44
田敬仲完世家第四十六	46	蘇 轍	史識	參見本論文頁474	77
田敬仲完世家第四十六	46.5	王若虛	史識	參見本論文頁539	25
孔子世家第四十七	47	王安石	史識	參見本論文頁453	9
孔子世家第四十七	47	王安石	義理	參見本論文頁452	9
孔子世家第四十七	47	王應麟	史識	參見本論文頁604	37
孔子世家第四十七	47	司馬光	史識	參見本論文頁451	13
孔子世家第四十七	47	宋 祁	義理	參見本論文頁443	3
孔子世家第四十七	47	金履祥	史識	參見本論文頁623	29
孔子世家第四十七	47	陳仁子	史識	參見本論文頁575	34
孔子世家第四十七	47	羅大經	考據	參見本論文頁551	23
孔子世家第四十七	47	蘇 軾	史識	參見本論文頁460	23
孔子世家第四十七	47	蘇 轍	史識	參見本論文頁474	77
孔子世家第四十七	47.5	王若虛	史識	參見本論文頁539	25
孔子世家第四十七	47.5	黃 震	史識	參見本論文頁584	127
孔子世家第四十七	47.5	葉 適	史識	參見本論文頁526	30
陳涉世家第四十八	48	呂祖謙	義理	參見本論文頁517	27
外戚世家第四十九	49	陳仁子	史識	參見本論文頁575	34
外戚世家第四十九	49	黃 震	史識	參見本論文頁584	127
外戚世家第四十九	49	羅大經	史識	參見本論文頁551	23
外戚世家第四十九	49.5	朱 翌	史識	參見本論文頁495	12
荊燕世家第五十一	51	黃 震	史識	參見本論文頁585	127
荊燕世家第五十一	51.5	黃 震	史識	參見本論文頁585	127
齊悼惠王世家第五十二	52	黃 震	史識	參見本論文頁585	127
蕭相國世家第五十三	53	倪 思	史識	參見本論文頁537	50
蕭相國世家第五十三	53	黃 震	史識	參見本論文頁585	127
蕭相國世家第五十三	53.5	王若虛	史識	參見本論文頁539	25
蕭相國世家第五十三	53.5	葉 適	史識	參見本論文頁526	30
曹相國世家第五十四	54	洪 邁	史識	參見本論文頁505	13

曹相國世家第五十四	54	黃 震	史識	參見本論文頁586	127
曹相國世家第五十四	54	黃 震	史識	參見本論文頁715	
曹相國世家第五十四	54	劉辰翁	史識	參見本論文頁611	110
曹相國世家第五十四	54	劉辰翁	辭章	參見本論文頁751	
曹相國世家第五十四	54	劉辰翁	辭章	參見本論文頁611	110
留侯世家第五十五	55	眞德秀	史識	參見本論文頁545	25
留侯世家第五十五	55	陳仁子	史識	參見本論文頁575	34
留侯世家第五十五	55	黃 震	史識	參見本論文頁586	127
留侯世家第五十五	55	楊 時	義理	參見本論文頁494	1
留侯世家第五十五	55	劉子翬	史識	參見本論文頁497	10
留侯世家第五十五	55	劉辰翁	史識	參見本論文頁611	110
留侯世家第五十五	55	劉辰翁	考據	參見本論文頁611	110
留侯世家第五十五	55	劉辰翁	辭章	參見本論文頁611	110
留侯世家第五十五	55	羅大經	史識	參見本論文頁550	23
留侯世家第五十五	55	蘇 軾	史識	參見本論文頁460	23
陳丞相世家第五十六	56	黃 震	史識	參見本論文頁586	127
陳丞相世家第五十六	56	劉辰翁	史識	參見本論文頁611	110
陳丞相世家第五十六	56	劉辰翁	考據	參見本論文頁612	110
陳丞相世家第五十六	56	劉辰翁	其他	參見本論文頁612	110
陳丞相世家第五十六	56	劉辰翁	辭章	參見本論文頁612	110
絳侯世家第五十七	57	洪 邁	史識	參見本論文頁506	13
絳侯世家第五十七	57	倪 思	史識	參見本論文頁534	50
絳侯世家第五十七	57	黃 震	史識	參見本論文頁586	127
絳侯世家第五十七	57	劉子翬	史識	參見本論文頁498	10
絳侯世家第五十七	57	劉辰翁	史識	參見本論文頁612	110
絳侯世家第五十七	57	劉辰翁	史識	參見本論文頁754	2
梁孝王世家第五十八	58	黃 震	史識	參見本論文頁587	127
梁孝王世家第五十八	58	黃 震	義理	參見本論文頁587	127
五宗世家第五十九	59	朱 翌	史識	參見本論文頁495	12
五宗世家第五十九	59	陳仁子	史識	參見本論文頁575	34
五宗世家第五十九	59	黃 震	義理	參見本論文頁587	127
三王世家第六十	60	陳仁子	史識	參見本論文頁575	34
三王世家第六十	60	黃 震	史識	參見本論文頁587	127
三王世家第六十	60.5	朱 翌	史識	參見本論文頁496	12
三王世家第六十	60.5	黃 震	考據	參見本論文頁587	127
三王世家第六十	60.5	葉 適	其他	參見本論文頁526	30

伯夷列傳第六十一	61	王應麟	義理	參見本論文頁 605	37
伯夷列傳第六十一	61	李 塗	辭章	參見本論文頁 626	5
伯夷列傳第六十一	61	黃 震	辭章	參見本論文頁 588	127
伯夷列傳第六十一	61	羅大經	辭章	參見本論文頁 552	23
伯夷列傳第六十一	61	蘇 轍	義理	參見本論文頁 474	77
伯夷列傳第六十一	61.5	眞德秀	辭章	參見本論文頁 545	25
伯夷列傳第六十一	61.5	陳長方	辭章	參見本論文頁 503	2
伯夷列傳第六十一	61.5	陳 善	史識	參見本論文頁 557	1
伯夷列傳第六十一	61.5	程 頤	義理	參見本論文頁 457	2
伯夷列傳第六十一	61.5	黃 震	考據 辭章	參見本論文頁 588	127
伯夷列傳第六十一	61.5	葉 適	史識	參見本論文頁 526	30
伯夷列傳第六十一	61.5	羅大經	辭章	參見本論文頁 553	23
管晏列傳第六十二	62	舒 雅	史識	參見本論文頁 493	3
管晏列傳第六十二	62	黃 震	義理	參見本論文頁 588	127
管晏列傳第六十二	62.5	葉 適	史識	參見本論文頁 527	30
老子韓非列傳第六十三	63	司馬光	義理	參見本論文頁 451	13
老子韓非列傳第六十三	63	陳仁子	史識	參見本論文頁 575	34
老子韓非列傳第六十三	63	黃 震	史識	參見本論文頁 588	127
老子韓非列傳第六十三	63	黃 震	史識	參見本論文頁 719	
老子韓非列傳第六十三	63	蘇 轍	史識	參見本論文頁 475	77
老子韓非列傳第六十三	63	蘇 轍	義理	參見本論文頁 475	77
老子韓非列傳第六十三	63	蘇 轍	義理	參見本論文頁 476	77
老子韓非列傳第六十三	63	蘇 轍	義理	參見本論文頁 557	
老子韓非列傳第六十三	63.5	王若虛	史識	參見本論文頁 540	25
老子韓非列傳第六十三	63.5	吳子良	考據	參見本論文頁 555	4
老子韓非列傳第六十三	63.5	黃 震	史識	參見本論文頁 589	127
司馬穰苴列傳第六十四	64	蘇 軾	史識	參見本論文頁 460	23
司馬穰苴列傳第六十四	64	蘇 轍	考據	參見本論文頁 476	77
孫子吳起列傳第六十五	65	黃 震	義理	參見本論文頁 589	127
伍子胥列傳第六十六	66	王安石	義理	參見本論文頁 453	9
伍子胥列傳第六十六	66	朱 翌	義理	參見本論文頁 496	12
伍子胥列傳第六十六	66	蘇 轍	義理	參見本論文頁 476	77
仲尼弟子列傳第六十七	67	王安石	史識	參見本論文頁 453	9
仲尼弟子列傳第六十七	67	范仲淹	義理	參見本論文頁 443	1
仲尼弟子列傳第六十七	67	黃 震	史識	參見本論文頁 589	127

仲尼弟子列傳第六十七	67	蘇　軾	義理	參見本論文頁 460	23
仲尼弟子列傳第六十七	67	蘇　轍	史識	參見本論文頁 477	77
仲尼弟子列傳第六十七	67	蘇　轍	史識	參見本論文頁 478	77
仲尼弟子列傳第六十七	67	蘇　轍	史識	參見本論文頁 561	
仲尼弟子列傳第六十七	67	蘇　轍	考據	參見本論文頁 479	77
仲尼弟子列傳第六十七	67	蘇　轍	義理	參見本論文頁 476	77
仲尼弟子列傳第六十七	67	蘇　轍	義理	參見本論文頁 477	77
仲尼弟子列傳第六十七	67	蘇　轍	義理	參見本論文頁 478	77
仲尼弟子列傳第六十七	67.5	王安石	史識	參見本論文頁 454	9
仲尼弟子列傳第六十七	67.5	王若虛	史識	參見本論文頁 540	25
仲尼弟子列傳第六十七	67.5	劉　恕	史識	參見本論文頁 457	1
商君列傳第六十八	68	王禹偁	義理	參見本論文頁 442	1
商君列傳第六十八	68	費　袞	史識	參見本論文頁 625	4
商君列傳第六十八	68	黃　震	義理	參見本論文頁 589	127
商君列傳第六十八	68	蘇　轍	史識	參見本論文頁 479	77
商君列傳第六十八	68	蘇　轍	其他	參見本論文頁 479	77
商君列傳第六十八	68.5	葉　適	史識	參見本論文頁 528	30
蘇秦列傳第六十九	69	王應麟	史識	參見本論文頁 605	37
蘇秦列傳第六十九	69	黃　震	史識	參見本論文頁 593	127
蘇秦列傳第六十九	69	劉辰翁	史識	參見本論文頁 613	110
蘇秦列傳第六十九	69	鮑　彪	史識	參見本論文頁 560	44
蘇秦列傳第六十九	69	鮑　彪	史識	參見本論文頁 561	44
蘇秦列傳第六十九	69	鮑　彪	考據	參見本論文頁 561	44
蘇秦列傳第六十九	69	蘇　轍	史識	參見本論文頁 479	77
張儀列傳第七十	70	朱　熹	義理	參見本論文頁 511	25
張儀列傳第七十	70	吳師道	史識	參見本論文頁 624	6
張儀列傳第七十	70	吳師道	史識	參見本論文頁 771	
張儀列傳第七十	70	金履祥	史識	參見本論文頁 623	29
張儀列傳第七十	70	張　耒	史識	參見本論文頁 489	3
張儀列傳第七十	70	陳仁子	史識	參見本論文頁 575	34
張儀列傳第七十	70	黃　震	史識	參見本論文頁 589	127
張儀列傳第七十	70	鮑　彪	史識	參見本論文頁 561	44
張儀列傳第七十	70	鮑　彪	史識	參見本論文頁 562	44
張儀列傳第七十	70	鮑　彪	考據	參見本論文頁 562	44
張儀列傳第七十	70	蘇　轍	史識	參見本論文頁 479	77
樗里甘茂列傳第七十一	71	司馬光	史識	參見本論文頁 451	13

樗里甘茂列傳第七十一	71	唐 庚	義理	參見本論文頁 491	3
樗里甘茂列傳第七十一	71	蘇 轍	史識	參見本論文頁 480	77
穰侯列傳第七十二	72	陳仁子	史識	參見本論文頁 576	34
穰侯列傳第七十二	72	蘇 轍	史識	參見本論文頁 480	77
白起王翦列傳第七十三	73	黃 震	史識	參見本論文頁 590	127
白起王翦列傳第七十三	73	黃 震	義理	參見本論文頁 590	127
白起王翦列傳第七十三	73	鮑 彪	史識	參見本論文頁 562	44
白起王翦列傳第七十三	73	蘇 軾	史識	參見本論文頁 460	23
白起王翦列傳第七十三	73	蘇 轍	史識	參見本論文頁 480	77
白起王翦列傳第七十三	73	蘇 轍	史識	參見本論文頁 564	
白起王翦列傳第七十三	73.5	黃 震	史識	參見本論文頁 590	127
孟子荀卿列傳第七十四	74	眞德秀	辭章	參見本論文頁 546	25
孟子荀卿列傳第七十四	74	陳仁子	史識	參見本論文頁 576	34
孟子荀卿列傳第七十四	74	黃 震	史識	參見本論文頁 590	127
孟子荀卿列傳第七十四	74	蘇 軾	史識	參見本論文頁 461	23
孟子荀卿列傳第七十四	74	蘇 軾	史識	參見本論文頁 564	
孟子荀卿列傳第七十四	74	蘇 轍	義理	參見本論文頁 481	77
孟子荀卿列傳第七十四	74.5	眞德秀	辭章	參見本論文頁 546	25
孟子荀卿列傳第七十四	74.5	黃履翁	史識	參見本論文頁 571	5
孟子荀卿列傳第七十四	74.5	葉 適	史識	參見本論文頁 528	30
孟嘗君列傳第七十五	75	陳仁子	史識	參見本論文頁 576	34
孟嘗君列傳第七十五	75	黃 震	史識	參見本論文頁 590	127
孟嘗君列傳第七十五	75	蘇 軾	史識	參見本論文頁 461	23
孟嘗君列傳第七十五	75	蘇 轍	史識	參見本論文頁 482	77
孟嘗君列傳第七十五	75.5	葉 適	考據	參見本論文頁 528	30
平原君虞卿列傳第七十六	76	洪 邁	辭章	參見本論文頁 506	13
平原君虞卿列傳第七十六	76	黃 震	史識	參見本論文頁 591	127
平原君虞卿列傳第七十六	76	鮑 彪	史識	參見本論文頁 562	44
平原君虞卿列傳第七十六	76	鮑 彪	史識	參見本論文頁 563	44
平原君虞卿列傳第七十六	76	蘇 轍	史識	參見本論文頁 482	77
平原君虞卿列傳第七十六	76.5	宋 祁	史識	參見本論文頁 444	3
魏公子列傳第七十七	77	司馬光	史識	參見本論文頁 452	13
魏公子列傳第七十七	77	黃 震	史識	參見本論文頁 591	127
魏公子列傳第七十七	77	劉 敞	史識	參見本論文頁 448	1
魏公子列傳第七十七	77	蘇 轍	史識	參見本論文頁 482	77
春申君列傳第七十八	78	黃 震	史識	參見本論文頁 591	127

春申君列傳第七十八	78	鮑 彪	考據	參見本論文頁 563	44
春申君列傳第七十八	78	蘇 轍	史識	參見本論文頁 483	77
范雎蔡澤列傳第七十九	79	王應麟	史識	參見本論文頁 605	37
范雎蔡澤列傳第七十九	79	王應麟	史識	參見本論文頁 744	
范雎蔡澤列傳第七十九	79	黃 震	史識	參見本論文頁 591	127
范雎蔡澤列傳第七十九	79	鮑 彪	史識	參見本論文頁 563	44
范雎蔡澤列傳第七十九	79	蘇 轍	史識	參見本論文頁 483	77
樂毅列傳第八十	80	陳仁子	史識	參見本論文頁 576	34
樂毅列傳第八十	80	黃 震	史識	參見本論文頁 592	127
樂毅列傳第八十	80	樓 昉	史識	參見本論文頁 567	9
樂毅列傳第八十	80	蘇 轍	史識	參見本論文頁 483	77
樂毅列傳第八十	80.5	葉 適	史識	參見本論文頁 529	30
廉頗藺相如列傳第八十一	81	王應麟	史識	參見本論文頁 605	37
廉頗藺相如列傳第八十一	81	洪 邁	史識	參見本論文頁 506	13
廉頗藺相如列傳第八十一	81	黃 震	史識	參見本論文頁 592	127
廉頗藺相如列傳第八十一	81	黃 震	辭章	參見本論文頁 592	127
廉頗藺相如列傳第八十一	81	蘇 洵	史識	參見本論文頁 446	6
廉頗藺相如列傳第八十一	81	蘇 轍	史識	參見本論文頁 483	77
田單列傳第八十二	82	黃 震	史識	參見本論文頁 592	127
田單列傳第八十二	82	蘇 軾	史識	參見本論文頁 461	23
田單列傳第八十二	82	蘇 轍	史識	參見本論文頁 484	77
田單列傳第八十二	82.5	唐仲友	史識	參見本論文頁 514	1
田單列傳第八十二	82.5	秦 觀	史識	參見本論文頁 487	3
魯仲連鄒陽列傳第八十三	83	吳師道	史識	參見本論文頁 624	6
魯仲連鄒陽列傳第八十三	83	洪 邁	辭章	參見本論文頁 506	13
魯仲連鄒陽列傳第八十三	83	眞德秀	史識	參見本論文頁 546	25
魯仲連鄒陽列傳第八十三	83	眞德秀	辭章	參見本論文頁 546	25
魯仲連鄒陽列傳第八十三	83	黃 震	史識	參見本論文頁 592	127
魯仲連鄒陽列傳第八十三	83	黃 震	史識	參見本論文頁 593	127
魯仲連鄒陽列傳第八十三	83	鮑 彪	史識	參見本論文頁 563	44
魯仲連鄒陽列傳第八十三	83	鮑 彪	考據	參見本論文頁 564	44
魯仲連鄒陽列傳第八十三	83	蘇 轍	史識	參見本論文頁 484	77
魯仲連鄒陽列傳第八十三	83.5	陳傅良	史識	參見本論文頁 521	7
屈原賈生列傳第八十四	84	王應麟	辭章	參見本論文頁 605	37
屈原賈生列傳第八十四	84	朱 翌	史識	參見本論文頁 496	12
屈原賈生列傳第八十四	84	朱 熹	史識	參見本論文頁 512	25

屈原賈生列傳第八十四	84	朱 熹	考據	參見本論文頁 512	25
屈原賈生列傳第八十四	84	洪興祖	史識	參見本論文頁 495	2
屈原賈生列傳第八十四	84	樓 昉	史識	參見本論文頁 567	9
屈原賈生列傳第八十四	84	樓 昉	辭章	參見本論文頁 567	9
屈原賈生列傳第八十四	84	羅大經	義理	參見本論文頁 553	23
屈原賈生列傳第八十四	84	蘇 轍	史識	參見本論文頁 484	77
屈原賈生列傳第八十四	84.5	吳子良	辭章	參見本論文頁 556	4
屈原賈生列傳第八十四	84.5	洪興祖	考據	參見本論文頁 495	2
呂不韋列傳第八十五	85	黃 震	史識	參見本論文頁 593	127
呂不韋列傳第八十五	85	鮑 彪	義理	參見本論文頁 564	44
呂不韋列傳第八十五	85	羅大經	史識	參見本論文頁 553	23
呂不韋列傳第八十五	85	蘇 轍	義理	參見本論文頁 484	77
刺客列傳第八十六	86	王安石	史識	參見本論文頁 455	9
刺客列傳第八十六	86	金履祥	史識	參見本論文頁 623	29
刺客列傳第八十六	86	黃 震	史識	參見本論文頁 593	127
刺客列傳第八十六	86	劉辰翁	辭章	參見本論文頁 612	110
刺客列傳第八十六	86	鮑 彪	史識	參見本論文頁 564	44
刺客列傳第八十六	86	鮑 彪	義理	參見本論文頁 564	44
刺客列傳第八十六	86	羅大經	其他	參見本論文頁 554	23
刺客列傳第八十六	86	蘇 轍	史識	參見本論文頁 484	77
刺客列傳第八十六	86.5	王應麟	史識	參見本論文頁 605	37
李斯列傳第八十七	87	王應麟	考據	參見本論文頁 606	37
李斯列傳第八十七	87	李 塗	辭章	參見本論文頁 626	5
李斯列傳第八十七	87	陳仁子	史識	參見本論文頁 577	34
李斯列傳第八十七	87	樓 昉	辭章	參見本論文頁 567	9
李斯列傳第八十七	87	羅大經	史識	參見本論文頁 554	23
李斯列傳第八十七	87	蘇 軾	義理	參見本論文頁 461	23
李斯列傳第八十七	87	蘇 轍	義理	參見本論文頁 485	77
蒙恬列傳第八十八	88	蘇 轍	義理	參見本論文頁 485	77
張耳陳餘列傳第八十九	89	司馬光	史識	參見本論文頁 452	13
張耳陳餘列傳第八十九	89	黃 震	其他	參見本論文頁 593	127
張耳陳餘列傳第八十九	89	劉辰翁	考據	參見本論文頁 613	110
張耳陳餘列傳第八十九	89	羅大經	史識	參見本論文頁 554	23
魏豹彭越列傳第九十	90	黃 震	史識	參見本論文頁 593	127
魏豹彭越列傳第九十	90	劉辰翁	史識	參見本論文頁 613	110
魏豹彭越列傳第九十	90	劉辰翁	考據	參見本論文頁 613	110

黥布列傳第九十一	91	黃　震	史識	參見本論文頁 593	127
黥布列傳第九十一	91	劉辰翁	辭章	參見本論文頁 613	110
淮陰侯列傳第九十二	92	洪　邁	史識	參見本論文頁 506	13
淮陰侯列傳第九十二	92	黃　震	史識	參見本論文頁 593	127
淮陰侯列傳第九十二	92	劉子翬	史識	參見本論文頁 498	10
淮陰侯列傳第九十二	92	劉辰翁	史識	參見本論文頁 613	110
淮陰侯列傳第九十二	92	劉辰翁	辭章	參見本論文頁 613	110
淮陰侯列傳第九十二	92	羅大經	史識	參見本論文頁 554	23
淮陰侯列傳第九十二	92	羅大經	史識	參見本論文頁 669	
淮陰侯列傳第九十二	92.5	葉　適	史識	參見本論文頁 529	30
韓王信盧綰列傳第九十三	93	呂祖謙	史識	參見本論文頁 517	27
韓王信盧綰列傳第九十三	93	黃　震	史識	參見本論文頁 594	127
田儋列傳第九十四	94	劉子翬	史識	參見本論文頁 499	10
田儋列傳第九十四	94	劉辰翁	考據	參見本論文頁 613	110
樊酈滕灌列傳第九十五	95	黃　震	史識	參見本論文頁 594	127
樊酈滕灌列傳第九十五	95	劉辰翁	史識	參見本論文頁 613	110
樊酈滕灌列傳第九十五	95	劉辰翁	考據	參見本論文頁 614	110
樊酈滕灌列傳第九十五	95	劉辰翁	辭章	參見本論文頁 614	110
張丞相列傳第九十六	96	呂祖謙	義理	參見本論文頁 517	27
張丞相列傳第九十六	96	黃　震	史識	參見本論文頁 594	127
張丞相列傳第九十六	96	劉辰翁	史識	參見本論文頁 614	110
酈生陸賈列傳第九十七	97	朱　翌	辭章	參見本論文頁 496	12
酈生陸賈列傳第九十七	97	倪　思	辭章	參見本論文頁 535	50
酈生陸賈列傳第九十七	97	黃　震	史識	參見本論文頁 594	127
酈生陸賈列傳第九十七	97	劉辰翁	其他	參見本論文頁 614	110
酈生陸賈列傳第九十七	97	劉辰翁	辭章	參見本論文頁 614	110
酈生陸賈列傳第九十七	97	劉　攽	考據	參見本論文頁 455	3
酈生陸賈列傳第九十七	97	羅大經	史識	參見本論文頁 555	23
傅靳蒯成列傳第九十八	98	劉辰翁	辭章	參見本論文頁 614	110
劉敬叔孫通列傳第九十九	99	呂祖謙	考據	參見本論文頁 518	27
劉敬叔孫通列傳第九十九	99	黃　震	史識	參見本論文頁 594	127
劉敬叔孫通列傳第九十九	99	劉辰翁	史識	參見本論文頁 614	110
劉敬叔孫通列傳第九十九	99	劉辰翁	史識	參見本論文頁 757	
季布欒布列傳第一百	100	倪　思	史識	參見本論文頁 535	50
季布欒布列傳第一百	100	倪　思	辭章	參見本論文頁 535	50
季布欒布列傳第一百	100	陳仁子	史識	參見本論文頁 577	34

季布欒布列傳第一百	100	費袞	史識	參見本論文頁 625	4
季布欒布列傳第一百	100	黃震	史識	參見本論文頁 595	127
季布欒布列傳第一百	100	劉辰翁	辭章	參見本論文頁 614	110
袁盎晁錯列傳第一百一	101	王應麟	史識	參見本論文頁 606	37
袁盎晁錯列傳第一百一	101	朱翌	史識	參見本論文頁 496	12
袁盎晁錯列傳第一百一	101	洪邁	義理	參見本論文頁 506	13
袁盎晁錯列傳第一百一	101	倪思	辭章	參見本論文頁 535	50
袁盎晁錯列傳第一百一	101	黃震	史識	參見本論文頁 595	127
袁盎晁錯列傳第一百一	101	劉辰翁	史識	參見本論文頁 614	110
袁盎晁錯列傳第一百一	101	劉辰翁	辭章	參見本論文頁 615	110
張釋之馮唐列傳第一百二	102	劉辰翁	辭章	參見本論文頁 615	110
張釋之馮唐列傳第一百二	102	劉辰翁	辭章	參見本論文頁 758	
張釋之馮唐列傳第一百二	102.5	沈作喆	史識	參見本論文頁 564	2
萬石張叔列傳第一百三	103	秦觀	史識	參見本論文頁 487	3
萬石張叔列傳第一百三	103	黃震	史識	參見本論文頁 595	127
萬石張叔列傳第一百三	103	黃震	史識	參見本論文頁 729	2
田叔列傳第一百四	104	黃震	史識	參見本論文頁 595	127
扁鵲倉公列傳第一百五	105	蘇轍	史識	參見本論文頁 485	77
吳王濞列傳第一百六	106	倪思	考據	參見本論文頁 535	50
吳王濞列傳第一百六	106	陳傅良	史識	參見本論文頁 521	7
吳王濞列傳第一百六	106	劉辰翁	考據	參見本論文頁 615	110
吳王濞列傳第一百六	106	劉辰翁	辭章	參見本論文頁 615	110
魏其武安列傳第一百七	107	呂祖謙	史識	參見本論文頁 518	27
魏其武安列傳第一百七	107	倪思	史識	參見本論文頁 535	50
魏其武安列傳第一百七	107	劉辰翁	考據	參見本論文頁 616	110
魏其武安列傳第一百七	107.5	王若虛	史識	參見本論文頁 540	25
韓長孺列傳第一百八	108	宋無	考據	參見本論文頁 557	2
韓長孺列傳第一百八	108	倪思	其他	參見本論文頁 535	50
韓長孺列傳第一百八	108	黃震	史識	參見本論文頁 595	127
韓長孺列傳第一百八	108	劉辰翁	史識	參見本論文頁 616	110
韓長孺列傳第一百八	108	劉辰翁	考據	參見本論文頁 616	110
李將軍列傳第一	109	朱翌	史識	參見本論文頁 496	12
李將軍列傳第一百九	109	陳仁子	史識	參見本論文頁 577	34
李將軍列傳第一百九	109	黃震	史識	參見本論文頁 596	127
李將軍列傳第一百九	109	黃震	辭章	參見本論文頁 596	127
李將軍列傳第一百九	109	劉辰翁	辭章	參見本論文頁 616	110

李將軍列傳第一百九	109.5	王若虛	辭章	參見本論文頁 540	25
匈奴列傳第一百十	110	倪　思	史識	參見本論文頁 535	50
匈奴列傳第一百十	110	倪　思	史識	參見本論文頁 536	50
匈奴列傳第一百十	110	倪　思	辭章	參見本論文頁 536	50
匈奴列傳第一百十	110	眞德秀	史識	參見本論文頁 546	25
匈奴列傳第一百十	110	陳仁子	史識	參見本論文頁 577	34
匈奴列傳第一百十	110	黃　震	史識	參見本論文頁 731	
匈奴列傳第一百十	110	黃　震	史識	參見本論文頁 596	127
匈奴列傳第一百十	110	劉辰翁	史識	參見本論文頁 616	110
匈奴列傳第一百十	110	劉辰翁	考據	參見本論文頁 616	110
匈奴列傳第一百十	110	劉辰翁	辭章	參見本論文頁 616	110
匈奴列傳第一百十	110.5	葉　適	史識	參見本論文頁 529	30
衛將軍驃騎列傳第一百一十一	111	陳仁子	史識	參見本論文頁 577	34
衛將軍驃騎列傳第一百一十一	111	費　袞	考據	參見本論文頁 626	4
衛將軍驃騎列傳第一百一十一	111	黃　震	史識	參見本論文頁 597	127
衛將軍驃騎列傳第一百一十一	111	黃　震	辭章	參見本論文頁 597	127
衛將軍驃騎列傳第一百一十一	111.5	洪　邁	辭章	參見本論文頁 507	13
平津矦列傳第一百一十二	112	王安石	史識	參見本論文頁 456	9
平津矦列傳第一百一十二	112	王應麟	史識	參見本論文頁 606	37
平津矦列傳第一百一十二	112	陳仁子	史識	參見本論文頁 577	34
平津矦列傳第一百一十二	112	黃　震	史識	參見本論文頁 597	127
平津矦列傳第一百一十二	112	劉子翬	史識	參見本論文頁 499	10
南越列傳第一百一十三	113	陳仁子	史識	參見本論文頁 578	34
南越列傳第一百一十三	113	黃　震	史識	參見本論文頁 598	127
南越列傳第一百一十三	113	樓　昉	史識	參見本論文頁 567	9
朝鮮列傳第一百一十五	115	黃　震	史識	參見本論文頁 598	127
司馬相如列傳第一百一十七	117	王應麟	史識	參見本論文頁 606	37
司馬相如列傳第一百一十七	117	周　密	考據	參見本論文頁 619	1
司馬相如列傳第一百一十七	117	倪　思	考據	參見本論文頁 536	50
司馬相如列傳第一百一十七	117	倪　思	辭章	參見本論文頁 536	50
司馬相如列傳第一百一十七	117	倪　思	辭章	參見本論文頁 643	
司馬相如列傳第一百一十七	117	黃　震	史識	參見本論文頁 598	127
司馬相如列傳第一百一十七	117	劉辰翁	辭章	參見本論文頁 616	110
司馬相如列傳第一百一十七	117	樓　昉	史識	參見本論文頁 567	9
司馬相如列傳第一百一十七	117	樓　昉	辭章	參見本論文頁 567	9
司馬相如列傳第一百一十七	117	蘇　軾	史識	參見本論文頁 462	23

司馬相如列傳第一百一十七	117	蘇　轍	辭章	參見本論文頁 485	77
淮南衡山列傳第一百一十八	118	倪　思	辭章	參見本論文頁 536	50
淮南衡山列傳第一百一十八	118	陳仁子	史識	參見本論文頁 578	34
淮南衡山列傳第一百一十八	118	劉辰翁	史識	參見本論文頁 617	110
淮南衡山列傳第一百一十八	118	劉辰翁	辭章	參見本論文頁 617	110
循吏列傳第一百一十九	119	黃　震	史識	參見本論文頁 598	127
循吏列傳第一百一十九	119.5	吳子良	辭章	參見本論文頁 556	4
汲鄭列傳第一百二十	120	朱　翌	史識	參見本論文頁 497	12
汲鄭列傳第一百二十	120	倪　思	考據	參見本論文頁 536	50
汲鄭列傳第一百二十	120	黃　震	史識	參見本論文頁 598	127
汲鄭列傳第一百二十	120	劉辰翁	史識	參見本論文頁 617	110
汲鄭列傳第一百二十	120	劉辰翁	辭章	參見本論文頁 617	110
汲鄭列傳第一百二十	120.5	王若虛	史識	參見本論文頁 540	25
儒林列傳第一百二十一	121	金履祥	辭章 史識	參見本論文頁 623	29
儒林列傳第一百二十一	121	劉子翬	史識	參見本論文頁 499	10
儒林列傳第一百二十一	121	劉　攽	考據	參見本論文頁 456	3
儒林列傳第一百二十一	121.5	葉　適	史識	參見本論文頁 529	30
酷吏列傳第一百二十二	122	王應麟	史識	參見本論文頁 606	37
酷吏列傳第一百二十二	122	倪　思	史識	參見本論文頁 536	50
酷吏列傳第一百二十二	122	倪　思	考據	參見本論文頁 537	50
酷吏列傳第一百二十二	122	黃　震	史識	參見本論文頁 598	127
酷吏列傳第一百二十二	122	劉辰翁	史識	參見本論文頁 617	110
酷吏列傳第一百二十二	122	劉辰翁	其他	參見本論文頁 617	110
酷吏列傳第一百二十二	122.5	王若虛	史識	參見本論文頁 541	25
酷吏列傳第一百二十二	122.5	黃　震	史識	參見本論文頁 599	127
大宛列傳第一百二十三	123	王應麟	考據	參見本論文頁 606	37
大宛列傳第一百二十三	123	黃　震	史識	參見本論文頁 599	127
大宛列傳第一百二十三	123	黃　震	考據	參見本論文頁 599	127
游俠列傳第一百二十四	124	呂祖謙	史識	參見本論文頁 518	27
游俠列傳第一百二十四	124	倪　思	史識	參見本論文頁 537	50
游俠列傳第一百二十四	124	倪　思	辭章	參見本論文頁 537	50
游俠列傳第一百二十四	124	陳仁子	史識	參見本論文頁 578	34
游俠列傳第一百二十四	124	黃　震	史識	參見本論文頁 600	127
游俠列傳第一百二十四	124	劉辰翁	史識	參見本論文頁 617	110
游俠列傳第一百二十四	124	劉辰翁	史識	參見本論文頁 618	110

佞幸列傳第一百二十五	125	劉辰翁	辭章	參見本論文頁618	110
滑稽列傳第一百二十六	126	陳仁子	史識	參見本論文頁578	34
滑稽列傳第一百二十六	126	黃 震	史識	參見本論文頁600	127
滑稽列傳第一百二十六	126	劉辰翁	辭章	參見本論文頁618	110
日者列傳第一百二十七	127	黃 震	史識	參見本論文頁600	127
日者列傳第一百二十七	127	黃 震	辭章	參見本論文頁601	127
日者列傳第一百二十七	127	劉辰翁	辭章	參見本論文頁618	110
貨殖列傳第一百二十九	129	倪 思	史識	參見本論文頁537	50
貨殖列傳第一百二十九	129	倪 思	考據	參見本論文頁537	50
貨殖列傳第一百二十九	129	倪 思	辭章	參見本論文頁537	50
貨殖列傳第一百二十九	129	倪 思	辭章	參見本論文頁645	
貨殖列傳第一百二十九	129	陳仁子	史識	參見本論文頁579	34
貨殖列傳第一百二十九	129	劉辰翁	史識	參見本論文頁618	110
貨殖列傳第一百二十九	129	劉辰翁	考據	參見本論文頁618	110
貨殖列傳第一百二十九	129	羅大經	史識	參見本論文頁555	23
太史公自序第一百三十	130	黃 震	史識	參見本論文頁601	127
太史公自序第一百三十	130	劉子翬	史識	參見本論文頁499	10
太史公自序第一百三十	130	樓 昉	辭章	參見本論文頁567	9
太史公自序第一百三十	130	羅大經	史識	參見本論文頁555	23
太史公自序一百三十	130	蘇 轍	辭章	參見本論文頁485	77
通論	150	王若虛	史識	參見本論文頁541	25
通論	150	王若虛	史識	參見本論文頁542	25
通論	150	王若虛	史識	參見本論文頁542	25
通論	150	王若虛	辭章	參見本論文頁543	25
通論	150	王 楙	辭章	參見本論文頁531	2
通論	150	王應麟	史識	參見本論文頁606	37
通論	150	王應麟	其他	參見本論文頁607	37
通論	150	王應麟	其他	參見本論文頁478	2
通論	150	王觀國	考據	參見本論文頁491	2
通論	150	朱 熹	史識	參見本論文頁512	25
通論	150	朱 熹	史識	參見本論文頁513	25
通論	150	朱 熹	辭章	參見本論文頁513	25
通論	150	吳子良	史識	參見本論文頁556	4
通論	150	吳仁傑	考據	參見本論文頁565	6
通論	150	吳仁傑	考據	參見本論文頁566	6
通論	150	吳仁傑	考據	參見本論文頁684	2

通論	150	吳仁傑	考據	參見本論文頁 685	2
通論	150	呂祖謙	史識	參見本論文頁 518	27
通論	150	呂祖謙	史識	參見本論文頁 617	
通論	150	呂祖謙	考據	參見本論文頁 519	27
通論	150	呂祖謙	辭章	參見本論文頁 520	27
通論	150	宋　祁	考據	參見本論文頁 444	3
通論	150	李　治	辭章	參見本論文頁 549	1
通論	150	李　廌	辭章	參見本論文頁 490	1
通論	150	沈　括	史識	參見本論文頁 457	3
通論	150	林　駉	史識	參見本論文頁 569	6
通論	150	林　駉	史識	參見本論文頁 570	6
通論	150	洪　邁	史識	參見本論文頁 507	13
通論	150	洪　邁	辭章	參見本論文頁 507	13
通論	150	胡　寅	史識	參見本論文頁 497	2
通論	150	唐　庚	其他	參見本論文頁 491	3
通論	150	唐　庚	辭章	參見本論文頁 491	3
通論	150	晁公武	史識	參見本論文頁 503	1
通論	150	晁補之	辭章	參見本論文頁 489	1
通論	150	眞德秀	史識	參見本論文頁 546	25
通論	150	秦　觀	史識	參見本論文頁 488	3
通論	150	馬　存	辭章	參見本論文頁 493	1
通論	150	張　耒	史識	參見本論文頁 490	3
通論	150	陳振孫	史識	參見本論文頁 548	1
通論	150	陳傅良	史識	參見本論文頁 522	7
通論	150	陳傅良	史識	參見本論文頁 623	
通論	150	陳傅良	其他	參見本論文頁 522	7
通論	150	陸　游	辭章	參見本論文頁 508	1
通論	150	曾　鞏	史識	參見本論文頁 449	4
通論	150	曾　鞏	其他	參見本論文頁 449	4
通論	150	程　頤 程　顥	史識	參見本論文頁 458	2
通論	150	黃庭堅	辭章	參見本論文頁 486	1
通論	150	黃朝英	考據	參見本論文頁 493	1
通論	150	黃履翁	史識 其他	參見本論文頁 571	5
通論	150	黃履翁	史識	參見本論文頁 572	5
通論	150	黃　震	史識	參見本論文頁 601	127

通論	150	葉　適	史識	參見本論文頁530	30
通論	150	葉　適	史識	參見本論文頁530	30
通論	150	葉　適	史識	參見本論文頁635	2
通論	150	趙　頊	史識	參見本論文頁486	1
通論	150	劉子翬	史識	參見本論文頁500	10
通論	150	劉　攽	考據	參見本論文頁456	3
通論	150	歐陽修	史識	參見本論文頁445	5
通論	150	歐陽修	考據	參見本論文頁445	5
通論	150	歐陽修	辭章	參見本論文頁445	5
通論	150	鄭　樵	史識	參見本論文頁502	10
通論	150	鄭　樵	史識	參見本論文頁503	10
通論	150	鄭　樵	史識	參見本論文頁596	
通論	150	魏了翁	史識	參見本論文頁547	4
通論	150	魏了翁	史識	參見本論文頁548	4
通論	150	魏了翁	考據	參見本論文頁548	4
通論	150	蘇　洵	史識	參見本論文頁446	6
通論	150	蘇　洵	史識	參見本論文頁448	6
通論	150	蘇　洵	其他	參見木論文頁448	6
通論	150	蘇　軾	史識	參見本論文頁462	23
通論	150	蘇　轍	史識	參見本論文頁485	77
通論	150	蘇　轍	史識	參見本論文頁486	77

附錄二：兩宋評家評點篇目索引

（評家姓名筆畫排序）

筆畫數	評家	160	體 例 篇 名	類別	評 點 內 容	備註
四畫						條數
王安石	王安石	1	五帝本紀第一	史識	參見本論文頁 522	
	王安石	1	五帝本紀第一	史識	參見本論文頁 452	2
	王安石	47	孔子世家第四十七	史識	參見本論文頁 453	1
	王安石	47	孔子世家第四十七	義理	參見本論文頁 452	1
	王安石	66	伍子胥列傳第六十六	義理	參見本論文頁 453	1
	王安石	67	仲尼弟子列傳第六十七	史識	參見本論文頁 453	1
	王安石	67.5	仲尼弟子列傳第六十七	史識	參見本論文頁 454	1
	王安石	86	刺客列傳第八十六	史識	參見本論文頁 455	1
	王安石	112	平津矦列傳第一百一十二	史識	參見本論文頁 456	1
王禹偁	王禹偁	68	商君列傳第六十八	義理	參見本論文頁 442	1
王若虛	王若虛	4.5	周本紀第四	考據	參見本論文頁 538	1
	王若虛	7.5	項羽本紀第七	史識	參見本論文頁 538	1
	王若虛	11.5	孝景本紀第十一	史識	參見本論文頁 538	1
	王若虛	25.5	律書第二十五	史識	參見本論文頁 538	1
	王若虛	44.5	魏世家第四十四	史識	參見本論文頁 539	1
	王若虛	46.5	田敬仲完世家第四十六	史識	參見本論文頁 539	1
	王若虛	47.5	孔子世家第四十七	史識	參見本論文頁 539	1
	王若虛	53.5	蕭相國世家第五十三	史識	參見本論文頁 539	1
	王若虛	63.5	老子韓非列傳第六十三	史識	參見本論文頁 540	1
	王若虛	67.5	仲尼弟子列傳第六十七	史識	參見本論文頁 540	1
	王若虛	107.5	魏其武安列傳第一百七	史識	參見本論文頁 540	1
	王若虛	109.5	李將軍列傳第一百九	辭章	參見本論文頁 540	1
	王若虛	120.5	汲鄭列傳第一百二十	史識	參見本論文頁 540	1
	王若虛	122.5	酷吏列傳第一百二十二	史識	參見本論文頁 541	1
	王若虛	150	通論	史識	參見本論文頁 541	4
	王若虛	150	通論	史識	參見本論文頁 542	5

	王若虛	150	通論	辭章	參見本論文頁 542	1
	王若虛	150	通論	辭章	參見本論文頁 543	1
王　楙	王　楙	150	通論	辭章	參見本論文頁 531	1
	王　楙	150	通論	辭章	參見本論文頁 532	1
王應麟	王應麟	2	夏本紀第二	考據	參見本論文頁 601	1
	王應麟	4	周本紀第四	史識	參見本論文頁 601	1
	王應麟	5	秦本紀第五	史識	參見本論文頁 601	1
	王應麟	5	秦本紀第五	義理	參見本論文頁 601	1
	王應麟	5	秦本紀第五	義理	參見本論文頁 602	1
	王應麟	6	始皇本紀第六	義理	參見本論文頁 602	2
	王應麟	8	高祖本紀第八	義理	參見本論文頁 602	1
	王應麟	8	高祖本紀第八	辭章	參見本論文頁 602	1
	王應麟	9	呂太后本紀第九	考據	參見本論文頁 602	1
	王應麟	22.5	漢興以來將相名臣年表第二十二	史識	參見本論文頁 602	1
	王應麟	27	天官書第二十七	考據	參見本論文頁 603	1
	王應麟	28.5	封禪書第二十八	考據	參見本論文頁 603	1
	王應麟	31	吳世家第三十一	史識	參見本論文頁 603	2
	王應麟	32	齊太公世家第三十二	考據	參見本論文頁 604	1
	王應麟	32.5	齊太公世家第三十二	義理	參見本論文頁 604	1
	王應麟	34	燕世家第三十四	史識	參見本論文頁 604	1
	王應麟	39	晉世家第三十九	史識	參見本論文頁 604	1
	王應麟	47	孔子世家第四十七	史識	參見本論文頁 604	1
	王應麟	61	伯夷列傳第六十一	義理	參見本論文頁 605	1
	王應麟	69	蘇秦列傳第六十九	史識	參見本論文頁 605	1
	王應麟	79	范雎蔡澤列傳第七十九	史識	參見本論文頁 605	2
	王應麟	79	范雎蔡澤列傳第七十九	史識	參見本論文頁 744	
	王應麟	81	廉頗藺相如列傳第八十一	史識	參見本論文頁 605	
	王應麟	84	屈原賈生列傳第八十四	辭章	參見本論文頁 605	
	王應麟	86.5	刺客列傳第八十六	史識	參見本論文頁 605	
	王應麟	87	李斯列傳第八十七	考據	參見本論文頁 606	
	王應麟	101	袁盎晁錯列傳第一百一	史識	參見本論文頁 606	
	王應麟	112	平津侯列傳第一百一十二	史識	參見本論文頁 606	
	王應麟	117	司馬相如列傳第一百一十七	史識	參見本論文頁 606	
	王應麟	122	酷吏列傳第一百二十二	史識	參見本論文頁 606	
	王應麟	123	大宛列傳第一百二十三	考據	參見本論文頁 606	
	王應麟	150	通論	史識	參見本論文頁 606	
	王應麟	150	通論	其他	參見本論文頁 607	3

	王應麟	150	通論	其他	參見本論文頁 478	2
王觀國	王觀國	28.5	封禪書第二十八	考據	參見本論文頁 491	
	王觀國	150	通論	考據	參見本論文頁 491	
五畫						
司馬光	司馬光	1.5	五帝本紀第一	考據	參見本論文頁 449	
	司馬光	5.5	秦本紀第五	史識	參見本論文頁 450	
	司馬光	6	始皇本紀第六	考據	參見本論文頁 450	
	司馬光	9	呂太后本紀第九	義理	參見本論文頁 450	
	司馬光	34	燕世家第三十四	義理	參見本論文頁 450	
	司馬光	40	楚世家第四十	史識	參見本論文頁 451	
	司馬光	45	韓世家第四十五	義理	參見本論文頁 451	
	司馬光	46	田敬仲完世家第四十六	史識	參見本論文頁 451	
	司馬光	47	孔子世家第四十七	史識	參見本論文頁 451	
	司馬光	63	老子韓非列傳第六十三	義理	參見本論文頁 451	
	司馬光	71	樗里甘茂列傳第七十一	史識	參見本論文頁 451	
	司馬光	77	魏公子列傳第七十七	史識	參見本論文頁 452	
	司馬光	89	張耳陳餘列傳第八十九	史識	參見本論文頁 452	
六畫						
朱 翌	朱 翌	8	高祖本紀第八	義理	參見本論文頁 495	
	朱 翌	9	呂太后本紀第九	史識	參見本論文頁 495	
	朱 翌	49.5	外戚世家第四十九	史識	參見本論文頁 495	
	朱 翌	59	五宗世家第五十九	史識	參見本論文頁 495	
	朱 翌	60.5	三王世家第六十	史識	參見本論文頁 496	
	朱 翌	66	伍子胥列傳第六十六	義理	參見本論文頁 496	
	朱 翌	84	屈原賈生列傳第八十四	史識	參見本論文頁 496	
	朱 翌	97	酈生陸賈列傳第九十七	辭章	參見本論文頁 496	
	朱 翌	101	袁盎晁錯列傳第一百一	史識	參見本論文頁 496	
	朱 翌	109	李將軍列傳第一	史識	參見本論文頁 496	
	朱 翌	109	李將軍列傳第一	史識	參見本論文頁 497	
	朱 翌	120	汲鄭列傳第一百二十	史識	參見本論文頁 497	
朱 熹	朱 熹	1	五帝本紀第一	考據	參見本論文頁 509	3
	朱 熹	1	五帝本紀第一	考據	參見本論文頁 604	2
	朱 熹	2	夏本紀第二	考據	參見本論文頁 509	
	朱 熹	2	夏本紀第二	考據	參見本論文頁 510	5
	朱 熹	4.5	周本紀第四	史識	參見本論文頁 510	
	朱 熹	8	高祖本紀第八	史識	參見本論文頁 511	
	朱 熹	8.5	高祖本紀第八	史識	參見本論文頁 511	

	朱　熹	24	樂書第二十四	義理	參見本論文頁511	
	朱　熹	38	宋世家第三十八	義理	參見本論文頁511	3
	朱　熹	70	張儀列傳第七十	義理	參見本論文頁511	
	朱　熹	84	屈原賈生列傳第八十四	史識	參見本論文頁512	
	朱　熹	84	屈原賈生列傳第八十四	考據	參見本論文頁512	
	朱　熹	150	通論	史識	參見本論文頁512	3
	朱　熹	150	通論	史識	參見本論文頁513	2
	朱　熹	150	通論	辭章	參見本論文頁513	
朱　黼	朱　黼	10	孝文本紀第十	史識	參見本論文頁569	
七畫						
吳子良	吳子良	63.5	老子韓非列傳第六十三	考據	參見本論文頁555	
	吳子良	84.5	屈原賈生列傳第八十四	辭章	參見本論文頁556	
	吳子良	119.5	循吏列傳第一百一十九	辭章	參見本論文頁556	
	吳子良	150	通論	史識	參見本論文頁556	
吳仁傑	吳仁傑	150	通論	考據	參見本論文頁565	2
	吳仁傑	150	通論	考據	參見本論文頁566	4
	吳仁傑	150	通論	考據		
吳師道	吳師道	40	楚世家第四十	史識	參見本論文頁623	
	吳師道	46	田敬仲完世家第四十六	史識	參見本論文頁624	
	吳師道	70	張儀列傳第七十	史識	參見本論文頁624	2
	吳師道	70	張儀列傳第七十			
	吳師道	83	魯仲連鄒陽列傳第八十三	史識	參見本論文頁624	
	吳師道	83	魯仲連鄒陽列傳第八十三	史識	參見本論文頁625	
呂祖謙	呂祖謙	4	周本紀第四	史識	參見本論文頁515	
	呂祖謙	4	周本紀第四	義理	參見本論文頁515	
	呂祖謙	6	始皇本紀第六	考據	參見本論文頁515	
	呂祖謙	8	高祖本紀第八	史識	參見本論文頁515	2
	呂祖謙	8	高祖本紀第八	史識		
	呂祖謙	8	高祖本紀第八	考據	參見本論文頁515	
	呂祖謙	8.5	高祖本紀第八	史識	參見本論文頁516	
	呂祖謙	10	孝文本紀第十	史識	參見本論文頁516	2
	呂祖謙	33	周公世家第三十三	史識	參見本論文頁516	
	呂祖謙	33	周公世家第三十三	義理	參見本論文頁516	
	呂祖謙	38	宋世家第三十八	義理	參見本論文頁516	2
	呂祖謙	38	宋世家第三十八	義理	參見本論文頁517	2
	呂祖謙	44	魏世家第四十四	史識	參見本論文頁517	
	呂祖謙	44	魏世家第四十四	考據	參見本論文頁517	

	呂祖謙	48	陳涉世家第四十八	義理	參見本論文頁517	
	呂祖謙	93	韓王信盧綰列傳第九十三	史識	參見本論文頁517	
	呂祖謙	96	張丞相列傳第九十六	義理	參見本論文頁517	
	呂祖謙	99	劉敬叔孫通列傳第九十九	考據	參見本論文頁518	
	呂祖謙	107	魏其武安列傳第一百七	史識	參見本論文頁518	
	呂祖謙	124	游俠列傳第一百二十四	史識	參見本論文頁518	
	呂祖謙	150	通論	史識	參見本論文頁518	2
	呂祖謙	150	通論	史識		
	呂祖謙	150	通論	考據	參見本論文頁519	
	呂祖謙	150	通論	辭章	參見本論文頁520	
宋　祁	宋　祁	47	孔子世家第四十七	義理	參見本論文頁443	
	宋　祁	76.5	平原君虞卿列傳第七十六	史識	參見本論文頁444	
	宋　祁	150	通論	考據	參見本論文頁444	
宋　無	宋　無	5	秦本紀第五	史識	參見本論文頁557	
	宋　無	108	韓長孺列傳第一百八	考據	參見本論文頁557	
李　治	李　治	150	通論	辭章	參見本論文頁549	
李　塗	李　塗	2	夏本紀第二	辭章	參見本論文頁626	
	李　塗	6	秦始皇本紀第六	辭章	參見本論文頁626	
	李　塗	7	項羽本紀第七	辭章	參見本論文頁626	
	李　塗	61	伯夷列傳第六十一	辭章	參見本論文頁626	
	李　塗	87	李斯列傳第八十七	辭章	參見本論文頁626	
李　廌	李　廌	150	通論	辭章	參見本論文頁490	
沈作喆	沈作喆	10.5	孝文本紀第十	史識	參見本論文頁564	
	沈作喆	102.5	張釋之馮唐列傳第一百二	史識	參見本論文頁564	
沈　括	沈　括	14.5	十二諸侯年表第十四	考據	參見本論文頁456	
	沈　括	25.5	律書第二十五	考據	參見本論文頁456	
	沈　括	150	通論	史識	參見本論文頁457	
八畫						
周　密	周　密	117	司馬相如列傳第一百一十七	考據	參見本論文頁619	
林之奇	林之奇	1	五帝本紀第一	考據	參見本論文頁504	
	林之奇	2	夏本紀第二	考據	參見本論文頁504	
	林之奇	10	孝文本紀第十	史識	參見本論文頁504	
	林之奇	38	宋世家第三十八	考據	參見本論文頁505	
	林之奇	38	宋世家第三十八	義理	參見本論文頁504	
林　駧	林　駧	150	通論	史識	參見本論文頁569	4
	林　駧	150	通論	史識	參見本論文頁570	2
金履祥	金履祥	2	夏本紀第二	考據	參見本論文頁619	

	金履祥	3	殷本紀第三	考據	參見本論文頁 619	2
	金履祥	3.5	殷本紀第三	考據	參見本論文頁 619	
	金履祥	4	周本紀第四	史識	參見本論文頁 620	
	金履祥	5	秦本紀第五	考據	參見本論文頁 620	
	金履祥	31	吳世家第三十一	史識	參見本論文頁 620	2
	金履祥	33	周公世家第三十三	史識	參見本論文頁 620	2
	金履祥	33	周公世家第三十三	史識	參見本論文頁 621	3
	金履祥	33	周公世家第三十三	義理	參見本論文頁 621	
	金履祥	33	周公世家第三十三	義理		
	金履祥	38	宋世家第三十八	考據		
	金履祥	38	宋世家第三十八	考據	參見本論文頁 621	2
	金履祥	39	晉世家第三十九	史識	參見本論文頁 621	2
	金履祥	39	晉世家第三十九	義理		
	金履祥	39	晉世家第三十九	考據	參見本論文頁 621	
	金履祥	39	晉世家第三十九	義理	參見本論文頁 622	2
	金履祥	40	楚世家第四十	史識	參見本論文頁 622	2
	金履祥	40	楚世家第四十	考據	參見本論文頁 622	2
	金履祥	42	鄭世家第四十二	史識	參見本論文頁 622	
	金履祥	47	孔子世家第四十七	史識	參見本論文頁 623	
	金履祥	70	張儀列傳第七十	史識	參見本論文頁 623	
	金履祥	86	刺客列傳第八十六	史識	參見本論文頁 623	
	金履祥	121	儒林列傳第一百二十一	辭章 史識	參見本論文頁 623	
九畫						
洪興祖	洪興祖	84	屈原賈生列傳第八十四	史識	參見本論文頁 495	
	洪興祖	84.5	屈原賈生列傳第八十四	考據	參見本論文頁 495	
洪　邁	洪　邁	5	秦本紀第五	史識	參見本論文頁 505	
	洪　邁	7	項羽本紀第七	史識	參見本論文頁 505	
	洪　邁	43	趙世家第四十三	史識	參見本論文頁 505	
	洪　邁	54	曹相國世家第五十四	史識	參見本論文頁 505	
	洪　邁	57	絳侯世家第五十七	史識	參見本論文頁 506	
	洪　邁	76	平原君虞卿列傳第七十六	辭章	參見本論文頁 506	
	洪　邁	81	廉頗藺相如列傳第八十一	史識	參見本論文頁 506	
	洪　邁	83	魯仲連鄒陽列傳第八十三	辭章	參見本論文頁 506	
	洪　邁	92	淮陰侯列傳第九十二	史識	參見本論文頁 506	
	洪　邁	101	袁盎晁錯列傳第一百一	義理	參見本論文頁 506	
	洪　邁	111.5	衛將軍驃騎列傳第一百一十一	辭章	參見本論文頁 507	

	洪　邁	150	通論	史識	參見本論文頁 507	
	洪　邁	150	通論	辭章	參見本論文頁 507	
胡一桂	胡一桂	4	周本紀第四	史識	參見本論文頁 556	
胡　寅	胡　寅	1.5	五帝本紀第一	史識	參見本論文頁 497	
	胡　寅	150	通論	史識	參見本論文頁 497	
范仲淹	范仲淹	67	仲尼弟子列傳第六十七	義理	參見本論文頁 443	
范　浚	范　浚	1.5	五帝本紀第一	史識	參見本論文頁 501	
十畫						
倪　思	倪　思	7	項羽本紀第七	史識	參見本論文頁 533	4
	倪　思	8	高祖本紀第八	史識	參見本論文頁 533	2
	倪　思	8	高祖本紀第八	史識	參見本論文頁 534	6
	倪　思	8	高祖本紀第八	辭章	參見本論文頁 534	
	倪　思	53	蕭相國世家第五十三	史識	參見本論文頁 534	
	倪　思	57	絳侯世家第五十七	史識	參見本論文頁 534	
	倪　思	97	酈生陸賈列傳第九十七	辭章	參見本論文頁 535	
	倪　思	100	季布欒布列傳第一百	史識	參見本論文頁 535	
	倪　思	100	季布欒布列傳第一百	辭章	參見本論文頁 535	
	倪　思	101	袁盎晁錯列傳第一百一	辭章	參見本論文頁 535	
	倪　思	106	吳王濞列傳第一百六	考據	參見本論文頁 535	
	倪　思	107	魏其武安列傳第一百七	史識	參見本論文頁 535	
	倪　思	108	韓長孺列傳第一百八	其他	參見本論文頁 535	
	倪　思	110	匈奴列傳第一百十	史識	參見本論文頁 535	5
	倪　思	110	匈奴列傳第一百十	史識	參見本論文頁 536	
	倪　思	110	匈奴列傳第一百十	辭章	參見本論文頁 536	
	倪　思	117	司馬相如列傳第一百一十七	考據	參見本論文頁 536	2
	倪　思	117	司馬相如列傳第一百一十七	辭章	參見本論文頁 536	5
	倪　思	117	司馬相如列傳第一百一十七	辭章		
	倪　思	118	淮南衡山列傳第一百一十八	辭章	參見本論文頁 536	
	倪　思	120	汲鄭列傳第一百二十	考據	參見本論文頁 536	
	倪　思	122	酷吏列傳第一百二十二	史識	參見本論文頁 536	
	倪　思	122	酷吏列傳第一百二十二	史識	參見本論文頁 537	2
	倪　思	122	酷吏列傳第一百二十二	考據	參見本論文頁 537	
	倪　思	124	游俠列傳第一百二十四	史識	參見本論文頁 537	
	倪　思	124	游俠列傳第一百二十四	辭章	參見本論文頁 537	
	倪　思	129	貨殖列傳第一百二十九	史識	參見本論文頁 537	3
	倪　思	129	貨殖列傳第一百二十九	考據	參見本論文頁 537	
	倪　思	129	貨殖列傳第一百二十九	辭章	參見本論文頁 537	2

	倪 思	129	貨殖列傳第一百二十九	辭章		
唐仲友	唐仲友	82.5	田單列傳第八十二	史識	參見本論文頁 514	
唐 庚	唐 庚	71	樗里甘茂列傳第七十一	義理	參見本論文頁 491	
	唐 庚	150	通論	其他	參見本論文頁 491	
	唐 庚	150	通論	辭章	參見本論文頁 491	
孫 復	孫 復	1	五帝本紀第一	史識	參見本論文頁 443	
晁公武	晁公武	150	通論	史識	參見本論文頁 503	
晁補之	晁補之	150	通論	辭章	參見本論文頁 489	
眞德秀	眞德秀	6	始皇本紀第六	史識	參見本論文頁 543	2
	眞德秀	8	高祖本紀第八	史識	參見本論文頁 543	
	眞德秀	8	高祖本紀第八	辭章	參見本論文頁 544	2
	眞德秀	9	呂太后本紀第九	辭章	參見本論文頁 544	
	眞德秀	10	孝文本紀第十	史識	參見本論文頁 544	
	眞德秀	10	孝文本紀第十	義理		
	眞德秀	10	孝文本紀第十	義理	參見本論文頁 544	2
	眞德秀	10	孝文本紀第十	辭章	參見本論文頁 545	
	眞德秀	10.5	孝文本紀第十	史識	參見本論文頁 545	
	眞德秀	11	孝景本紀第十一	史識	參見本論文頁 545	
	眞德秀	42	鄭世家第四十二	史識	參見本論文頁 545	
	眞德秀	44	魏世家第四十四	辭章	參見本論文頁 545	
	眞德秀	46	田敬仲完世家第四十六	史識	參見本論文頁 545	
	眞德秀	55	留侯世家第五十五	史識	參見本論文頁 545	
	眞德秀	61.5	伯夷列傳第六十一	辭章	參見本論文頁 545	
	眞德秀	74	孟子荀卿列傳第七十四	辭章	參見本論文頁 546	
	眞德秀	74.5	孟子荀卿列傳第七十四	辭章	參見本論文頁 546	
	眞德秀	83	魯仲連鄒陽列傳第八十三	史識	參見本論文頁 546	2
	眞德秀	83	魯仲連鄒陽列傳第八十三	辭章	參見本論文頁 546	
	眞德秀	110	匈奴列傳第一百十	史識	參見本論文頁 546	2
	眞德秀	150	通論	史識	參見本論文頁 546	
秦 觀	秦 觀	82.5	田單列傳第八十二	史識	參見本論文頁 487	
	秦 觀	103	萬石張叔列傳第一百三	史識	參見本論文頁 487	
	秦 觀	150	通論	史識	參見本論文頁 488	
馬 存	馬 存	150	通論	辭章	參見本論文頁 493	
十一畫						
張 耒	張 耒	70	張儀列傳第七十	史識	參見本論文頁 489	
	張 耒	150	通論	史識	參見本論文頁 490	2
陳子樫	陳子樫	1	五帝本紀第一	考據	參見本論文頁 626	

	陳子樫	3	殷本紀第三	考據	參見本論文頁 627	
	陳子樫	4	周本紀第四	史識	參見本論文頁 627	
陳仁子	陳仁子	10	孝文本紀第十	史識	參見本論文頁 573	4
	陳仁子	10	孝文本紀第十	史識	參見本論文頁 574	
	陳仁子	10	孝文本紀第十	義理	參見本論文頁 574	
	陳仁子	15	六國表第十五	史識	參見本論文頁 574	
	陳仁子	17	漢興已來諸侯年表第十七	史識	參見本論文頁 574	
	陳仁子	20	建元以來侯者年表第二十	史識	參見本論文頁 574	
	陳仁子	21	王子侯者年表第二十一	史識	參見本論文頁 574	
	陳仁子	34	燕世家第三十四	史識	參見本論文頁 575	
	陳仁子	47	孔子世家第四十七	史識	參見本論文頁 575	
	陳仁子	49	外戚世家第四十九	史識	參見本論文頁 575	
	陳仁子	55	留侯世家第五十五	史識	參見本論文頁 575	
	陳仁子	59	五宗世家第五十九	史識	參見本論文頁 575	
	陳仁子	60	三王世家第六十	史識	參見本論文頁 575	
	陳仁子	63	老子韓非列傳第六十三	史識	參見本論文頁 575	
	陳仁子	70	張儀列傳第七十	史識	參見本論文頁 575	
	陳仁子	72	穰侯列傳第七十二	史識	參見本論文頁 576	
	陳仁子	74	孟子荀卿列傳第七十四	史識	參見本論文頁 576	
	陳仁子	75	孟嘗君列傳第七十五	史識	參見本論文頁 576	
	陳仁子	80	樂毅列傳第八十	史識	參見本論文頁 576	
	陳仁子	87	李斯列傳第八十七	史識	參見本論文頁 577	
	陳仁子	100	季布欒布列傳第一百	史識	參見本論文頁 577	
	陳仁子	109	李將軍列傳第一百九	史識	參見本論文頁 577	
	陳仁子	110	匈奴列傳第一百十	史識	參見本論文頁 577	
	陳仁子	111	衛將軍驃騎列傳第一百一十一	史識	參見本論文頁 577	
	陳仁子	112	平津侯列傳第一百一十二	史識	參見本論文頁 577	
	陳仁子	112	平津侯列傳第一百一十二	史識	參見本論文頁 578	
	陳仁子	113	南越列傳第一百一十三	史識	參見本論文頁 578	
	陳仁子	118	淮南衡山列傳第一百一十八	史識	參見本論文頁 578	
	陳仁子	124	游俠列傳第一百二十四	史識	參見本論文頁 578	
	陳仁子	126	滑稽列傳第一百二十六	史識	參見本論文頁 578	
	陳仁子	129	貨殖列傳第一百二十九	史識	參見本論文頁 579	
陳長方	陳長方	8	高祖本記第八	辭章	參見本論文頁 503	
	陳長方	61.5	伯夷列傳第六十一	辭章	參見本論文頁 504	
陳振孫	陳振孫	150	通論	史識	參見本論文頁 548	
陳傅良	陳傅良	10	孝文本紀第十	史識	參見本論文頁 521	

	陳傅良	83.5	魯仲連鄒陽列傳第八十三	史識	參見本論文頁521	
	陳傅良	106	吳王濞列傳第一百六	史識	參見本論文頁521	2
	陳傅良	150	通論	史識	參見本論文頁522	2
	陳傅良	150	通論	史識		
	陳傅良	150	通論	其他	參見本論文頁522	
陳　善	陳　善	61.5	伯夷列傳第六十一	史識	參見本論文頁557	
陳　經	陳　經	1	五帝本紀第一	史識	參見本論文頁568	2
	陳　經	1	五帝本紀第一	史識		
	陳　經	4	周本紀第四	史識	參見本論文頁568	
	陳　經	33	周公世家第三十三	史識	參見本論文頁568	
	陳　經	38	宋世家第三十八	義理	參見本論文頁568	
陸　游	陸　游	150	通論	辭章	參見本論文頁508	
十二畫						
曾　鞏	曾　鞏	2	夏本紀第二	考據	參見本論文頁448	
	曾　鞏	2	夏本紀第二	考據	參見本論文頁449	
	曾　鞏	150	通論	史識	參見本論文頁449	
	曾　鞏	150	通論	其他	參見本論文頁449	
程　頤	程　頤	61.5	伯夷列傳第六十一	義理	參見本論文頁457	
程　顥	程頤、程顥	150	通論	史識	參見本論文頁458	
舒　雅	舒　雅	6	始皇本紀第六	其他	參見本論文頁492	
	舒　雅	33	周公世家第三十三	史識	參見本論文頁493	
	舒　雅	62	管晏列傳第六十二	史識	參見本論文頁493	
費　袞	費　袞	2	夏本紀第二	辭章	參見本論文頁625	
	費　袞	68	商君列傳第六十八	史識	參見本論文頁625	
	費　袞	100	季布欒布列傳第一百	史識	參見本論文頁625	
	費　袞	111	衛將軍驃騎列傳第一百一十一	考據	參見本論文頁626	
黃庭堅	黃庭堅	150	通論	辭章	參見本論文頁486	
	黃朝英	150	通論	考據	參見本論文頁493	
黃履翁	黃履翁	13	三代世表第十三	史識	參見本論文頁570	
	黃履翁	25.5	律書第二十五	考據	參見本論文頁570	
	黃履翁	74.5	孟子荀卿列傳第七十四	史識	參見本論文頁571	
	黃履翁	150	通論	史識其他	參見本論文頁571	
	黃履翁	150	通論	史識	參見本論文頁572	
黃　震	黃　震	1	五帝本紀第一	史識	參見本論文頁580	
	黃　震	2	夏本紀第二	考據	參見本論文頁580	
	黃　震	2.5	夏本紀第二	考據	參見本論文頁580	

黃 震	3	殷本紀第三	考據	參見本論文頁 580	
黃 震	6.5	始皇本紀第六	史識	參見本論文頁 580	
黃 震	7	項羽本紀第七	史識	參見本論文頁 580	
黃 震	9	呂太后本紀第九	史識	參見本論文頁 580	
黃 震	10	孝文本紀第十	史識	參見本論文頁 581	
黃 震	10.5	孝文本紀第十	史識	參見本論文頁 581	
黃 震	28	封禪書第二十八	史識	參見本論文頁 581	
黃 震	28.5	封禪書第二十八	史識	參見本論文頁 581	
黃 震	29	河渠書第二十九	史識	參見本論文頁 581	2
黃 震	30	平準書以觀事變第三十	史識	參見本論文頁 581	
黃 震	32	齊太公世家第三十二	史識	參見本論文頁 582	
黃 震	33	周公世家第三十三	史識	參見本論文頁 582	
黃 震	34	燕世家第三十四	史識	參見本論文頁 582	
黃 震	35	管蔡世家第三十五	史識	參見本論文頁 582	
黃 震	36	陳杞世家第三十六	史識	參見本論文頁 582	
黃 震	37	衛世家第三十七	史識	參見本論文頁 582	2
黃 震	38	宋世家第三十八	史識	參見本論文頁 582	
黃 震	38	宋世家第三十八	史識	參見本論文頁 583	
黃 震	38.5	宋世家第三十八	史識	參見本論文頁 583	
黃 震	39	晉世家第三十九	史識	參見本論文頁 583	2
黃 震	39	晉世家第三十九	史識		
黃 震	39	晉世家第三十九	考據	參見本論文頁 583	
黃 震	39.5	晉世家第三十九	考據	參見本論文頁 583	
黃 震	42	鄭世家第四十二	史識	參見本論文頁 584	
黃 震	43	趙世家第四十三	史識	參見本論文頁 584	2
黃 震	46	田敬仲完世家第四十六	史識	參見本論文頁 584	
黃 震	47.5	孔子世家第四十七	史識	參見本論文頁 584	
黃 震	49	外戚世家第四十九	史識	參見本論文頁 584	2
黃 震	49	外戚世家第四十九	史識	參見本論文頁 585	
黃 震	51	荊燕世家第五十一	史識	參見本論文頁 585	
黃 震	51.5	荊燕世家第五十一	史識	參見本論文頁 585	
黃 震	52	齊悼惠王世家第五十二	史識	參見本論文頁 585	2
黃 震	53	蕭相國世家第五十三	史識	參見本論文頁 585	
黃 震	54	曹相國世家第五十四	史識	參見本論文頁 586	
黃 震	54	曹相國世家第五十四	史識		
黃 震	55	留侯世家第五十五	史識	參見本論文頁 586	
黃 震	56	陳丞相世家第五十六	史識	參見本論文頁 586	2

	黃　震	57	絳侯世家第五十七	史識	參見本論文頁 586	
	黃　震	58	梁孝王世家第五十八	史識	參見本論文頁 587	
	黃　震	58	梁孝王世家第五十八	義理	參見本論文頁 587	
	黃　震	59	五宗世家第五十九	義理	參見本論文頁 587	
	黃　震	60	三王世家第六十	史識	參見本論文頁 587	
	黃　震	60.5	三王世家第六十	考據	參見本論文頁 587	
	黃　震	61	伯夷列傳第六十一	辭章	參見本論文頁 588	2
	黃　震	61.5	伯夷列傳第六十一	考據 辭章	參見本論文頁 588	
	黃　震	62	管晏列傳第六十二	義理	參見本論文頁 588	
	黃　震	63	老子韓非列傳第六十三	史識	參見本論文頁 588	2
	黃　震	63	老子韓非列傳第六十三	史識		
	黃　震	63.5	老子韓非列傳第六十三	史識	參見本論文頁 589	
	黃　震	65	孫子吳起列傳第六十五	義理	參見本論文頁 589	
	黃　震	67	仲尼弟子列傳第六十七	史識	參見本論文頁 589	
	黃　震	68	商君列傳第六十八	義理	參見本論文頁 589	
	黃　震	69	蘇秦列傳第六十九	史識	參見本論文頁 589	
	黃　震	70	張儀列傳第七十	史識	參見本論文頁 589	
	黃　震	73	白起王翦列傳第七十三	史識	參見本論文頁 590	
	黃　震	73	白起王翦列傳第七十三	義理	參見本論文頁 590	
	黃　震	73.5	白起王翦列傳第七十三	史識	參見本論文頁 590	
	黃　震	74	孟子荀卿列傳第七十四	史識	參見本論文頁 590	
	黃　震	75	孟嘗君列傳第七十五	史識	參見本論文頁 590	
	黃　震	76	平原君虞卿列傳第七十六	史識	參見本論文頁 591	2
	黃　震	77	魏公子列傳第七十七	史識	參見本論文頁 591	
	黃　震	78	春申君列傳第七十八	史識	參見本論文頁 591	
	黃　震	79	范睢蔡澤列傳第七十九	史識	參見本論文頁 591	
	黃　震	80	樂毅列傳第八十	史識	參見本論文頁 592	
	黃　震	81	廉頗藺相如列傳第八十一	史識	參見本論文頁 592	
	黃　震	81	廉頗藺相如列傳第八十一	辭章	參見本論文頁 592	
	黃　震	82	田單列傳第八十二	史識	參見本論文頁 592	
	黃　震	83	魯仲連鄒陽列傳第八十三	史識	參見本論文頁 592	
	黃　震	83	魯仲連鄒陽列傳第八十三	史識	參見本論文頁 593	
	黃　震	85	呂不韋列傳第八十五	史識	參見本論文頁 593	
	黃　震	86	刺客列傳第八十六	史識	參見本論文頁 593	
	黃　震	89	張耳陳餘列傳第八十九	其他	參見本論文頁 593	
	黃　震	90	魏豹彭越列傳第九十	史識	參見本論文頁 593	
	黃　震	91	黥布列傳第九十一	史識	參見本論文頁 593	

黃 震	92	淮陰矦列傳第九十二	史識	參見本論文頁 593	
黃 震	93	韓王信盧綰列傳第九十三	史識	參見本論文頁 594	
黃 震	95	樊酈滕灌列傳第九十五	史識	參見本論文頁 594	
黃 震	96	張丞相列傳第九十六	史識	參見本論文頁 594	
黃 震	97	酈生陸賈列傳第九十七	史識	參見本論文頁 594	
黃 震	99	劉敬叔孫通列傳第九十九	史識	參見本論文頁 594	2
黃 震	100	季布欒布列傳第一百	史識	參見本論文頁 595	
黃 震	101	袁盎晁錯列傳第一百一	史識	參見本論文頁 595	
黃 震	103	萬石張叔列傳第一百三	史識	參見本論文頁 595	3
黃 震	103	萬石張叔列傳第一百三	史識		
黃 震	104	田叔列傳第一百四	史識	參見本論文頁 595	2
黃 震	108	韓長孺列傳第一百八	史識	參見本論文頁 595	2
黃 震	109	李將軍列傳第一百九	史識	參見本論文頁 596	2
黃 震	109	李將軍列傳第一百九	辭章	參見本論文頁 596	
黃 震	110	匈奴列傳第一百十	史識	參見本論文頁 596	2
黃 震	110	匈奴列傳第一百十	史識		
黃 震	111	衛將軍驃騎列傳第一百一十一	史識	參見本論文頁 597	
黃 震	111	衛將軍驃騎列傳第一百一十一	辭章	參見本論文頁 597	
黃 震	112	平津矦列傳第一百一十二	史識	參見本論文頁 597	3
黃 震	113	南越列傳第一百一十三	史識	參見本論文頁 598	
黃 震	115	朝鮮列傳第一百一十五	史識	參見本論文頁 598	
黃 震	117	司馬相如列傳第一百一十七	史識	參見本論文頁 598	
黃 震	119	循吏列傳第一百一十九	史識	參見本論文頁 598	
黃 震	120	汲鄭列傳第一百二十	史識	參見本論文頁 598	2
黃 震	122	酷吏列傳第一百二十二	史識	參見本論文頁 598	
黃 震	122.5	酷吏列傳第一百二十二	史識	參見本論文頁 599	
黃 震	123	大宛列傳第一百二十三	史識	參見本論文頁 599	
黃 震	123	大宛列傳第一百二十三	考據	參見本論文頁 599	
黃 震	124	游俠列傳第一百二十四	史識	參見本論文頁 600	
黃 震	126	滑稽列傳第一百二十六	史識	參見本論文頁 600	
黃 震	127	日者列傳第一百二十七	史識	參見本論文頁 600	
黃 震	127	日者列傳第一百二十七	辭章	參見本論文頁 601	
黃 震	130	太史公自序第一百三十	史識	參見本論文頁 601	
黃 震	150	通論	史識	參見本論文頁 601	
十三畫					
楊 時　楊 時	55	留侯世家第五十五	義理	參見本論文頁 494	
葉 適　葉 適	1.5	五帝本紀第一	考據	參見本論文頁 523	

葉　適	7.5	項羽本紀第七	史識	參見本論文頁 523	2
葉　適	8.5	高祖本紀第八	史識	參見本論文頁 524	
葉　適	28.5	封禪書第二十八	史識	參見本論文頁 524	
葉　適	30.5	平準書以觀事變第三十	史識	參見本論文頁 524	
葉　適	32.5	齊太公世家第三十二	史識	參見本論文頁 524	
葉　適	33.5	周公世家第三十三	考據	參見本論文頁 525	
葉　適	34.5	燕世家第三十四	史識	參見本論文頁 525	
葉　適	36.5	陳杞世家第三十六	義理	參見本論文頁 525	
葉　適	40.5	楚世家第四十	考據	參見本論文頁 526	
葉　適	41.5	越王句踐世家第四十一	史識	參見本論文頁 526	
葉　適	47.5	孔子世家第四十七	史識	參見本論文頁 526	
葉　適	53.5	蕭相國世家第五十三	史識	參見本論文頁 526	
葉　適	60.5	三王世家第六十	其他	參見本論文頁 526	
葉　適	61.5	伯夷列傳第六十一	史識	參見本論文頁 526	
葉　適	62.5	管晏列傳第六十二	史識	參見本論文頁 527	
葉　適	68.5	商君列傳第六十八	史識	參見本論文頁 528	
葉　適	74.5	孟子荀卿列傳第七十四	史識	參見本論文頁 528	
葉　適	75.5	孟嘗君列傳第七十五	考據	參見本論文頁 528	
葉　適	80.5	樂毅列傳第八十	史識	參見本論文頁 529	
葉　適	92.5	淮陰矦列傳第九十二	史識	參見本論文頁 529	
葉　適	110.5	匈奴列傳第一百十	史識	參見本論文頁 529	
葉　適	121.5	儒林列傳第一百二十一	史識	參見本論文頁 529	
葉　適	150	通論	史識	參見本論文頁 530	4
葉　適	150	通論	史識	參見本論文頁 530	2
葉　適	150	通論	史識		
十四畫					
趙　頊	趙　頊	150	通論	史識	參見本論文頁 486	
劉子翬	劉子翬	7	項羽本紀第七	史識	參見本論文頁 497	
	劉子翬	55	留侯世家第五十五	史識	參見本論文頁 498	
	劉子翬	57	絳侯世家第五十七	史識	參見本論文頁 498	
	劉子翬	92	淮陰矦列傳第九十二	史識	參見本論文頁 498	2
	劉子翬	94	田儋列傳第九十四	史識	參見本論文頁 499	
	劉子翬	112	平津矦列傳第一百一十二	史識	參見本論文頁 499	
	劉子翬	121	儒林列傳第一百二十一	史識	參見本論文頁 499	
	劉子翬	130	太史公自序第一百三十	史識	參見本論文頁 499	
	劉子翬	150	通論	史識	參見本論文頁 500	
劉辰翁	劉辰翁	3	殷本紀第三	考據	參見本論文頁 609	

劉辰翁	7	項羽本紀第七	史識	參見本論文頁609	4
劉辰翁	7	項羽本紀第七	辭章	參見本論文頁609	4
劉辰翁	7	項羽本紀第七	辭章		
劉辰翁	8	高祖本紀第八	史識	參見本論文頁610	5
劉辰翁	8	高祖本紀第八	考據	參見本論文頁610	2
劉辰翁	8	高祖本紀第八	辭章	參見本論文頁610	3
劉辰翁	45	韓世家第四十五	其他	參見本論文頁610	
劉辰翁	54	曹相國世家第五十四	史識	參見本論文頁611	
劉辰翁	54	曹相國世家第五十四	辭章	參見本論文頁611	2
劉辰翁	54	曹相國世家第五十四	辭章		
劉辰翁	55	留侯世家第五十五	史識	參見本論文頁611	2
劉辰翁	55	留侯世家第五十五	考據	參見本論文頁611	
劉辰翁	55	留侯世家第五十五	辭章	參見本論文頁611	3
劉辰翁	56	陳丞相世家第五十六	史識	參見本論文頁611	1
劉辰翁	56	陳丞相世家第五十六	史識	參見本論文頁612	4
劉辰翁	56	陳丞相世家第五十六	考據	參見本論文頁612	
劉辰翁	56	陳丞相世家第五十六	其他	參見本論文頁612	
劉辰翁	56	陳丞相世家第五十六	辭章	參見本論文頁612	
劉辰翁	57	絳侯世家第五十七	史識	參見本論文頁612	3
劉辰翁	57	絳侯世家第五十七	史識		
劉辰翁	69	蘇秦列傳第六十九	史識	參見本論文頁612	
劉辰翁	86	刺客列傳第八十六	辭章	參見本論文頁612	
劉辰翁	89	張耳陳餘列傳第八十九	考據	參見本論文頁613	
劉辰翁	90	魏豹彭越列傳第九十	史識	參見本論文頁613	
劉辰翁	90	魏豹彭越列傳第九十	考據	參見本論文頁613	
劉辰翁	91	黥布列傳第九十一	辭章	參見本論文頁613	
劉辰翁	92	淮陰侯列傳第九十二	史識	參見本論文頁613	
劉辰翁	92	淮陰侯列傳第九十二	辭章	參見本論文頁613	4
劉辰翁	94	田儋列傳第九十四	考據	參見本論文頁613	
劉辰翁	95	樊酈滕灌列傳第九十五	史識	參見本論文頁613	
劉辰翁	95	樊酈滕灌列傳第九十五	史識	參見本論文頁614	
劉辰翁	95	樊酈滕灌列傳第九十五	考據	參見本論文頁614	
劉辰翁	95	樊酈滕灌列傳第九十五	辭章	參見本論文頁614	2
劉辰翁	96	張丞相列傳第九十六	史識	參見本論文頁614	
劉辰翁	97	酈生陸賈列傳第九十七	其他	參見本論文頁614	
劉辰翁	97	酈生陸賈列傳第九十七	辭章	參見本論文頁614	
劉辰翁	98	傅靳蒯成列傳第九十八	辭章	參見本論文頁614	

		劉辰翁	99	劉敬叔孫通列傳第九十九	史識	參見本論文頁 614	2
		劉辰翁	99	劉敬叔孫通列傳第九十九	史識		
		劉辰翁	100	季布欒布列傳第一百	辭章	參見本論文頁 614	2
		劉辰翁	101	袁盎晁錯列傳第一百一	史識	參見本論文頁 614	
		劉辰翁	101	袁盎晁錯列傳第一百一	辭章	參見本論文頁 615	
		劉辰翁	102	張釋之馮唐列傳第一百二	辭章	參見本論文頁 615	3
		劉辰翁	102	張釋之馮唐列傳第一百二	辭章		
		劉辰翁	106	吳王濞列傳第一百六	考據	參見本論文頁 615	
		劉辰翁	106	吳王濞列傳第一百六	辭章	參見本論文頁 615	6
		劉辰翁	107	魏其武安列傳第一百七	考據	參見本論文頁 616	
		劉辰翁	108	韓長孺列傳第一百八	史識	參見本論文頁 616	
		劉辰翁	108	韓長孺列傳第一百八	考據	參見本論文頁 616	
		劉辰翁	109	李將軍列傳第一百九	辭章	參見本論文頁 616	
		劉辰翁	110	匈奴列傳第一百十	史識	參見本論文頁 616	
		劉辰翁	110	匈奴列傳第一百十	考據	參見本論文頁 616	3
		劉辰翁	110	匈奴列傳第一百十	辭章	參見本論文頁 616	2
		劉辰翁	117	司馬相如列傳第一百一十七	辭章	參見本論文頁 616	
		劉辰翁	117	司馬相如列傳第一百一十七	辭章	參見本論文頁 617	2
		劉辰翁	118	淮南衡山列傳第一百一十八	史識	參見本論文頁 617	
		劉辰翁	118	淮南衡山列傳第一百一十八	辭章	參見本論文頁 617	
		劉辰翁	120	汲鄭列傳第一百二十	史識	參見本論文頁 617	
		劉辰翁	120	汲鄭列傳第一百二十	辭章	參見本論文頁 617	
		劉辰翁	122	酷吏列傳第一百二十二	史識	參見本論文頁 617	2
		劉辰翁	122	酷吏列傳第一百二十二	其他	參見本論文頁 617	
		劉辰翁	124	游俠列傳第一百二十四	史識	參見本論文頁 617	
		劉辰翁	124	游俠列傳第一百二十四	史識	參見本論文頁 618	2
		劉辰翁	125	佞幸列傳第一百二十五	辭章	參見本論文頁 618	
		劉辰翁	126	滑稽列傳第一百二十六	辭章	參見本論文頁 618	
		劉辰翁	127	日者列傳第一百二十七	辭章	參見本論文頁 618	2
		劉辰翁	129	貨殖列傳第一百二十九	史識	參見本論文頁 618	4
		劉辰翁	129	貨殖列傳第一百二十九	考據	參見本論文頁 618	
劉 攽		劉 攽	8	高祖本紀第八	考據	參見本論文頁 455	
		劉 攽	97	酈生陸賈列傳第九十七	考據	參見本論文頁 455	
		劉 攽	121	儒林列傳第一百二十一	考據	參見本論文頁 456	
		劉 攽	150	通論	考據	參見本論文頁 456	
劉 恕		劉 恕	67.5	仲尼弟子列傳第六十七	史識	參見本論文頁 457	
劉 敞		劉 敞	77	魏公子列傳第七十七	史識	參見本論文頁 448	

十五畫						
樓　昉	樓　昉	80	樂毅列傳第八十	史識	參見本論文頁 567	
	樓　昉	84	屈原賈生列傳第八十四	史識	參見本論文頁 567	
	樓　昉	84	屈原賈生列傳第八十四	辭章	參見本論文頁 567	
	樓　昉	87	李斯列傳第八十七	辭章	參見本論文頁 567	2
	樓　昉	113	南越列傳第一百一十三	史識	參見本論文頁 567	
	樓　昉	117	司馬相如列傳第一百一十七	史識	參見本論文頁 567	
	樓　昉	117	司馬相如列傳第一百一十七	辭章	參見本論文頁 567	
	樓　昉	130	太史公自序第一百三十	辭章	參見本論文頁 567	
歐陽修	歐陽修	1	五帝本紀第一	考據	參見本論文頁 444	
	歐陽修	4.5	周本紀第四	考據	參見本論文頁 444	
	歐陽修	150	通論	史識	參見本論文頁 445	
	歐陽修	150	通論	考據	參見本論文頁 445	
	歐陽修	150	通論	辭章	參見本論文頁 445	
蔡　沈	蔡　沈	2	夏本紀第二	考據	參見本論文頁 532	3
	蔡　沈	2	夏本紀第二	其他	參見本論文頁 533	
	蔡　沈	2	夏本紀第二	辭章	參見本論文頁 532	
	蔡　沈	4	周本紀第四	史識	參見本論文頁 533	
鄭　樵	鄭　樵	6.5	始皇本紀第六	考據	參見本論文頁 501	
	鄭　樵	8.5	高祖本紀第八	史識	參見本論文頁 501	
	鄭　樵	9	呂太后本紀第九	史識	參見本論文頁 501	
	鄭　樵	9.5	呂太后本紀第九	史識	參見本論文頁 502	
	鄭　樵	150	通論	史識	參見本論文頁 502	4
	鄭　樵	150	通論	史識	參見本論文頁 503	2
	鄭　樵	150	通論	史識		
十六畫						
鮑　彪	鮑　彪	5	秦本紀第五	考據	參見本論文頁 557	
	鮑　彪	34	燕世家第三十四	史識	參見本論文頁 557	
	鮑　彪	34	燕世家第三十四	史識	參見本論文頁 558	
	鮑　彪	40	楚世家第四十	史識	參見本論文頁 558	
	鮑　彪	43	趙世家第四十三	史識	參見本論文頁 558	3
	鮑　彪	43	趙世家第四十三	史識	參見本論文頁 559	
	鮑　彪	43	趙世家第四十三	考據	參見本論文頁 559	3
	鮑　彪	43	趙世家第四十三	考據		
	鮑　彪	44	魏世家第四十四	史識	參見本論文頁 559	
	鮑　彪	44	魏世家第四十四	義理	參見本論文頁 559	
	鮑　彪	45	韓世家第四十五	史識	參見本論文頁 560	

	鮑　彪	45	韓世家第四十五	考據	參見本論文頁 560	
	鮑　彪	46	田敬仲完世家第四十六	史識	參見本論文頁 560	
	鮑　彪	69	蘇秦列傳第六十九	史識	參見本論文頁 560	5
	鮑　彪	69	蘇秦列傳第六十九	史識	參見本論文頁 561	1
	鮑　彪	69	蘇秦列傳第六十九	考據	參見本論文頁 561	2
	鮑　彪	70	張儀列傳第七十	史識	參見本論文頁 561	4
	鮑　彪	70	張儀列傳第七十	史識	參見本論文頁 562	2
	鮑　彪	70	張儀列傳第七十	考據	參見本論文頁 562	
	鮑　彪	73	白起王翦列傳第七十三	史識	參見本論文頁 562	
	鮑　彪	76	平原君虞卿列傳第七十六	史識	參見本論文頁 562	
	鮑　彪	76	平原君虞卿列傳第七十六	史識	參見本論文頁 563	2
	鮑　彪	78	春申君列傳第七十八	考據	參見本論文頁 563	2
	鮑　彪	79	范雎蔡澤列傳第七十九	史識	參見本論文頁 563	2
	鮑　彪	83	魯仲連鄒陽列傳第八十三	史識	參見本論文頁 563	
	鮑　彪	83	魯仲連鄒陽列傳第八十三	考據	參見本論文頁 564	
	鮑　彪	85	呂不韋列傳第八十五	義理	參見本論文頁 564	
	鮑　彪	86	刺客列傳第八十六	史識	參見本論文頁 564	
	鮑　彪	86	刺客列傳第八十六	義理	參見本論文頁 564	
十八畫						
魏了翁	魏了翁	150	通論	史識	參見本論文頁 547	2
	魏了翁	150	通論	史識	參見本論文頁 548	
	魏了翁	150	通論	考據	參見本論文頁 548	
十九畫						
羅大經	羅大經	7	項羽本紀第七	史識	參見本論文頁 550	
	羅大經	10	孝文本紀第十	史識	參見本論文頁 550	
	羅大經	12	今上本紀第十二	其他	參見本論文頁 550	2
	羅大經	33	周公世家第三十三	史識	參見本論文頁 551	2
	羅大經	39	晉世家第三十九	義理	參見本論文頁 551	
	羅大經	47	孔子世家第四十七	考據	參見本論文頁 551	
	羅大經	49	外戚世家第四十九	史識	參見本論文頁 551	
	羅大經	55	留侯世家第五十五	史識	參見本論文頁 552	2
	羅大經	61	伯夷列傳第六十一	辭章	參見本論文頁 552	
	羅大經	61.5	伯夷列傳第六十一	辭章	參見本論文頁 553	
	羅大經	84	屈原賈生列傳第八十四	義理	參見本論文頁 553	
	羅大經	85	呂不韋列傳第八十五	史識	參見本論文頁 553	
	羅大經	86	刺客列傳第八十六	其他	參見本論文頁 554	
	羅大經	87	李斯列傳第八十七	史識	參見本論文頁 554	

	羅大經	89	張耳陳餘列傳第八十九	史識	參見本論文頁554	
	羅大經	92	淮陰侯列傳第九十二	史識	參見本論文頁554	2
	羅大經	92	淮陰侯列傳第九十二	史識		
	羅大經	97	酈生陸賈列傳第九十七	史識	參見本論文頁555	
	羅大經	129	貨殖列傳第一百二十九	史識	參見本論文頁555	
	羅大經	130	太史公自序第一百三十	史識	參見本論文頁555	
羅 泌	羅 泌	1.5	五帝本紀第一	史識	參見本論文頁579	
	羅 泌	32.5	齊太公世家第三十二	史識	參見本論文頁579	
二十畫						
蘇 洵	蘇 洵	0	三皇本紀	史識	參見本論文頁446	
	蘇 洵	8	高祖本紀第八	史識	參見本論文頁446	
	蘇 洵	81	廉頗藺相如列傳第八十一	史識	參見本論文頁446	
	蘇 洵	150	通論	史識	參見本論文頁446	
	蘇 洵	150	通論	史識	參見本論文頁448	
	蘇 洵	150	通論	其他	參見本論文頁448	
蘇 軾	蘇 軾	2	夏本紀第二	考據	參見本論文頁458	2
	蘇 軾	28	封禪書第二十八	史識	參見本論文頁458	
	蘇 軾	31	吳世家第三十一	史識	參見本論文頁458	
	蘇 軾	32	齊太公世家第三十二	史識	參見本論文頁458	
	蘇 軾	41	越王勾踐世家第四十一	史識	參見本論文頁459	2
	蘇 軾	43	趙世家第四十三	史識	參見本論文頁459	
	蘇 軾	47	孔子世家第四十七	史識	參見本論文頁459	3
	蘇 軾	47	孔子世家第四十七	史識	參見本論文頁460	
	蘇 軾	55	留侯世家第五十五	史識	參見本論文頁460	
	蘇 軾	64	司馬穰苴列傳第六十四	史識	參見本論文頁460	
	蘇 軾	67	仲尼弟子列傳第六十七	義理	參見本論文頁460	
	蘇 軾	73	白起王翦列傳第七十三	史識	參見本論文頁460	
	蘇 軾	74	孟子荀卿列傳第七十四	史識	參見本論文頁461	2
	蘇 軾	75	孟嘗君列傳第七十五	史識	參見本論文頁461	
	蘇 軾	82	田單列傳第八十二	史識	參見本論文頁461	
	蘇 軾	87	李斯列傳第八十七	義理	參見本論文頁461	
	蘇 軾	117	司馬相如列傳第一百一十七	史識	參見本論文頁462	
	蘇 軾	150	通論	史識	參見本論文頁462	
蘇 轍	蘇 轍	1	五帝本紀第一	史識	參見本論文頁462	
	蘇 轍	1.5	五帝本紀第一	史識	參見本論文頁463	
	蘇 轍	2	夏本紀第二	義理	參見本論文頁463	
	蘇 轍	3	殷本紀第三	義理	參見本論文頁464	

蘇 轍	4	周本紀第四	義理	參見本論文頁 465	
蘇 轍	5	秦本紀第五	史識	參見本論文頁 466	
蘇 轍	5	秦本紀第五	義理	參見本論文頁 466	
蘇 轍	6	始皇本紀第六	義理	參見本論文頁 467	
蘇 轍	31	吳世家第三十一	史識	參見本論文頁 468	2
蘇 轍	31	吳世家第三十一	義理	參見本論文頁 468	
蘇 轍	32	齊太公世家第三十二	史識	參見本論文頁 468	
蘇 轍	32	齊太公世家第三十二	義理	參見本論文頁 468	
蘇 轍	33	周公世家第三十三	義理	參見本論文頁 469	
蘇 轍	34	燕世家第三十四	史識	參見本論文頁 470	
蘇 轍	35	管蔡世家第三十五	義理	參見本論文頁 470	
蘇 轍	36	陳杞世家第三十六	考據	參見本論文頁 470	
蘇 轍	37	衛世家第三十七	義理	參見本論文頁 470	
蘇 轍	38	宋世家第三十八	史識	參見本論文頁 471	
蘇 轍	39	晉世家第三十九	史識	參見本論文頁 471	2
蘇 轍	40	楚世家第四十	義理	參見本論文頁 472	
蘇 轍	41	越王勾踐世家第四十一	史識	參見本論文頁 472	
蘇 轍	42	鄭世家第四十二	史識	參見本論文頁 472	
蘇 轍	43	趙世家第四十三	史識	參見本論文頁 473	
蘇 轍	44	魏世家第四十四	史識	參見本論文頁 473	
蘇 轍	45	韓世家第四十五	義理	參見本論文頁 473	
蘇 轍	46	田敬仲完世家第四十六	史識	參見本論文頁 474	
蘇 轍	47	孔子世家第四十七	史識	參見本論文頁 474	
蘇 轍	61	伯夷列傳第六十一	義理	參見本論文頁 474	
蘇 轍	63	老子韓非列傳第六十三	史識	參見本論文頁 475	
蘇 轍	63	老子韓非列傳第六十三	義理	參見本論文頁 475	2
蘇 轍	63	老子韓非列傳第六十三	義理	參見本論文頁 476	
蘇 轍	63	老子韓非列傳第六十三	義理		
蘇 轍	64	司馬穰苴列傳第六十四	考據	參見本論文頁 476	
蘇 轍	66	伍子胥列傳第六十六	義理	參見本論文頁 476	
蘇 轍	67	仲尼弟子列傳第六十七			
蘇 轍	67	仲尼弟子列傳第六十七	史識	參見本論文頁 477	3
蘇 轍	67	仲尼弟子列傳第六十七	史識	參見本論文頁 478	2
蘇 轍	67	仲尼弟子列傳第六十七	考據	參見本論文頁 479	
蘇 轍	67	仲尼弟子列傳第六十七	義理	參見本論文頁 476	2
蘇 轍	67	仲尼弟子列傳第六十七	義理	參見本論文頁 477	
蘇 轍	67	仲尼弟子列傳第六十七	義理	參見本論文頁 478	

蘇 轍	67	仲尼弟子列傳第六十七	義理		
蘇 轍	68	商君列傳第六十八	史識	參見本論文頁479	
蘇 轍	68	商君列傳第六十八	其他	參見本論文頁479	
蘇 轍	69	蘇秦列傳第六十九	史識	參見本論文頁479	
蘇 轍	70	張儀列傳第七十	史識	參見本論文頁479	
蘇 轍	71	樗里甘茂列傳第七十一	史識	參見本論文頁480	
蘇 轍	72	穰矦列傳第七十二	史識	參見本論文頁480	
蘇 轍	73	白起王翦列傳第七十三	史識	參見本論文頁480	2
蘇 轍	73	白起王翦列傳第七十三	史識		
蘇 轍	74	孟子荀卿列傳第七十四	義理	參見本論文頁481	
蘇 轍	75	孟嘗君列傳第七十五	史識	參見本論文頁482	
蘇 轍	76	平原君虞卿列傳第七十六	史識	參見本論文頁482	2
蘇 轍	77	魏公子列傳第七十七	史識	參見本論文頁482	
蘇 轍	78	春申君列傳第七十八	史識	參見本論文頁483	
蘇 轍	79	范雎蔡澤列傳第七十九	史識	參見本論文頁483	
蘇 轍	80	樂毅列傳第八十	史識	參見本論文頁483	
蘇 轍	81	廉頗藺相如列傳第八十一	史識	參見本論文頁483	
蘇 轍	82	田單列傳第八十二	史識	參見本論文頁484	
蘇 轍	83	魯仲連鄒陽列傳第八十三	史識	參見本論文頁484	
蘇 轍	84	屈原賈生列傳第八十四	史識	參見本論文頁484	
蘇 轍	85	呂不韋列傳第八十五	義理	參見本論文頁484	
蘇 轍	86	刺客列傳第八十六	史識	參見本論文頁484	
蘇 轍	87	李斯列傳第八十七	義理	參見本論文頁485	
蘇 轍	88	蒙恬列傳第八十八	義理	參見本論文頁485	
蘇 轍	105	扁鵲倉公列傳第一百五	史識	參見本論文頁485	
蘇 轍	117	司馬相如列傳第一百一十七	辭章	參見本論文頁485	
蘇 轍	130	太史公自序一百三十	辭章	參見本論文頁485	
蘇 轍	150	通論	史識	參見本論文頁485	
蘇 轍	150	通論	史識	參見本論文頁486	2

附錄三：兩宋評家生平考略索引

筆畫數	評家	評家生平考略	備註
四畫	王 楙	參見本論文頁 36～37	
	王安石	參見本論文頁 17	
	王禹偁	參見本論文頁 12	
	王若虛	參見本論文頁 38	
	王應麟	參見本論文頁 45～46	
	王觀國	參見本論文頁 26	
五畫	司馬光	參見本論文頁 16～17	
	白 珽	參見本論文頁 48	
六畫	朱 翌	參見本論文頁 28～29	
	朱 熹	參見本論文頁 33～34	
	朱 黼	參見本論文頁 43	
七畫	吳子良	參見本論文頁 40～41	《史記評林》作吳氏
	吳仁傑	參見本論文頁 42	
	吳師道	參見本論文頁 48	
	呂本中	參見本論文頁 28	
	呂祖謙	參見本論文頁 35	
	宋 祁	參見本論文頁 13～14	
	宋 無	參見本論文頁 41	
	李 治	參見本論文頁 40	
	李 塗	參見本論文頁 49	
	李 廌	參見本論文頁 25	
	沈 括	參見本論文頁 18	
	沈作喆	參見本論文頁 42	
八畫	周 密	參見本論文頁 47	
	林 駉	參見本論文頁 43～44	

	林之奇	參見本論文頁 32	
	金履祥	參見本論文頁 47～48	
九畫	洪　邁	參見本論文頁 32	
	洪興祖	參見本論文頁 28	
	胡一桂	參見本論文頁 41	胡氏一桂，傳記資料兩存焉，
	胡一桂	參見本論文頁 44	無以辨之，故俱載之。
	胡　宏	參見本論文頁 31	
	胡　寅	參見本論文頁 29	
	范　浚	參見本論文頁 30	
	范仲淹	參見本論文頁 12～13	
十畫	倪　思	參見本論文頁 37～38	
	唐　庚	參見本論文頁 25～26	
	唐仲友	參見本論文頁 34～35	
	孫　復	參見本論文頁 13	
	晁公武	參見本論文頁 30～31	
	晁補之	參見本論文頁 24	
	眞德秀	參見本論文頁 38～39	
	秦　觀	參見本論文頁 23	
	馬　存	參見本論文頁 26～27	
十一畫	張　耒	參見本論文頁 24～25	
	張舜民	參見本論文頁 20～21	
	陳　善	參見本論文頁 41～42	
	陳　經	參見本論文頁 43	
	陳子樫	參見本論文頁 49	生平不詳
	陳仁子	參見本論文頁 44～45	
	陳長方	參見本論文頁 31	
	陳振孫	參見本論文頁 39～40	
	陳祥道	參見本論文頁 23～24	
	陳傳良	參見本論文頁 35～36	
	陸　游	參見本論文頁 32～33	
十二畫	曾　鞏	參見本論文頁 15～16	
	程　頤	參見本論文頁 20	
	程　顥	參見本論文頁 19～20	
	舒　雅	參見本論文頁 26	

	費　袞	參見本論文頁 49	
	黃　震	參見本論文頁 45	
	黃庭堅	參見本論文頁 22～23	
	黃朝英	參見本論文頁 27	
	黃履翁	參見本論文頁 44	
十三畫	楊　時	參見本論文頁 27	
	葉　適	參見本論文頁 36	
十四畫	趙　頊	參見本論文頁 23	
	劉　攽	參見本論文頁 17～18	
	劉　恕	參見本論文頁 18～19	
	劉　敞	參見本論文頁 15	
	劉子翬	參見本論文頁 29～30	
	劉辰翁	參見本論文頁 47	
十五畫	樓　昉	參見本論文頁 43	
	歐陽修	參見本論文頁 14	
	蔡　沈	參見本論文頁 37	
	鄭　樵	參見本論文頁 30	
十六畫	鮑　彪	參見本論文頁 42	
	謝枋得	參見本論文頁 46～47	
	魏了翁	參見本論文頁 39	
	羅　泌	參見本論文頁 45	
	羅大經	參見本論文頁 40	
	蘇　洵	參見本論文頁 15	
	蘇　軾	參見本論文頁 21	
	蘇　轍	參見本論文頁 21～22